Wege aus der Insolvenz

Forschungsergebnisse der Wirtschaftsuniversität Wien

Band 16

PETER LANG
Frankfurt am Main · Berlin · Bern · Bruxelles · New York · Oxford · Wien

Markus Imgrund

Wege aus der Insolvenz

Eine Analyse der Fortführung und Sanierung insolventer Klein- und Mittelbetriebe unter besonderer Berücksichtigung des Konfigurationsansatzes

PETER LANG
Europäischer Verlag der Wissenschaften

Bibliografische Information der Deutschen Nationalbibliothek
Die Deutsche Nationalbibliothek verzeichnet diese Publikation in der Deutschen Nationalbibliografie; detaillierte bibliografische Daten sind im Internet über <http://www.d-nb.de> abrufbar.

Umschlaggestaltung:
Atelier Platen, nach einem Entwurf
der Werbeagentur Publique.

Universitätslogo der Wirtschaftsuniversität Wien:
Abdruck mit freundlicher Genehmigung
der Wirtschaftsuniversität Wien.

ISSN 1613-3056
ISBN 978-3-631-56587-2

www.peterlang.de

VORWORT

Konnotativ ist der Begriff der Insolvenz negativ besetzt. Dennoch stellen Unternehmensinsolvenzen ein interessantes und spannendes Forschungs- und Tätigkeitsfeld dar, da der Insolvenzprozess ein schneller und rasch ablaufender Prozess ist, welcher innerhalb kürzester Zeit viele Veränderungen hervorbringt. Die intensive Beschäftigung mit Insolvenzen zeigt, dass es unter bestimmten Voraussetzungen ‚Wege aus der Insolvenz' geben kann.

Die vorliegende Arbeit ist das Resultat spannender Stunden von Rechercheaktivitäten und Feldforschung. Ich hoffe, dass die Arbeit auf eine interessierte Leserschaft trifft, welche einen hohen Nutzen aus der Arbeit ziehen kann. Für die Realisierung eines solchen Forschungsprojektes bedarf es einer Vielzahl von Personen, welchen ich hiermit meinen ganz besonderen Dank aussprechen möchte.

Danken möchte ich meinen akademischen Lehrern, Herrn o. Univ.Prof. Dr. Josef Mugler sowie Herrn Prof. Dr. oec. Christoph Müller, welche mich bei der Erstellung der Dissertation tatkräftig unterstützt haben, mir in konstruktiven Gesprächen ihr Expertenwissen zur Verfügung gestellt haben und mir ‚weitere Wege' im Forschungsprozess aufgezeigt haben. Ebenso möchte ich mich bei Prof. Dr. José Veciana sowie Prof. Bengt Johannisson, Ph.D. herzlich bedanken, welche mich bei meinen Studien- und Forschungsaufenthalten in Barcelona, Spanien und Växjö, Schweden betreuten.

Ebenso gebührt mein Dank den Mitarbeiterinnen und Mitarbeitern am Institut für Betriebswirtschaftslehre der Klein- und Mittelbetriebe an der Wirtschaftsuniversität Wien, insbesondere Frau Doris Öller und Frau Lea Schmidt, welche mir in administrativen Belangen eine große Unterstützung waren.

Ohne die Bereitschaft der in Deutschland tätigen Insolvenzverwalter, meinen Fragebogen zu beantworten, wäre die Arbeit ebenso wenig möglich gewesen wie ohne die Bereitschaft verschiedener Interviewpartner, ihr Expertenwissen über eine Vielzahl von Insolvenzen weiterzugeben. Die Bereitschaft der betroffenen Unternehmer und Führungskräfte, offen über ihr persönliches Insolvenzschicksal zu berichten, hat mich in besonderem Ausmaß gefreut. Ihnen allen gilt mein besonderer Dank.

Weiterhin möchte ich mich bei vielen Freunden und Bekannten bedanken, welche mich stets mit Ratschlägen und Hilfestellungen begleitet haben, um mir meine Dissertationszeit zu vereinfachen. Hierzu gehören insbesondere Herr Joachim Hentschel, der mir durch die Bereitstellung der Infrastruktur und der Ressourcen der Convert GmbH in besonderer Weise geholfen hat, Herr Jens Dürr, welcher mir im Rahmen der EDV-technischen Umsetzung besonders behilflich war, Herr Dr. Josep Rialp und Frau Dr. Susanne Fuchs, welche sich Zeit für meine SPSS-Fragen genommen haben, sowie Frau Monika Baumeister, Herr Jürgen Beiter und Herr Joachim Kant, welche meine Arbeit orthographisch durchdrungen haben.

Neben dem Dank, welcher im direkten Zusammenhang mit den vorliegenden Forschungsergebnissen steht, möchte ich mich auch bei Herrn Wolfgang W. Knapp bedanken, welcher mir durch seine langjährige Freundschaft und viele Wienbesuche gezeigt hat, dass es auch Wege aus ‚Dissertationskrisen' gibt.

Mein besonderer Dank gilt Beatrix, ohne ihre liebevolle Art und ihre außergewöhnliche und beispiellose Unterstützung wäre die Entstehung der Arbeit in dieser Form nicht möglich gewesen.

Abschließend danke ich meiner Familie, welche mich in allen Belangen meiner Dissertation und im ‚bipolaren Leben' zwischen Wien und Stuttgart tatkräftig unterstützt hat. Ihr widme ich diese Arbeit.

Wien und Stuttgart, im April 2007 — Markus Imgrund

GELEITWORT

Über Erfolge redet man gerne. Der Zugang zu Erfolgen ist daher für Forscher relativ leicht. Ebenso ist die Erfolgsfaktorenforschung beliebt, will doch jeder gerne wissen, wie es gelingt, erfolgreich zu sein - als Unternehmer/in oder auch in anderen Lebensbereichen. Leichter Zugang und Beliebtheit sind freilich keine Garantien dafür, die Wahrheit über Erfolgsursachen zu erfahren. Nur allzu oft verbergen sich Erfolgsfaktoren hinter irreführenden Fassaden, die erst durchdrungen werden müssen, um zum wahren Kern vorzudringen.

In der vorliegenden Studie von Markus Imgrund geht es auf den ersten Blick nicht um Erfolge, sondern um Misserfolge von Unternehmen, im Besonderen um die Frage, was man im Falle einer Insolvenz tun kann, um das Schlimmste zu verhindern, also um einen Weg aus der Insolvenz heraus zu finden. Insofern geht es daher doch wieder um Erfolg: um den Erfolg in Form der Abwendung der ärgsten Folgen von Misserfolg.

Dennoch sind sowohl die Zugänglichkeit als auch die Beliebtheit dieser Themenstellung beschränkt. Alles, was mit dem Scheitern von Unternehmen zu tun hat, wird in der betriebswirtschaftlichen Forschung vergleichsweise selten aufgegriffen. Das ist eigentlich bedauerlich - angesichts eines Niveaus von über 40.000 Insolvenzen in den zuletzt wachstumsschwachen Jahren für Deutschland und Österreich zusammen. Mehr Wissen über die Zusammenhänge zwischen verschiedenen Misserfolgsfaktoren in existenziell bedrohenden Unternehmenskrisen sollte helfen, diese Zahlen zu senken.

Markus Imgrund hat diese Herausforderung angenommen und ist in die Welt des unternehmerischen Misserfolgs eingedrungen, um nach Wegen aus der Insolvenz zu suchen. Dabei hat er sich nicht - wie häufig anzutreffen und relativ gut dokumentiert - auf juristische, sondern auf betriebswirtschaftliche Handlungsmöglichkeiten konzentriert. Dazu wird natürlich - zumal auf dem Niveau einer universitären Forschungsarbeit - mehr als eine bloße Auflistung von Möglichkeiten verlangt. Es bedarf Antworten auf die Frage nach Wirkungen und Kausalitäten im Strom der Ereignisse. Das ist im sozial- und wirtschaftswissenschaftlichen Kontext eine besonders anspruchsvolle Aufgabe, weil in der Regel viele, schwer beobachtbare und daher schwer messbare Variablen miteinander in Beziehung stehen und je nach ihrer Ausprägung und Beziehungsstärke unterschiedliche Wirkungen hervorbringen.

Um der Komplexität dieser Situation gerecht zu werden, hat Markus Imgrund für seine Analysen die Konfigurationstheorie als theoretische Grundlage gewählt und vermutete Zusammenhänge zwischen wirkungsverdächtigen Variablen empirisch getestet. Damit ist es ihm gelungen, einige besonders kritische Variablen und Variablenbeziehungen herauszufinden, und zwar in den Bereichen der Unternehmerperson, des Unternehmens, der Investoren (Käufer oder Financiers) und des Insolvenzverwalters.

Die Studie von Markus Imgrund sollte daher für eine breite Leserschaft interessant sein: für den Unternehmer, welcher für die Ausgangssituation seines Unternehmens zum Insolvenzzeitpunkt maßgeblich verantwortlich ist; für die praktisch in Insolvenzprozessen mitwirkenden Akteure, die durch ihre Entscheidungen den Verlauf und Ausgang dieser Prozesse beeinflussen; dann für die Forscher, die nach Erfolgs- und Misserfolgsfaktoren in kritischen Lebenszyklusphasen von Unternehmen suchen; aber schließlich auch - und vielleicht sogar vor allem - für die Politiker, von welchen erwartet wird, dass sie für die Akteure Spielregeln aufstellen und überwachen, die zu Handlungen führen, die für Wirtschaft und Gesellschaft möglichst großen Nutzen erbringen.

o.Univ.-Prof. Dr. Josef Mugler
Vorstand des Instituts für Betriebswirtschaftslehre der Klein- und Mittelbetriebe der Wirtschaftsuniversität Wien

INHALTSVERZEICHNIS

ABBILDUNGSVERZEICHNIS

TABELLENVERZEICHNIS

ABKÜRZUNGSVERZEICHNIS

§	Paragraph
€	Euro
Abs.	Absatz
AG	Aktiengesellschaft
AO	Ausgleichsordnung
Aufl.	Auflage
BGB	Bürgerliches Gesetzbuch
BRSI	Bundesvereinigung Restrukturierung, Sanierung und Interim Management
bzw.	beziehungsweise
ca.	circa
CIM	Computer Integrated Manufacturing
d.h.	das heißt
DtA	Deutsche Ausgleichsbank
EBRD	European Bank for Reconstruction and Development
EG	Europäische Gemeinschaft
EKEG	Eigenkapitalersatz-Gesetz
e.S.	erfolgreiche Sanierung
et al.	et alii
etc.	et cetera
EU	Europäische Union
EUInsVO	Europäische Insolvenzverordnung
F&E	Forschung und Entwicklung
f.	folgende
ff.	fortfolgende
GbR	Gesellschaft bürgerlichen Recht
GesO	Gesamtvollstreckungsordnung
ggf.	gegebenenfalls
GIRÄG	Gesellschafts- und Insolvenzrechtsänderungsgesetz
GmbH	Gesellschaft mit beschränkter Haftung
GmbHG	GmbH Gesetz
GuV	Gewinn- und Verlustrechnung
Hrsg.	Herausgeber
HWK	Handwerkskammer
IfM	Institut für Mittelstandsforschung
IGA	Internationales Gewerbearchiv
IHK	Industrie & Handelskammer

inkl.	inklusive
InsNov	Insolvenzrechtsnovelle
InsO	Insolvenzordnung
IPO	Initial Public Offering
IRÄG	Insolvenzrechtsänderungsgesetz
IT	Informationstechnologie
KG	Kommanditgesellschaft
KGaA	Kommanditgesellschaft auf Aktien
KMU	Kleine und mittelständische Unternehmen
KO	Konkursordnung
KSV	Kreditschutzverband
MA	Mitarbeiter
M&A	Mergers and Acquisitions
Mio.	Million(en)
MW	Mittelwert
ne.S.	nicht erfolgreiche Sanierung
Nr.	Nummer
o.O.	ohne Ortsangabe
OECD	Organization for Economic Co-operation and Development
OHG	Offene Handelsgesellschaft
RN	Randnummer
S.	Seite
Sig.	Signifikanz
Sp.	Spalte
STRATOS	Strategic Orientation of Small and Medium Sized Enterprises
Ü	Überschuldung
u.a.	unter anderem
U.K.	United Kingdom
UN	United Nations
USA	United States of America
usw.	und so weiter
VC	Venture Capital
vgl.	vergleiche
vs.	versus
WTO	World Trade Organization
z.B.	zum Beispiel
ZU	Zahlungsunfähigkeit

1 EINLEITUNG

1.1 Problemstellung

Eine Unternehmensinsolvenz hat eine Vielzahl von Betroffenen und Problemaspekten: Unternehmer und Gesellschafter erleiden Vermögensverluste, Mitarbeiter verlieren ihren Arbeitsplatz, Lieferanten und Banken ihre Kunden und die damit verbundenen Forderungen. Auf Kundenseite können die Insolvenz und der Verlust eines Lieferanten zu Schwierigkeiten bei der Ersatzbeschaffung führen. Staatliche Institutionen und Organisationen tragen finanzielle Lasten in Form von Insolvenzausfallgeld, Steuereinnahmenverlusten, Beitragsausfällen, Transferleistungen.

Diese Primäreffekte einer Insolvenz können Sekundäreffekte zu Folge haben, indem z.B. Forderungsausfälle zu Folgeinsolvenzen anderer Unternehmen führen oder eine länger andauernde Arbeitslosigkeit bei entlassenen Mitarbeitern zu finanziellen Notlagen führt. Eine Vielzahl der in der ursprünglichen Betrachtung unternehmensinternen Kosten werden durch eine Insolvenz externalisiert und müssen durch die Gesellschaft getragen werden.[1]

Die Zahl der Unternehmensinsolvenzen in Europa und insbesondere in Deutschland ist in den Jahren 1999 bis 2003 kontinuierlich gestiegen und erreichte trotz hohem Niveau stets neue Absolutwerte. Seit dem Jahr 2004 ist die Anzahl der Insolvenzen leicht rückläufig, verharrt aber auf hohem Niveau von ca. 39.000 Insolvenzen im Jahr 2004 und ca. 37.000 im Jahr 2005.[2] In Österreich ist im Jahr 2005 mit über 7.100 Unternehmensinsolvenzen ein neuer Insolvenzrekord zu verzeichnen.[3] Sowohl in Deutschland als auch in Österreich werden diese Zunahmen auf den starken Zuwachs bei Zusammenbrüchen von kleinen und mittelständischen Unternehmen (KMU) und in besonderem Maße von Mikrobetrieben zurückgeführt.[4]

Die volkswirtschaftliche und soziale Bedeutung von kleinen und mittelständischen Unternehmen ist unbestritten hoch. Der Anteil der KMU an den ins-

---

[1] Creditrefom beziffert den Verlust pro Unternehmensinsolvenz für das Jahr 2004 in Deutschland auf 700.000 €. Hinzu kommen insgesamt 605.000 verlorene Arbeitsplätze. Die Bundesagentur für Arbeit hatte im ersten Halbjahr 2005 insgesamt 241.469 Antragsstellern Insolvenzgeld bewilligt. Vgl. Creditreform (2005a), S. 17 ff.

[2] Vgl. Statistisches Bundesamt (2006).

[3] Vgl. Creditreform (2006). Dies entspricht einer Zunahme von 12,8% gegenüber dem Vorjahr.

[4] Vgl. Statistisches Bundesamt (2002) sowie Creditreform (2005a), S. 11 f.

gesamt existierenden Unternehmen beträgt in den Volkswirtschaften Europas häufig über 99% und KMU erwirtschaften ca. 50% der volkswirtschaftlichen Wertschöpfung.[5] Auch ihre herausragende Bedeutung hinsichtlich der Schaffung neuer Arbeitsplätze[6] und ihre risikodiversifizierende Funktion[7] sind unumstritten.

Vor diesem Hintergrund ist es nicht erklärbar, dass die Bereiche Krisenmanagement und Sanierung und insbesondere Insolvenzsanierungen bei kleinen und mittelständischen Unternehmen nur in sehr geringem Ausmaße wissenschaftlich untersucht wurden. In der betriebswirtschaftlichen Forschung und Lehre spielt der Begriff der Insolvenz keine bedeutende Rolle[8] und die existierende Literatur zum Problembereich ist überwiegend juristischer Art.

Auch wenn die Insolvenz häufig mit dem Unternehmensende gleichgesetzt wird, bedeutet ein Insolvenzverfahren nicht zwangsläufig den wirtschaftlichen Exitus eines Unternehmens. Beteiligte (miss)interpretieren ein Insolvenzverfahren oftmals als Liquidationsverfahren. Das Insolvenzrecht lässt es aber grundsätzlich offen, welche Ziele (Liquidation oder Sanierung) innerhalb eines Insolvenzverfahrens verfolgt werden und es existieren verschiedene Wege aus der Insolvenz. Die deutsche Insolvenzordnung ermöglicht durch ein Insolvenzplanverfahren die Fortführung und Sanierung eines Unternehmens innerhalb des bestehenden Rechtsträgers. Ebenso besteht durch die übertragende Sanierung die Möglichkeit, das insolvente Unternehmen auf einen neuen Rechtsträger zu übertragen und so das Unternehmen fortzuführen. Im österreichischen Insolvenzrecht existieren mit dem Zwangsausgleich in der Konkursordnung und dem Ausgleich in der Ausgleichsordnung ähnliche Instrumentarien zur Fortführung und Sanierung und damit zum Erhalt eines insolventen Unternehmens.

Eine Frage, die sich aus wirtschaftspolitischer Sicht stellt, ist: Sollen insolvente Unternehmen erhalten werden? Fallen diese Unternehmen nicht unter die Selektionsfunktion des Wettbewerbs, damit Ressourcen verschwendende und unproduktive Unternehmen aus dem Wettbewerb ausscheiden? Die Antwort darauf fällt je nach Sichtweise unterschiedlich aus und kann ‚Ja' oder ‚Nein' lauten.

---

[5] Vgl. Europäische Kommission (2004).
[6] Vgl. Birch (1979), Gallagher/Stewart (1986), Storey/Johnson (1987), Davidsson/Delmar (1998), Weigand/Audretsch (1999).
[7] Vgl. Gruhler (1994), S. 91 ff.
[8] Vgl. Heintzen/Kruschwitz (2004), S. 9.

‚Ja', weil in einer (freien) Marktwirtschaft nicht überlebensfähige Unternehmen gezwungen sind, aus dem Markt auszuscheiden. Auf diese Weise werden Ressourcen und Produktionsfaktoren für nutzbringendere Einsatzmöglichkeiten freigesetzt. Die Wirtschaft wird gezwungen, Strukturveränderungen vorzunehmen, um ihre Leistungsfähigkeit unter veränderten Rahmenbedingungen zu erhalten. Eingriffe in diese Wirtschaftsprozesse würden zu Fehlallokationen führen und einen strukturellen Wandel der Wirtschaft verhindern.[9] Unter der Brille der (neo)liberalen Konzepte zur freien Marktwirtschaft sind insolvente Unternehmen also Ausdruck der Selbstreinigungskraft des Marktes und müssen zwangsläufig in der Liquidation des Unternehmens enden. Die Insolvenz stellt die ‚Strafe' für ineffizientes Arbeiten dar. Der Gesetzgeber hätte in einem solchen Falle lediglich ein effizientes Verfahren zur Verfügung zu stellen, welches den Ablauf des Ausscheidens regelt.[10]

‚Nein', denn es lassen sich verschiedene Argumente finden, welche gegen ein solches Ausscheiden und für eine Fortführung und Sanierung insolventer Unternehmen sprechen. Der Aufbau eines Unternehmens benötigt eine Vielzahl an Ressourcen, die bei einer Zerschlagung ‚Sunk-Costs' darstellen. Die Schaffung neuer Arbeitsplätze ist um ein Vielfaches teurer als deren Erhalt. In jedem Unternehmen existiert ein leistungswirtschaftlich gesunder oder sanierbarer Kern, der am Markt bestehen und zur volkswirtschaftlichen Wertschöpfung beitragen kann. Die Fortführung kann dazu dienen, Masse zur Gläubigerbefriedigung anzureichern. Weitere Argumente können leicht gefunden werden.[11] Das Hauptargument ist immer wieder der durch Insolvenzen entstehende volkswirtschaftliche Schaden, der durch eine Fortführung und Sanierung gegebenenfalls reduziert werden kann. Eine solche Argumentation vertritt auch der Gesetzgeber, indem er die Verwalter[12] dazu verpflichtet, die Aussicht auf Fortführung und Sanierung zu prüfen und das Unternehmen zunächst fortzuführen.

Kommt der Insolvenzverwalter bei der Fortführungsprüfung zu einem positiven Ergebnis und führt das Unternehmen mit dem Ziel fort, es zu sanieren, besteht

[9] Vgl. Kautzsch (2001), S. 23.

[10] Die Frage, ob hohe Insolvenzziffern noch das Resultat eines funktionsfähigen marktwirtschaftlichen Sanktionssystems sind, also im Sinne einer Auslese unproduktiver Produktionsprozesse zu beurteilen sind, oder bereits auf eine Funktionsstörung des Sanktionssystems selbst hinweisen, soll im Rahmen dieser Arbeit nicht erörtert werden. Zur Funktionsfähigkeit der marktwirtschaftlichen Sanktionssysteme siehe Rohde (1979).

[11] Vgl. hierzu auch Rothner (1997), S. 193 ff.

[12] Hier im Sinne des deutschen Insolvenzverwalters und des österreichischen Masse- bzw. Ausgleichsverwalters zu verstehen.

immer noch die Gefahr, dass dieses Vorhaben scheitert, die Fortführung abgebrochen und das Unternehmen liquidiert wird. Die Gläubiger erhalten in einem solchen Fall lediglich den Liquidationserlös (abzüglich der Verfahrenskosten).

1.2 Zielsetzung

Unternehmenskrisen und Insolvenzen sind nicht nur ein konjunkturelles, sondern aufgrund des marktwirtschaftlichen Prinzips ein permanentes Problem der Wirtschaft. Der Selektionsmechanismus lädt immer wieder zu einer wissenschaftlichen Auseinandersetzung mit der Krisen- und Insolvenzproblematik ein. Die vorliegende Arbeit liefert daher einen Beitrag zum Wissen über das Forschungsfeld ‚Krisenbewältigung/Sanierung'.[13]

Im Zusammenhang mit Betriebsfortführung in der Insolvenz ist immer wieder zu hören, dass Insolvenzpraktiker nach Möglichkeit versuchen, jegliche Fortführung zu vermeiden, und dass bei der Fortführung selbst keinerlei Muster, Rezepte und standardisierte Handlungsanweisungen existieren.[14] „Die mit ihr verbundenen Risiken dürfen nicht unterschätzt werden. Im Rahmen einer notwendigerweise prozesshaften Entwicklung hängt der Erfolg der Betriebsfortführung selbst bei sorgfältigster Vorbereitung, Planung und Überwachung auch von Faktoren ab, die nicht in der Einflusssphäre der Verfahrensorgane liegen."[15]

Die Auffassung, dass es keine Muster, Rezepte und Handlungsanweisungen gibt, wird in dieser Arbeit in Frage gestellt. Trotz eines heterogenen Gesamtbildes insolventer Unternehmen und situativer Unterschiede von Unternehmensinsolvenzen wird davon ausgegangen, dass erfolgreiche Fortführungen und Insolvenzsanierungen gemeinsame Merkmale in Bezug auf Ausgangssituation, Sanierungsparameter und Insolvenzakteure inklusive deren Interessen und Vorgehensweisen haben.[16]

Die detaillierte Analyse sowie das Verstehen und Erklären von Zusammenhängen des Fortführungs- und Sanierungsprozesses insolventer Klein- und Mittelbetriebe

---

[13] Die Erstellung einer Theorie des Krisenmanagements ist nicht Ziel dieser Forschungsarbeit, da dies den Rahmen des hier Leistbaren sprengen würde. Es ist aber denkbar, dass mit den Ergebnissen ein weiterer, insolvenzspezifischer Baustein für eine solche Krisentheorie geliefert werden kann.

[14] Vgl. Mönning (1997), RN 1596 ff., S. 391.

[15] Mönning (1997), RN 1596, S. 391.

[16] Vgl. Bergauer (2001), S. 18 mit Verweis auf Krystek (1991), S. 331 ff., Müller (1986), S. 616, Töpfer (1990), S. 327.

sind Ziele der Untersuchung. Dabei werden die Ausgangssituation, die Sanierungsaktivitäten und Akteure inklusive deren Interessen und Involvierung als auch die Unternehmenssituation zum Ende eines Insolvenzverfahrens untersucht. Als Ergebnis hat die Forschungsarbeit ein Modell, welches die Haupt-einflussfaktoren einer Insolvenzsanierung aufzeigt. Im Sinne einer praxeologischen Verwendung von Forschungsergebnissen werden so Erkenntnisse über eine erfolgreiche Insolvenzbewältigung generiert, welche Hilfestellungen für Unternehmenssanierungen geben und Defizite von gescheiterten Insolvenzsanierungen erklären können. Besonders der Kontext und die Spezifika von kleinen und mittelständischen Unternehmen werden berücksichtigt, wobei es nicht um die ,Pathologie des Unternehmens', sondern um den ,Gesundungsprozess' und seine Einflussfaktoren geht. Dies bedeutet gleichzeitig, dass nicht die Fortführungsentscheidung im Vordergrund der Analyse steht, sondern der Fortführungs- und Sanierungsprozess nach dieser Entscheidung.

Der Neuigkeitswert dieser Arbeit basiert auf verschiedenen Faktoren. Zum einen werden Krisen und Krisenprozesse von KMU nur in wenigen wissenschaftlichen Arbeiten berücksichtigt. Zum anderen sind Studien aus betriebswirtschaftlicher Sicht zum Fortführungs- und Sanierungsprozess insolventer Unternehmen nahezu nicht existent. In der Kombination beider Elemente (betriebswirtschaftliche Insolvenzsanierung mit Fokus auf kleine und mittelständische Unternehmen) liegt die Besonderheit und Neuigkeit der vorliegenden Arbeit. Dass die Arbeit zudem den Fortführungs- und Sanierungsprozess auch empirisch untersucht, wirkt dem Mangel an empirischen Studien zur Insolvenzbewältigung entgegen und stellt einen weiteren Neuigkeitswert dar.

1.3 Wissenschaftstheoretischer Ansatz

Abhängig von verschiedenen Grundannahmen wie der Natur von Phänomenen (Ontologie), der Natur von Wissen über diese Phänomene und wie es erlangt wird (Epistemologie) und der Natur der Wege, diese Phänomene zu studieren (Methodologie), positionieren sich Autoren innerhalb eines bestimmten Paradigmas.[17]

Der Verfasser dieser Arbeit teilt die Einschätzung einer restriktiven Relevanz des kritischen Rationalismus. Bei Arbeiten, welche dem Prinzip des kritischen Rationalismus hinsichtlich des nachvollziehbaren Hypothesenprüfens und -testens folgen, besteht die Gefahr, dass nur objektiv messbare Phänomene als real und

[17] Vgl. Gioia/Pitre (1990), S. 585. Für eine ausführliche Darstellung der Wissenschaftsansätze siehe Burrell/ Morgan (1979).

wichtig angesehen werden. Dies vernachlässigt unter Umständen lediglich subjektiv wahrnehmbare Faktoren.[18]

Die Denkanschauung des Autors liegt in einem konstruktivistischen Weltbild, also dem Bewusstsein, dass die wahre Realität unzugänglich ist und sich so das jeweilige Erkenntnisinteresse auf die erfassbare Wirklichkeit und deren Bedeutungszuweisung beziehen muss. Die Konstruktion der Wirklichkeit ist aber nicht beliebig, sondern ein aktiver Prozess, der dadurch geprägt ist, dass diejenigen Konstruktionen bevorzugt werden, welche von einer hohen Anzahl von Personen als glaubwürdig beschrieben werden.

Die Annahme, dass Wissen konstruiert ist, hat zur logischen Konsequenz, dass der Zweck der Untersuchung in einem ersten Schritt das Verstehen und in einem weiteren das Erklären der Zusammenhänge ist. Verständnis wird als elementar betrachtet, wenn es um das Erklären geht. Individuen konstruieren und verstehen in Interaktion mit anderen Individuen sowie der Umwelt und schaffen so ihre eigene Weltanschauung. Die Arbeit basiert auf der Anwendung des Konfigurationsansatzes, wobei die Forschungsfragen und dazugehörigen Teilaspekte von verschiedenen Seiten untersucht werden. Daher wird in der empirischen Erhebung auf einen Methodenmix zurückgegriffen, welcher sowohl eine quantitative Fragebogenerhebung als auch qualitative Interviews beinhaltet.

1.4 Eingrenzung

Das Insolvenzverfahren eines Unternehmens stellt einen komplexen Prozess mit verschiedenen Betroffenen und Akteuren dar, welche unterschiedliche Sichtweisen auf das Verfahren haben.

Aus der juristischen Betrachtung kann das Insolvenzverfahren als eine Regelung von Ansprüchen mit einer gemeinsamen Zugriffsmöglichkeit der Gläubiger auf das Schuldnervermögen interpretiert werden. Volkswirtschaftlich betrachtet kann das Insolvenzverfahren als wirtschaftspolitisches Instrument der Struktur-, Einkommens- und Konjunkturpolitik zur Reduzierung negativer Effekte auf das Leistungspotenzial der Volkswirtschaft betrachtet werden. Aus organisationstheoretischer Sicht ist das Insolvenzverfahren ein institutionalisierter Zusammenschluss von Akteuren zur Verfolgung eines definierten Zwecks.[19] Betriebswirt-

---

[18] Ähnlich auch Niemeier (1986), S. 109 f., Roos (1998).

[19] Vgl. auch Starl (2002), S. 12. Zum Thema Insolvenzen aus volkswirtschaftlicher Sicht siehe Pahl (1996).

schaftlich stellt das Insolvenzverfahren einen Prozess dar, in welchem finanz- und leistungswirtschaftliche Maßnahmen und Aktivitäten zum Unternehmenserhalt im Vordergrund stehen. Weitere Sichtweisen ließen sich ergänzen. Die beiden Hauptblickwinkel stellen jedoch die juristische sowie die betriebs-wirtschaftliche Sichtweise dar.

Unter dem juristischen Blickwinkel ist zu subsumieren, dass die Insolvenzordnung klare juristische Ablaufvorschriften beinhaltet, so dass Entscheidungen im Rahmen des Gesetzes getroffen und von Gerichten kontrolliert werden. Dabei ist das Vorliegen betriebswirtschaftlicher Sachverhalte evident. Bei der Fortführung und Sanierung insolventer Unternehmen geht es um ökonomische Fragestellungen und um finanz- und leistungswirtschaftliche Aktivitäten.

Ob Juristen oder Ökonomen in der Insolvenz die Oberhand haben, lässt sich nicht zweifelsfrei beurteilen, es ist aber festzustellen, dass die Insolvenzverwalter zum überwiegenden Teil Juristen sind und daher das Insolvenzverfahren stark juristisch prägen.[20]

Die dargestellte Zersplitterung und Interdisziplinarität in der theoretischen und praktischen Auseinandersetzung mit der Insolvenzthematik reduzieren leicht eine ganzheitliche Betrachtung. Auch wenn eine solche Betrachtung wünschenswert ist, kann diese im Rahmen der vorliegenden Arbeit nur bedingt geleistet werden. Die Arbeit hat ihren Schwerpunkt auf den betriebswirtschaftlichen Aspekten einer Insolvenzsanierung, weshalb vorwiegend Rückgriff auf betriebswirtschaftlich orientierte Literatur genommen wird. Es wird nicht der Anspruch erhoben, die juristischen Sachverhalte umfassend und detailliert wiederzugeben.

Da die empirische Erhebung in der Bundesrepublik Deutschland durchgeführt wird, beziehen sich die gesetzlichen Angaben auf das deutsche Insolvenzrecht. Da jedoch große Parallelen zum österreichischen Rechtssystem existieren, lassen sich die Erklärungen durchaus übertragen. In einigen Abschnitten[21] wird explizit auf beide Insolvenzgesetzgebungen eingegangen. In der Schlussbetrachtung wird auch die internationale Übertragbarkeit der Ergebnisse beleuchtet.[22]

---

[20] Heintzen und Kruschwitz gehen einen Schritt weiter und urteilen, dass in der Insolvenz nur die Juristen das erste Wort haben und ökonomische Überlegungen erst dann zum Zuge kommen, wenn die Verteilungsmasse noch Spielraum zulässt. Vgl. Heintzen/Kruschwitz (2004), S. 11.

[21] So z.B. in den Abschnitten 4.3.2 und 4.3.3.

[22] Vgl. Abschnitt 8.2.

Die Arbeit ist durchgängig in der neuen Rechtsschreibung verfasst. Aufgrund einer einfachen und durchgängigen Lesbarkeit werden auch Zitate, welche in alter Rechtsschreibung verfasst wurden, adaptiert. In der gesamten Arbeit werden weibliche Formen, wie z.B. ‚Unternehmerin', aus Gründen der Textökonomie nicht explizit genannt. Es wird jedoch ausdrücklich darauf hingewiesen, dass alle Aussagen und Formulierungen selbstverständlich gegenüber beiden Geschlechtern gelten.

1.5 Gang der Arbeit

Die vorliegende Arbeit ist in drei Teile gegliedert. Der erste Teil mit den Kapiteln eins bis drei führt in das Thema ein, gibt einen Überblick über den aktuellen Stand der Forschung, leitet aus Forschungslücken Forschungsfragen ab und entwickelt einen heuristischen Bezugsrahmen in Form eines Arbeitsmodells. Der zweite Teil umfasst die Kapitel vier und fünf und gibt die begrifflichen und theoretischen Grundlagen des Krisenmanagements unter besonderer Berücksichtigung einer Insolvenz wieder, analysiert die besondere Krisen- und Insolvenzbedeutung von KMU-Spezifika und stellt ein Forschungsmodell auf. Der dritte Teil mit den Kapiteln sechs bis acht entwickelt das Forschungsdesign und zeigt den Aufbau und die Ergebnisse der quantitativen und qualitativen empirischen Erhebung mit der Beantwortung der Forschungsfragen. Schlussfolgerungen fassen die Arbeit zusammen und geben einen Ausblick. Im Folgenden werden die einzelnen Kapitel inhaltlich kurz präzisiert.

Das erste Kapitel gibt eine Hinführung auf die Problemstellung und erläutert die Zielsetzung der Arbeit inklusive deren Eingrenzung. Ebenso wird der wissenschaftstheoretische Ansatz dargelegt. Der Aufbau und Gang der Arbeit wird erläutert, um einen allgemeinen Überblick zu generieren.

Kapitel zwei dient einer Standortbestimmung der Arbeit und beinhaltet eine umfassende Literaturanalyse um den State of the Art der Krisen- und Sanierungsliteratur aufzuzeigen. Dabei werden das Forschungsfeld des Krisenmanagements systematisiert und existierende Forschungslücken herausgearbeitet. Aus diesen werden Forschungsfragen abgeleitet.

Die Notwendigkeit eines heuristischen Bezugsrahmens wird in Kapitel drei erläutert und der Konfigurationsansatz als geeigneter heuristischer Bezugsrahmen mit seinen Variablen dargestellt und erklärt. Das Kapitel endet mit der Gestaltung eines Bezugsrahmens in Form eines Arbeitsmodells.

Im vierten Kapitel werden theoretische Grundlagen des Sanierungs- und Insolvenzmanagements wiedergegeben. Es werden Begriffe definiert, um ein einheitliches Grundverständnis zu schaffen und es wird auf die Entstehung und die Folgen von Unternehmenskrisen eingegangen. Der Ablauf eines Insolvenzverfahrens wird erläutert und verschiedene Sanierungselemente des Insolvenzrechts werden erklärt. Ebenso wird auf die verschiedenen Formen einer Insolvenzsanierung eingegangen und Sanierungsmaßnahmen und -akteure werden in tabellarischer Form dargestellt. In einem Exkurs wird der Prozess einer Sanierungsprüfung im Rahmen einer Rechtsträgersanierung erläutert.

Qualitative Charakteristika von KMU als Sanierungsparameter sind Bestandteil des fünften Kapitels. Der im zweiten Kapitel dargestellte Konfigurationsansatz dient in diesem Kapitel als heuristischer Bezugsrahmen um KMU analysieren zu können und deren Besonderheiten für die Insolvenzsituation herauszuarbeiten. Die Spezifika gliedern sich nach den vier Konfigurationsvariablen Unternehmer, Management, Ressourcen und Umwelt. Die Ausarbeitung eines Forschungsmodells zur empirischen Analyse und späteren Beantwortung der Forschungsfragen bilden den Abschluss des theoretischen Teils der Arbeit.

Kapitel sechs widmet sich der Forschungsmethodik sowie der empirischen Datenerhebung und Auswertung. Es beinhaltet Grundlagen der quantitativen und qualitativen Sozialforschung und erörtert den Methodenmix. Die Vorgehensweise bei der Konzeption der empirischen Untersuchung und die Entwicklung der Erhebungsinstrumente werden erläutert sowie die Zielgruppe der Erhebung begründet. Gleichzeitig stellt das Kapitel den Zugang zum Forschungsfeld dar und wägt Chancen und Risiken der Datengewinnung ab. Der Gang der empirischen Erhebung wird detailliert erläutert und es werden sowohl die statistischen Auswertungsmethoden als auch die Vorgehensweise der qualitativen Inhaltsanalyse dargestellt.

Die Ergebnisse der quantitativen Erhebung bei 1.144 deutschen Insolvenzverwaltern sowie der 15 qualitativen Interviews werden in Kapitel sieben präsentiert. Dabei werden zunächst die Ergebnisse der Fragebogenerhebung dargestellt, indem die Ausprägungen der abgefragten Variablen präsentiert und statistisch signifikante Unterschiede zwischen erfolgreichen und nicht erfolgreichen Fortführungen und Sanierungen ermittelt werden. In einer logistischen Regression wird die Bedeutung der Einflussvariablen auf den Sanierungserfolg ermittelt. Die Ergebnisse der Interviews stellen die Akteure einer Insolvenzsanierung sowie deren Interessen und Involvierung ausführlich dar und erläutern deren Bedeutung für den Fortführungs- und Sanierungserfolg. Das Kapitel endet mit der Beantwortung der Forschungsfragen sowie der Präsentation eines Modells, welches die bedeutenden Einflussbereiche der Fortführung und Sanierung insolventer KMU aufzeigt.

Das achte Kapitel fasst die Arbeit in ihrer Struktur zusammen und gibt die Erkenntnisse der Arbeit wieder. Das Kapitel endet mit einem Ausblick, welcher die Notwendigkeit einer ‚Kultur des Scheiterns' thematisiert.

Abbildung 1.1 gibt die dreiteilige Gliederung in die einzelnen Kapitel wieder und zeigt das jeweilige Ergebnis der Hauptkapitel:

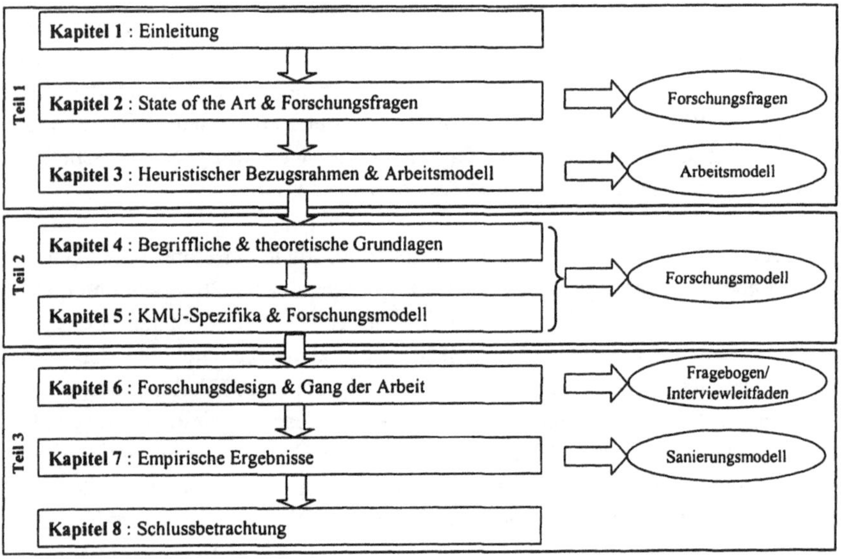

Abbildung 1.1: Gang der Arbeit

Quelle: Eigene Darstellung

2 STATE OF THE ART & FORSCHUNGSFRAGEN

2.1 State of the Art

Um eine Standortbestimmung der Arbeit zu ermöglichen, wird im Folgenden der aktuelle State of the Art beleuchtet und dabei das Forschungsfeld systematisiert. Zur Ermittlung und Identifikation existierender Literatur fand eine mehrstufige Vorgehensweise Anwendung:

- Stichwortsuche in den Bibliotheksdatenbanken der Wirtschaftuniversität Wien und der Universität Hohenheim nach den Stichwörtern ‚Insolvenz', ‚Sanierung', ‚Krise', ‚Krisenmanagement', ‚Restrukturierung', ‚KMU' bzw. deren englischsprachigen Äquivalenten sowie in Kombinationen.
- Stichwortsuche in den Onlinedatenbanken ABI/Inform, JSTOR, Pro-Quest und EBSCO mit den genannten Stichwörtern.
- Auswertung der Literaturverzeichnisse klassischer Standardwerke der Sanierungsliteratur, wie z.B. *Krystek*[23] und *Müller*[24], oder Handbücher, wie z.B. *Feldbauer-Durstmüller/Schlager*[25].
- Nutzung von bereits existierenden Metaanalysen und Literaturüberblicken anderer Autoren, wie z.B. *Huisgen*[26], *Bergauer*[27], *Mayer*[28] und *Burger*[29].
- Nutzung des ‚Schneeballsystems': Systematische Auswertung der Literaturverzeichnisse der ermittelten Literatur bis zu einem Zeitpunkt, bei welchem neuen Literaturverzeichnissen nur wenig zusätzliche Literatur entnommen werden konnte und der überwiegende Teil bekannt war.

Die auf diese Art und Weise ermittelte Literatur wird im Folgenden anhand einer Dreiteilung (Wissenschaftsdisziplinen, inhaltlicher Fokus und Autoren) dargestellt. Im Anschluss wird aus betriebswirtschaftlicher Sicht die historische Entwicklung des Forschungsfeldes in großen Zeitblöcken dargestellt, relevante Autoren und Trends werden analysiert und eine Übersicht über die Theorie der Krisenbewältigung generiert. In einem eigenen Abschnitt wird die Literatur zu dem spezifischen Themenfeld der Klein- und Mittelbetriebe und des Krisenmanagements dargelegt. Die Ausarbeitung von Forschungslücken und die Darstellung der Forschungsfragen bilden den Abschluss dieses Kapitels.

[23] Krystek (1981) und (1987).
[24] Müller (1986).
[25] Feldbauer-Durstmüller/Schlager (2002).
[26] Huisgen (1998).
[27] Bergauer (2001).
[28] Mayer (2003).
[29] Burger (1988).

2.1.1 Systematisierung des Forschungsfeldes

Das Themengebiet Unternehmenskrise und Krisenbewältigung wurde lange Zeit in weiten Teilen der Praxis überlassen. Dabei könnten gerade wissenschaftliche Erkenntnisse und Forschungsergebnisse für die Praxis von hoher Relevanz sein. Nach *Clasen* kommt eindeutig "(...) das Fehlen einer Tradition der Betriebswirtschaftslehre in Forschung und Lehre zum Problem der Unternehmenskrise und ihrer Bewältigung zur Geltung"[30]. In der Nationalökonomie fand, im Gegensatz zur Betriebswirtschaftslehre, frühzeitig eine Auseinandersetzung mit dem Objekt der Wirtschaftskrisen statt. In der Betriebswirtschaftslehre stand hingegen immer der erfolgreiche Fall im Vordergrund, was sich darin widerspiegelt, dass bei Forschungsaktivitäten dem strategischen Management und damit der Suche nach optimalen Planungs- und Führungssystemen sowie Unternehmensstrukturen stets eine hohe Aufmerksamkeit gewidmet wurde.[31]

a) Verschiedene Wissenschaftsdisziplinen

Die heute existierende Literatur zum Themenumfeld Unternehmenskrise und Sanierungsmanagement lässt sich zunächst in eine betriebswirtschaftlich orientierte und eine juristisch orientierte Literatur differenzieren. Die juristischen Beiträge beschäftigen sich vorwiegend mit gesellschaftsrechtlichen Aspekten der Unternehmenskrise und -sanierung sowie arbeits-, steuer- und insolvenz-rechtlichen Auswirkungen.

Eine Systematisierung der juristischen Literatur müsste sowohl nach den einzelnen Rechtsgebieten, nach dem Stadium der Unternehmenskrise (vor oder nach Eintritt der Insolvenz), nach verschiedenen Gesellschaftsformen (Kapital- oder Personengesellschaft) als auch nach Erhaltung oder Änderung der Rechtsidentität differenziert werden. Ebenso müsste ein Literaturüberblick die verschiedenen Beiträge vor und nach der Insolvenzrechtsreform berücksichtigen.[32] Da ein solcher Überblick nicht originäre Aufgabe dieser Forschungsarbeit darstellt, wird auf eine detaillierte Darstellung der juristischen Literatur verzichtet. An entsprechender Stelle wird jedoch auf den rechtlichen Rahmen und die juristische Perspektive verwiesen.

---

[30] Clasen (1992), S. 9 f.

[31] Vgl. Witte (1981), S. 8 ff., Clasen (1992), S. 9. Erste betriebswirtschaftliche Arbeiten zum Thema Unternehmenskrise wurden erst in den 20er und 30er Jahren des vergangenen Jahrhunderts veröffentlicht, z.B. Le Coutre (1926), Fleege-Althoff (1930), Findeisen (1932).

[32] Ähnlich Gless (1996), S. 93.

b) Inhaltlicher Fokus

Die betriebswirtschaftliche Literatur deckt den gesamten Krisenprozess eines Unternehmens ab, und zwar von der Analyse von Krisensymptomen und -ursachen über die Krisenerkennung und -prognose hin zur Krisenbewältigung.[33] Das weite Spektrum der betriebswirtschaftlichen Literatur lässt sich somit anhand ihrer Zielsetzung differenzieren und zwei großen Bereichen zuordnen: der Krisen-/ Insolvenzursachenforschung, welche eng mit der Krisen-/Insolvenzfrüherkennung und -prophylaxe verzahnt ist, sowie dem Bereich der Krisen-/Insolvenzbewältigung, welchem der Themenbereich Sanierung zugeordnet werden kann. Dies entspricht einer Ex-Ante- (vor der Krise/Insolvenz) bzw. Ex-Post- (nach der Krise/ Insolvenz) Zuordnung. Abbildung 2. verdeutlicht diese Unterteilung:

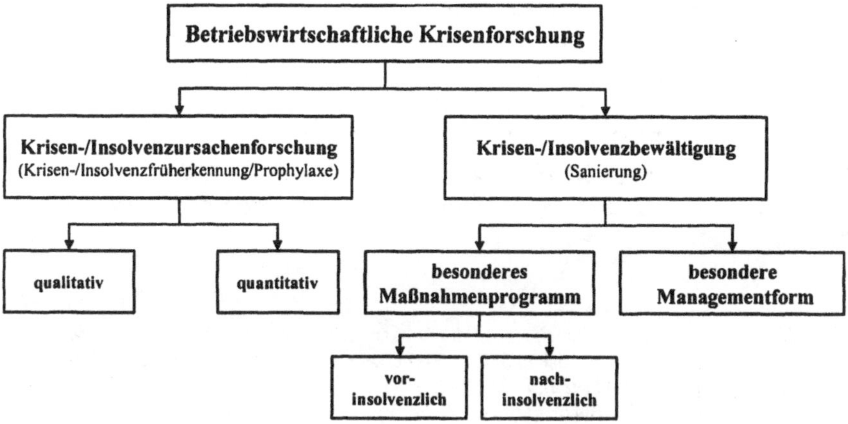

Abbildung 2.1: Differenzierung betriebswirtschaftliche Krisenforschung

Quelle: Eigene Darstellung

Die Krisenursachenforschung hat das Ziel, Ursachen-Wirkungs-Komplexe zu eruieren, die „(...) als Erklärung für das Entstehen von Unternehmenskrisen in allgemein gültiger Form gelten können“[34]. Bei der Insolvenzursachenforschung werden Symptome und Ursachen von Insolvenzen ermittelt und klassifiziert. Die Insolvenzprognose, welche eine Form der Früherkennung darstellt, versucht anhand von Kennzahlensystemen (vorwiegend im Rahmen der Jahresabschluss-

[33] Eine solche Dreiteilung nehmen auch Gless und Horst vor. Vgl. Gless (1996), S. 18 ff., Horst (2000), S. 9.
[34] Krystek (1987), S. 32.

analyse) drohende Insolvenzen zu prognostizieren[35] und so zur Prophylaxe beizutragen.

Dabei kann die Krisen-/Insolvenzursachenforschung prinzipiell qualitativer oder quantitativer Art sein. Bei der quantitativen Ursachenforschung wird ein kausaler Zusammenhang zwischen verschiedenen statistisch erfassbaren Daten und dem Scheitern von Unternehmen angenommen. So wird z.B. von der Rechtsform, der Unternehmensgröße, der Branchenzugehörigkeit etc. auf die Wahrscheinlichkeit des Scheiterns im Sinne eines Ursachen-Wirkungs-Zusammenhanges geschlossen. Eine solche Vorgehensweise kann als kasuistisch bezeichnet werden, da diese die Ermittlung allgemeingültiger Zusammenhänge zum Ziel hat. Ziel der qualitativen Ursachenforschung ist es hingegen, mit Hilfe von Befragungen, Expertenmeinungen sowie der Auswertung von Berichten über vergangene Krisenverläufe generell gültige Aussagen über Krisenursachen abzuleiten.[36] Dieser Bereich der Krisenforschung kann auch als der ältere Teil bezeichnet werden.[37] Autoren, die den Bereich der Krisen-/Insolvenzursachenforschung und Insolvenzprophylaxe behandeln, sind z.B. *Bötzel*[38], *Edmister*[39], *Endress*[40], *Fleege-Althoff*[41], *Hahn*[42], *Hantschel*[43], *Kayser*[44], *Leker*[45], *Löhneysen*[46], *Mayr*[47], *Mischon/Mortsiefer*[48], *Pfaffenholz*[49], *Reske/Brandenburg/Mortsiefer*[50], *Rödl*[51], *Weibel*[52], *Weisel*[53] sowie *Woywode*[54].

35 Vgl. Müller (1986), S. 22. Dabei nimmt die Literatur zur traditionellen Bilanzanalyse meist keinen Bezug auf Unternehmenskrise und deren Früherkennung. Für einen Überblick über Studien zur Bilanzanalyse siehe Krehl (1985), S. 21 ff.
36 Vgl. Krystek (1987), S. 33, Buchhart (2001), S. 58 ff., Hauschildt (2004), S. 707 f.
37 Siehe hierzu auch Abschnitt 2.1.2.
38 Bötzel (1993).
39 Edmister (1972).
40 Endress (1979).
41 Fleege-Althoff (1930).
42 Hahn (1958).
43 Hantschel (1993).
44 Kayser (1983).
45 Leker (1993).
46 Löhneysen (1982).
47 Mayr (1976).
48 Mischon/Mortsiefer (1981).
49 Pfaffenholz (1998).
50 Reske/Brandenburg/Mortsiefer (1976).
51 Rödl (1979)
52 Weibel beinhaltet auch einen ausführlichen Überblick über den Stand der Insolvenzforschung und Untersuchungen mit dem Schwerpunkt ‚Insolvenzprognose'. Vgl. Weibel (1978).
53 Weisel (1982).
54 Woywode (1998).

Als problematisch in diesem Bereich stellt sich dar, dass häufig an den Tatbestand der Insolvenz angeknüpft wird und somit positiv verlaufende Unternehmenskrisen, die nicht in der Insolvenz enden, ausgeklammert werden. Es ist jedoch anzunehmen, dass gerade solche Krisen weitergehende Erkenntnisse für die Krisenursachenforschung beinhalten dürften.[55]

Die dem Themenbereich Krisenbewältigung, also dem direkten Management von eingetretenen Unternehmenskrisen/Insolvenzen zuzuordnende Literatur behandelt im Wesentlichen zwei Aspekte. Zum einen wird der Krisenbewältigungsprozess als besondere Form des Managementprozesses (Planung, Durchführung, Kontrolle) angesehen, zum anderen bezieht sich die Literatur auf das durchgeführte Maßnahmenprogramm (finanzwirtschaftliche, operative und strategische Maßnahmen).[56] Diese Maßnahmenprogramme lassen sich zusätzlich noch in Programme differenzieren, welche vor bzw. nach der Insolvenzanmeldung ergriffen werden.

Der Bereich der Krisenbewältigungsforschung wurde verstärkt ab Beginn der 80er Jahre analysiert[57] und wird unter den verschiedenen Begrifflichkeiten Krisenmanagement, Sanierung oder Turnaround abgehandelt. Relevante Autoren, die sich diesem Bereich in unterschiedlicher Ausführlichkeit und unter verschiedenen Gesichtspunkten widmen, sind z.B. *Bergauer*[58], *Burtscher*[59], *Cezanne*[60], *Clasen*[61], *Feldbauer-Durstmüller*[62], *Horst*[63], *Krummenacher*[64], *Krystek*[65], *Lüthy*[66], *Müller*[67], *Schulten*[68], *Schwarzecker/Spandl*[69] sowie *Weidl*[70]. Einen umfassenden Überblick über die Literatur der Krisenbewältigung gibt *Bergauer*.[71] Für den speziellen Teil-

[55] Vgl. Krystek (1987), S. 33.
[56] Vgl. Bergauer (2001), S. 14 f.
[57] Siehe hierzu auch Abschnitt 2.1.2.
[58] Bergauer (2001) und (2003).
[59] Burtscher (1996).
[60] Cezanne (1998).
[61] Clasen (1992).
[62] Feldbauer-Durstmüller (1992).
[63] Horst (2000).
[64] Krummenacher (1981).
[65] Krystek (1981) und (1987).
[66] Lüthy (1988).
[67] Müller (1986).
[68] Schulten (1995).
[69] Schwarzecker/Spandl (1996).
[70] Weidl (1996).
[71] Vgl. Bergauer (2001), S. 283 ff.

bereich Sanierungsprüfung finden sich bei *Becker*[72] und *Brandstätter*[73] entsprechende Literaturüberblicke.

Die juristische Literatur, welche sich mit Krisenmanagement und den einzelnen Spezialthemen, wie z.B. Personalabbau, Haftungsfragen bei Insolvenz, Gläubigerschutz etc., auseinandersetzt, ist nahezu unüberschaubar. Im Folgenden wird auf eine Auswahl von Publikationen verwiesen, welche sich mit Insolvenzrecht und Insolvenzsanierung aus juristischer Perspektive beschäftigen.

In der Insolvenz steht häufig die Frage ‚Fortführung und Sanierung oder Liquidation?' im Vordergrund. Einen guten Überblick zum Thema Betriebsfortführung in der Insolvenz gibt das Handbuch von *Mönning*[74], welches viele Querverbindungen zu betriebswirtschaftlichen Fragestellungen herstellt. *Mönning* gibt eine detaillierte Darstellung der Aufgaben des Insolvenzverwalters und dessen Probleme, die während des Insolvenzprozesses entstehen können. Die Arbeit hat jedoch keine methodische Fundierung und ist eher unter dem Einfluss der praktischen Erfahrungen des Autors verfasst. Mit der gleichen Fragestellung, nämlich Sanierung oder Abwicklung in der Insolvenz, beschäftigt sich beispielsweise auch der Sammelband von *Beck* und *Möhlmann*[75] als auch die Publikationen von *Ehlers* und *Drieling*[76] sowie *Kautzsch.*[77]

Weitere Autoren, welche sich mit dem Insolvenzrecht und dem Insolvenzverfahren aus verstärkt juristischem Blickwinkel beschäftigen, sind z.B. *Herzig*[78], *Onciul*[79], *Ritter*[80] und *Marotzke*[81]. Letzterer thematisiert besonders die Fortführung und Veräußerung von Unternehmen zwischen dem Insolvenzeröffnungsantrag und dem Berichtstermin.

Zudem existiert eine Vielzahl von Literatur zu juristischen Spezialthemen bei einer Sanierung, wie z.B. personal- und steuerrechtliche Fragen bzw. Haftungsfragen bei Insolvenz und Betriebsübergang. Unter dem Gesichtpunkt des österreichischen Arbeitsvertragsrechts-Anpassungsgesetzes betrachten z.B.

[72] Vgl. Becker (1986), S. 52 ff. und S. 96 ff.
[73] Vgl. Brandstätter (1993), S. 68 ff.
[74] Vgl. Mönning (1997).
[75] Vgl. Beck/Möhlmann (2000).
[76] Vgl. Ehlers/Drieling (2000).
[77] Vgl. Kautzsch (2001).
[78] Vgl. Herzig (2001).
[79] Vgl. Onciul (2000).
[80] Vgl. Ritter (2000).
[81] Vgl. Marotzke (2000).

Weinhäuptl[82] sowie *Boesch*[83] den Betriebsübergang nach der Insolvenz. *Spieker*[84] analysiert die Unternehmensveräußerung in der Insolvenz. Von *Gerhardt*, *Haarmeyer* und *Kreft*[85] stammt ein Sammelband, in welchem eine Vielzahl von Autoren Teilaspekte des Insolvenzrechts beleuchten.

Eine Kombination aus betriebswirtschaftlichem und juristischem Blickwinkel stellt das Handbuch von *Groß*[86] dar, welcher die Sanierung insolventer Unternehmen durch Fortführungsgesellschaften in betriebswirtschaftlicher, rechtlicher und steuerlicher Sicht behandelt. *Finsterer*[87] hingegen fokussiert sich auf die Unternehmenssanierung durch Kreditinstitute unter Beachtung der Insolvenzordnung. Die Sanierungsplanung innerhalb und außerhalb des Insolvenzrechtes analysiert *Vogt*[88].

c) Unterschiedliche Autoren

Eine weitere Zweiteilung findet im Bereich der Autoren statt. Neben der klassischen wissenschaftlichen Sanierungsliteratur existiert eine Vielzahl an Publikationen von Praktikern. Diese gleichen häufig einem Leitfaden für Krisenvermeidung und -bewältigung mit der Unterstützung durch Checklisten. Solche Publikationen sind auch häufig in der angloamerikanische Literatur zu finden, welche die Thematik unter den Begriffen ‚turnaround management' oder ‚crisis management' behandelt. Dabei finden sich sowohl Monographien von Sanierern, welche ihre persönlichen Erfahrungen anhand von Geschichten über erfolgreiche Unternehmenssanierungen weitergeben, als auch Arbeiten, welche sich auf eine Vielzahl von Fallstudien beziehen.[89] Eine ausführliche Darstellung englischsprachiger Studien findet sich z.B. bei *Booth*[90] sowie *Pandit*.[91]

Im deutschsprachigen Raum hingegen sind Beiträge über erfolgreiche Unternehmenssanierer weniger verbreitet. Dafür lässt sich eine Unterteilung finden, welche

---

[82] Vgl. Weinhäupl (2004).
[83] Vgl. Boesch (1998).
[84] Vgl. Spieker (2001).
[85] Vgl. Gerhardt/Haarmeyer/Kreft (2003).
[86] Vgl. Groß (1988).
[87] Vgl. Finsterer (1999).
[88] Vgl. Vogt (1999).
[89] Vgl. hierzu Schickbauer (1995), S. 26 und die dort zitierte Literatur wie z.B. Bibeault (1982), Carlzon (1987), Edwards (1983), Goldston (1992), Iacocca/Novak (1985), Kharbanda/Stallworthy (1985) und (1987), Slatter (1984), Zimmerman (1991).
[90] Booth (1993), S. 89 ff.
[91] Vgl. Pandit (2000), S. 43 ff.

in Krisen-/Sanierungsratgeber und Handbücher, vorwiegend von Praktikern verfasst[92], sowie Sammelbände, Monographien und Handbücher, vorwiegend von Wissenschaftlern verfasst,[93] differenziert.

Zur Visualisierung der in diesem Abschnitt dargestellten Differenzierung dient Abbildung 2.2:

Abbildung 2.2: Systematisierung der Krisenforschungsliteratur

Quelle: Eigene Darstellung

Die für die vorliegende Arbeit relevante Literatur entstammt vorwiegend dem Bereich der Krisenbewältigung/Sanierung aus wissenschaftlich-betriebswirtschaftlicher Sicht. Im weiteren Verlauf der Arbeit wird bei entsprechender Stelle auf andere Bereiche, vor allem auf die der Insolvenzursachenforschung und der juristischen Literatur, zurückgegriffen.

2.1.2 Historische Entwicklung des Forschungsfeldes

Fragestellungen zur Thematik der Unternehmenskrisen sind in der Betriebswirtschaft nicht neu, jedoch schwankt die Aktualität des Themas stark in Abhängigkeit von der konjunkturellen Lage. In Zeiten wirtschaftlichen Aufschwungs

---

[92] Z.B. Droege & Comp. (2003), Faulhaber/Landwehr (2005), Gieschen (2003), Hüthmair (1999), Leupin (1998), Lützenrath/Peppmeier/Schuppener (2003), Müller-Ganz (2004), Seefelder (2003), Trauboth (2002).

[93] Z.B. Beck/Möhlmann (2000), Bertl/Mandl/Mandl/Ruppe (1998), Böckenförde (1996), Bratschitsch/Schnellinger (1981), Buth/Hermanns (1998) und (2004), Coenenberg/Fischer (1993), Feldbauer-Durstmüller/Schlager (2002), Feldbauer-Durstmüller/Stiegler (1994), Gareis (1994), Heintzen/Kruschwitz (2004), Hess/Fechner/Freund/Körner (1998), Krystek (1981) und (1987), Müller (1982) und (1986), Schimke/Töpfer (1986), Turnheim (1988), Weimar/Grote (1998).

wird das Forschungsfeld Unternehmenskrise/-insolvenz weniger beachtet. Dass steigende Insolvenzzahlen neue Impulse für die Krisenforschung darstellen, wird durch die häufigen Verweise auf Insolvenzstatistiken in den diversen Veröffentlichungen deutlich.

In einer historischen Betrachtung finden sich die ersten Ansätze zur Behandlung krisenspezifischer Fragestellungen in der deutschsprachigen betriebswirtschaftlichen Forschung zu Beginn des 20. Jahrhunderts. Ein Artikel von *Le Coutre*[94] über die Krisenlehre für die Unternehmensführung gilt als eine der ersten Auseinandersetzungen der Betriebswirtschaftslehre mit Krisenaspekten.

In den 20er und 30er Jahren setzten sich verschiedene Autoren im Rahmen eher allgemein gehaltener betriebswirtschaftlicher Publikationen mit einer genetischen Betrachtungsweise von Unternehmen, inklusive deren Sanierung und Liquidation auseinander.[95] So stehen im Mittelpunkt der Abhandlung von *Fleege-Althoff* Ursachen und Ausprägungen von Krisensituationen, welcher er mit Erkrankungen von Menschen vergleicht. *Fleege-Althoff* untersucht für die Jahre 1924 und 1929 insgesamt 180 Aktiengesellschaften, bei denen man aufgrund von Zeitungsnotizen eine Notlage annahm.[96] Dabei unterteilt er die ‚Krankheitsursachen' (Krisenursachen) nach dem Ort des Entstehens in endogene und exogene Krisenursachen. Als endogen betrachtet er den Unternehmensstandort, die Unternehmensführung, die Unternehmensorganisation und Rechtsform sowie verschiedene produktions-, dispositions- und rechnungswesensabhängige Faktoren. Als exogen sieht er konjunkturelle, wirtschafts- und sozialpolitische sowie wettbewerbsbedingte Faktoren. Nach Ansicht von *Fleege-Althoff* dominieren vorwiegend endogene Ursachen bei der Krisenentstehung.[97]

Nach dem zweiten Weltkrieg traten entsprechende Forschungsbemühungen aufgrund des beginnenden und anhaltenden Wirtschaftswachstums in den Hintergrund. Es können daher auch so gut wie keine wissenschaftlichen Veröffentlichungen zu diesem Thema aus dieser Zeit verzeichnet werden.[98] Als Ausnahme sind die Autoren *Hahn* und *Rinklin* zu nennen. *Hahn*[99] untersuchte 1958 anhand von Gerichtsakten ca. 200 Insolvenzverfahren von Unternehmen, die zwischen 1870 und 1926 vorwiegend im Bezirk Remscheid-Solingen-Wuppertal sowie den

[94] Le Coutre (1926).
[95] Vgl. u.a. Leitner (1919), Schmalenbach (1922), S. 176 ff., Prion (1935).
[96] Vgl. Fleege-Althoff (1930), S. 21.
[97] Vgl. Fleege-Althoff (1930), S. 91 ff.
[98] Vgl. Müller-Merbach (1976), S. 159.
[99] Hahn (1958), S. 7 f.

angrenzenden Gebieten Duisburg, Düsseldorf und Köln scheiterten. Dabei ermittelte er 21 Hauptursachen für Unternehmensinsolvenzen, die er in endogene und exogene Krisenursachen differenzierte. Er kommt zu dem Ergebnis, dass ca. 80% der Insolvenzen auf unternehmerisches Versagen zurückzuführen sind.[100] Im Jahr 1960 untersuchte *Rinklin*[101] insgesamt 50 Insolvenzen ebenso anhand ihrer Gerichtsakten, wobei er unterschiedliche Verschuldungsgrade annimmt. Wie *Fleege-Althoff* und *Hahn* kommt auch er zu dem Ergebnis, dass mangelnde fachliche und charakterliche Qualitäten des Unternehmers Hauptgründe für Unternehmenskrisen und Insolvenzen sind.[102] Eine weitere Analyse zu Ursachen von Unternehmenskrisen führt *Bellinger*[103] im Jahr 1962 durch. Er identifiziert Krisenursachen verschiedener Ordnung, wobei Krisenursachen erster Ordnung die existenzgefährdenden Folgen nicht erreichter Ziele darstellen.

Beginnend mit der ersten großen Konkurswelle in den Rezessionsjahren 1966/67 wurden wieder entsprechende Forschungsimpulse zum Themenumfeld Krisenforschung und Unternehmenssanierung gesetzt. Dies hatte auch zur Folge, dass vermehrt Abhandlungen über eine aktive Konjunkturpolitik der Unternehmung entstanden, wie z.B. die Arbeit von *Büschgen*[104] oder die Sammelbände von *Jacob*[105]. Allerdings standen dabei Fragen von Unternehmensstrategien zwecks Krisenvermeidung und Krisenantizipation im Vordergrund und weniger Fragen eines aktiven Krisen- und Sanierungsmanagements.[106]

In den 70er Jahren setzte eine breite Diskussion über Krisenproblematiken und über die Probleme des Krisenmanagements ein.[107] Da diese Arbeiten vorwiegend von Praktikern verfasst wurden, blieben Fragen der Krisenbewältigung und -sanierung unter methodisch-konzeptionellen Aspekten eher unbehandelt. Viele Arbeiten enthalten lediglich Zusammenfassungen von betriebswirtschaftlichen Kenntnissen und empfehlen deren konsequente Umsetzung bzw. beschränken sich auf eine summarische Auflistung von Fallstudien.[108] Nennenswerte Untersuchungen sind die Untersuchungen der *Schimmelpfeng GmbH* und von *Schwetlick*

---

[100] Vgl. Hahn (1958), S. 110 f.
[101] Rinklin (1960), S. 13 ff.
[102] Vgl. Rinklin (1960), S. 48 ff.
[103] Vgl. Bellinger (1962), S. 58.
[104] Büschgen (1971).
[105] Jacob (1967a) und (1967b).
[106] Vgl. Müller (1986), S. 20.
[107] Ähnlich Krummenacher (1981), S. 1, Krystek (1987), S. 2, Müller (1986), S. 20, Schulten (1995), S. 1,
[108] Vgl. Müller (1986), S. 20 und die dort zitierte Literatur, wie z.B. Duerr (1975), Marschall (1971), Merten (1975).

und *Lessing* sowie *Langen* und *Naujoks*. Die Wirtschaftsauskunftsdatei *Schimmelpfeng GmbH*[109] führte 1976 eine schriftliche Befragung unter 172 Konkursverwaltern durch, um aus einer vorgegebenen Liste von Krisenursachen diejenigen herauszufiltern, welche von wesentlicher Bedeutung für Unternehmenskrisen und Insolvenzen sind.[110] Die Untersuchung von *Schwetlick* und *Lessing*[111] beruht auf der ab dem Jahr 1971 veröffentlichten Serie ‚Mismanagement' des Manager-Magazins. *Langen* und *Naujoks*[112] führen eine Strukturanalyse von Insolvenzen durch und analysieren die Entwicklungen der Insolvenzfälle, der Insolvenzquoten und der Insolvenzverluste in Deutschland.

Ende der 70er und zu Beginn der 80er Jahre widmet sich die Wissenschaft vermehrt wieder der Thematik des Krisenmanagements. Im Jahre 1979 stand die Tagung des Verbandes der Hochschullehrer für Betriebswirtschaft unter dem Schwerpunktthema ‚Unternehmenskrisen - Ursachen, Frühwarnung und Bewältigung'[113]. *Krystek* entwickelt zu Beginn der 80er Jahre eine heute noch vielfach genutzte Definition der Unternehmenskrise[114] und stellt sein Vier-Phasen-Modell des Krisenverlaufes[115] vor. Dabei differenziert er in ein aktives und ein reaktives Krisenmanagement und gibt Anregungen zu einem erfolgreichen Krisenmanagement mit organisatorischen Regelungen. In der Weiterführung seiner Gedanken zeigt er 1987 weitere Möglichkeiten einer erfolgreichen Krisenvermeidung und -bewältigung auf.[116] *Müller*[117] führt Mitte der 80er Jahre eine Systematisierung der betriebswirtschaftlichen Krisenforschung durch und klassifiziert insgesamt acht Schwerpunkte: (1) Klassische Insolvenzforschung, (2) Betriebswirtschaftliches Insolvenzwesen, (3) Betriebsänderungen, (4) Funktionale Unternehmenspolitiken, (5) Unternehmensentwicklungen, (6) Frühwarnsysteme, (7) Strategische Unternehmensplanung und (8) Organisations- und Managementlehre.

---

[109] Vgl. Schimmelpfeng-Marktforschung (1977), S. 79 ff.

[110] Es wurde festgestellt, dass exogene Ursachen (in Form von kostensteigernden Einflüssen im Bereich Personal und Kapital sowie eine verminderte Nachfrage) ein Übergewicht gegenüber betrieblichen Schwächen haben. Bei den endogenen Ursachen nehmen eine zu geringe Kapitalausstattung und Mängel im Management die führenden Positionen ein.

[111] Vgl. Schwetlick/Lessing (1977a), S. 26 ff. und (1977b), S. 36 ff. Sie nennen vier Hauptgründe für Unternehmenskrisen: (1) Fehlentscheidungen bei der Besetzung von Führungspersonen (2) Zu breites und ausdifferenziertes Produktprogramm (3) Ungenügende Berücksichtigung mittel- und langfristiger Marktentwicklungen (4) Mängel im Planungs- und Informationssystem.

[112] Vgl. Langen/Naujoks (1977).

[113] Siehe Bratschitsch/Schnellinger (1981).

[114] Vgl. Krystek (1981), S. 6 f.

[115] Vgl. Krystek (1980), S. 65 und Krystek (1981), S. 38 ff. Siehe auch Abschnitt 4.2.2.

[116] Krystek (1987), S. 89 ff.

[117] Vgl. Müller (1986), S. 23.

Kayser[118] analysiert 1983 in seiner Untersuchung die Sanierungsfähigkeit von Unternehmen im Vorfeld der Insolvenz und ermittelt Indikatoren zur Beurteilung der Sanierungsfähigkeit insolvenzbedrohter Unternehmen. In einer empirischen Analyse von 60 erfolgreichen und gescheiterten Sanierungen arbeitet er Unterschiede und Gemeinsamkeiten im Zeitpunkt der Sanierungsentscheidung heraus. Das Ergebnis seiner Analyse ist ein Merkmalsystem mit normativem Charakter, welches anhand von Jahresabschlussinformationen eine Trennung in scheiternde und erfolgreiche Unternehmenssanierungen erlaubt. Hinreichend gesicherte Aussagen über die Sanierungsfähigkeit sind jedoch nicht möglich. In einem ähnlichen Bereich ist die Arbeit von *Burger*[119] angesiedelt. Er untersucht die Beurteilung der Sanierungsfähigkeit als Grundlage für Sanierungsmaßnahmen.

Gegen Ende der 80er Jahre geht die Zahl der Veröffentlichungen wieder zurück, was mit einem konjunkturellen Aufschwung in Verbindung zu bringen ist. Jedoch erstarkt mit der ökonomischen Krise in den 90er Jahren das Interesse an Fragestellungen zum Thema Unternehmenskrise wieder.[120] Ein spezielles Augenmerk richten verschiedene Autoren, wie z.B. *Bitz*[121], *Lange* und *Wall*[122], *Saitz* und *Braun*[123] sowie *Wolf* und *Runzheimer*[124], auf das Risikomanagement und den Bereich Krisenfrüherkennung und -prophylaxe, was besonders durch das in Deutschland im Jahr 1998 eingeführte Gesetz zur Kontrolle und Transparenz im Unternehmensbereich gefördert worden ist.

Ende der 90er Jahre und zu Beginn des neuen Jahrhunderts rückt verstärkt der Fokus auf die operative Durchführung des Krisenmanagements. In Deutschland führt die zum 1. Januar 1999 eingeführte neue Insolvenzordnung, welche den Erhalt des Unternehmens nach Insolvenzanmeldung fördern soll, zu einer besonderen Beachtung von Insolvenzsanierungen, jedoch vorwiegend unter juristischen Gesichtspunkten.[125] Gleichzeitig ist festzustellen, dass in diesem Zeitraum neue und besonders spezifische Aspekte des Krisenmanagements betrachtet werden. So findet z.B. der Zusammenhang zwischen der Unternehmenskrise und

---

118 Vgl. Kayser (1983).
119 Vgl. Burger (1985).
120 Siehe z.B. Böckenförde (1991), Bötzel (1993), Coenenberg/Fischer (1993), Clasen (1992), Dreßler (1995), Feldbauer-Durstmüller (1992), Leker (1993), Linde (1994), Söhnchen (1992).
121 Bitz (2000).
122 Lange/Wall (2001).
123 Saitz/Braun (1999).
124 Wolf/Runzheimer (1999).
125 Z.B. Beck/Möhlmann (2000), Ehlers/Drieling (2000), Herzig (2001), Kautzsch (2001), Marotzke (2000), Onciul (2000). Eine Ausnahme zu der juristischen Betrachtung bildet Vogt (1999).

dem Kommunikationsaspekt eine häufigere Beachtung[126], was sich in den Werken von *Landert*[127], *Lütgens*[128], *Reineke*[129], *Scherler*[130], *Töpfer*[131] oder *Westphal*[132] widerspiegelt.

Die aktuellen wissenschaftlichen Beiträge, welche sich mit dem Gebiet der Krisenforschung auseinandersetzen, sind z.B. die Arbeiten von *Buchhart*[133], *David*[134], *Kelber*[135], *Mayer*[136] sowie *Schmeisser* und *Hofmann*[137], welche sich jedoch als heterogen darstellen. *Buchhart* geht speziell auf die Sanierung von kleinen und mittleren Unternehmen ein und berücksichtigt die neue Insolvenzordnung unter finanzierungstheoretischen Aspekten. *David* analysiert das Krisenmanagement aus dem Blickwinkel externer Akteure, insbesondere aus der Sicht von Banken. *Kelber* untersucht das Scheitern der vielen E-Business-Unternehmen der New-Economy und erstellt ein Rahmenkonzept für den Turnaround von Dotcoms. *Mayer* setzt einen Fokus auf das Krisenmanagement unter der Berücksichtigung eines ganzheitlichen Risikomanagements. *Schmeisser* und *Hofmann* thematisieren den Personalabbau bei sanierungsbedürftigen und insolventen Unternehmen unter einer finanzwirtschaftlichen Perspektive, allerdings mit einem starken juristischen Fokus.

2.1.3 Theorie der Unternehmenskrise

Nach dem historischen Überblick über die Entwicklung des Forschungsfeldes wird im Folgenden auf die Entwicklung und den heutigen Stand einer Theorie des Krisenmanagements eingegangen.

---

[126] Da dies u.a. mit dem Fortschritt und der Verbreitung von Kommunikationstechnologien in Zusammenhang steht, ist dieser Aspekt wenig überraschend.
[127] Landert (2003).
[128] Lütgens (2002).
[129] Reineke (1997).
[130] Scherler (1996).
[131] Töpfer (1999).
[132] Westphal (2003).
[133] Buchhart (2001).
[134] David (2001).
[135] Kelber (2004).
[136] Mayer (2003).
[137] Schmeisser/Hofmann (2004).

2.1.3.1 Theorieentwicklung

Trotz der vielschichtigen Forschungsaktivitäten und umfangreichen theoretischen Erarbeitungen in den Bereichen der Krisen-/Insolvenzursachenforschung und des Krisenmanagements/der Sanierung scheint es immer noch an erfolgreichen, in der Praxis umsetzbaren Konzeptionen zu fehlen. Bei einer Auffassung der Betriebswirtschaftslehre als einer angewandten Wissenschaft, die der Praxis durch neue Erkenntnisse Wissen für eine erfolgreiche Unternehmensführung und Problembewältigung bereitstellen soll[138], stellt sich die Frage, ob diese Hilfestellung in Krisensituationen tatsächlich durch bereits existierende und anwendbare Theorien gegeben werden kann.

Gabele kommentiert 1981 den Stand der Theorieentwicklung des Krisenmanagements: "Ohne Zweifel reichen die gegenwärtig greifbaren Ansatzpunkte für eine betriebswirtschaftliche Theorie des Krisenmanagements nicht aus."[139] Damit bezieht er sich auf die Tatsache, dass bis zum Beginn der 80er Jahre keine Entwicklung zu erkennen war, die ein geschlossenes theoretisches Modell in Form einer ‚Theorie des Krisenmanagements' hervorbringen hätte können. Zwar gab es eine Fülle von Beiträgen, jedoch waren deren verschiedene Konzepte nicht integriert.[140]

Erste konkretisierte Bausteine einer Theorieentwicklung finden sich bei *Witte (1981)*. Er formulierte folgende Schritte zur Entwicklung einer Realtheorie der Unternehmenskrise:[141]

- Ermittlung und Operationalisierung relevanter Situationsvariablen
- Beschreibung möglicher Krisenverläufe unter Beachtung der Veränderung der krisenrelevanten Variablen und Abhängigkeiten
- Ermittlung der Bedingungen und Ursachen, unter denen eine Krise entsteht
- Feststellung der Folgewirkungen des Krisenprozesses

Diese von *Witte* geforderten einzelnen Bausteine werden zwar im Laufe der Zeit formuliert, doch bestätigt *Krystek* noch im Jahre 1987 das Fehlen einer gültigen und geschlossenen Theorie der Unternehmenskrise.[142]

---

[138] Vgl. Heinen (1984), S. 21.
[139] Gabele (1981), S. 150.
[140] Vgl. Schickbauer (1995), S. 26.
[141] Vgl. Witte (1981), S. 13.
[142] Vgl. Krystek (1987), S. 2.

Schickbauer wertet 1995 den Entwicklungsstand der Krisentheorie folgendermaßen: "Obzwar die Krisenforschung in den 80er Jahren erheblich in Bewegung geraten ist und neue Erkenntnisse zu dieser spezifischen Form der Unternehmensführung geliefert hat, kann festgehalten werden, dass leider noch immer nicht von einer vollständigen theoretischen Fundierung des Krisenmanagements ausgegangen werden kann."[143] Der unbefriedigende Entwicklungsstand einer betriebswirtschaftlichen Theorie des Krisenmanagements ist im letzten Jahrzehnt verbessert worden, jedoch ist insbesondere der Aspekt der Krisenbewältigung noch ungenügend behandelt.[144]

Eine ähnliche Auffassung vertritt auch *Gless*. Er stellt eine verhältnismäßig geringe empirische Erforschung der Krisenbewältigung fest und sieht, dass der „(...) gegenwärtige Erkenntnisstand nur in geringem Umfang das Ergebnis wissenschaftlicher Bemühungen ist"[145]. Defizite bestehen vorwiegend in der Untersuchung der grundlegenden inhaltlichen Elemente der Unternehmenssanierung. Weiterhin geben die existierenden empirischen Ergebnisse ein uneinheitliches Urteil über die Bedeutung von Sanierungsstrategien einerseits und operativen Maßnahmen andererseits wieder. Die Grundlage weiterer Aktivitäten müsse daher ein Forschungskonzept zur Entwicklung einer Theorie der Unternehmenssanierung sein.[146]

Huisgen stellt 1998 fest, dass die Entwicklung eines allgemeingültigen Modells, welches als Deduktion und bewertende Analyse der zahlreichen Konzeptionen anzusehen ist, in der Krisenforschung nur selten versucht wurde.[147] Sowohl Wissenschaft als auch Praxis versuchten lediglich „(...) unzusammenhängende bzw. ausschnitthafte Führungskonzepte und -instrumentarien im Hinblick auf das Themengebiet der Unternehmenssanierung zu entwickeln, was sich schließlich in der Vielzahl von konzeptionell differierenden Beiträgen äußern sollte"[148]. Existierende Arbeiten kreieren eher einen eigenen individuellen Ansatz als andere bestehende Ansätze vergleichend gegenüberzustellen und zu integrieren.[149]

Im Jahr 2001 diagnostiziert *Bergauer*, dass es an strukturierten empirischen Erhebungen zur konkreten Ausgestaltung des Krisenbewältigungsprogramms in Unter-

---

143 Schickbauer (1995), S. 32.
144 Vgl. Schickbauer (1995), S. 32.
145 Gless (1996), S. 105.
146 Vgl. Gless (1996), S. 103 ff.
147 Vgl. Huisgen (1998), S. 17.
148 Huisgen (1998), S. 18.
149 Vgl. Huisgen (1998), S. 17.

nehmen, die eine Krise durch Rückkehr in die Gewinnzone erfolgreich gemeistert haben, immer noch mangelt. Weiterhin gibt es Defizite in der vergleichenden Analyse unternehmensgrößenbezogener Unterschiede und Gemeinsamkeiten bei der Krisenbewältigung als auch einen Bedarf an aktuellen Untersuchungen von Krisenbewältigungen.[150]

In den vergangenen Jahren lässt sich ebenso wenig ein Versuch feststellen, der die vorhandenen Ansätze zu einer Theorie der Krisenforschung integriert. Es existiert keine Publikation, welche in wissenschaftlicher Form das vorhandene Wissen zur Krisenbewältigung aufarbeitet. Bei allen Forschungsarbeiten werden stets spezifische Krisenaspekte herausgegriffen und analysiert. Der Mangel an strukturierten empirischen Erhebungen ist weiterhin evident. Aktuelle Forschungsbemühungen und Publikationen haben ihren Fokus auf den praxeologischen Nutzen der Ergebnisse und resultieren häufig in ‚Krisenratgebern', jedoch nicht in einer Krisentheorie.

2.1.3.2 Prozessdarstellungen der Krisenbewältigung

Die Problematik, dass es für Akteure während des Krisenverlaufes zu einem erhöhten Zeitdruck bezüglich Entscheidungen und Maßnahmen kommt, lediglich unvollkommene Informationen als Entscheidungsgrundlage zur Verfügung stehen, eine erhöhte Ungewissheit und ein abnehmender Handlungsspielraum existieren[151], führte dazu, dass verschiedene sanierungsspezifische Prozessdarstellungen entwickelt wurden.[152] Die Krisen-/Insolvenzbewältigung als Gesamtprozess kann dabei in einzelne Phasen unterteilt werden, welche in einem zeitlichen Ablauf zu sehen, jedoch nicht immer trennscharf zu differenzieren sind.

Bei der Analyse der existierenden Modelle, welche Unternehmenssanierungen meist in einem drei-, vier- oder fünfphasigen Ablauf darstellen, ist zu erkennen, dass diese sich ähneln und auf zwei Grundmuster zurückzuführen sind. Die Unterteilung des Krisen-/Sanierungsmanagements in ein besonderes Maßnahmenprogramm einerseits und in eine besondere Managementform andererseits unterstützen die Differenzierung der verschiedenen Phasenmodelle.

Bei den Modellen, welche den Sanierungsprozess maßnahmenorientiert darstellen, findet sich häufig die Unterscheidung in kurzfristige, mittelfristige und

---

[150] Vgl. Bergauer (2001), S. 18.
[151] Vgl. Weber (1980), S. 31 ff, Clasen (1992), S. 82 ff.
[152] Vgl. Huisgen (1998), S. 122 ff. und die dort zitierte Literatur.

langfristige Maßnahmen. Die Begrifflichkeiten variieren je nach Autor. So sprich z.B. *Lüthy*[153] von Sofortmaßnahmen, einer Revitalisierungsphase und einer strategischen Neuorientierung. *Brauchlin/Wehrli*[154] bezeichnen die Phasen als Crash-Programm, Stabilisierung und strategische Neuorientierung. *Clasen*[155] beginnt sein Modell mit einer Identifikationsphase, in welcher der Entschluss zum Neubeginn gefällt wird. Sie dient zur Überprüfung der Voraussetzungen für eine Sanierung. In den darauf folgenden Phasen der Initialisierung und Stabilisierung definiert er die kurz- bis langfristigen Maßnahmen als eine besondere Managementform, indem er von einer Problemdefinition für mittel- und langfristige Aufgaben sowie der Entwicklung und Implementierung von Maßnahmenpaketen spricht. Seine Prozessdarstellung könnte daher auch dem Bereich Krisenmanagement als besondere Managementform zugeordnet werden.

Mit Anlehnung an die Vorgehensweise des allgemeinen Managementprozesses (Sanierung als eine verrichtungsorientierte Managementform im Sinne von Planung, Durchführung und Kontrolle) unterteilt *Krystek*[156] Sanierungsprozesse in den vierphasigen Ablauf: (1) Krisenidentifikation, (2) Ziel- und Maßnahmenplanung, (3) Realisation, (4) Kontrolle. Ähnlich teilen auch *Bergauer*[157], *Wagner*[158] und *Krummenacher*[159] ihre Phasen ein. *Turnheim*[160] präsentiert ein Verlaufskonzept, das dieser Einteilung ähnelt, geht jedoch nicht auf die Kontrolle der durchgeführten Maßnahmen ein.

Auffallend bei der Darstellung von *Krystek*[161] ist, dass er, obwohl er von einer existenzbedrohenden Krise ausgeht, dem Handlungsdruck keine hohe Bedeutung beimisst, da bei seiner Darstellung eine Grobanalyse zur Ableitung von Sofortmaßnahmen keine Rolle spielt. Es zeigt sich dadurch kein Unterschied zwischen der Führung in existenzgefährdeten und nicht existenzgefährdeten Situationen.[162]

Autoren, die Grobanalyse und Sofortmaßnahmen berücksichtigen, präsentieren sechs- bis achtphasige Modelle, die aber meist auf ein fünfphasiges Modell reduziert werden können, da sie vor der Ziel- und Maßnahmenplanung die eben

---

[153] Vgl. Lüthy (1988), S. 82 ff.
[154] Vgl. Brauchlin/Wehrli (1991), S. 195 ff.
[155] Vgl. Clasen (1992), S. 163 ff.
[156] Vgl. Krystek (1981), S. 97 ff. und (1987), S. 91 ff.
[157] Vgl. Bergauer (2001), S. 66 ff.
[158] Vgl. Wagner (2000), S. 30.
[159] Vgl. Krummenacher (1981), S. 100.
[160] Vgl. Turnheim (1988), S. 125 ff.
[161] Vgl. Krystek (1987), S. 91 ff.
[162] Ähnlich Gless (1996), S. 50.

erwähnte Phase der Grobanalyse und Sofortmaßnahmen einschieben und die Ziel- und Maßnahmenplanung selbst nochmals detaillierter darstellen. Verlaufskonzepte, die diesem Schema folgen, sind jene von *Stadlbauer*[163] und *Böckenförde*[164]. Die Phaseneinteilung von *Horst*[165] lehnt sich an die von *Stadlbauer* und *Böckenförde* an. *Feldbauer-Durstmüller*[166] folgt dem Schema der zuletzt genannten Autoren, jedoch beginnt sie ihr Phasenkonzept mit der Konkurseröffnung, da sie explizit die Sanierung aus dem Konkurs betrachtet. Den ausführlichsten Krisenbewältigungsprozess stellt *Müller*[167] dar, indem er den Krisenbewältigungsprozess in neun Prozessschritte unterteilt.

In den Tabellen 2.1 bis 2.5 sind die analysierten Phasenkonzepte nochmals dargestellt. Dabei soll darauf hingewiesen werden, dass lediglich *Feldbauer-Durstmüller* den Fokus auf eine Insolvenzsanierung setzt. Alle anderen Autoren fokussieren ihre Darstellungen auf eine vorinsolvenzliche Sanierung. Jedoch ist anzunehmen, dass diese sich auch auf die leistungswirtschaftliche Sanierung innerhalb eines Insolvenzverfahrens adaptieren lassen.

Lüthy[168]	**Brauchlin/Wehrli**[169]	**Clasen**[170]
➢ Sofortmaßnahmen	➢ Crash-Programm	➢ Identifikationsphase
➢ Revitalisierungsphase	➢ Stabilisierung	➢ Initialisierungsphase
➢ Strategische Neuorientierung	➢ Strategische Neuorientierung	➢ Stabilisierungsphase

Tabelle 2.1: Phasenmodelle der Unternehmenssanierung, Teil I

Krystek[171]	**Bergauer**[172]	**Wagner**[173]
➢ Krisenidentifikation	➢ Identifikation	➢ Situationskontrolle
➢ Ziel- und Maßnahmenplanung	➢ Planung	➢ Planung
➢ Realisation	➢ Realisation	➢ Entscheidung
➢ Kontrolle	➢ Kontrolle	➢ Realisation
		➢ Erfolgskontrolle

Tabelle 2.2: Phasenmodelle der Unternehmenssanierung, Teil II

163 Vgl. Stadlbauer (1991), S. 230 ff.
164 Vgl. Böckenförde (1996), S. 52 ff.
165 Vgl. Horst (2000), S. 34.
166 Vgl. Feldbauer-Durstmüller (1992), S. 58 ff.
167 Vgl. Müller (1986), S. 317 ff.
168 Vgl. Lüthy (1988), S. 82 ff.
169 Vgl. Brauchlin/Wehrli (1991), S. 195 ff.
170 Vgl. Clasen (1992), S. 163 ff.
171 Vgl. Krystek (1981), S. 97 ff. und S. 225 ff.
172 Vgl. Bergauer (2001), S. 66 ff.
173 Vgl. Wagner (2000), S. 30.

Krummenacher[174]	**Turnheim**[175]	**Stadlbauer**[176]
➢ Ermittlung & Beurteilung der Ausgangslage ➢ Bestimmung eines anzustrebenden Soll-Zustandes ➢ Ermittlung von Handlungsalternativen, Konsequenzen und Beschlussfassung ➢ Implementierungsphase	➢ Analyse der Ist-Situation ➢ Szenario und Sanierungsstrategie ➢ Maßnahmenkatalog ➢ Durchführung	➢ Krisenidentifikation ➢ Initiierung des Sanierungsmanagements ➢ Grobanalyse ➢ Sofortmaßnahmen ➢ Detaillierte Analyse ➢ Sanierungsstrategie ➢ Umsetzung der operativen Maßnahmen ➢ Umsetzungskontrolle

Tabelle 2.3: Phasenmodelle der Unternehmenssanierung, Teil III

Böckenförde[177]	**Horst**[178]	**Feldbauer-Durstmüller**[179]
➢ Krisenerkennung und -initiierung ➢ Grobanalyse ➢ Sofortmaßnahmen ➢ Detailanalyse ➢ Entwicklung Sanierungskonzept ➢ Implementierung Sanierungskonzept ➢ Sanierungskontrolle	➢ Krisenidentifikation ➢ Initiierung der Krisenbewältigung ➢ Grobanalyse ➢ Einleitung von Sofortmaßnahmen ➢ Detailanalyse ➢ Konzept zur Krisenbewältigung ➢ Implementierung	➢ Konkurseröffnung ➢ Grobanalyse ➢ Durchführung der Erstmaßnahmen ➢ Feinanalyse ➢ Erstellung des Fort-führungskonzeptes ➢ Durchführung der Fort-führungsmaßnahmen ➢ Zwangsausgleich

Tabelle 2.4: Phasenmodelle der Unternehmenssanierung, Teil IV

Müller[180]	
➢ Krisenidentifikation und Initiierung der Krisenbewältigung ➢ Grobanalyse der Möglichkeiten zur Krisenbewältigung ➢ Sofortmaßnahmen und Organisation der Krisenbewältigung ➢ Genaue Problemdiagnose	➢ Entwicklung von Handlungsalternativen ➢ Bewertung und Auswahl der Maßnahmen ➢ Detaillierung der Maßnahmen ➢ Durchsetzung der Maßnahmen ➢ Kontrolle der Konsolidierung

Tabelle 2.5: Phasenmodelle der Unternehmenssanierung, Teil V

[174] Vgl. Krummenacher (1981), S. 100.
[175] Vgl. Turnheim (1988), S. 125 ff.
[176] Vgl. Stadlbauer (1991), S. 230 ff.
[177] Vgl. Böckenförde (1996) S. 52 ff.
[178] Vgl. Horst (2000), S. 34.
[179] Vgl. Feldbauer-Durstmüller (1992), S. 58 ff.
[180] Vgl. Müller (1986), S. 317 ff.

2.1.4 Krisenforschung und KMU

Kleine und mittelständische Unternehmen scheinen in dem Bereich Krisen-/ Insolvenzursachenforschung, besonders aber im Bereich Krisenbewältigungs- und Sanierungsforschung, in weiten Teilen unberücksichtigt. Trotz eines sehr hohen Anteils an der Gesamtwirtschaft und an den Unternehmensinsolvenzen spiegelt sich eine Forschungslandschaft wider, deren Fokus verstärkt auf Großunternehmen liegt.

Nur vereinzelt wird die Gruppe der KMU durch Autoren explizit berücksichtigt. Die bereits genannte Untersuchung von *Hahn*[181] analysiert vorwiegend mittelständische Unternehmen, die zwischen 1870 und 1926 in die Krise gerieten. Insolvenzursachen von mittelständischen Einzelhandelsunternehmen, die zwischen 1955 und 1963 in Nordrhein-Westfalen in Konkurs gingen, analysiert *Keiser*[182] Mitte der 60er Jahre.

Die ersten systematischen Schritte, KMU als besondere Gruppe der von Unternehmenskrisen betroffenen Unternehmen zu berücksichtigen, wurden durch das Institut für Mittelstandsforschung unternommen.[183] So führten *Reske/ Brandenburg/Mortsiefer* (Forschungsgruppe Köln) eine empirische Untersuchung über Insolvenzursachen und ihre Zusammenhänge bei mittelständischen Betrieben durch und kamen zu dem Ergebnis, dass „(...) Insolvenzen vor allem aus innerbetrieblichen Fehlern entstehen“[184]. Sie stützten ihre Ergebnisse dabei auf die Auswertung von Insolvenzakten sowie auf eine Erhebung bei Konkursverwaltern.

Wird die veröffentlichte Literatur als Indikator für die Bedeutung des Themenfeldes ‚Unternehmenskrise und KMU' benutzt, so erstarkt das Interesse zu Anfang der 80er Jahre. Einige Autoren, wie z.B. *Endress*[185], *Mischon/Mortsiefer*[186], *Sievers*[187] oder *Maasmeier*[188], nehmen sich der Problematik an und legen ihren Themenschwerpunkt auf die Krisenvermeidung und -prophylaxe. In der zweiten Hälfte der 80er Jahre verebben die Forschungsaktivitäten allerdings wieder.

---

181 Hahn (1958).
182 Vgl. Keiser (1966).
183 Vgl. Klein-Blenkers (1981), Mischon/Mortsiefer (1981), Reske/Brandenburg/Mortsiefer (1976).
184 Reske/Brandenburg/Mortsiefer (1976), S. 232.
185 Endress (1979).
186 Mischon/Mortsiefer (1981).
187 Sievers (1982).
188 Maasmeier (1987).

Nur vereinzelt rücken in den 90er Jahren KMU wieder in den wissenschaftlichen Fokus. *Clasen*[189] veröffentlicht 1992 ein Konzept zur Bewältigung von KMU-Unternehmenskrisen. Dabei geht er speziell auf die Spezifika und Bedürfnisse von KMU ein und berücksichtigt besonders die Stellung des Unternehmers und anderer Anteilseigner, für die das Unternehmen die Existenzgrundlage darstellt. *Howaldt*[190] analysiert in seiner Arbeit den Prozess von Sanierungsakquisitionen kleiner und mittelständischer Unternehmen. Sowohl *Hantschel*[191] als auch *Kratz*[192] berücksichtigen die Rolle von Steuerberatern und Wirtschaftsprüfern bei der Insolvenzprophylaxe sowie bei der Durchführung des Krisenmanagements bei mittelständischen Unternehmen. *Hesselmann* und *Stefan*[193] untersuchen in ihrer empirischen Studie die Frage der Sanierung bzw. Zerschlagung insolventer Unternehmen.

Als Sammelband mit Fachartikeln zur Thematik KMU und Krise soll auf *Thommen/Belak/Kajzer*[194] verwiesen werden. *Mugler* geht in seinem Beitrag auf die Besonderheiten des Krisenmanagements unter einer konfigurationstheoretischen Perspektive ein und gliedert sowohl Krisenursachen als auch potenzielle Maßnahmen zur Sanierung nach den Variablen ‚Person des Unternehmers', ‚Management', ‚Ressourcen' sowie ‚Umwelt'.[195] *Pleitner* nennt in seinem Beitrag den Unternehmer als die Schlüsselfigur, welcher sowohl wichtigster Erfolgs- als auch Misserfolgsfaktor sein kann.[196]

Ein weiterer Sammelband ist derjenige von *Schmeisser/Bretz/Keßler/Krimphove*[197]. Unter den Autoren finden sich sowohl Wissenschaftler als auch Praktiker, welche Abhandlungen über das Krisen- und Insolvenzmanagement von mittelständischen Unternehmen verfasst haben. Der Sammelband hat einen überwiegend betriebswirtschaftlichen Fokus mit einem Schwerpunkt auf dem Finanzierungsbereich.

---

[189] Clasen (1992).
[190] Howaldt (1994).
[191] Hantschel (1993).
[192] Kratz (1996).
[193] Hesselmann/Stefan (1990).
[194] Thommen/Belak/Kajzer (1999).
[195] Vgl. Mugler (1999), S. 189 ff.
[196] Vgl. Pleitner (1999), S. 215 f.
[197] Schmeisser/Bretz/Keßler/Krimphove (2004).

Vom Institut für Mittelstandsforschung (IfM) Bonn stammen in den vergangenen Jahren wieder vermehrt Veröffentlichungen, die KMU-Krisen thematisieren.[198] Die Veröffentlichung mit dem Titel ‚Restart: Eine zweite Chance für gescheiterte Unternehmer?'[199] thematisiert die Folgen eines Scheiterns und einer potenziellen Neugründung. Eine weitere Veröffentlichung des IfM stammt von den Autoren *Kranzusch* und *May-Strobl*[200], welche Einzelunternehmen in der Krise untersuchen, um Rahmenbedingungen der Krisenbewältigung zu überprüfen und Verbesserungsvorschläge für öffentliche Hilfsangebote abzuleiten.

Weitere neue wissenschaftliche Beiträge, welche sich mit KMU in der Krise auseinandersetzen, sind die Arbeiten von *Achilles*[201], *Buchhart*[202] und *Möllmann*[203]. *Achilles* fokussiert sich vorwiegend auf die Sanierung unter dem Gesichtpunkt notwendiger Kommunikationsprozesse und kommt zu dem Ergebnis, dass es in einer Krisensituation des Einsatzes eines externen Kommunikationsspezialisten bedarf. *Buchhart* geht in seiner Arbeit sowohl auf die Insolvenzprophylaxe als auch auf die Sanierung unter finanzierungstheoretischen Aspekten ein und berücksichtigt die neue Insolvenzordnung. *Möllmann* untersucht in ihrer Arbeit die Krisenanfälligkeit von kleinen und mittleren Bauunternehmen auf ihre Ursachen und zeigt Perspektiven für Bauunternehmen in einer veränderten Umwelt auf.

Konkursursachen bei Klein- und Mittelunternehmen in der Schweiz untersucht *Dembinski* bei 350 Unternehmen, welche in den Jahren 1995 bis 2001 Konkurs angemeldet haben.[204] In einer Studie über das Turnaround-Management zur Sicherung der Überlebensfähigkeit von KMU listen *Pinkwart/Kolb*[205] wichtige Erfolgsfaktoren eines Turnarounds auf, welche jedoch nicht empirisch überprüft sind.

---

[198] Z.B. Kay/Kranzusch/Suprinovic/Werner (2004), Kranzusch/Günterberg (2001), Kranzusch/May-Strobl (2002), May-Strobl/Paulini (1996), Pfaffenholz (1998).
[199] Kay/Kranzusch/Suprinovic/Werner (2004).
[200] Kranzusch/May-Strobl (2002).
[201] Achilles (2000).
[202] Buchhart (2001).
[203] Möllmann (2001).
[204] Dembinski (2002), S. 238 ff.
[205] Vgl. Pinkwart/Kolb (2000), S. 53 ff.

2.1.5 Forschungslücken

Die umfangreiche Darstellung des State of the Art der Krisen- und Insolvenzforschung offenbart Bereiche, welche in Wissenschaft und Forschung bisher wenig Beachtung gefunden haben. Diese in den vorherigen Ausführungen zum Teil implizit angedeuteten Forschungslücken werden im Folgenden nochmals explizit dargestellt. Die Sondierung findet sowohl nach methodischen als auch nach inhaltlichen Lücken unter besonderer Berücksichtigung von KMU statt.

Kleine und mittelständische Unternehmen sind in den wissenschaftlichen Forschungsbemühungen im Bereich des Krisenmanagements unterrepräsentiert. Dies steht in einer Diskrepanz zur gesellschaftlichen und volkswirtschaftlichen Bedeutung von KMU. *Clasen* konstatiert: "Auch aus der wissenschaftlichen Perspektive erscheint (...) die Darstellung von KMU in der Unternehmenskrise und die Entwicklung eines für KMU spezifischen Turnaround-Managements zur Krisenbewältigung notwendig."[206] Allgemeine Darstellungen decken den KMU-Grundlagenbereich in befriedigendem Maße ab, jedoch besteht ein klares Defizit im Themenumfeld ‚KMU in der Unternehmenskrise'.[207]

Ein weiteres Defizit in der betriebswirtschaftlichen Krisenforschung liegt im Mangel an strukturierten empirischen Erhebungen. Der gegenwärtige Erkenntnisstand zur Thematik der Krisenbewältigung und Sanierung ist nur in geringem Umfang das Ergebnis wissenschaftlicher Bemühungen.[208] Die meisten empirischen Erhebungen haben ihren Fokus auf der Krisen- und Insolvenzursachenforschung. Untersuchungen, welche Einflussfaktoren auf eine Sanierung analysieren, existieren nur in sehr geringem Ausmaß und sind vorwiegend im angloamerikanischen Raum zu finden.[209]

Betriebswirtschaftliche empirische Studien, welche die Fortführung und Sanierung von Unternehmen nach Insolvenzanmeldung untersuchen, existieren nicht. *Mönning* unterstützt diese Feststellung: „Die Mehrzahl der betriebswirtschaftlichen Analysen und Handlungsanweisungen gibt für eine Betriebsfortführung in der Insolvenz nichts her. Sie beziehen sich entweder auf die bei Einleitung eines Insolvenzverfahrens nachweislich gescheiterten Sanierungsbemühungen aus dem vorkonkurslichen Zeitraum oder befassen sich aus unternehmerischer Sicht mit

[206] Clasen (1992), S. 9.
[207] Vgl. Clasen (1992), S. 10 und die dort zitierte Literatur.
[208] Ähnlich Gless (1996), S. 106.
[209] So z.B. die Arbeiten von Barker/Duhaime (1997), Chowdhury/Lang (1996), Hambrick/Schecter (1983).

der Führung und Ausrichtung des ehemals insolventen Geschäftsbetriebes nach Durchführung einer übertragenden Sanierung."[210]

Studien, die zusätzlich die spezifische Situation von KMU berücksichtigen, sind bis zum heutigen Zeitpunkt unbekannt. Das Fehlen solcher Studien resultiert wohl zum einen daraus, dass sowohl das österreichische als auch das deutsche Insolvenzrecht eher durch eine Zerschlagungsdominanz geprägt waren (sind) und somit die Sanierungsprüfung als auch die Fortführung und Sanierung eine unzureichende wissenschaftliche Behandlung erfuhren. Zum anderen resultiert das Fehlen solcher Studien aus einer schlechten Konkretisierbarkeit und damit der unzulänglichen Gültigkeit von generellen Aussagen über Sanierungsprüfungen.[211]

Betriebswirtschaftliche Prozessmodelle, welche als Startzeitpunkt die Insolvenzanmeldung haben und eine Insolvenzsanierung darstellen, sind gering verbreitet. Lediglich das Verlaufsmodell von *Feldbauer-Durstmüller*[212] beginnt explizit mit der Insolvenz. Allerdings muss konstatiert werden, dass einige der dargestellten Phasenmodelle bezüglich ihres Startzeitpunktes wohl adaptiert werden können und so auch im Rahmen einer Insolvenzsanierung Anwendung finden können. Sie wären jedoch noch immer nicht kontextspezifisch auf KMU ausgerichtet.

Die Problematik, dass prozessorientierte Untersuchungen wenig kontextspezifisch durchgeführt werden, existiert auch in der angloamerikanischen Forschung. *Pandit* stellt in seinem Beitrag ‚Some recommendations for improved research on corporate turnaround' fest: „(...) many important questions have either been ignored completely or asked too infrequently. It seems that simple questions focusing on easily available and measurable data have been asked most often whilst more complex questions requiring difficult to obtain and messy data have been avoided. Thus, questions relating to the content of turnaround strategies are reasonably frequent, whilst those relating to the context and process of turnaround are rare."[213]

Hinsichtlich einer Theorie des Krisenmanagements ist festzustellen, dass bis zum heutigen Zeitpunkt keine solche vollständige integrierte Theorie des Krisen-

---

[210] Mönning (1997), RN 1387, S. 338.
[211] Vgl. Huisgen (1998), S. 19.
[212] Vgl. Feldbauer-Durstmüller (1992), S. 58 ff.
[213] Pandit (2000), S. 38 f. Weiter führt Pandit aus: „A central issue that the body of literature as a whole has failed to properly address is the identification and testing of links between the content and turnaround strategies, the context in which they occur, and the process by which they are implemented." Pandit (2000), S. 42.

managements entwickelt wurde. Es existieren partielle Ansätze zur Erklärung von Insolvenzen, geschlossene Totalmodelle sind jedoch nur teilweise erkennbar.[214] Handlungsempfehlungen aus einer Krisentheorie für die Früherkennung und die Krisenbewältigung sind somit nur aus singulären Forschungsergebnissen ableitbar.

2.2 Forschungsfragen für diese Arbeit

Die dargestellten Forschungslücken im Bereich der Krisenforschung werfen eine Vielzahl potenzieller Untersuchungsmöglichkeiten und -ansätze auf. Diese Defizite der betriebswirtschaftlichen Krisenliteratur aufgreifend soll die vorliegende Arbeit spezifische Erkenntnisse der Sanierung und Krisenbewältigung von kleinen und mittelständischen Unternehmen nach der Insolvenzanmeldung gewinnen.

Die vorliegende Arbeit wird in empirischer Form durchgeführt, um dem Mangel an empirischen Studien zur Insolvenzbewältigung entgegenzuwirken. Folgende drei Forschungsfragen leiten die weitere Untersuchung:

1. Wie stellt sich die Situation von insolventen KMU, welche fortgeführt und saniert werden, bei Insolvenzanmeldung dar (Ausgangssituation)?
2. Wie wird der Fortführungs- und Sanierungsprozess nach der Insolvenzanmeldung durchgeführt (Akteure & Maßnahmen)?
3. Welche Faktoren beeinflussen eine erfolgreiche Fortführung und Insolvenzsanierung?

Die erste Forschungsfrage zielt auf die Ausgangslage (Konfigurationskonstellation) von KMU zum Insolvenzzeitpunkt. Da der Fortführungs- und Sanierungsprozess *nach* der Insolvenzanmeldung nicht losgelöst von dem Status des Unternehmens *bei* der Insolvenzanmeldung zu sehen ist, soll untersucht werden, wie sich der Startpunkt einer Insolvenzsanierung anhand verschiedener Unternehmensvariablen darstellt.

Die zweite Forschungsfrage zielt auf die Durchführung der Fortführung und Sanierung. Eine Insolvenzsanierung betrifft eine Vielzahl von involvierten Personen mit unterschiedlichen Interessen. Deren Involvierung und Interessen beeinflussen den Sanierungsprozess und sollen daher entsprechend analysiert werden. Ebenso sollen die Maßnahmen berücksichtigt werden, welche ab dem

[214] Vgl. Buchhart (2001), S. 87.

Insolvenzzeitpunkt getroffen werden, um das Unternehmen erhalten und sanieren zu können.

Da die ersten beiden Forschungsfragen verstärkt deskriptiv ausgerichtet sind, soll die dritte Forschungsfrage die dargestellten Einflussfaktoren bewerten und ermitteln, welche Faktoren für eine erfolgreiche Unternehmensfortführung und Insolvenzsanierung von Bedeutung sind. Diese können dann als Meilensteine und Voraussetzungen einer erfolgreichen Insolvenzsanierung interpretiert werden und sollen in der Lage sein Defizite von gescheiterten Insolvenzsanierungen zu erklären.

3 HEURISTISCHER BEZUGSRAHMEN & ARBEITSMODELL

Ökonomische Phänomene sind in der Regel mehrdimensional und interdependent und nicht durch eine Eindimensionalität der Erscheinung und durch enge Spektren vorgefertigter Abgrenzungen der ihnen zugrunde liegenden Ursachen und der von ihnen ausgehenden Wirkungen gekennzeichnet.[215] Diese Feststellung trifft auch auf Insolvenzsanierungen zu.

Eine Bestimmung von gehaltvollen Konstrukten ist möglich, wenn ein Forscher versucht, mit Hilfe eines Modells eine sinnvolle Wirklichkeitsreduktion auf das Wesentliche herzustellen, da Modelle der Veranschaulichung von komplizierten Zusammenhängen dienen. Ihre Funktion ist ähnlich einer Landkarte, welche mit konstruierten und vereinbarten Zeichen sowie Begriffskategorien auf die erfolgreiche Bewältigung von bestimmten Aufgaben hinzielt.[216]

Wie ein Modell gestaltet ist und welche Aufgabe ihm tatsächlich zufällt, ist unter anderem von der wissenschaftstheoretischen Sichtweise abhängig. Unter dem Gesichtspunkt des Positivismus wird von einem Modell erwartet, widerzuspiegeln, wie sich etwas in der Realität verhält. Ein Weiterdenken in dem Bewusstsein, Irrtümern zwar nicht ausweichen zu können, aber dennoch einer Wahrheit schrittweise näher zu kommen, entspricht dem wissenschafts-theoretischen Programm des kritischen Rationalismus. Die Idee des Konstruktivismus, welchem diese Forschungsarbeit zuzurechnen ist, liegt darin, der Frage nach einer allein gültigen Wahrheit aus dem Weg zu gehen und stattdessen in einem Umfeld durch das Modell nach Orientierungshilfen zu suchen.[217] Um die Konstruktion eines solchen Modells zu simplifizieren, ist ein heuristischer Bezugsrahmen sinnvoll.

3.1 Notwendigkeit eines heuristischen Bezugsrahmens

Der Ausgangspunkt bei der Konstruktion eines heuristischen Bezugsrahmens ist ein nicht genügend analysiertes Phänomen,[218] welches in der vorliegenden Arbeit die Fortführung und Sanierung insolventer KMU darstellt. Aufgrund der Vielzahl möglicher Variablen, mit welchen Strukturen und Prozesse der Fortführung und Sanierung erhoben und gemessen werden können, ergibt sich die Notwendigkeit, dass ein Forschungsprozess einen theoretischen Bezugsrahmen hat, an welchem

[215] Vgl. Wolf (2000), S. 1.
[216] Zur Funktionsweise einer Karte bzw. eines Managementmodells siehe z.B. Nadler (1980), S. 119 ff., Rüegg-Stürm (2002), S. 11 ff.
[217] Vgl. auch Mugler (1998), S. 100.
[218] Vgl. Kubicek (1977), S. 17.

sich die Konzeption und Durchführung der Forschungsarbeit orientieren kann. Bei der Suche nach den relevanten Variablen einer Problemstellung, der Analyse und Präzisierung sowie der Ermittlung von (Inter-)Dependenzen kann ein Bezugsrahmen eine wertvolle Hilfestellung liefern.

Die Funktion, die dem Bezugsrahmen dabei zufällt, kann anhand des Forschungsprozesses verdeutlicht werden. Zunächst dient der Bezugsrahmen zur Aufklärung des Problemfeldes inklusive der Strukturierung der Problembereiche. In der Phase der Datensammlung kann er zur Variablenselektion und empirischen Erhebung herangezogen werden. Bei der Datenanalyse und -interpretation kann er den Kontext der Untersuchung klären und die Kommunikation der Ergebnisse vereinfachen, da die Logik hinter einer Messstrategie leichter artikulierbar wird und der Bezugsrahmen zur Ergebnisstrukturierung beiträgt.[219]

Der Bezugsrahmen hat eine ‚Steigbügelhalter-Funktion', und er kann im späteren Forschungsverlauf durchaus inhaltliche Veränderungen erfahren. D.h., er ist als vorläufig und unvollständig anzusehen und weist provisorische Züge auf, wird aber im Forschungsverlauf auf Veränderung und Konkretisierung ausgerichtet. Ein solcher strukturierender Bezugsrahmen trägt dem Prozesscharakter einer Forschungsaktivität besser Rechnung als das duale Grundprinzip von Falsifikation und vorläufiger Bestätigung[220] im Sinne des kritischen Rationalismus.

Ein Bezugsrahmen stellt jedoch keine fertige Theorie dar, sondern strukturiert den Forschungsprozess, indem er zunächst eine allgemeine Perspektive liefert, welche dann schrittweise präzisiert wird. Dabei weist der Bezugsrahmen ein hohes Integrationspotenzial auf. *Rößl* unterscheidet drei Typen: einen prästrukturierenden, einen systematisierenden und dokumentierenden sowie einen pseudotheoretischen Bezugsrahmen.[221]

Da kaum empirische Studien zur Fortführung und Sanierung insolventer KMU existieren, ist in der vorliegenden Forschungsarbeit der zu entwickelnde Bezugsrahmen im Sinne eines prästrukturierenden heuristischen Bezugsrahmens anzusehen. Dass der Bezugsrahmen auch dazu dient, vorhandene Forschungsergebnisse zu systematisieren, soll jedoch nicht abgesprochen werden, da durchaus Ergebnisse allgemeiner Art aus der Krisen- und Insolvenzursachenforschung sowie der Krisenbewältigung existieren, welche für den Insolvenzprozess von

---

[219] In Anlehnung an Nadler (1980), S. 127 ff.
[220] Rößl (1990), S. 99.
[221] Vgl. Rößl (1990), S. 100 f.

Bedeutung sein können. Zudem sind KMU-spezifische Forschungsergebnisse zu berücksichtigen und zu systematisieren.

3.2 Erstellung eines heuristischen Bezugsrahmens

Die Vorgehensweise bei der Erstellung eines Bezugsrahmens lässt sich in folgende drei Hauptschritte unterteilen:[222]

In einem ersten Schritt werden aufgrund eines subjektiven Vorwissens mögliche Kategorien[223] des Bezugsrahmens generiert und aufgrund der subjektiv beurteilten Zielvarianz ausgewählt. Es gilt zu klären, welche Variablen und Phänomene als interessant erachtet werden, um sich mit diesen später intensiver zu befassen. Die Frage dabei ist: Welche Variablen führen im anschließenden Forschungsprozess zu einem hohen Problemverständnis des Untersuchungsgegenstandes? Die ausgewählten Variablen sollen dabei Schlüsselcharakter haben.

In einem zweiten Schritt wird eine Konkretisierung der Variablen durch Dimensionen, die im Hinblick auf das Forschungsziel als relevant beurteilt werden, vorgenommen. Diese Konkretisierung führt bereits zu einer stärkeren Operationalisierung. Für die Identifikation von relevanten Variablen und Dimensionen soll auf die Ausführungen von *Kubicek*[224] verwiesen werden.

Als dritter und letzter Schritt werden Annahmen über die Relationen zwischen den Dimensionen generiert und dargestellt, da der Bezugsrahmen nicht nur durch die Anzahl der Variablen und Dimensionen bestimmt wird, sondern auch durch die Art der Beziehungen zwischen den Variablen. Für die Identifikation möglicher relevanter Beziehungen schlägt *Kubicek*[225] vor, folgende Fragen zu stellen: Welche Art des Zusammenhangs soll angenommen werden? Welche Richtung haben diese Zusammenhänge? Welche relative Stärke haben diese Zusammenhänge unter Berücksichtigung gleichzeitig wirkender anderer Zusammenhänge?

Mit einer weiteren Gruppe von Fragen soll der Forscher der Identifikation von Zusammenhängen nachgehen und Fragen stellen, die eruieren, warum und mit welchen Mechanismen die Variablen zusammenhängen: Welche weiteren Kategorien und Dimensionen müssen eingeführt werden, um das Verständnis für eine

---

[222] In Anlehnung an Kubicek (1977), S. 17 ff. und Rößl (1990), S. 101 ff.
[223] Im Folgenden werden diese Kategorien als Variablen bezeichnet.
[224] Vgl. Kubicek (1977), S. 17 ff.
[225] Vgl. Kubicek (1977), S. 19.

Beziehung zu vergrößern? Welche weiteren Beziehungen müssen eingeführt werden, um ein Verständnis des Gesamtzusammenhangs zu erlangen?[226]

Die Vorteile eines heuristischen Bezugsrahmens lassen sich zusammenfassend so darstellen, dass dieser eine Ordnungs- und Systematisierungsfunktion wahrnimmt. Gleichzeitig führt er zu einer ressourceneffizienten Forschungslenkung durch Fokussierung der weiteren Forschung auf widersprüchliche Ergebnisse oder ‚weiße Flecken' und besitzt eine Forschungsverstetigungsfunktion durch die Integration der laufenden Ergebnisse in den Bezugsrahmen.[227]

3.3 Konfigurationsansatz als heuristischer Bezugsrahmen

Eine allgemeine Theorie des Krisenmanagements, auf welche bei der Erstellung des Bezugsrahmens in der dargestellten Form zurückgegriffen werden kann, ist nicht existent. Es existieren lediglich verschiedene Krisenmodelle und Prozessdarstellungen, welche jedoch nicht zu einer ganzheitlichen Theorie integriert sind.[228] Daher muss ein anderer konzeptioneller Bezugsrahmen gefunden bzw. entwickelt werden, der für den Aufbau und die Durchführung dieser Forschungsarbeit geeignet ist.

Der Konfigurationsansatz, welcher der Organisationsforschung entstammt, entspricht den im vorhergehenden Abschnitt genannten Anforderungen eines Bezugsrahmens weitgehend. Er ist in der Lage, die Komplexität, Multikausalität, Mehrstufigkeit und Multilokalität[229] von Unternehmensinsolvenzen und des Fortführungs- und Sanierungsprozesses anhand verschiedener Variablen und Dimensionen zu strukturieren, und berücksichtigt dabei gleichzeitig Relationen zwischen den Variablen. Somit erfüllt er eine strukturierende Aufgabe und dient als Orientierungsrahmen für die Analyse einer Insolvenzsanierung. Die Insolvenzsanierung wird dabei als eine dynamische Figuration betrachtet, welche zwischen ihren verschiedenen Einflussvariablen und ihrem Kontext interagiert. Mit dem Konfigurationsansatz als einem ganzheitlichen Konzept können somit Fortführungen und Sanierungen und deren Einflussfaktoren dargestellt und adäquat analysiert werden.

---

[226] Vgl. Kubicek (1977), S. 19.
[227] Vgl. Rößl (1990), S. 109.
[228] Siehe hierzu auch Abschnitt 2.1.3.1.
[229] Vgl. hierzu Krystek (1987), S. 67 bzw. zu Ursachen-Wirkungskomplexen Töpfer (1986), S. 158 ff.

3.3.1 Wesen des Konfigurationsansatzes

Die traditionelle Strategie der Management- und Organisationsforschung besteht in ihren Hauptpunkten darin, dass im Mittelpunkt bivariate Beziehungen stehen. Beziehungen zwischen Variablen sind linear und Ursache-Wirkungs-Zusammenhänge unidirektional. Der Kontext, in welchem sich die Untersuchungsobjekte befinden, bleibt häufig unberücksichtigt und eine Ceteris-Paribus-Betrachtung verhindert die Durchdringung komplexer Phänomene. Untersuchungen, häufig aus der Ferne durch Fragebögen durchgeführt, sind vielfach Querschnittsuntersuchungen, die zeitpunktbezogen und nicht zeitraumbezogen sind.[230]

Eine solche Vorgehensweise ist durchaus der Kritik ausgesetzt und führt in Folge zu Überlegungen, dass eine große Anzahl von Zustands-, Prozess- und situativen Merkmalen simultan berücksichtigt werden müssten, um so ein detailliertes, holistisches und integratives Bild eines Unternehmens zu erhalten. Ursache-Wirkungs-Zusammenhänge werden in solchen Forschungskonzeptionen möglichst umfassend angenommen, d.h. eindimensionale Beziehungen werden durch ein Netzwerk von Kausalbeziehungen ersetzt und prozessorientierte Betrachtungsweisen werden favorisiert.[231]

Eine solche theoretische Annäherung an ein Unternehmen versucht die Defizite der administrativen und der kontingenztheoretischen Ansätze zu überwinden.[232] Dabei gehen die meisten konfigurationstheoretisch forschenden Autoren davon aus, dass Unternehmen komplexe Ganzheiten (Entities) darstellen und Unternehmensentwicklung von dem Zusammenspiel struktureller und verhaltensbezogener Variablen sowie von Umweltbeziehungen abhängt. Diese sind durch eine Multidimensionalität sowie durch eine Interaktion von Kontext-, Gestaltungs- und Erfolgsvariablen geprägt. Elementar ist die Idee, dass die Ganzheit spezifische Eigenschaften besitzt, die nicht aus der Addition der Einzeleigenschaften resultiert, sondern dass die Ganzheit eine Bedeutung hat, die die isolierten Elemente für sich genommen nicht darstellen können.[233]

---

[230] Für eine ausführliche kritische Reflexion des traditionellen Forschungsansatzes der Management- und Organisationsforschung siehe Miller/Mintzberg (1983), S. 60 ff., Niemeier (1986), S. 102 f., Wolf (2000), S. 4 ff., sowie Scherer/Beyer (1998), S. 336 und die dort zitierte Literatur.
[231] Vgl. Niemeier (1986), S. 106.
[232] Scherer/Beyer (1998), S. 332.
[233] Vgl. Miller (1986), S. 7 ff., Miller (1987), S. 686 ff., Miller/Mintzberg (1983), S. 62 ff., Meyer/Tsui/Hinings (1993), S. 1175 ff., Macharzina/Engelhard (1991), S. 29 ff., Wolf (2000), S. 15 ff.

Hieraus entsteht die Annahme, dass das perfekte Zusammenspiel der einzelnen Elemente in der Ganzheit einen zentralen Erfolgsfaktor der Unternehmensführung darstellt. „Unternehmen drängen auf eine Konsistenz ihrer internen Charakteristika, auf eine Komplementarität ihrer internen Prozesse und auf einen Fit mit ihrer Handlungssituation."[234] Die Annahme des Konfigurationsansatzes besteht somit darin, dass sich die Variablenkonfigurationen erfolgreicher Unternehmen von denen erfolgloser unterscheiden.

Ein bivariates, querschnittsbezogenes Vorgehen, bei welchem nur einzelne oder wenige Variablen zur Unternehmensanalyse herangezogen werden, genügt nicht mehr. Eine solche Vorgehensweise würde sich komplexitätsverkürzend und erkenntnisverfälschend auswirken. Es muss daher versucht werden, mehrere Variablen zu analysieren, welche gemeinsam in einem strukturellen Gefüge ihrer Ausprägungen ein Unternehmen in seiner Ganzheit erfassen.

Mit dem konfigurationstheoretischen Ansatz wurde in der Managementforschung ein Begriff entwickelt, welcher nicht wie bisher üblich das Stellengefüge einer Organisation charakterisiert, sondern eine logisch konsistente Konstellation ausgewählter Attribute von Unternehmen betrachtet, welche ein stimmiges, holistisches Bild einer Unternehmenssituation ergeben und selbst beobachtbar sind. Der Begriff der Konfiguration wird von Organisationsforschern dafür verwendet, „(...) repräsentative Muster oder Kombinationen von Ausprägungen zahlreicher interdependenter Unternehmens- und Umweltmerkmale zu bezeichnen."[235]

Jedoch wird in der Literatur der Begriff der Konfiguration nicht einheitlich verwendet. Die Begriffe Konfiguration, Gestalt und Archetyp werden teilweise synonym gebraucht. Im Folgenden soll nur von Konfiguration(en) gesprochen werden, auch wenn manche Autoren, wie z.B. *Miller*, eine Differenzierung zwischen Gestalt als besondere Konfiguration mit interner Stimmigkeit und Konfiguration vornehmen: „When such configurations represent very commonly occuring, and, therefore, predictively useful, adaptive patterns or scenarios, they will be called Gestalts."[236] Die Anzahl der in der Realität vorfindbaren Gestalten wäre daher wesentlich geringer als die der denkbaren Konfigurationen.

Im Konfigurationsansatz wird eine Konfiguration als eine Gruppe von Faktoren (unabhängige Variablen) verstanden, die miteinander in reziproker (interaktiver,

---

[234] Wolf (2000), S. 16.
[235] Henselek (1996), S. 50.
[236] Miller (1981), S. 3.

interdependenter) Beziehung stehen und Unternehmensentwicklungen auslösen. Sie beeinflussen die Entwicklung eines Unternehmens, ohne dass ein bestimmtes Verlaufsmuster vorab angenommen wird.[237]

Folglich liegt das primäre Erkenntnisziel des Konfigurationsansatzes zunächst darin, typische Unternehmenskonfigurationen ausfindig zu machen und inhaltlich zu charakterisieren. Dabei können zwar unterschiedliche Variablen zu mehreren Ausprägungen führen, dennoch ist nicht davon auszugehen, dass in der Realität eine unüberblickbare Vielzahl von Konfigurationen vorliegen wird, da als zentrale Annahme vermutet wird, dass es nur eine begrenzte Anzahl von erfolgreichen Konfigurationen gibt.

3.3.2 Variablen & Dynamik einer Konfiguration

a) Variablen

Bei einer konfigurationstheoretischen Analyse gilt die Variablenselektion als neuralgischer Punkt. Es muss darauf geachtet werden, dass die Komplexität der ‚Realität' auf das Wesentliche reduziert wird, gleichzeitig jedoch noch inhaltstheoretisch sinnvolle und in ihrer Komplexität verständliche Konfigurationen entstehen. Dies bedeutet eine Trade-off-Entscheidung, in welcher eine adäquate Mitte zwischen der Nichtberücksichtigung von Variablen und einem zu komplexen Aussagesystem gefunden werden muss. Die Einteilung und Festlegung von Variablen ermöglicht so eine Konzentration auf bestimmte Schwerpunkte des Forschungsinteresses. Je nach Tiefe der Analyse muss entschieden werden, inwieweit die Variable weiter aufgegliedert werden muss oder ob sie nur in Form einer Einzelvariable berücksichtigt werden soll.

Der Konfigurationsansatz an sich gibt a priori keine Einteilung und Gruppierung von Variablen vor, dennoch herrscht in der Literatur über die Variablen einer Unternehmenskonfiguration weitgehende Einigkeit. Diese Einigkeit findet sich bereits in den ‚Pionierarbeiten' von *Miller*, *Friesen* und *Mintzberg* wieder, welche in unterschiedlicher Intensität die Variablen ‚Umwelt', ‚Strategie', ‚Führung', ‚Struktur' und ‚Ressourcen' bei der Konfigurationsbildung berücksichtigen.[238]

Für die vorliegende Forschungsarbeit wird ein Rückgriff auf die von *Mugler* vorgeschlagenen Variablen ‚Unternehmer', ‚Management', ‚Ressourcen' und ‚Um-

---

[237] Mugler (1998), S. 104 ff., ähnlich Henselek (1996), S. 49.
[238] Vgl. Hienerth (2004), S. 25 ff.

welt' genommen, da *Mugler* in seiner Auswahl der Konfigurationsvariablen auf die spezifischen Besonderheiten von Klein- und Mittelbetrieben eingeht.

Der Unternehmer kann in Klein- und Mittelbetrieben als der signifikante Motor der Unternehmensentwicklung gesehen werden. Er spielt die zentrale Rolle bei der Umweltkonstruktion und steuert durch seine Persönlichkeitseigenschaften die wesentlichsten Entscheidungen.[239] Dabei können die Persönlichkeitseigenschaften in verschiedene Dimensionen, wie z.B. psychogenetische Eigenschaften, Motivationsfaktoren, Lernverhalten, Wertehaltungen und Qualifikationen, differenziert werden. Eine trennscharfe Abgrenzung der einzelnen Elemente ist aber nicht immer möglich.[240]

Das Management kann im Sinne eines Instrumentariums verstanden werden, welches für die Führung eines Unternehmens eingesetzt wird. Dazu gehört sowohl die hierarchische Dimension (oberste Unternehmensgrundsätze), die prozessuale Dimension (Planung, Entscheidung, Durchführung, Kontrolle), die strukturelle Dimension (Organisationsgestaltung, Prozess des organisatorischen Wandels) sowie die personelle Dimension (Führungsstil, Entwicklung personellen Leistungspotenzials). Diese Führungs- und Entscheidungsdimensionen nehmen auf den Unternehmensentwicklungsprozess Einfluss.[241]

Die Grundlage wirtschaftlicher Leistungsfähigkeit bilden Ressourcen. Diese können in tangible und intangible Ressourcen differenziert werden. Für die Bezeichnung einer Variable ‚Ressource' im Rahmen des Konfigurationsansatzes ist es aber notwendig, den Ressourcenbegriff einzuschränken, da bei einer zu weit reichenden Fassung die Gefahr besteht, dass er zu einer Leerformel degeneriert. Daher sollen im Folgenden nur Faktoren wirtschaftlicher Leistung berücksichtigt werden, auf die ein Unternehmen bereits ein Nutzungsrecht hat. Dies bezieht alle Faktoren wirtschaftlicher Leistung mit ein, wie z.B. das Anlagevermögen, die Organisation selbst (Organisationsintensität, Ordnungsmäßigkeit der Verwaltung) oder weitere intangible Ressourcen (Informationen, Know-how, Organisationskultur). Da heute für Unternehmen intangible Ressourcen in der Regel eine be-

---

[239] Dabei ist festzustellen, dass die Persönlichkeitseigenschaften selbst Konstrukte der Sozialwissenschaften darstellen.

[240] Vgl. Mugler (1998), S. 141.

[241] Vgl. Mugler (1998), S. 158 ff. Henselek behandelt ähnliche Themenbereiche unter dem Begriff Führung. Vgl. Henselek (1996), S. 80 ff.

deutendere Rolle spielen, sind diese bei der Betrachtung von Unternehmensverläufen (auch Sanierungen) besonders zu berücksichtigen.[242]

Zur Unternehmensumwelt gehören alle ökonomischen und metaökonomischen Mikro- und Makroumwelten. Unter der Dimension der Makroumwelt werden z.B. die verfügbare Produktionstechnologie, die Marktsituation sowie politische Rahmenbedingungen auf internationaler, nationaler, regionaler und kommunaler Ebene subsumiert. Unter die Dimension der Mikroumwelt fallen das private Umfeld des Unternehmers, wie z.B. Familie, Freunde etc., aber auch Lieferanten-/ Kundenbeziehungen, Markteintrittsbarrieren, Wettbewerbsintensität, Möglichkeiten der Marktsegmentierung etc.[243]

Die Variable Umwelt wird jedoch relativiert, indem Umweltmerkmale nicht direkt Unternehmensentwicklungen bewirken, sondern nur indirekt über handelnde Personen wirken, welche Signale aus der Umwelt wahrnehmen und interpretieren. Unternehmensentwicklungen stellen daher immer eine Folge der Entscheidungen von Personen dar. Diese können gewollt, geduldet oder ungewollt stattfinden. Aus konstruktivistischer Sicht wird die Umwelt nicht erst durch Handlungen konstruiert, sondern bereits beim Empfang von Signalen.[244]

b) Dynamik von Konfigurationen

Neben einer statischen Betrachtungsweise (Konfigurationsansätze der ersten und zweiten Stufe) lassen sich Konfigurationen auch in einer dynamischen Perspektive betrachten. Es können durch zeitpunktbezogene als auch durch zeitraumbezogene Variablenkombinationen der Zustand und das Verhalten einer Konfiguration im Übergangsprozess zu einer anderen beschrieben werden.[245] Die Berücksichtigung einer solchen Dynamik entspricht den Konfigurationsansätzen der dritten Stufe.

Folgt man diesen Konfigurationsansätzen, so entwickeln sich Konfigurationen im Zeitablauf durch interaktive Kräfte selbst weiter. Zur Erklärung der Entwicklung von KMU (und auch von Krisen-/Sanierungsprozessen) dürften sich gerade die neueren Konzeptionen von Konfigurationen als besonders fruchtbar erweisen.[246]

---

[242] Vgl. Mugler (1998), S. 148 ff. Henselek behandelt diesen Themenbereiche unter den Begriffen Strategie und Organisation. Vgl. Henselek (1996), S. 70 ff.
[243] Vgl. Mugler (1998), S. 112 ff. Ähnlich auch Henselek (1996), S. 67 ff.
[244] Vgl. Mugler (1998), S. 140.
[245] Vgl. Miller/Friesen (1984), S. 127.
[246] Vgl. Mugler (1999), S. 192.

Jedes Unternehmen (und jeder Sanierungsprozess) wird durch seine individuelle Konfiguration von Variablen geprägt. Im Zeitablauf entsteht Entwicklung, was eine besondere Form von Veränderung darstellt. „Konfigurationen entwickeln sich in dem Sinn, dass sie nicht entweder von ‚außen' (durch Umweltfaktoren) oder von ‚innen' (durch Persönlichkeits- und Organisationsfaktoren) geprägt werden, sondern sich selbst in der Zeitdimension prägen."[247]

Abbildung 3.1 verdeutlicht die Weiterentwicklung im Zeitablauf:

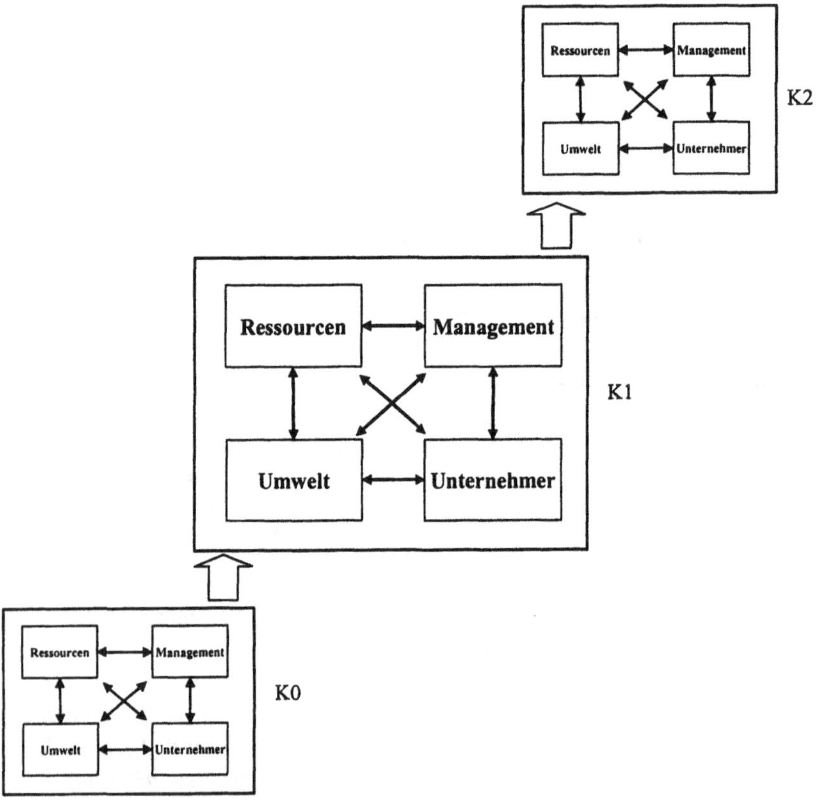

Abbildung 3.1: Variablengruppen und Dynamik von Konfigurationen

Quelle: Mugler (1998), S. 108

[247] Mugler (1998), S. 105.

3.3.3 Kritische Reflexion des Konfigurationsansatzes

Die konfigurationstheoretische Forschung muss, wie andere Forschungsansätze auch, kritisch reflektiert werden, um Problemfelder zu beleuchten und den Nutzen in der Anwendung entsprechend abzusichern.[248] Dabei sind zwei Hauptformen von Kritik auf unterschiedlichen Ebenen auszumachen. Die erste Form ist auf ‚ideologischer Ebene' anzusiedeln und daher allgemeiner Art. Die zweite Form bezieht sich auf die ‚operative Ebene' und bringt Kritikpunkte an der Durchführung von konfigurationstheoretischen Forschungen hervor.

Die erste Kritikform findet ihre Basis in den grundlegenden Annahmen des Konfigurationsansatzes. Da der Konfigurationsansatz nicht Einzelbetrachtungen vornimmt, sondern ein holistisches Bild eines Unternehmens vermittelt, wird in Frage gestellt, inwieweit diese holistische Betrachtung tatsächlich möglich ist. Es wird hinterfragt, ob sich trennscharfe Konfigurationen identifizieren und signifikante Beziehungen zwischen Konfigurationen und z.B. unternehmerischem Erfolg aufzeigen lassen. Die meisten publizierten Studien sind zeitpunktbezogen und es wird daran gezweifelt, dass Konfigurationen über einen längeren Zeitraum hinweg konstant sind. Kritiker sehen eher fließende Übergänge zwischen Konfigurationen und die Idee des radikalen Wandels und des Fit-Gedankens wird in Frage gestellt. Es ist daher nicht möglich, erfolgsstiftende und interpretierbare Abfolgen von Konfigurationen zu identifizieren.[249]

Als weiterer Kritikpunkt wird angeführt, dass der Konfigurationsansatz sich auf den Fit ausgewählter Variablen beschränkt und nur aufgrund dieser Variablen wenige Konfigurationstypen generiert, welche dann einer Idealform entsprechen sollen. Tatsächlich kommt es zu einer steten Abstimmung zwischen einer Vielzahl von Variablen. Veränderungen finden kontinuierlich statt und es gibt keine Typen, welche sich über einen längeren Zeitraum konstant halten.[250]

Weiterhin wird bemängelt, dass es zahlreichen taxonomisch[251] ausgerichteten Studien an einer ‚theoretischen Signifikanz' mangelt und dass viele Taxonomien

---

[248] Für einen ausführlichen Überblick siehe Wolf (2000), S. 90 ff.

[249] Vgl. Wolf (2000), S. 92 und S. 110 ff., Macharzina/Wolf (2005), S. 80 ff.

[250] Vgl. Donaldson (1996), S. 114 ff. Eine solche Kritik mag berechtigt sein, wenn nur der Fokus auf die zweite Stufe von Konfigurationsansätzen gelegt wird. Durch die Weiterentwicklung, welche zu einer Dynamik und einem Entwicklungspfad von Konfigurationen führt, hat eine solche Kritik jedoch keine Basis mehr.

[251] Taxonomien repräsentieren Konfigurationen, die auf empirischem Wege bestimmt worden sind.

keinerlei Verbindung zur Theorie aufweisen.[252] Der Verzicht des Rückgriffs auf eine theoretische Fundierung hat damit zu tun, dass eine theoriebezogene Ausdeutung erarbeiteter Konfigurationen schwieriger ist, als diese mit statistischen Methoden zu bestimmen. Manche Vertreter des Konfigurationsansatzes wenden sich gegen solche Einwände, indem sie feststellen, dass es sich beim taxonomischen Strang der Konfigurationsforschung nicht um eine Theorie handelt, sondern um eine Methodik.[253]

Auf der ‚operativen Ebene' ist einer der Hauptkritikpunkte, dass für die Variablenauswahl zur Bestimmung von Konfigurationen keine präzisen Hinweise bereitgestellt werden. Welche Variablen der Forscher für seine Erhebung auswählt, ist ihm überlassen. Dies ist von besonderer Bedeutung, da die berücksichtigten Variablen in hohem Maße die Validität von Konfigurationen beeinflussen.

Das Ziel, die Komplexität der Realität zu reduzieren, wird ebenso in Frage gestellt, da in nahezu jeder Veröffentlichung konfigurationstheoretischer Forschung neuartige Konfigurationen vorgelegt werden. In Konsequenz führt dies dazu, dass das Ziel einer Steigerung der Übersichtlichkeit bisher eher verfehlt als konsequent verfolgt wurde. Begründet wird dies damit, dass für die Bildung von Konfigurationen kein einheitliches Programm von Variablen existiert, sondern eine vom jeweiligen Forschungszweck bestimmte Auswahl vorgenommen wird.[254] Es wird ein Abgleich verfügbarer Konfigurationstypen gefordert, welcher Konfigurationen gegenüberstellt und prüft, inwieweit diese einander ähnlich sind und in übergeordnete Typologien integriert werden können.[255] *Ketchen/Thomas/Snow* formulieren dies folgendermaßen: „(...) the wide array of typologies and taxonomies that abound in the strategic management literature should be empirically examined with respect to their concurrent dimensions with an overall goal of reducing the theoretical complexities that configurational research inevitabely generates."[256]

Trotz dieser kritischen Punkte lassen sich methodische und inhaltliche Vorzüge[257] des Konfigurationsansatzes feststellen, weshalb in der vorliegenden Arbeit am Konfigurationsansatz als Bezugsrahmen und Arbeitsmodell festgehalten werden soll. Als die für diese Forschungsarbeit relevanten Vorteile gelten:

[252] Vgl. Wolf (2000), S. 112 in Bezug auf McGee/Thomas (1986), S. 150 ff, Miller (1996), S. 508.
[253] Vgl. Wolf (2000), S. 112 ff. Zur Bewertung von Typologien siehe Doty/Glick (1994), S. 233 ff.
[254] Siehe auch Henselek (1996), S. 64.
[255] Vgl. Wolf (2000), S. 122 ff.
[256] Ketchen/Thomas/Snow (1993), S. 1306.
[257] Vgl. Henselek (1996), S. 63 ff.

- Konfigurationen lassen sich sowohl konzeptionell als auch empirisch herleiten.
- Unternehmen (als auch Unternehmenskrisen und Sanierungen) lassen sich als eine Abfolge von verschiedenen Konfigurationen auffassen.
- Das Grundmuster des Konfigurationsansatzes ist auf unterschiedlichen Untersuchungsebenen anwendbar (Individuum, Gruppe, Abteilung, Unternehmen, Branche, Volkswirtschaft etc.).
- Der Konfigurationsansatz ermöglicht die Inkorporation verschiedener Forschungsansätze.
- Unternehmenskonfigurationen lassen sich in erfolgreiche und weniger erfolgreiche unterteilen und erlauben damit Schwachstellenanalysen.
- Der Konfigurationsansatz ist ein offenes Konzept, das je nach Forschungszweck modifiziert werden kann. Variablen sind weder vorgegeben noch inhaltlich definiert.

3.4 Gestaltung eines Arbeitsmodells

Der Konfigurationsansatz in seiner vorgestellten Form wird als eine angemessene Methode erachtet, sich der Komplexität des Forschungsvorhabens anzunähern, da die Idee des Konfigurationsansatzes leicht auf eine Insolvenzsituation und die Fortführung und Sanierung übertragen werden kann. Eine Sanierung besteht aus dem Zusammenspiel verschiedener Einflussvariablen, zwischen welchen reziproke Beziehungen existieren und welche den Effekt einer Sanierung stärken oder schwächen können. Ein Fortführungs- und Sanierungsprozess wird als eine dynamische Figuration verstanden, welche ihren Erfolg oder Misserfolg aus der Wechselbeziehung verschiedener Variablenkonstellationen erhält. Aufgrund dieser Überlegungen entsteht folgendes Arbeitsmodell:

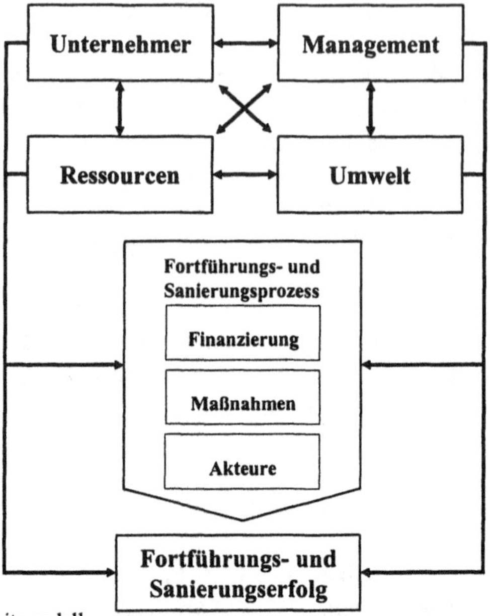

Abbildung 3.2: Arbeitsmodell

Quelle: Eigene Darstellung

Die von *Mugler* vorgestellten Konfigurationsvariablen Unternehmer, Management, Ressourcen und Umwelt werden für die Modellstrukturierung übernommen. Zusätzlich sollen die Variablen Finanzierung, Maßnahmen und Akteure miteinbezogen werden, da angenommen wird, dass diese für den Fortführungs- und Sanierungsprozess ebenso von Bedeutung sind. Diese Variablen stehen untereinander in einer Beziehung und beeinflussen den Erfolg.

Aus dem Arbeitsmodell wird ersichtlich, dass die Ausgangskonfiguration mit den vier Variablen auf den Sanierungsprozess wirkt, der seinerseits durch die Variablen Finanzierung, Maßnahmen und Akteure beschrieben wird. Die Ausgangskonfiguration als Ganzes wie auch einzelne Variablen und der Sanierungsprozess wirken ihrerseits wiederum auf den Sanierungserfolg. Dieses Modell soll im weiteren Verlauf orientierungsstiftend sein, um Fortführungen und Sanierungen von insolventen KMU analysieren zu können.

In der weiteren Vorgehensweise wird, um ein Grundverständnis für den Ablauf einer Insolvenzsanierung zu erhalten, in einem ersten Schritt auf die begrifflichen und theoretischen Grundlagen der Krisen- und Insolvenzproblematik sowie den Ablauf von Sanierungen eingegangen. In einem zweiten Schritt werden dann die vier Konfigurationsvariablen unter besonderer Berücksichtigung von KMU und der Insolvenzsituation analysiert. Diese theoretischen Überlegungen dienen dann als Grundlage zur Erstellung eines Forschungsmodells für die empirische Erhebung.

4 BEGRIFFLICHE & THEORETISCHE GRUNDLAGEN

Das folgende Kapitel dient dazu, eine gemeinsame begriffliche und theoretische Grundlage zu schaffen und Elemente einer Unternehmenssanierung zu erörtern. Ausgehend von der Definition von KMU werden Krisenbegriff und Krisenentwicklungen dargestellt sowie deren Folgen erläutert. Auf diese Weise wird ein Verständnis für die Entstehung und den Verlauf von Unternehmenskrisen bis zur Insolvenz vermittelt. Anschließend wird ein Überblick über den Ablauf eines Insolvenzverfahrens gegeben und danach werden verschiedene Sanierungselemente, -formen, -maßnahmen und -akteure näher betrachtet. Ein Exkurs geht auf die allgemeine Sanierungsprüfung ein, welche sowohl innerhalb als auch außerhalb eines Insolvenzverfahrens durchgeführt werden kann.

4.1 Kleine und mittelständische Unternehmen

Gegenstand der vorliegenden Arbeit ist der Fortführungs- und Sanierungsprozess insolventer KMU. Um den Begriff KMU nicht unter einem allgemeinen Verständnis zu handhaben,[258] soll eine Definition mit Merkmalen gefunden werden, die eine eindeutige und zuverlässige Unterscheidung von Großunternehmen zulässt sowie dem Untersuchungszweck dienlich ist.

In der Literatur findet sich eine Vielzahl an KMU-Definitionen.[259] *Gantzel* begründet die Hauptschwierigkeiten der Begriffsfindung u.a. dadurch, dass aus den Wortbestandteilen des Begriffes ‚Mittelstand' keine Erklärung zu gewinnen sei und die Wirtschafts- und Gesellschaftsordnung durch ihre Vielschichtigkeit und Dynamik eine klare Platzierung des Mittelstandes als einheitliche Schicht oder Klasse verhindere.[260]

Zur Bestimmung eines Unternehmens als KMU existieren sowohl ein- als auch mehrdimensionale Maßstäbe. Die Messung eindimensionaler Kriterien, wie z.B. Anzahl der Beschäftigten oder Umsatz, ist zwar recht genau möglich, jedoch lässt eine solche Vorgehensweise wenig Einblicke in das Wesen eines Betriebes zu. Mehrdimensionale Kriterien sind für die Klassifizierung präziser und ermöglichen

---

[258] Die Begriffe KMU, Mittelstand, Mittelstandsunternehmen bzw. mittelständisches Unternehmen werden in der Praxis häufig synonym verwendet.

[259] Gantzel hat 1962 über 100 mehr oder weniger gebräuchliche Definitionen ermittelt. Im Jahr 1980 spricht Zeitel bereits von über 200 nachgewiesenen Definitionen für KMU. Vgl. Gantzel (1962), S. 123, Zeitel (1980), S. 1222.

[260] Vgl. Gantzel (1962), S. 22 f.

einen tiefer gehenden Einblick in das Unternehmen, haben jedoch den Nachteil einer erhöhten Messproblematik.[261]

4.1.1 Qualitative vs. quantitative Kriterien

Unabhängig von der Anzahl der Dimensionen können Unternehmen grundsätzlich nach qualitativen und/oder quantitativen Kriterien klassifiziert werden.

a) Qualitative Kriterien

Der Einblick in das Wesen eines Unternehmens wird durch das Heranziehen qualitativer Kriterien erhöht. Eine Kategorisierung kann dabei anhand von Merkmalskatalogen oder Typologien geschehen. Bei der Verwendung von Merkmalskatalogen wird dann von einem KMU gesprochen, wenn ein bestimmtes Mindestmaß an Merkmalen gegeben ist. D.h., sind nur wenige Merkmale des Kataloges bei einem Unternehmen gegeben, kann es in der Regel nicht als KMU eingestuft werden. Jedoch muss die Merkmalsliste auch nicht vollständig erfüllt sein, um ein Unternehmen als KMU einzustufen. Bei der Abgrenzung nach Typologien werden aus Merkmalshäufungen Klassen von KMU gebildet, die deutliche Unterschiede zu Großunternehmen aufweisen.[262] Im Weiteren soll nur auf die Unterscheidung nach Merkmalen eingegangen werden.[263]

Als qualitative Abgrenzungsmerkmale können folgende Merkmale zur Verfügung stehen:[264]

- Das Unternehmen bildet eine rechtlich und wirtschaftlich selbstständige Einheit.
- Die Unternehmensmehrheit liegt bei einer natürlichen Person oder einem begrenzten Kreis natürlicher Personen.
- Das Unternehmen hat einen geringen Marktanteil und weist eine geringe Diversifikation der Produkte auf.
- Die wirtschaftliche Existenz mindestens eines Eigentümers ist mit dem Schicksal des Unternehmens verknüpft.
- Das Unternehmen wird durch die Persönlichkeit des Eigentümers geprägt.
- Der Kontakt zwischen Unternehmensleitung und Mitarbeiter ist eng und informell.

---

[261] Vgl. Mugler (1998), S. 19.
[262] Vgl. Mugler (1998), S. 19.
[263] Für die Abgrenzung nach Typologien wird auf Mugler (1998), S. 24 ff. verwiesen.
[264] In Anlehnung an Achilles (2000), S. 12, Fueglistaller/Müller/Volery (2004), S. 90 ff., Hruschka (1975), S. 238 f., Fröhlich/Pichler/Pleitner (2000), S. 12, Mugler (1998), S. 20.

Für einen allgemeinen Überblick sowie für einen ausführlichen Merkmalskatalog zur qualitativen Abgrenzung von KMU wird auf die Veröffentlichungen von *Pfohl*[265] und *Pichler/Pleitner/Schmidt*[266] verwiesen.

Der Vorteil von qualitativen gegenüber quantitativen Kriterien liegt darin, dass qualitative Kriterien besonders die Charakteristika von KMU herausheben können, da KMU nicht ‚Großunternehmen im Miniaturformat' darstellen, sondern eine eigene Gruppe von Unternehmen mit besonderen Charakteristika sind.[267]

Befindet sich ein mittelständisches Unternehmen in der Transformationsphase zum Großunternehmen, so ist es möglich, dass einzelne qualitative Merkmale nicht mehr erfüllt sind, um eine klare Zuordnung vornehmen zu können. Die ‚Personalunion' von Eigentümer und Unternehmensleitung ist häufig aufgelöst und die ‚Schicksalsgemeinschaft' zwischen Eigentümer und Unternehmen kann zunehmend verschwinden. Die Unternehmensführung liegt häufig in den Händen angestellter Manager.[268] Ausnahmen spiegeln sich in der Praxis z.B. durch Familienunternehmen wider, bei welchen Familienangehörige des Unternehmers tatsächliche oder potenzielle Gesellschafter, Arbeitnehmer, Darlehensgeber, Bestandsgeber sowie Nießbrauchgeber bzw. -nehmer sind.[269] Um diese Abgrenzungsproblematik zu lösen, können zusätzliche quantitative Kriterien zur Klassifizierung herangezogen werden.

b) Quantitative Kriterien

Die Transformationsproblematik sowie die Tatsache, dass die Adjektive ‚klein' und ‚mittel' immer noch mit quantitativen Größen in Verbindung gebracht werden, lassen eine Definition nach quantitativen Kriterien als notwendig erscheinen. Doch auch bei quantitativen Kriterien ist festzustellen, dass es keine allgemein verbindliche Differenzierung für KMU gibt.[270]

---

265 Vgl. Pfohl (1997), S. 19 ff.
266 Vgl. Pichler/Pleitner/Schmidt (2000), S. 36 f.
267 Vgl. Clasen (1992), S. 17.
268 Vgl. auch Achilles (2000), S. 12 f. und die dort zitierte Literatur.
269 Vgl. auch Mugler (1998), S. 22.
270 Existierende Klassifizierungen werden vielfach als Politikum (Zuteilung von Förderungen) oder für eine Abgrenzung von Rechten und Pflichten (Veröffentlichungszwang von Bilanzen, Betriebsratspflicht, vereinfachter Kündigungsschutz etc.) verwendet. Vgl. hierzu auch Mugler (1998), S. 30.

Ein häufig genutztes quantitatives Abgrenzungskriterium ist die Anzahl der Mitarbeiter, da dieses Kriterium einfach zu messen und meist öffentlich zugänglich ist. Andere Kennzahlen, wie z.B. Bilanzkennzahlen, Produktions- und Absatzkennziffern, sind, da für KMU nur in Ausnahmefällen ein Bilanzveröffentlichungszwang existiert, von Unternehmensexternen nur erschwert für eine Klassifizierung heranzuziehen. Nationale und branchenspezifische Unterschiede führen dazu, dass auch das Kriterium Mitarbeiteranzahl nicht problemfrei zu handhaben ist. Um situative Unterschiede zu berücksichtigen, müssten Klassifizierungen länder- und branchenspezifisch durchgeführt werden. Jedoch bleibt das Problem, dass Definitionen volkswirtschaftlichen Veränderungen unterworfen und kontinuierlich auf ihre Aktualität zu prüfen sind.

Die Vielfalt der Kriterien betreffend, scheint die Abgrenzung der Europäischen Kommission einen Standardisierungscharakter zu haben.[271] Neben der Mitarbeiteranzahl (Vollzeitbeschäftigte im Jahresmittel der letzten beiden Geschäftsjahre) werden noch die Kriterien Umsatz und Bilanzsumme herangezogen. Zusätzlich wird das Kriterium der Unabhängigkeit berücksichtigt. D.h., institutionelle Anleger dürfen nicht mehr als 25% des Eigenkapitals des Unternehmens besitzen.[272] Tabelle 4.1 gibt einen Überblick:

Kategorie	Mitarbeiter	Umsatz	Bilanzsumme
Großunternehmen	≥250	> 50 Mio. €	> 43 Mio. €
Mittelunternehmen	< 250	≤50 Mio. €	≤43 Mio. €
Kleinunternehmen	< 50	≤10 Mio. €	≤10 Mio. €
Kleinstunternehmen	< 10	≤ 2 Mio. €	≤ 2 Mio. €

Tabelle 4.1: Unternehmensgrößenklassen

4.1.2 Arbeitsspezifische Definition

Aus den vorherigen Erläuterungen wird verständlich, weshalb eine hohe Anzahl an KMU-Definitionen existiert. Auch im Rahmen dieser Forschungsarbeit muss die Zweckmäßigkeit einer Definition abgewogen werden. Die arbeitsspezifische Definition lehnt sich daher an die quantitativen Kriterien der EU-Definition an und kombiniert diese mit zweckmäßigen qualitativen Kriterien.

Da sich die vorliegende Arbeit mit KMU als wirtschaftliche Einheiten befasst, soll, um eine rasche Qualifizierung vornehmen zu können, als erstes Kriterium die

[271] Vgl. Europäische Gemeinschaft (1996), Europäische Union (2003).
[272] Europäische Union (2003).

Mitarbeiteranzahl herangezogen werden. Um das Problemverständnis von insolventen KMU zu erhöhen, werden zusätzlich qualitative Kriterien herangezogen, da auch in diesen qualitativen Kriterien relevante Aspekte für die Fortführung und Sanierung liegen können. Als KMU werden für die vorliegende Arbeit alle Unternehmen definiert, welche folgenden Kriterien erfüllen:

Definition KMU
➢ Beschäftigtenanzahl kleiner 250 Mitarbeiter
➢ Rechtlich und wirtschaftlich selbstständige Einheit
➢ Unternehmensmehrheit bei einer Person oder einem begrenzten Kreis von Personen
➢ Eigentümer entscheidend an der Unternehmensleitung beteiligt
➢ Schicksalsgemeinschaft zwischen Unternehmen und Unternehmer

In dieser Definition zeigt sich besonders der ‚personale Charakter' eines KMU, da es „(...) vom Eigentümer und Risikounternehmer selbst geleitet wird, in seiner Betriebsleitung und Organisation auf ihn konzentriert und in seiner Stärke und Existenz schicksalhaft mit ihm verwoben ist."[273]

4.2 Unternehmenskrise

Der folgende Abschnitt behandelt den Krisenbegriff und erläutert diverse Krisenarten und deren Entwicklungen.

4.2.1 Allgemeiner Krisenbegriff

Etymologisch geht der Krisenbegriff auf das griechische Wort ‚crisis' zurück und findet in der Antike seine Anwendung im juristischen, medizinischen und theologischen Bereich. In seiner Bedeutung konnte er in Bezug auf Zwiespalt/Streit, Wahl/Auswahl, Entscheidung/Ausgang sowie Untersuchung/Urteil Verwendung finden. In seinem ursprünglichen Sinn und damit dem Begriff im weiteren Sinn nahe kommend, ist damit ein jeglicher Bruch einer kontinuierlichen Entwicklung gemeint. Im engeren Sinn ist darunter eine Entscheidungssituation zu verstehen, die den Wendepunkt oder Höhepunkt einer gefährlichen Entwicklung darstellt.[274]

In den Sozialwissenschaften, vorwiegend innerhalb der politikwissenschaftlichen Krisenforschung, wird die Krise zusätzlich nach einem entscheidungsorientierten

---

[273] Hamer (1990), S. 31.
[274] Vgl. Cezanne (1998), S. 7 f., Huisgen (1998), S. 29, Krystek (1987), S. 3 f., Linde (1994), S. 5.

und systemorientierten Krisenbegriff differenziert.[275] Der entscheidungsorientierte Krisenbegriff sieht die Krise als eine außergewöhnliche, akute Entscheidungssituation, welche durch die Merkmale der Bedrohung, Überraschung und Zeitdruck zur Reaktion charakterisiert wird. Der systemorientierte Krisenbegriff sieht in der Krise eine Störung des Systems, welches ganz oder zumindest teilweise gefährdet oder sogar zerstört werden kann. Sofern kritische Systemvariablen nicht innerhalb von tolerierbaren Grenzwerten bleiben, ist die Stabilität des Systems in Frage gestellt. Dieser systemtheoretische Krisenbegriff ist heute der gängigste.[276]

Den systemorientierten Krisenbegriff berücksichtigend und dem engeren Sinn des Krisenverständnisses folgend, sollen unter einer Unternehmenskrise folgende definitorischen Zusammenhänge gelten:[277]

Definition Krise

Eine Krise ist ein ungeplanter und ungewollter Prozess mit zeitlich begrenzter Dauer und Beeinflussbarkeit, welcher verschiedene Phasen durchläuft und dessen Ausgang ambivalent ist.

Unternehmenskrisen können in der Gesundung des Unternehmens oder in dessen Insolvenz münden und sind somit in der Lage, den Fortbestand des ‚Systems Unternehmen' substantiell und nachhaltig zu gefährden oder sogar unmöglich zu machen.[278] Das Weiterbestehen ist für die in dieser Forschungsarbeit betrachteten Unternehmen hochgradig gefährdet, da sich im Krisenverlauf die Erfolgspotenziale, das Reinvermögen und/oder die Liquidität des Unternehmens so ungünstig entwickelt haben, dass die Notwendigkeit der Insolvenzanmeldung gegeben ist.[279]

Dabei ist das Eintreten einer Krise unabhängig von der Unternehmensentwicklungsphase, d.h., Krisen treten weder einzig nach einer Sättigungsphase auf (entsprechend der Lebenszyklustheorie), noch allein beim Erreichen von so genannten Wachstumsschwellen, wie sie *Greiner* beschreibt.[280] Auch der Auffassung, dass

---

[275] Vgl. Linde (1994), S. 6.

[276] Vgl. Huisgen (1998), S. 30, Mayer (2003), S. 66, Krystek (1987), S. 4.

[277] In Anlehnung an Böckenförde (1996), S. 16, Krystek (1981), S. 6 f. und (1987), S. 6 f., Müller (1986), S. 15. Daneben gibt es noch eine juristische Definition der Krise. In § 32a GmbHG wird dies als Zustand eines Unternehmens definiert, bei welchem sich GmbH-Gesellschafter veranlasst sehen, dem Unternehmen weiteres Eigenkapital zuzuführen. Vgl. GmbHG (2006).

[278] Ähnlich Krystek (1981), S. 6 und (1987), S. 6 f.

[279] Zu Insolvenzantragsgründen siehe Abschnitt 4.3.

[280] Vgl. Greiner (1972), S. 37 ff. Zu kritischen Wachstumsschwellen in der Unternehmensentwicklung siehe auch Albach (1976), Albach/Bock/Warnke (1985).

eine Krise lediglich als vorübergehender Zustand zwischen zwei Optimalzuständen anzusehen ist[281], soll hier nicht gefolgt werden. Krisen (und in Folge auch Insolvenzen) können in jeder Lebensphase eines Unternehmens entstehen und den Endpunkt eines Unternehmens darstellen, so dass es zu keinem neuen Optimalzustand kommt.

4.2.2 Krisenarten und -entwicklungen

a) Klassifikationskriterien

Unternehmenskrisen haben unterschiedliche Erscheinungsformen und lassen sich nach einer Vielzahl von Kriterien gliedern. Dabei kann die Klassifikation einer Unternehmenskrise bereits als ein erster Indikator für Krisenursachen und möglicherweise auch für die Ableitung von Gegenmaßnahmen herangezogen werden. In der Literatur existieren verschiedene Klassifikationskriterien, anhand welcher Krisen systematisiert werden können:[282]

- Lebenszyklusstatus: Gründungs-, Wachstums- und Alterskrise[283] bzw. Wachstums-, Schrumpfungs- und Stagnationskrisen[284] oder Krisen in Pionier-, Wachstums-, Reife- und Wendephase[285]
- Krisenursachen: exogene vs. endogene Krisenursachen[286]
- Aggregationszustand/Bedrohungspotenzial: potenzielle, latente, akut beherrschbare, akut nicht beherrschbare Krise[287]
- Bedrohte Unternehmensziele: Strategie-, Erfolgs-, Liquiditätskrise[288]

Die Tatsache, dass Unternehmenskrisen auf so vielfältige Art differenziert werden können, zeigt, dass sie keine statischen dauerhaften Zustände verkörpern. Sie können daher auch durch eine zeitliche Verlaufsdimension beschrieben werden. Unternehmenskrisen treten zum einen schlagartig und unverhofft auf und entfalten innerhalb kurzer Zeit eine destruktive Wirkung, zum anderen können sie graduell zunehmend auf das Unternehmen einwirken. Bei der zweiten Form wird

---

[281] Vgl. hierzu auch Köster (1990).
[282] Vgl. Böckenförde (1996), S. 18 ff., Vgl. hierzu auch Feldbauer-Durstmüller (1992), S. 6 f.
[283] Albach (1976), S. 688.
[284] Bleicher (1979), S. 62 ff.
[285] Pümpin/Prange (1991), S. 211 f.
[286] Z.B. Fleege-Althoff (1930), S. 85.
[287] Krystek (1987), S. 29 ff.
[288] Müller (1986), S. 53 ff.

der Verlauf von immer prägnanter werdenden Krisensymptomen begleitet.[289] So genannte Fieberkurven visualisieren die Verlaufsdimension:

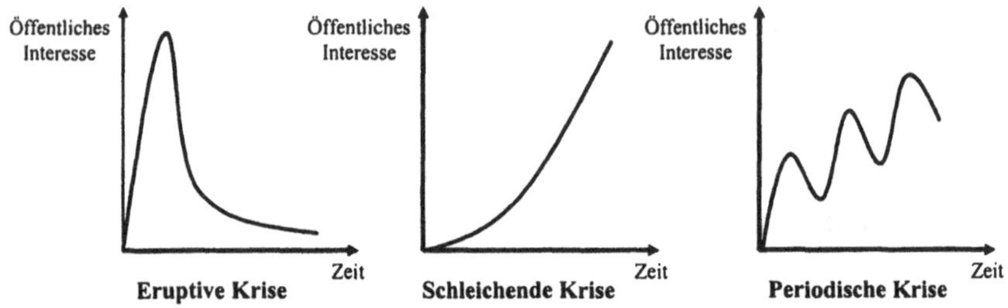

Abbildung 4.1: Erscheinungsformen von Krisen

Quelle: Mayer (2003), S. 87

Bei einer eruptiven Krise tritt der Krisenzustand abrupt und schlagartig auf. Die destruktive Wirkung kommt sehr überraschend, hat aber eine kurze Prozessdauer. Eine schleichende Krise hat eine mittlere Prozessdauer, in welcher die Krise durch eine Multiplikator- und Akzeleratorwirkung nach einem bestimmten Zeitraum eskaliert. Eine periodische Krise hat eine lange Prozessdauer, in der die Krisenintensität sich immer wieder abschwächt, die Krise aber nie vollständig bekämpft wird und daher im Zeitablauf kontinuierlich zunimmt.[290]

b) Phasenmodelle der Krisenentwicklung

Phasenmodelle dienen dazu, eine Krise in verschiedene Phasen zu unterteilen, um sie dadurch exakter beschreiben zu können. Die in der Literatur existierenden Phasenmodelle ähneln sich[291] und spiegeln die im Zeitablauf abnehmenden Handlungsalternativen wider.

Tabelle 4.2 stellt die Phaseneinteilungen ‚früher' Autoren dar, auf welchen verschiedene spätere Phasenmodelle oftmals aufgebaut wurden.[292] Dabei soll besonders auf das Phasenmodell von *Albach* hingewiesen werden, welches explizit die Insolvenz berücksichtigt:

[289] Vgl. Clasen (1992), S. 92, Huisgen (1998), S. 34, ff., Krystek (1980), S. 64.
[290] Vgl. Töpfer (1999), S. 275, Mayer (2003), S. 87.
[291] Vgl. auch Buchhart (2001), S. 73.
[292] In Anlehnung an Krystek (1987), S. 21 ff.

Röthig[293]	Britt[294]	Rödl[295]	Löhneysen[296]	Albach[297]
➢ latente Krise ➢ akute Krise	➢ Phase der Fehlentwicklung ➢ Krisenphase ➢ Bewältigungsphase	➢ Latenter Bereich ➢ Subakuter Bereich ➢ Akuter Bereich	➢ Nichtkrise ➢ Potenzielle Krise ➢ Latente Krise ➢ Akute Krise	➢ Vertrauensschwund ➢ Verhandlungen ➢ Öffentlichkeit ➢ Konkursbeantragung ➢ ggf. Fortführung ➢ ggf. Sanierungserfolge

Tabelle 4.2: Krisenphaseneinteilung ‚früher' Autoren

Zu den ‚neuen' und in der Literatur weit verbreiteten Phasenmodellen gehören die Modelle von *Krystek* und von *Müller*, die als Klassifikationskriterium den Aggregationszustand/das Bedrohungspotenzial sowie die bedrohten Unternehmensziele heranziehen.

Krystek[298]	Müller[299]
➢ Potenzielle Krise	➢ Strategische Krise
➢ Latente Krise	➢ Erfolgskrise
➢ Akut/beherrschbare Krise	➢ Liquiditätskrise
➢ Akut/nicht beherrschbare Krise	

Tabelle 4.3: Krisenphaseneinteilung ‚neuer' Autoren

Krystek[300] unterscheidet zwischen einer potenziellen Unternehmenskrise, in welcher keine Krisensymptome wahrgenommen werden, einer latenten Unternehmenskrise, in welcher die Krisensituation noch nicht offensichtlich geworden, jedoch die Wahrscheinlichkeit des Eintretens hoch ist, einer akuten, aber beherrschbaren Unternehmenskrise, in welcher deutliche Krisensymptome wahrgenommen werden und der Fortbestand des Unternehmens gefährdet ist, und einer akuten und nicht beherrschbaren Unternehmenskrise, in welcher die Krisenbewältigungsanforderungen das verfügbare Krisenbewältigungspotenzial übersteigen. Die Anforderungen zur Erkennung der Krise nehmen dabei im Verlauf überproportional ab und die Krisenbewältigungsanforderungen stetig zu. Die destruktive Wirkung der Krise erhöht sich überproportional im Krisenverlauf. Abbildung 4.2 verdeutlicht die Zusammenhänge:

[293] Röthig (1976), S. 13.
[294] Britt (1973), S. 439.
[295] Rödl (1979), S. 46 f.
[296] Löhneysen (1982), S. 102 ff.
[297] Albach (1979), S. 9 ff.
[298] Krystek (1980), S. 64 ff.
[299] Müller (1982).
[300] Vgl. Krystek (1987), S. 29 ff., ähnlich Röthig (1976), S. 13.

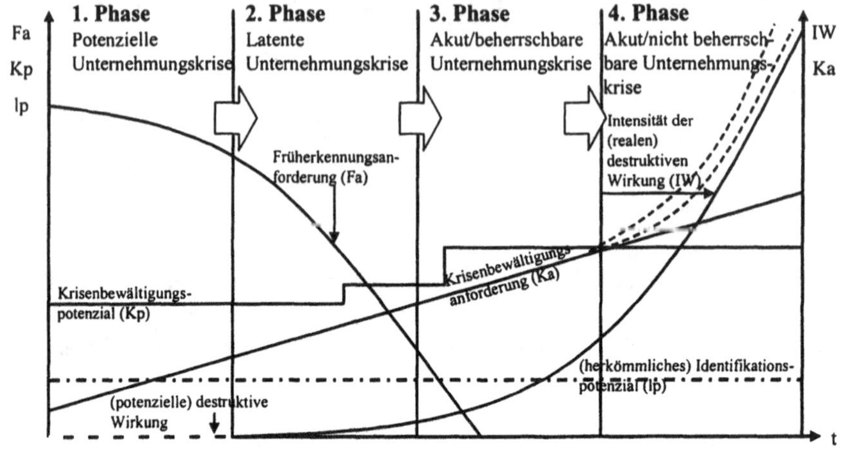

Abbildung 4.2: Phasen des generellen Krisenprozesses nach Krystek

Quelle: Krystek (1980), S. 65

Die gedankliche Aufeinanderfolge des Krisenverlaufes entspricht jedoch keinem zeitlichen Zwangsablauf. Der Krisenprozess kann durch entsprechende Gegenmaßnahmen des Unternehmens oder durch externe Einflüsse gestoppt werden. Jedoch ist es auch möglich, dass der Krisenprozess nur in eine vorgelagerte Phase zurückfällt, weil die Krisensymptome bekämpft wurden, jedoch nicht die Ursachen, welche in solchen Fällen zumeist unerkannt bleiben. Gleichfalls ist es denkbar, dass der Krisenprozess in einer späteren Phase, im Extremfall in der akuten, nicht mehr beherrschbaren Phase beginnt und auch endet.[301]

Eine Unternehmensinsolvenz wäre in diesem Schema in der dritten oder vierten Phase einzuordnen. Eine Einordnung in der dritten Phase würde bedeuten, dass das Unternehmen im Rahmen einer Insolvenzsanierung weitergeführt und saniert werden kann, eine Einordnung in der vierten Phase, dass das Unternehmen zerschlagen und liquidiert wird.

Müller kommt zu seinem Verlaufsmodell durch die Betrachtung der bedrohten Unternehmensziele.[302] Eine strategische Krise liegt vor, wenn langfristige Erfolgspotenziale gefährdet oder nicht mehr existent sind, weil z.B. technologische Entwicklungen verpasst wurden. Eine Erfolgskrise zeigt sich im leistungswirt-

[301] Vgl. Krystek (1987), S. 32.
[302] Vgl. Müller (1986), S. 53 ff., Vgl. hierzu auch Keller (1999), S. 8 f., Kraus/Gless (1998), S. 99 f.

schaftlichen Bereich, weil z.B. gesetzte Erfolgsziele wie Gewinn-, Rentabilitäts- oder Umsatzziele gefährdet sind oder nicht erreicht werden. Die Liquiditätskrise wird durch finanzwirtschaftliche Schwierigkeiten verursacht und liegt vor, wenn Illiquidität und/oder Überschuldung des Unternehmens drohen.

Zwischen den einzelnen Krisen besteht eine ‚kybernetische Verknüpfung', da Krisen prozesshaft ablaufen und aufeinander aufbauen. Aus einer strategischen Krise kann eine Erfolgskrise werden, die Erfolgskrise wiederum eine Liquiditätskrise als Resultat haben und schließlich zur Insolvenz führen.[303] Dabei muss es wie im Modell von *Krystek* nicht zwangsläufig zu einer solchen ‚idealtypischen' Krisenentwicklung kommen, sondern der Beginn kann auch in einer späteren Phase, im Extremfall in der Liquiditätskrise, einsetzen.

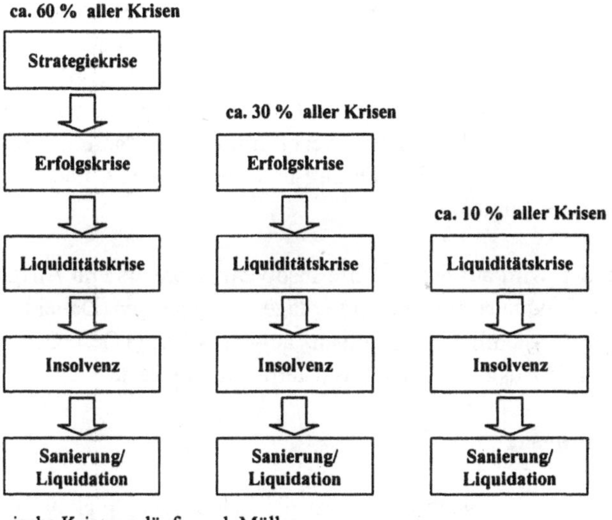

Abbildung 4.3: Typische Krisenverläufe nach Müller

Quelle: Müller (1986), S. 56

4.3 Unternehmenskrise und deren Folgen

Beim Fortschreiten einer Unternehmenskrise nehmen in der Regel die liquiden Mittel des Unternehmens ab und aus anfänglichen Zahlungsstockungen entwickelt sich die Zahlungsunfähigkeit, die Insolvenz. Die Begriffe Insolvenz und Konkurs (teilweise auch Ausgleich) werden häufig synonym verwendet, was seine Ur-

[303] Vgl. Keller (1999), S. 11, Böckenförde (1996), S. 20 f.

sachen in den wahrgenommenen Auswirkungen und in der Durchmischung von betriebswirtschaftlichen und rechtlichen Sichtweisen hat.

Bei den Begriffen Insolvenz, Konkurs und Ausgleich und dem damit verbundenen Zusammenbruch eines Unternehmens existiert sowohl eine betriebswirtschaftliche als auch eine rechtliche Sichtweise. Aus der betriebswirtschaftlichen Sicht ist die Insolvenz eines Unternehmens „(...) das Ergebnis einer Reihe von Unternehmenskrisen“[304]. Die rechtliche Sicht ist eher an den sachlichen Voraussetzungen und den formalen Folgen interessiert.

In Deutschland löste die 1999 in Kraft getretene Insolvenzordnung (InsO) die bis dahin bestehende Konkurs-, Vergleichs- und Gesamtvollstreckungsordnung zugunsten eines einheitlichen Insolvenzverfahrens ab. In Österreich existieren die beiden Verfahren des Konkurses und des Ausgleiches in getrennten Gesetzen. Trotz der unterschiedlichen Namen stellt sich die rechtliche Situation in beiden Ländern ähnlich dar. Hauptziel sowohl der Insolvenzordnung als auch der Konkurs-/Ausgleichsordnung ist der Gläubigerschutz. Sowohl das deutsche als auch das österreichische Insolvenzrecht ermöglichen, sofern bestimmte Voraussetzungen vorliegen, die Fortführung und die Sanierung und somit den Fortbestand des Unternehmens.

Im Folgenden wird auf die Begriffe Insolvenz, Konkurs und Ausgleich sowie auf die entsprechenden rechtlichen Grundlagen eingegangen. Dabei beziehen sich die Erklärungen hinsichtlich der Insolvenz auf die deutsche Gesetzgebung und die des Konkurses und Ausgleiches auf das österreichische Recht.

4.3.1 Insolvenz

Der Begriff der Insolvenz bezeichnet die Zahlungsunfähigkeit und kann sowohl auf eine Person als auch ein Unternehmen angewendet werden. Im allgemeinen Sprachgebrauch wird neben dem (alten) Ausdruck ‚Konkurs anmelden' der Begriff ‚Insolvenz anmelden' verwendet. Die juristische Bezeichnung dafür ist: ‚den Antrag auf Eröffnung des Insolvenzverfahrens stellen'. Dabei existiert keine Legaldefinition der Insolvenz, sondern sie wird lediglich durch ihre Auslösetatbestände definiert. Das Insolvenzverfahren wird nur auf Antrag eröffnet, wozu

[304] Reske/Brandenburg/Mortsiefer (1976), S. 7.

sowohl Gläubiger als auch Schuldner berechtigt sind.[305] Die Eröffnung des Insolvenzverfahrens setzt voraus, dass ein Eröffnungsgrund (Tatbestand) gegeben ist, wovon in der deutschen Insolvenzordnung drei vorgesehen sind:

- § 17 Zahlungsunfähigkeit: Der Schuldner ist zahlungsunfähig, wenn er nicht in der Lage ist, die fälligen Zahlungspflichten zu erfüllen. Zahlungsunfähigkeit ist in der Regel anzunehmen, wenn der Schuldner seine Zahlungen eingestellt hat.
- § 18 Drohende Zahlungsunfähigkeit: Der Schuldner droht zahlungsunfähig zu werden, wenn er voraussichtlich nicht in der Lage sein wird, die bestehenden Zahlungspflichten im Zeitpunkt der Fälligkeit zu erfüllen.
- § 19 Überschuldung: Eine Überschuldung liegt vor, wenn das Vermögen des Schuldners die bestehenden Verbindlichkeiten nicht mehr deckt. Bei der Bewertung des Vermögens ist jedoch die Fortführung des Unternehmens zugrunde zu legen, wenn diese nach den Umständen überwiegend wahrscheinlich ist.

Das Insolvenzverfahren soll dazu dienen, die Gläubiger eines Schuldners gemeinschaftlich zu befriedigen, indem das Schuldnervermögen verwertet und der Erlös verteilt wird, oder in einem Insolvenzplan eine abweichende Regelung, insbesondere zum Erhalt des Unternehmens, getroffen wird.[306] Der Antrag auf Eröffnung des Insolvenzverfahrens wird bei dem jeweils zuständigen Amtsgericht, in dessen Bezirk ein Landgericht seinen Sitz hat, gestellt.[307] Die öffentliche Bekanntmachung der Antragsstellung erfolgt durch Veröffentlichung in dem für amtliche Bekanntmachungen des Gerichts bestimmten Blatt oder in einem für das Gericht bestimmten elektronischen Informations- und Kommunikationssystem.[308]

4.3.2 Konkurs/Zwangsausgleich

Im österreichischen Wirtschaftsrecht existiert der Begriff des Konkurses. Dieser bezeichnet zwar auch die Zahlungsunfähigkeit oder Zahlungseinstellung eines Unternehmens,[309] leitet sich aber vom lateinischen Verb ‚concurrere' ab, was

---

[305] Insolvenzordnung (2003), § 13. Ist der Schuldner eine Kapitalgesellschaft, so ist er bei Vorliegen der Zahlungsunfähigkeit und/oder Überschuldung sogar verpflichtet, den Insolvenzantrag zu stellen.
[306] Insolvenzordnung (2003), § 1.
[307] Insolvenzordnung (2003), § 2.
[308] Insolvenzordnung (2003), § 9.
[309] Vgl. Duden (2001).

soviel wie Zusammenlaufen bedeutet. Im übertragenen Sinne laufen bei einem Konkurs die Gläubiger zusammen, welche ihre Ansprüche gegenüber dem Schuldner sichern möchten. Eine juristische Erklärung liefert *Feil*: „Der Konkurs bezweckt die verhältnismäßige Befriedigung aller Konkursgläubiger in einem einzigen Verfahren durch Verwertung des gesamten Schuldnervermögens (...).“[310] Gleich dem deutschen Insolvenzrecht wird der Konkurs durch seine Auslösetatbestände definiert und nur auf Antrag eröffnet. Antragsberechtigt sind sowohl Gläubiger[311] als auch Schuldner[312]. Als Eröffnungsvoraussetzungen, die die Konkursordnung vorsieht, gelten:

- § 66 Zahlungsunfähigkeit
  (1) Die Eröffnung des Konkurses setzt voraus, dass der Schuldner zahlungsunfähig ist.
  (2) Zahlungsunfähigkeit ist insbesondere anzunehmen, wenn der Schuldner seine Zahlungen einstellt.
- § 67 Überschuldung
  (1) Die Eröffnung des Konkurses über Handelsgesellschaften, bei denen kein persönlich haftender Gesellschafter eine natürliche Person ist, über das Vermögen juristischer Personen und über Verlassenschaften findet, soweit besondere Gesetze nichts anderes bestimmen, auch bei Überschuldung statt.

Durch die Konkurseröffnung wird dem Gemeinschuldner das gesamte, der Exekution unterworfene Vermögen, das ihm zu dieser Zeit gehört oder das er während des Konkurses erlangt, seiner freien Verfügung entzogen.[313] Zudem bestellt das zuständige Gericht einen Masseverwalter, welcher sich unverzüglich über die wirtschaftliche Lage, die bisherige Geschäftsführung, die Ursachen des Vermögensverfalls, das Ausmaß der Gefährdung von Arbeitsplätzen, das Vorliegen von Haftungserklärungen Dritter und alle für die Entschließung der Gläubiger wichtigen Umstände genaue Kenntnis verschaffen muss. Er hat zu prüfen, ob das Unternehmen fortgeführt oder wieder eröffnet werden kann. D.h., er muss entscheiden, ob eine befristete Fortführung oder eine Fortführung auf einstweilen unbestimmte Zeit möglich ist und ob ein Zwangsausgleich dem gemeinsamen Interesse der Konkursgläubiger entspricht und inwiefern dessen Erfüllung möglich ist.[314]

---

[310] Feil (2004), RN 1, S. 18.
[311] Konkursordnung (2004), § 70.
[312] Konkursordnung (2004), § 69.
[313] Konkursordnung (2004), § 1.
[314] Konkursordnung (2004), § 81a.

Ein Gläubiger kann im Laufe des Konkursverfahrens auch den Antrag auf Abschluss eines Zwangsausgleiches stellen,[315] was als Instrument zur Schadensminimierung und Unternehmenssanierung dienen kann. Der Zwangsausgleich hat zur Folge, dass alle Verbindlichkeiten, welche die vereinbarte Zwangsausgleichquote übersteigen, gestrichen werden.

Eine Studie des Kreditschutzverbandes (KSV) belegt einen hohen Stellenwert des Zwangsausgleiches. Im Zeitraum zwischen dem 1.1.1994 und 31.12.2003 haben in 32% aller eröffneten Konkursverfahren die Schuldner einen Zwangsausgleich angeboten und 87% dieser angebotenen Zwangsausgleiche wurden von den Gläubigern angenommen. Von diesen angenommenen wurden auch 83% tatsächlich erfüllt. D.h., 23% aller eröffneten Unternehmenskurse endeten mit einem erfüllten Zwangsausgleich.[316]

Der Zwangsausgleich an sich kann nicht mit einer Sanierung gleichgesetzt werden, ist jedoch wichtiges Element im Rahmen eines Sanierungskonzeptes. Hinsichtlich der Nachhaltigkeit stellt der KSV fest, dass in 21% aller eröffneten Konkurse das Schuldnerunternehmen über einen Zwangsausgleich nachhaltig saniert werden konnte. Die durchschnittliche Zwangsausgleichsquote beträgt 22,7% gegenüber 7,1% bei einem normalen Konkurs.[317]

4.3.3 Ausgleich

Der Ausgleich wird im österreichischen Insolvenzrecht für Unternehmen vorgesehen, bei welchen trotz Zahlungsunfähigkeit und/oder Überschuldung die Möglichkeit besteht, dass diese nach der Durchführung eines Ausgleichsverfahrens weiter fortgeführt werden können. D.h., liegen die Voraussetzungen der Konkurseröffnung (§§ 66 und 67 KO) oder drohende Zahlungsunfähigkeit vor, kann der Schuldner beim zuständigen Gericht beantragen, dass an Stelle des Konkurses das Ausgleichsverfahren eröffnet wird. Hat ein Gläubiger die Konkurseröffnung beantragt, so kann der Schuldner die Eröffnung des Ausgleichsverfahrens beantragen, solange das Gericht über den Antrag des Gläubigers noch nicht entschieden hat.[318]

---

[315] Vgl. Konkursordnung (2004) §§ 140 ff.
[316] Vgl. Klikovits (2004), S. 13.
[317] Vgl. Klikovits (2004), S. 17.
[318] Ausgleichsordnung (2004), § 1.

Als Auslösetatbestand kommt beim Ausgleich die drohende Zahlungsunfähigkeit hinzu. Der Gesetzgeber ermöglicht so Unternehmen frühzeitig einen Antrag auf Ausgleich zu stellen, bevor die meisten Unternehmensressourcen verbraucht sind. Der Eröffnungsantrag muss unter anderem den Ausgleichsvorschlag beinhalten sowie Angaben darüber, wie die zur Ausgleichserfüllung notwendigen Mittel aufgebracht werden sollen.[319]

Ähnlich dem Insolvenz-/Konkursverfahren bestellt das Gericht bei Eröffnung des Ausgleichsverfahrens einen Ausgleichsverwalter, welcher sich einen Überblick über das Unternehmen verschaffen muss. Dabei muss er sich Kenntnis über die Einbringbarkeit der Außenstände, den Stand der Aktiva und Passiva sowie die Angemessenheit des angebotenen Ausgleichs verschaffen. Der Ausgleichsverwalter hat insbesondere dafür zu sorgen, dass das Vermögen möglichst nicht geschmälert und ein Unternehmen des Schuldners fortgeführt wird, es sei denn, die Fortführung widerspricht den überwiegenden Interessen der Beteiligten. Er hat die Geschäftsführung des Schuldners zu überwachen.[320]

Durch einen rechtskräftig bestätigten Ausgleich wird der Schuldner von der Verbindlichkeit befreit, seinen Gläubigern den Ausfall, den sie erleiden, nachträglich zu ersetzen oder für die sonst gewährte Begünstigung nachträglich aufzukommen.[321] Für eine empirische Studie, welche die Unternehmenssanierung durch das Ausgleichsverfahren betrachtet, wird auf *Hadl* verwiesen.[322]

Tabelle 4.4 zeigt eine Gegenüberstellung der drei Verfahren, woraus hervorgeht, dass sich die deutsche und die österreichische Gesetzgebung in den wesentlichen Punkten der Insolvenzantragsgründe als auch der Verfahrensziele sehr ähneln.

---

[319] Ausgleichsordnung (2004), §§ 1 ff.
[320] Ausgleichsordnung (2004), §§ 30 ff.
[321] Ausgleichsordnung (2004), § 53.
[322] Vgl. Hadl (1991).

	Insolvenzordnung (InsO)	Konkursordnung (KO)	Ausgleichsordnung (AO)
Insolvenz-antrags-gründe	➢ Zahlungsunfähigkeit ➢ Überschuldung ➢ Drohende Zahlungs-unfähigkeit	➢ Zahlungsunfähigkeit ➢ Überschuldung	➢ Wie KO + drohende Zahlungsunfähigkeit
Verfahrens-ziel	➢ Gläubigerschutz durch Liquidation und/oder Sanierung	➢ Gläubigerschutz durch Liquidation, Sanierung oder Zwangsausgleich	➢ Gläubigerschutz durch Ausgleich
Bezeichnung des Verwalters	➢ (vorläufiger) Insolvenzverwalter	➢ Masseverwalter	➢ Ausgleichsverwalter
Fort-führungs-pflicht	➢ Fortführungspflicht nach § 22 InsO bis zur Eröffnungsent-scheidung soweit keine erhebliche Vermögensver-minderung	➢ Fortführungspflicht nach § 114a KO bis zur Berichtstag-satzung, soweit keine Ausfallerhöhung, die die Gläubiger erleiden	➢ Fortführungspflicht nach § 30 AO, sofern die Fortführung nicht den überwiegenden Interessen der Be-teiligten widerspricht
Informa-tions-pflichten	➢ Beim Berichtstermin Auskunft über die wirtschaftliche Lage des Schuldners und ihre Ursachen. Dar-legung der Aus-sichten, das Unter-nehmen im ganzen oder in Teilen zu erhalten. Möglich-keiten eines Insol-venzplanes und Auswirkungen auf Gläubigerbefriedi-gung (§ 156 InsO)	➢ In Berichtstagsatzung Auskunft über Markt-, Unternehmens- und Finanzlage. Darstel-lung der Vorausset-zungen einer sofor-tigen Schließung, Schließung einzelner Unternehmensbe-reiche, befristete oder unbefristete Fort-führung. Möglichkeit eines Zwangsaus-gleiches (§114b KO)	➢ Bei Ausgleichstag-satzung Auskunft über wirtschaftliche Lage, Geschäftsführung, Ursache des Ver-mögensverfalls, Aus-maß der Arbeits-platzgefährdung, Einbringlichkeit von Außenständen, Stand von Aktiva/Passive, Ausgleichsangemes-senheit, Vorliegen von Haftungserklärungen Dritter (§ 38 AO)

Tabelle 4.4: Gegenüberstellung Insolvenz-, Konkurs- und Ausgleichsordnung

4.4 Statistische Daten

In diesem Abschnitt werden Statistiken über die Entwicklung von Unternehmens-insolvenzen und demografische Unternehmensdaten in Deutschland tabellarisch dargestellt. Die Datengrundlage bilden die Veröffentlichungen des Statistischen Bundesamtes[323] und von Creditreform Deutschland[324].

[323] Vgl. Statistisches Bundesamt (2006).
[324] Vgl. Creditreform (2005a).

Innerhalb der letzten Jahre ist in Deutschland eine hohe Steigerung der Unternehmensinsolvenzen zu verzeichnen. Zwar ist in Deutschland im Jahr 2005 mit 36.843 Insolvenzen ein Rückgang um ca. 6% gegenüber dem Vorjahr zu verzeichnen, dennoch liegen die Insolvenzzahlen auf sehr hohem Niveau.

Insolvenzen 1999-2005							
	1999	**2000**	**2001**	**2002**	**2003**	**2004**	**2005**
Insolvenzen gesamt	26.476	28.235	32.278	37.579	39.320	39.213	36.843

Tabelle 4.5: Insolvenzen 1999 – 2005

Quelle: Statistisches Bundesamt (2006)

Die meisten Unternehmensinsolvenzen entfallen auf Einzelunternehmen bzw. freie Berufe sowie GmbHs. Nur bei 63,1% aller Insolvenzen wird auch ein Verfahren eröffnet. In 36,9% der Fälle wird der Antrag auf Eröffnung eines Insolvenzverfahrens aufgrund von Masselosigkeit abgewiesen. Die Zahl der angeordneten Eigenverwaltungen[325] ist mit insgesamt 147 äußerst gering.

Insolvenzen 2005 nach Rechtsform						
	Einzelunternehmen Freie Berufe	**OHG, KG, GbR**	**GmbH**	**AG, KGaA**	**Sonstige Rechtsform**	**Summe**
Beantragte Insolvenzen	16.774	2.744	16.414	344	567	36.843
in %	45,4%	7,4%	44,6%	0,9%	1,5%	100,0%
Eröffnete Verfahren	12.991	1.609	8.205	214	228	23.247
in % der beantragten Insolvenzen	77,4%	58,6%	50,0%	62,2%	40,2%	63,1%
in % der eröffneten Verfahren	55,9%	6,9%	35,3%	0,9%	1,0%	100,0%
Mangels Masse abgewiesen	3.782	1.135	8.209	130	339	13.596
in % der beantragten Insolvenzen	22,5%	41,4%	50,0%	37,8%	59,8%	36,9%
in % der eröffneten Verfahren	27,8%	8,3%	60,4%	1,0%	2,5%	100,0%
Angeordnete Eigenverwaltung	42	22	78	1	4	147
in % der angeordneten Eigenverwaltungen	28,6%	15,0%	53,1%	0,7%	2,7%	100,0%
in % aller eröffneten Verfahren	0,3%	1,4%	1,0%	0,4%	1,8%	0,6 %

Tabelle 4.6: Insolvenzen 2005 nach Rechtsform

Quelle: Statistisches Bundesamt (2006)

325 Zu Eigenverwaltungen siehe Abschnitt 4.6.2.

Einen hohen Anteil an den Unternehmensinsolvenzen nehmen jene Unternehmen ein, welche älter als acht Jahre sind.

Insolvenzen 2005 nach Unternehmensalter					
	bis 3 Jahre	4-7 Jahre	8 Jahre und älter	unbekannt	Gültige Angaben
Anzahl	7.747	8.179	11.686	9.231	27.612
in %	28,1%	29,6%	42,3%		100,0%

Tabelle 4.7: Insolvenzen 2005 nach Unternehmensalter

Quelle: Statistisches Bundesamt (2006)

Bei einer Betrachtung der Unternehmensgröße nach Mitarbeitern hat der überwiegende Teil der insolventen Unternehmen keinen Beschäftigten. In die Größenklasse >100 Mitarbeiter entfallen lediglich 0,6% aller Unternehmensinsolvenzen. Bei einer Betrachtung nach Umsatz fallen 20,3% in die Kategorie kleiner als 100.000 Euro. Der überwiegende Teil der Unternehmen fällt in die Umsatzklasse 0,1 Mio. bis fünf Mio. Euro.

Insolvenzen 2005 nach Unternehmensgröße - Mitarbeiter (MA)							
	0 MA	1-5 MA	6-10 MA	11-100 MA	> 100 MA	unbekannt	Gültige Angaben
Anzahl	16.671	9.430	2.141	2.981	190	5.430	31.413
in %	53,1%	30,0%	6,8%	9,5%	0,6%		100,0%

Tabelle 4.8: Insolvenzen 2005 nach Unternehmensgröße - Mitarbeiter

Quelle: Statistisches Bundesamt (2006)

Insolvenzen 2005 nach Unternehmensgröße - Umsatz[326]						
	bis 0,1 Mio. €	> 0,1 - 5 Mio. €	> 5 - 25 Mio. €	> 25 - 50 Mio. €	> 50 Mio. €	Summe
Anzahl	7.690	28.470	1.550	110	80	37.900
in %	20,3	75,1%	4,1%	0,3%	0,2%	100,0%

Tabelle 4.9: Insolvenzen 2005 nach Unternehmensgröße - Umsatz

Quelle: Creditreform (2005a)

Den Haupteröffnungsgrund (in 71,4% der Fälle) stellt die Zahlungsunfähigkeit dar. Eine frühzeitige Insolvenzanmeldung aufgrund von drohender Zahlungsunfähigkeit bzw. drohender Zahlungsunfähigkeit und Überschuldung ist nur in sehr geringem Ausmaß verbreitet.

---

326 Basis dieser Tabelle sind Schätzungen der Creditreform. Daher auch die Bezugsbasis von geschätzten 37.900 Insolvenzen. Vgl. Creditreform (2005a), S. 12.

	Insolvenzen 2005 nach Eröffnungsgrund					
	Zahlungs-unfähigkeit (ZU)	**Drohende ZU**	**Überschul-dung (Ü)**	**ZU+Ü**	**Drohende ZU+Ü**	**Summe**
Anzahl	26.315	223	399	9.795	109	36.843
in %	71,4%	0,6%	1,1%	26,6%	0,3%	100,0%

Tabelle 4.10: Insolvenzen 2005 nach Eröffnungsgrund

Quelle: Statistisches Bundesamt (2006)

Unternehmen des Baugewerbes stellen mit insgesamt 7.829 Unternehmensinsolvenzen und mit 235 Insolvenzen je 10.000 Unternehmen die Branche mit der größten Insolvenzgefährdung dar. In Bezug auf das Insolvenzrisiko besteht ein erheblicher Unterschied zwischen Ost- und Westdeutschland.

	Insolvenzrisiko 2005 (Insolvenzen je 10.000 Unternehmen)[327]				
	Verarbeitendes Gewerbe	**Bau-gewerbe**	**Handel**	**Dienst-leistungen**	**Gesamt**
Deutschland gesamt	82	235	134	118	130
Ostdeutschland					180
Westdeutschland					119

Tabelle 4.11: Insolvenzrisiko 2005 nach Wirtschaftsbereichen

Quelle: Creditreform (2005a)

Bezüglich der Bedeutung der einzelnen demografischen Daten auf die Insolvenzwahrscheinlichkeit von Unternehmen wird auf die Ausführungen der Insolvenzursachenforschung verwiesen. Da verschiedene Autoren[328] einen Zusammenhang zwischen demografischen Daten und Insolvenzwahrscheinlichkeit postulieren, kann angenommen werden, dass demografische Daten auch auf die Erfolgswahrscheinlichkeit einer Fortführung und Sanierung im Insolvenzfall wirken.

---

[327] Basis dieser Tabelle sind Schätzungen der Creditreform. Vgl. Creditreform (2005a), S. 10.

[328] Eine der frühen Arbeiten stammt z.B. von Weibel, welcher für Schweizer Unternehmen einen Zusammenhang zwischen Konjunkturverlauf, Branchenzugehörigkeit, Kantonszugehörigkeit, Rechtsform sowie Alter und Insolvenzwahrscheinlichkeit ermittelt hat. Vgl. Weibel (1978), S. 124 ff. Ähnliche Zusammenhänge stellt auch Woywode fest. Vgl. Woywode (1998).

4.5 Insolvenzverfahren

Verschiedene Perspektiven des Zweckes eines Insolvenzverfahrens, der Ablauf sowie die Grundlagen der Unternehmenssanierung werden im folgenden Abschnitt dargestellt.

4.5.1 Verschiedene Perspektiven

Es existieren, je nach Sichtweise, verschiedene Interpretationen, was der Zweck eines Insolvenzverfahrens sein soll.[329]

Nach allgemeinem rechtlichen Verständnis soll das Insolvenzverfahren die Schuldnerhaftung regeln. D.h., die Gläubiger sollen bestmöglich befriedigt werden, wobei es jedoch keine Vorschriften über Art und Form gibt. Die Gläubigerbefriedigung kann durch die Liquidation, durch eine Sanierung des Rechtsträgers oder auch durch den Verkauf des Unternehmens (übertragende Sanierung) stattfinden. Ebenso ist eine Umwandlung von Gläubigerrechten in Unternehmensanteile denkbar.[330] Tabelle 4.12 gibt eine Übersicht:

	Liquidation	**Sanierung** (des Rechtsträgers)	**Verkauf** (übertragende Sanierung)	**Sonstiges**
Art der Gläubigerbefriedigung	➢ das Schuldnervermögen wird verwertet und die Gläubiger werden aus dem Erlös befriedigt	➢ die durch die Sanierung zukünftig zu erwartenden Erträge fallen anteilig den Gläubigern zu	➢ das insolvente Unternehmen wird verkauft und der Kaufpreis wird zur Befriedigung der Gläubiger verwendet	➢ die Gläubiger erhalten z.B. Anteile am insolventen Unternehmen, welche gewinnausschüttungsberechtigt und verkaufbar sind

Tabelle 4.12: Formen und Art der Gläubigerbefriedigung

Die Gläubigerbefriedigung steht eng im Zusammenhang mit einer ökonomischen Perspektive, die die Entscheidung, ob ein Unternehmen fortzuführen ist oder nicht, nur daran orientiert, ob der Fortführungswert des Unternehmens (unter Berücksichtigung der erforderlichen Sanierungsaufwendungen) den Liquidations-

[329] Zum Allokationsproblem im Insolvenzfall siehe Hax (2003), S. 210 ff. Über die Bedeutung der Sanierung siehe z.B. Kayser (1983), S. 9 ff.
[330] Vgl. Kautzsch (2001), S. 24 f. in Bezug auf Henckel (1992), S. 197, Smid/Rattunde (1998), RN 60.

wert (abzüglich der Liquidationskosten) übersteigt. Fortführung und Sanierung (auch in Form einer übertragenden Sanierung) wären somit nur Mittel, die optimale Verwirklichung der schuldnerischen Haftung zugunsten der Gläubiger zu gewährleisten.[331]

Aus gesellschaftspolitischer Sicht wird häufig gefordert, dass das Insolvenzverfahren nicht allein auf die ökonomische Effizienz abstellen dürfe, sondern gesellschaftspolitisch relevante Auswirkungen der Insolvenz berücksichtigen müsse. Von besonderer Bedeutung sind dabei die soziale und politische Funktion von Unternehmen. Der Erhalt möglichst vieler Arbeitsplätze müsse daher das Ziel eines Insolvenzverfahrens sein.

In der öffentlichen Diskussion wird die Insolvenz häufig als der wirtschaftliche Exitus eines Unternehmens angesehen und infolgedessen ein Insolvenzverfahren als Liquidationsverfahren (miss)interpretiert. Durch eine solche Interpretation kann es innerhalb des Verfahrens zu suboptimalen Entscheidungen kommen, da bei einer Liquidationsentscheidung der Gläubiger die Zerschlagung des Unternehmens kaum noch zu verhindern ist.[332]

4.5.2 Ablauf eines Insolvenzverfahrens

Das Verfahren nach Insolvenzantragsstellung lässt sich in ein Eröffnungsverfahren/vorläufiges Verfahren und ein eröffnetes Insolvenzverfahren differenzieren.

---

[331] Vgl. Kautzsch (2001), S. 23.
[332] Vgl. Buchhart (2001), S. 300.

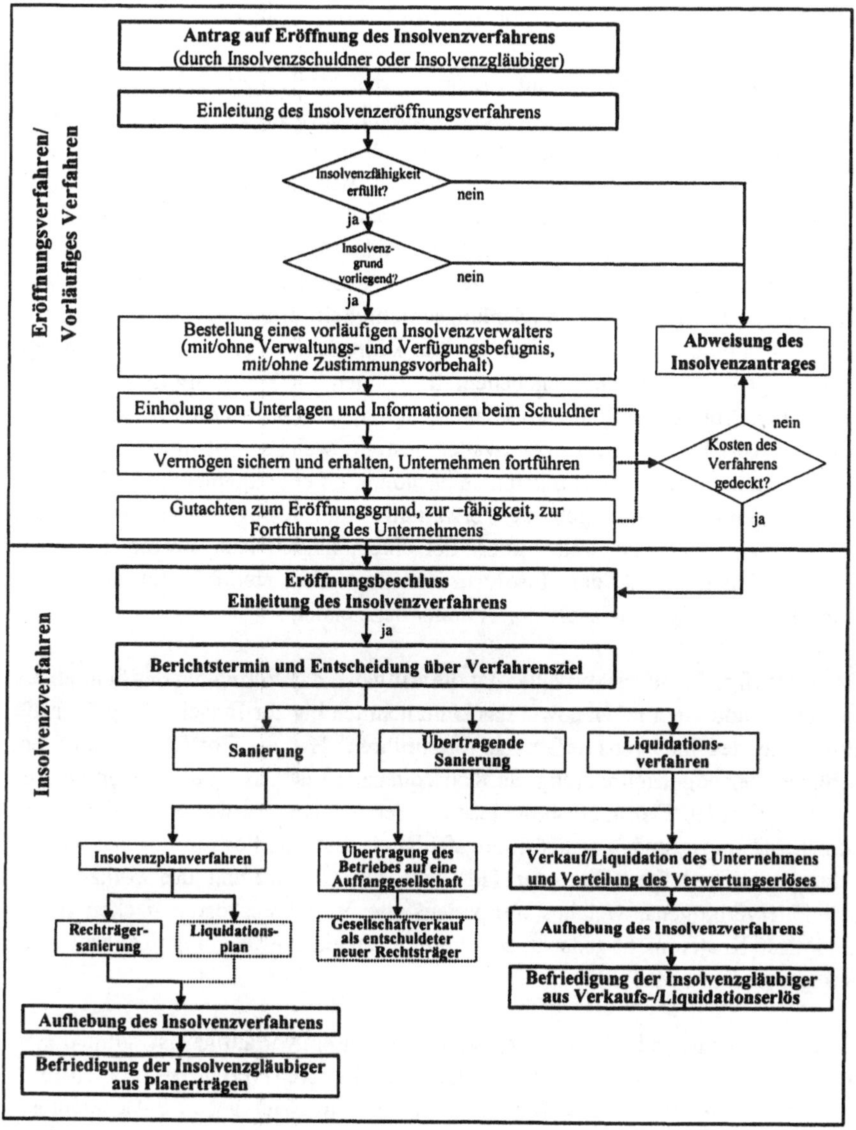

Abbildung 4.4: Ablauf eines Insolvenzverfahrens

Quelle: Eigene Darstellung, in Anlehnung an Schultze & Braun (2006)

a) Eröffnungsverfahren & vorläufiges Insolvenzverfahren

Nach Stellung des Antrages auf Eröffnung des Insolvenzverfahrens durch den Insolvenzschuldner oder den Insolvenzgläubiger leitet das Gericht das Insolvenzeröffnungsverfahren ein. Dabei wird das Vorliegen der Eröffnungsvoraussetzungen geprüft. Zunächst wird die Insolvenzfähigkeit geprüft, da das Insolvenzverfahren nur über das Vermögen einer natürlichen oder juristischen Person oder eines Vereines eröffnet werden kann, nicht jedoch über das Vermögen des Bundes oder eines Landes.[333] Sind diese Voraussetzungen gegeben, wird das Vorliegen eines Insolvenzgrundes (Zahlungsunfähigkeit, drohende Zahlungsunfähigkeit, Überschuldung) geprüft. Das Gericht kann dabei eigene Ermittlungen von Amts wegen durchführen. Gegebenenfalls können zur Sicherung der Insolvenzmasse auch vorläufige Sicherungsmaßnahmen angeordnet werden. In aller Regel wird ein vorläufiger Insolvenzverwalter bestellt, welcher mit unterschiedlichen Vollmachten ausgestattet sein kann. Je nachdem, ob ein allgemeines Verfügungsverbot angeordnet wurde, geht die Verwaltungs- und Verfügungsbefugnis auf den vorläufigen Insolvenzverwalter über. Bei einem allgemeinen Verfügungsverbot des Schuldners wird der Insolvenzverwalter als ‚starker', ansonsten als ‚schwacher' vorläufiger Insolvenzverwalter bezeichnet.

Der vorläufige Insolvenzverwalter hat die Aufgabe, das Vermögen des Schuldners zu sichern und zu erhalten sowie das Unternehmen bis zur Entscheidung über die Eröffnung des Insolvenzverfahrens fortzuführen. Hat die Fortführung eine erhebliche Vermögensminderung als Konsequenz, so ist das Unternehmen stillzulegen.[334] Für den Eröffnungsbeschluss hat der Insolvenzverwalter ein Gutachten zum Eröffnungsgrund, zur Eröffnungsfähigkeit und zur Fortführung des Unternehmens zu erstellen. Hierunter fällt auch die Überprüfung des vorhandenen Schuldnervermögens, welches mindestens die Verfahrenskosten decken muss. Sind diese Kosten nicht gedeckt, so kommt es zu einer Ablehnung des Insolvenzantrages mangels Masse.[335]

Da der Rechtszustand im Eröffnungsverfahren nur ein vorläufiger ist, sollte dieses so kurz wie nötig andauern und das eigentliche Insolvenzverfahren rasch eröffnet werden. Erst im tatsächlichen Verfahren können die Gläubiger in Entscheidungsprozesse mit einbezogen werden.

---

[333] Vgl. Insolvenzordnung (2003), §§ 11 und 12.
[334] Vgl. Insolvenzordnung (2003), § 22.
[335] Vgl. Insolvenzordnung (2003), § 26.

b) Eröffnetes Insolvenzverfahren

Mit einem Beschluss nach §27 InsO wird das eröffnete Insolvenzverfahren eingeleitet. Der Eröffnungsbeschluss beinhaltet die Bezeichnung des Insolvenzschuldners und -verwalters, die Aufforderung der Gläubiger zur Forderungsanmeldung, die Bestimmung des Berichts- und Prüftermins, die Bestellung des Insolvenzverwalters und ggf. die Einsetzung eines Gläubigerausschusses.

Der Insolvenzverwalter (in aller Regel identisch mit dem vorläufigen Insolvenzverwalter) führt das Unternehmen weiterhin fort und prüft die Verfahrensziele. Zum Berichtstermin, zu welchem die Gläubiger des Unternehmens zusammenkommen, erstellt er einen Bericht über die wirtschaftliche Lage des Schuldners, über die Ursachen und über die Aussichten der einzelnen Verwertungsarten. Dabei werden auch die Sanierungsfähigkeit und -würdigkeit sowie die Möglichkeiten eines Insolvenzplanes erörtert.

Beim Berichtstermin wird die Entscheidung über das weitere Verfahrensziel getroffen. Diese kann in der Sanierung, in einer übertragenden Sanierung sowie in einem Liquidationsverfahren münden und beruht zumeist auf der ökonomischen Grundüberlegung, ob die Zerschlagung des Unternehmens höhere Erlöse verspricht als die (risikoreiche) Sanierung.

In den Fällen, in welchen eine Fortführung bis zum Berichtstermin zur erheblichen Schmälerung der Insolvenzmasse und somit der Vermögensposition der Gläubiger führen würde, ist der Insolvenzverwalter verpflichtet, die Geschäftstätigkeit einzustellen. Möchte der Verwalter die Geschäftstätigkeit vor dem Berichtstermin stilllegen, so benötigt er die Zustimmung des Gläubigerausschusses.[336] Ist ein Gläubigerausschuss nicht existent, so entscheidet der Insolvenzverwalter nach seinem Ermessen, muss aber vor Stilllegung den Schuldner unterrichten, welcher seinerseits mit einem Untersagungsantrag an das Insolvenzgericht der Stilllegung entgegenwirken könnte.[337]

[336] Vgl. Insolvenzordnung (2003), § 158, Abs. 1.
[337] Vgl. Insolvenzordnung (2003), § 158, Abs. 2.

4.5.3 Fortführungspflicht des Insolvenzverwalters

Die Unternehmensfortführung im Eröffnungs- und späteren Insolvenzverfahren ist für eine Sanierung bzw. übertragende Sanierung von grundlegender Bedeutung. *Mönning* formuliert diesen Sachverhalt recht anschaulich: „Drei Monate nach Verfahrenseröffnung gibt es nichts mehr zu sanieren, wenn der Betrieb des Schuldners in der Zwischenzeit nicht nahtlos fortgeführt wurde."[338] Die Unternehmensfortführung ist somit eine notwendige Voraussetzung, um zu einem späteren Zeitpunkt eine Sanierung durchführen zu können. Unternehmensstrukturen bleiben (vorerst) erhalten und das Unternehmen kann seinen Kundenstamm und seine Mitarbeiter (zumindest teilweise und vorläufig) sichern. Die Einstellung der Geschäftstätigkeit würde eine Sanierung erschweren bzw. sogar unmöglich machen.[339]

Da das Ziel des Insolvenzverfahrens darin besteht, die Gläubiger optimal zu befriedigen, kann der Sinn der Unternehmensfortführung nur darin bestehen, die Gläubiger besser zu stellen als im Falle der Unternehmenszerschlagung. Im Gesetz finden sich jedoch nur wenige Hinweise auf die dauerhafte Fortführung, denn die Fortführung ist aus juristischer Sicht nicht das Ziel eines Insolvenzverfahrens, sondern ist als Mittel zur Erreichung der gleichwertigen Verfahrensziele Liquidation, Sanierung bzw. übertragende Sanierung anzusehen.[340]

Die Fortführung ist zwar notwendige, aber für sich alleine genommen noch nicht hinreichende Bedingung, um eine Sanierung bzw. übertragende Sanierung zu ermöglichen. Allerdings ist die Realisierung dieser Optionen nur möglich, wenn während der Fortführung die notwendigen finanziellen, administrativen, rechtlichen und wirtschaftlichen Voraussetzungen geschaffen werden können.[341] Die Fortführung an sich stellt auch keine Sanierungsmaßnahme dar, sondern dient lediglich deren Vorbereitung. Allerdings muss bei der Maßnahmenumsetzung innerhalb der Fortführungsphase neben den Verfahrenszielen auch das Prinzip der Verlustminimierung beachtet werden. Eingegangene Verpflichtungen während

---

[338] Mönning (1997), RN 272, S. 70.
[339] Zur Fortführung im Eröffnungsverfahren siehe Kautzsch (2001), S. 37 ff., Mönning (1997), RN 272, S. 70.
[340] Vgl. Mönning (1997), RN 264, S. 68 und RN 340 ff., S. 88 ff.
[341] Vgl. Mönning (1997), RN 351, S. 91.

dieser Fortführung müssen erfüllt werden können.[342] Dies benötigt neben juristischem auch betriebswirtschaftliches Fachwissen des Insolvenzverwalters.[343]

Ähnlich wie ‚Angststilllegungen' sind auch Fortführungsentscheidungen, welche auf irrationalen und von extern auf die Verfahrensorgane einwirkenden Aspekten beruhen, gefährlich. Der Druck zur Fortführung insolventer Unternehmen ist nicht zuletzt aufgrund einer schwierigen volkswirtschaftlichen Lage erheblich gestiegen. Die Zahl der erhalten gebliebenen Arbeitsplätze ist in der öffentlichen Diskussion zunehmend ein Indikator für die Qualität der Insolvenzabwicklung. Die vom Gesetzgeber geforderte Fortführung wird durch den Insolvenzverwalter erfüllt, wenn es ihm gelingt, eingegangene Verpflichtungen aus den existierenden Mitteln zu decken und die Vermögenssubstanz zu erhalten. Dabei stehen auch die Erhaltung von organisatorischen Strukturen sowie von Produktions- und Absatzpotenzialen im Fokus. Erst dadurch kann der Insolvenzverwalter dem Unternehmen und den Gläubigern die Möglichkeit eröffnen, über eine übertragende Sanierung bzw. Sanierung des Rechtsträgers zu entscheiden. Gleichzeitig bedeutet dies, dass, sollte es seitens des Schuldners bis zum Berichtstermin keine Sanierungsansätze und keine Nachfrage des Marktes zur Erhaltung der betrieblichen Strukturen geben, diese durch den Insolvenzverwalter auch nicht künstlich erzeugt werden können. Die Fortführung im eröffneten Insolvenzverfahren ist keine individuelle Entscheidung des Insolvenzverwalters, sondern beruht vielmehr auf einem Konsens der Beteiligten, welche ihre Einbindung in eine Fortführungsentscheidung davon abhängig machen, ob sie dadurch ihre individuelle Situation verbessern können. Der abzugebende Bericht des Insolvenzverwalters beim Berichtstermin über mögliche Erhaltungschancen ist keine reine betriebswirtschaftliche Abhandlung über die Insolvenzsanierung, sondern eine neutrale Darstellung über konkrete Chancen zur Realisierung der gesetzlich vorgegebenen Verfahrensziele.[344]

Ob und in welcher Art und Weise der Insolvenzverwalter auch das Tagesgeschäft führt, hängt vom Einzelfall und den noch existierenden Strukturen des Unternehmens ab. *Mönning* sieht dabei mittelständische Unternehmen mit weniger als 200 Mitarbeiter als besonders problematisch an und begründet dies damit, dass ein Zusammenbruch der administrativen Strukturen in mittelständischen Unternehmen die Regel ist, wohingegen die Leitungsorgane bei Großbetrieben in der

---

[342] Vgl. Mönning (1997), RN 1177, S. 288.
[343] Zu der Fragestellung ‚Der Betriebswirtschaftler als Sanierer und geborener Insolvenzverwalter' siehe Risse (2001).
[344] Vgl. Mönning (1997), RN 1159, S. 282, RN 1392 f., S. 339 f. sowie RN 1600, S. 391 f.

Insolvenz vielfach noch intakt bleiben. Daher ist der Insolvenzverwalter häufig gezwungen, Geschäftsführerfunktionen zu erfüllen. Mit einem Rückgriff auf das Mittelmanagement des insolventen Unternehmens sind die Probleme auch nicht zu lösen, da die Loyalität und Qualifikation dieser Mitarbeiter zunächst nicht eingeschätzt werden können und insbesondere administrative, wirtschaftliche und rechtliche Kenntnisse der Betriebsfortführung fehlen.[345]

Ob die Durchführung einer Sanierung Aufgabe des Insolvenzverwalters ist, darüber existieren unterschiedliche Auffassungen. *Mönning* z.B. lehnt dies ab: „Die Sanierung selbst ist niemals Aufgabe des Verwalters, der nicht abstrakt-theoretisch darüber zu philosophieren hat, ob es darum gehen kann, ein erhaltungsfähiges Unternehmen durch Wiederherstellung seiner Ertragskraft vor einer konkursmäßigen Zerschlagung zu bewahren. Vielmehr muss er Gericht, Schuldner, Gläubiger und andere Beteiligte für diese Aufgabe gewinnen und sie überzeugen, dass dieses Ziel auch unter dem Gesichtspunkt der Vermögensorientierung einer Liquidation vorzuziehen ist."[346] Die Sanierung des insolventen Rechtsträgers sei dann gemeinsame Sache des Schuldners und seiner Gläubiger, die zu der Auffassung kommen müssen, dass die Sanierung die richtige Investitionsentscheidung darstellt. Die Tätigkeit des Insolvenzverwalters ist zwar eine grundlegend wichtige, stellt jedoch nur eine Zwischenaufgabe dar, welche ggf. die Vorbereitung einer mittel- bis langfristigen Sanierung als Ergebnis hat.[347]

Nach einer solchen Auffassung organisiert und verantwortet der Insolvenzverwalter mit der Fortführung lediglich eine Zwischenstufe im Sanierungsprozess. Die Betriebswirtschaft hat in dieser Phase zumeist nur eine Begleitfunktion, wenn es um Führungs- und Organisationsfragen, Mitarbeitermotivation sowie Produktions-, Absatz- und Finanzierungspotenziale geht. Erst wenn die insolvenzrechtlichen Maßnahmen erfolgt sind, erfahren betriebswirtschaftliche Instrumentarien und Maßnahmen eine substanzielle Aufwertung. Da die Sanierungsentscheidung der Gläubiger in aller Regel ein Sanierungsgutachten voraussetzt, welches finanz- und leistungswirtschaftliche Maßnahmen darstellt, steht aber auch der Insolvenzverwalter vor betriebswirtschaftlichen Herausforderungen.[348]

[345] Vgl. Mönning (1997), RN 1173 ff., S. 287 mit Verweis auf Henssler (1997), S. 977 ff.
[346] Mönning (1997), RN 1389, S. 338.
[347] Vgl. Mönning (1997), RN 1396 ff., S. 340 f.
[348] Vgl. Mönning (1997), RN 1401, S. 341 mit Verweis auf Braun/Uhlenbruck (1997), S. 532, Uhlenbruck (1996), S. 210 ff.

4.5.4 Fortführungs- und Verfahrensentscheidung

Um eine Fortführungsentscheidung treffen zu können, muss sich der Insolvenzverwalter einen Überblick über das Unternehmen verschaffen und eine Lageeinschätzung vornehmen. Diese Einschätzung ist auch beim Berichtstermin relevant, wenn die Entscheidung über die Verfahrensziele getroffen wird. Die Kenntnis der Insolvenzursachen und eine Beurteilung, ob diese Schwachstellen zukünftig ausgeschaltet werden können, sind ebenso von Bedeutung wie die Chancenbeurteilung, das Unternehmen verkaufen zu können.[349]

Im deutschen Insolvenzrecht gibt es keine direkten Vorgaben, welche Bereiche der Analyseprozess umfassen soll und wie die Entscheidung, ob ein Unternehmen sofort zu schließen oder befristet oder unbefristet fortzuführen ist, getroffen werden soll. Die österreichische Konkursordnung hingegen formuliert in § 114b, Abs. 1 KO, dass der Masseverwalter in seinem Bericht auf „(...) die Markt-, Unternehmens- und Finanzlage (...)“[350] einzugehen hat. Da dieser Ablauf betriebswirtschaftlich ausgerichtet ist, kann er problemlos auf Insolvenzsituationen, welche unter deutschem Recht eintreten, übertragen werden.[351]

Bei der Marktanalyse geht es um die Erfassung der Unternehmensumwelt und die Feststellung, unter welchen Umständen und Bedingungen das Unternehmen agiert. Die Unternehmensanalyse soll klären, wie effizient sich das Unternehmen in seinem Marktumfeld bewegt und welche Veränderungen benötigt werden. Die Finanzanalyse muss, unter Berücksichtigung der unternehmensinternen und -externen Bedingungen, die finanztechnische Machbarkeit der Fortführung im Vergleich zu den Alternativen ‚sofortige Schließung' und ‚befristete Fortführung' überprüfen. Diese Reihenfolge impliziert, dass das Unternehmen noch kurzfristig Liquidität besitzt bzw. beschaffen kann, da sonst die dargestellten Analysen obsolet werden. Es ergibt sich folgender Ablauf:

---

[349] Zum Themenbereich Verkauf und Erwerb insolventer Unternehmen siehe Howaldt (1994) und Spieker (2001).
[350] Vgl. Konkursordnung (2004), § 114b.
[351] Zum Ablauf des Analyseprozesses siehe auch Baumgartner (2003), S. 92 ff. Zu quantitativen und qualitativen Daten und Kennziffern bei der Unternehmensanalyse siehe Schmeisser/ Schmeisser (2004).

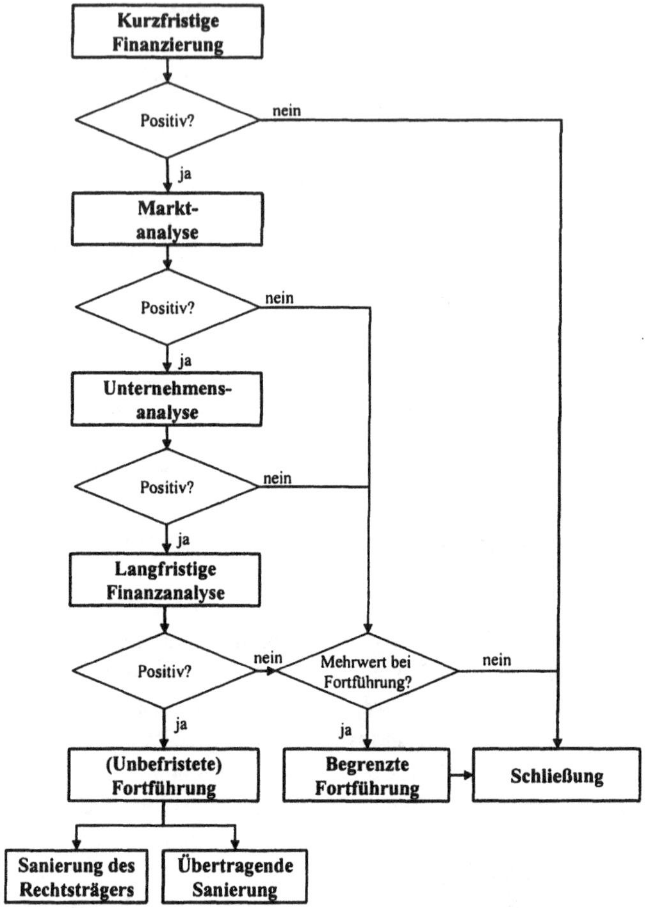

Abbildung 4.5: Analysebereiche zur Fortführungsentscheidung

Quelle: Eigene Darstellung, in Anlehnung an § 114b österreichische Konkursordnung

Führt eine erste Betrachtung der kurzfristig orientierten Finanzanalyse zu einem negativen Ergebnis, so kann nur die sofortige Unternehmensschließung die Folge sein. Bei einem negativen Ergebnis der Marktanalyse bedeutet das, dass selbst bei einer Optimierung der internen Unternehmenseffizienz letztlich kein mittel- bis langfristiges Fortbestehen möglich sein wird, da der Markt das Unternehmen und seine Produkte/Dienstleistungen nicht benötigt. In einem solchen Fall stellt sich die Frage, wann der optimale Ausstiegszeitpunkt ist, d.h., ob eine sofortige Schließung oder eine zeitlich begrenzte Fortführung sinnvoller erscheint. Eine positive Marktanalyse führt hingegen zu einer Unternehmensanalyse, die feststellt, ob das Unternehmen in einem Umfeld, welches ein grundsätzliches Überleben zulässt, so umgestaltet werden kann, dass es effizient und wirtschaftlich arbeiten kann. Fällt diese Unternehmensanalyse negativ aus, so ist wiederum zu prüfen, ob eine sofortige oder spätere Schließung adäquat erscheint. Bei einem positiven Ergebnis stellt sich die Frage nach einer mittel- und langfristigen Finanzierung, was häufig mit der Frage identisch ist, ob ein Käufer/ Investor für das Unternehmen gefunden werden kann. Bei einer positiven Beurteilung ist die Option einer unbefristeten Fortführung indiziert. Alternativen hierzu wären wieder die sofortige Schließung oder eine befristete Fortführung.[352]

Zur Durchführung dieses Prozesses stehen dem Insolvenzverwalter unterschiedliche Informationsquellen zur Verfügung:[353]

- unternehmensinterne Unterlagen (Bilanzen, GuV, Kreditoren- und Debitorenlisten, Kontoauszüge, Controllingberichte etc.)
- Betriebsbesichtigungen (Produktion, Lager, Verwaltung etc.)
- Gespräche mit der bisherigen Geschäftsführung und Mitarbeitern
- Gespräche mit Geschäftspartnern und Gläubigern

Durch die Gespräche mit der bisherigen Geschäftsführung und den Mitarbeitern sowie den Geschäftspartnern und Gläubigern ist rasch ein erster Gesamteindruck zu gewinnen und betriebliche Schwachstellen und Potenziale können in bestimmtem Ausmaß bereits erkannt werden. Diese Gespräche können gleichzeitig dazu genutzt werden, eine positive Grundstimmung für die Fortführung und Sanierung zu schaffen.

4.6 Sanierung

Im vorhergehenden Abschnitt 4.5 wurde dargestellt, dass die Zahlungsunfähigkeit und/oder Überschuldung eines Unternehmens zwar zur Insolvenz führen, jedoch nicht zwangsläufig zur Liquidation eines Unternehmens. Es handelt sich zunächst nur um Auslösetatbestände für das gerichtliche Insolvenzverfahren, welches im Idealfall auch in einer Fortführung und Sanierung münden kann.

---

[352] Ähnlich Baumgartner (2003), S. 92 f.
[353] Vgl. Feldbauer-Durstmüller (1992), S. 61.

4.6.1 Sanierungsbegriff

Eine allgemeingültige Definition des Sanierungsbegriffes ist in der Betriebswirtschaftslehre nicht existent. Dies ist zum einen darauf zurückzuführen, dass die Unternehmenskrise selbst nicht eindeutig festzumachen und abzugrenzen ist, zum anderen, dass auch nicht definiert ist, in welcher Art und in welchem Umfang sowie in welchem Zeithorizont Maßnahmen durchzuführen sind, um sie als Sanierungsmaßnahmen zu klassifizieren.[354] In der Auslegung des Begriffes, welcher von der Existenzbedrohung des Unternehmens ausgeht, besteht in der Literatur jedoch insoweit Übereinstimmung, dass es sich bei einer „(...) Unternehmenssanierung um außergewöhnliche Maßnahmen handelt, die einem in Schwierigkeiten geratenen Unternehmen helfen sollen, die Probleme zu überwinden."[355] Der Wille zur Fortsetzung des Unternehmens sowie die Erlangung der Rentabilität werden als Voraussetzung für die Inangriffnahme einer Sanierung gesehen.[356]

Etymologisch hat der Begriff seine Wurzeln in dem lateinischen Wort ‚sanare', was in seiner Bedeutung mit ‚heilen', ‚gesund machen', ‚wieder leistungsfähig machen' übersetzt werden kann. Von diesem Grundverständnis abgeleitet wird in der Betriebswirtschaftslehre unter dem Begriff der Sanierung die Rettung eines Unternehmens aus einer Krisensituation in Verbindung mit der Wiederherstellung seiner Leistungsfähigkeit verstanden.[357]

Die Absichten, das Unternehmen als eine selbstständige Wirtschaftseinheit beizubehalten sowie die Existenzbedrohung zu eliminieren, sind elementar.[358] „Eine Zerschlagung des Unternehmens, der Verkauf des Unternehmens anders als im Ganzen oder die Stilllegung des gesamten Unternehmens ohne die Rettung des Kerngeschäftes kann gemäß der Definition der Wiederherstellung der Leistungsfähigkeit des Unternehmens nicht Bestimmung einer Sanierung sein."[359] Der Begriff der selbstständigen Wirtschaftseinheit ist im Sinne der selbstständigen organisatorischen Einheit zu betrachten. Ziel einer Sanierung soll nicht notwen-

---

[354] Vgl. Hesselmann/Stefan (1990), S. 40.
[355] Feldbauer-Durstmüller (1994), S. 237.
[356] Vgl. Becker (1986), S. 62 und die dort zitierte Literatur.
[357] Vgl. Böckenförde (1996), S. 7, Feldbauer-Durstmüller (2002), S. 447, Groß (1988), RN 3, S. 23 sowie Huisgen (1998), S. 73 und die dort zitierte Literatur wie z.B. Baur (1978), S. 15, Edelmann (1976), S. 19, Franceschetti (1993), S. 9 ff., Hesselmann/Stefan (1990), S. 40, Schmitt/Schmitt (1955), S. 25.
[358] Vgl. Huisgen (1998), S. 74 und die dort zitierte Literatur wie z.B. Böckenförde (1996), S. 7, Edelmann (1976), S. 19, Flosbach (1987), S. 28, Kratz (1996), S. 7, Schmitt/Schmitt (1955), S. 25.
[359] Huisgen (1998), S. 74.

digerweise der Erhalt der ursprünglichen rechtlichen organisatorischen Einheit sein, sondern der Erhalt des Betriebes oder zumindest wesentlicher Teile.[360]

In Art und Umfang wird eine Sanierung unterschiedlich weit gefasst. Als Sanierung im engeren Sinne werden rein finanzwirtschaftliche Maßnahmen angesehen, die zur Neugestaltung der Finanzgrundlage eines Krisenunternehmens dienen. Das Ziel einer solchen Sanierung besteht darin, mittels finanztechnischer Maßnahmen Bilanz- und GuV-Strukturen zu verbessern, um so die Liquidität zu sichern und die Zahlungsunfähigkeit/den Überschuldungsstatus abzuwenden oder zu beseitigen.[361]

Eine rein finanzielle Sanierung stellt jedoch keine vollständige Sanierung dar, da sie meist nicht nachhaltig wirkt. Illiquidität, Zahlungsstockung oder Überschuldung sind nur Krisensymptome und nicht Krisenursachen. Eine rein finanzielle Sanierung ist symptombekämpfend und auf eine kurzfristige Perspektive gerichtet, sie ist jedoch nicht geeignet, eine mittel- bis langfristige Gesundung zu gewährleisten. Um dies zu erreichen, sind Maßnahmen im leistungswirtschaftlichen Bereich notwendig.[362]

Daher werden unter einer Sanierung im weiteren Sinn alle führungsorientierten, organisatorischen, finanz-, leistungs- und sozialwirtschaftlichen als auch rechtlichen Maßnahmen im Bereich der Organisation, des Absatzes, der Verwaltung etc. subsumiert, welche geeignet sind, Krisenursachen und Schwächen eines Unternehmens zu beseitigen. Die Wiedererlangung der existenzerhaltenden Rentabilität, Innovationskraft oder Produktivität soll garantieren, dass mittel- bis langfristig die Leistungsfähigkeit und die Überlebensfähigkeit des Unternehmens wieder gegeben sind.[363]

Unternehmenssanierungen können sowohl innerhalb als auch außerhalb des Insolvenzverfahrens stattfinden. Eine Sanierung innerhalb des Verfahrens ist als Insolvenzsanierung zu bezeichnen, die Sanierung außerhalb des Insolvenzverfahrens als freie Sanierung.

---

[360] Vgl. Hesselmann/Stefan (1990), S. 40 f.

[361] Vgl. Achilles (2000), S. 20, Baur (1978), S. 15 ff., Finsterer (1999), S. 10 ff., Franceschetti (1993), S. 9 ff., Huisgen (1998), S. 74, Kratz (1996), S. 5, Schmitt/Schmitt (1955). S. 25.

[362] Vgl. Baur (1978) S. 15 ff., Becker (1986), S. 62 f., Flosbach (1987), S. 28, Franceschetti (1993), S. 9.

[363] Vgl. Böckenförde (1996), S. 7., ähnlich Achilles (2000), S. 20, Becker (1986), S. 62, Feldbauer-Durstmüller (1994), S. 237, Finsterer (1999), S. 10 ff., Huisgen (1998), S. 74, Nefzger (1975), S. 1.

Die Zielsetzung einer freien Sanierung liegt in der Wiederherstellung der Zahlungs- und Ertragsfähigkeit des Unternehmens und somit in der Vermeidung der Insolvenz. Dies ist dadurch zu erreichen, dass, bevor die Insolvenzauslösetatbestände gegeben sind, das Unternehmen eine freie Verhandlungslösung mit Gläubigern und Finanzierungspartnern versucht. Unter einer Insolvenzsanierung ist eine Sanierung nach der Insolvenzanmeldung durch eine Rechtsträgersanierung oder eine übertragende Sanierung zu verstehen.[364]

Definition Sanierung

In der vorliegenden Arbeit wird der Begriff der Sanierung als Insolvenzsanierung verstanden und hinsichtlich Art und Umfang dem Sanierungsbegriff im weiteren Sinne zugeordnet. Ein Unternehmen ist dann saniert, wenn der Betrieb vollständig oder teilweise in der bisherigen oder einer neuen Rechtsform fortgeführt wird.

Im juristischen Sprachgebrauch existiert für die Sanierung im Rahmen einer Insolvenz auch der Begriff der Reorganisation und des Reorganisationsverfahrens welches „(...) die gesetzgeberischen Rahmenbedingungen für alle spezifisch betriebswirtschaftlich orientierten Maßnahmen zur Wiederherstellung und Sicherung der Ertragskraft der Unternehmung“[365] liefert.

Für eine Darstellung und Abgrenzung der sanierungsnahen Begriffe Restrukturierung, Turnaround und Reorganisation wird auf die Ausführungen von *Huisgen*[366], *Böckenförde*[367], *Burtscher*[368] und *Clasen*[369] verwiesen.

4.6.2 Sanierungselemente des deutschen Insolvenzrechts

Die deutsche Insolvenzordnung beinhaltet verschiedene Elemente, welche zur Insolvenzsanierung und dem Unternehmenserhalt herangezogen werden können. Im Einzelnen handelt es sich um den Insolvenzplan, die Insolvenzantragsstellung aufgrund drohender Zahlungsunfähigkeit sowie die Eigenverwaltung. Die einzelnen Instrumente können auch im Sinne einer ‚hybriden Sanierung‘[370] kombiniert werden.

---

[364] Vgl. Buchhart (2001), S. 242 ff. Zu den verschiedenen Formen der Sanierung innerhalb des Insolvenzverfahrens siehe Abschnitt 4.6.3.
[365] Becker (1986), S. 64.
[366] Huisgen (1998). S. 72 ff.
[367] Böckenförde (1996), S. 6 ff.
[368] Burtscher (1996), S. 58 ff.
[369] Clasen (1992), S. 133 ff.
[370] Hybrid = ein aus unterschiedlichen Arten oder Prozessen zusammengesetztes Ganzes.

a) Insolvenzplan

Die Insolvenzordnung erklärt den Insolvenzplan zum gleichberechtigten Instrument der Gläubigerbefriedigung.[371] Der Anwendungsbereich des Insolvenz-planes liegt darin, die Verwertung des Schuldnervermögens abweichend vom gesetzlichen Normalfall der Insolvenzabwicklung (Liquidation) zu regeln. Der Insolvenzplan kann also Regelungen zum Erhalt des Unternehmens oder zu dessen Übertragung auf einen anderen Rechtsträger beinhalten. Eine Liquidation ist potenziell auch in einem Insolvenzplan regelbar.[372] Dabei stellt der Insolvenzplan, welcher alle entscheidungsrelevanten Informationen für die Gläubiger beinhaltet, eine Kombination aus rechtlichen und betriebswirtschaftlichen Elementen dar.

Für die Ausgestaltung des Planes existieren keine inhaltlichen Regelungen, allerdings gibt es die Zielvorgaben der optimalen Gläubigerbefriedigung, des Gleichbehandlungsgebotes und der Erfüllbarkeit des Planes. Als einzige gesetzliche Vorschrift existiert die dreiteilige Gliederung, welche einen darstellenden Teil, einen gestaltenden Teil sowie Anlagen zum gestaltenden Teil vorschreibt. Ein solcher Plan kann bereits mit dem Insolvenzantrag eingereicht werden. Er muss von der Gläubigerversammlung angenommen werden[373] und wird durch einen Bestätigungsbeschluss des Insolvenzgerichtes verbindlich.[374] Problematisch ist, dass die Gläubiger zwar beratend mitwirken können und einen Insolvenzplan durch den Insolvenzverwalter initiieren, selbst aber keinen vorlegen können. Sie stimmen lediglich über den Plan ab.

b) Drohende Zahlungsunfähigkeit

Wie in Abschnitt 4.3.1 dargestellt, ermöglicht der Gesetzgeber eine Insolvenzanmeldung auch aufgrund einer drohenden Zahlungsunfähigkeit. Dabei kann mit der Insolvenzanmeldung ein Insolvenz-/Sanierungsplan eingereicht werden. Ein solcher Plan wird als ‚Pre-Packaged-Plan' bezeichnet. *Groß* und *Hess* werten diese Möglichkeit sanierungsfördernd: „Dem reorganisationswilligen und allein antragsberechtigten Schuldner wird so der Weg zu einem rechtzeitigen Insolvenz-

---

371 Vgl. Insolvenzordnung (2003), § 1 Abs. 1.
372 Zum Inhalt und Zweck des Insolvenzplanes siehe z.B. Kautzsch (2001), S. 169 ff.
373 Vgl. Insolvenzordnung (2003), §§ 235 ff.
374 Vgl. Insolvenzordnung (2003), § 252.

antrag eröffnet und damit der Grundstein zu einer erfolgreichen Sanierung gelegt."[375]

Die Vorteile einer solchen Vorgehensweise bestehen darin, dass bereits zu einem frühen Zeitpunkt, zu welchem noch genügend Ressourcen existieren, die Sanierung im Rahmen eines gerichtlich geregelten Verfahrens angegangen werden kann. Der Insolvenzauslösezeitpunkt kann durch das Unternehmen selbst gesteuert werden und zur Erstellung eines Sanierungsplanes kann externes Knowhow genutzt werden. Ein solcher Schritt (ggf. auch unter Einbeziehung der Gläubiger) hätte eine Signalling-Funktion, durch welche Unternehmen Akzeptanzprobleme umgehen sowie Sanierungsbarrieren abbauen können. Im Vorfeld kann ein freies Konzept (mit geringerem Zeitdruck) erstellt werden und Gläubiger erhalten bereits frühzeitig Einblick in das Unternehmen.[376]

Durch das geregelte Verfahren reduziert das Unternehmen Risiken, welche bei außergerichtlichen Sanierungsbemühungen existieren. D.h., die geregelten Abstimmungsprozesse innerhalb des Verfahrens erfordern keine freie Verhandlungslösung zwischen den Beteiligten. Zudem kann das Unternehmen die Eigenverwaltung beantragen.

Ein solcher Sanierungsweg ist auch mit Nachteilen verbunden. Da die Insolvenz immer noch als Stigma wahrgenommen wird, können durch Misstrauen und Imageverlust indirekte Kosten entstehen. Zudem sind die Verfahrenskosten als allgemeines Risiko zu werten, welche mit zunehmender Verfahrensdauer ansteigen. Inwieweit die Gefahr besteht, dass das Insolvenzverfahren vorschnell als Sanierungsinstrument genutzt und eine außergerichtliche Sanierung erst gar nicht versucht wird, kann nicht eindeutig bewertet werden. Allerdings zeigt die Statistik, dass nur wenige Insolvenzanträge aufgrund drohender Zahlungsunfähigkeit gestellt wurden.[377] Dies lässt den Schluss zu, dass Unternehmen zunächst eine außergerichtliche Sanierungslösung versuchen und nicht vorschnell zur Insolvenzanmeldung aufgrund von drohender Zahlungsunfähigkeit greifen.

Tabelle 4.13 zeigt die Vor- und Nachteile eines Insolvenzantrages aufgrund drohender Zahlungsunfähigkeit:

---

[375] Groß/Hess (1999), S. 425 f.
[376] Vgl. Buchhart (2001), S. 293 ff.
[377] Vgl. Abschnitt 4.4.

Vorteile	Nachteile
➢ Insolvenzauslösezeitpunkt steuerbar ➢ Ressourcen werden nicht durch einen Insolvenzabwehrkampf verzehrt ➢ Früher Einbezug von externem Know-how möglich ➢ Signalling-Funktion durch Selbstauslösung und Abbau von Sanierungsbarrieren ➢ Gläubiger erhalten frühzeitig Einblick in das Unternehmen, reduzierte Kosten der Informationsbeschaffung ➢ Ggf. reduzierter Zeitdruck bei Erstellung des Insolvenz-/Sanierungsplanes ➢ Geregelte Abstimmungsprozesse innerhalb des Verfahrens	➢ Indirekte Kosten durch fehlende Diskretion (Misstrauen, Imageverlust) ➢ Verfahrenskosten, mit zunehmender Dauer auch Prüf-/Beschwerdeverfahren ➢ Nutzung des Insolvenzverfahrens als Sanierungsinstrument: außergerichtliche Sanierungsversuche werden nicht angegangen

Tabelle 4.13: Potenziale der Antragsstellung aufgrund drohender Zahlungsunfähigkeit

Quelle: Eigene Darstellung, in Anlehnung an Buchhart (2001), S. 295 ff.

c) Eigenverwaltung

Ein Unternehmen kann bereits bei Insolvenzantragsstellung (als auch zu einem späteren Zeitpunkt) die Eigenverwaltung beantragen[378] und behält so die Verwaltungs- und Verfügungsbefugnis. D.h., das Unternehmen erhält weitgehend die Befugnisse eines Insolvenzverwalters, steht allerdings unter der Aufsicht eines Sachwalters, welcher eine beobachtende Kontrolle ausübt.[379]

Die Begründung einer solchen Konstruktion liegt zum einen darin, dass das Management vertiefte Kenntnisse der Unternehmensabläufe besitzt und keine Einarbeitungszeit für den Insolvenzverwalter benötigt wird, zum anderen darin, dass bei einer Eigenverwaltung das Insolvenzverfahren mit geringeren Kosten möglich ist als bei einer Fremdverwaltung. Die Eigenverwaltung erlaubt besonders bei kleineren, leicht überschaubaren Unternehmen, deren Größe den Aufwand einer externen Verwaltung nicht rechtfertigen, eine adäquate Durchführung des Insolvenzverfahrens. Bei größeren Unternehmen hingegen ist die Eigenverwal-

---

[378] Zur Eigenverwaltung siehe z.B. Kautzsch (2001), S. 139 ff., Hoffmann-Theinert (2003), S. 109 ff.

[379] Stellt nicht der Schuldner, sondern ein Gläubiger den Insolvenzantrag, so hat dieser der Eigenverwaltung zusätzlich zuzustimmen. Gemäß den §§ 270 und 271 InsO kann die Gläubigerversammlung die Eigenverwaltung beantragen oder die ergangene Anordnung der Eigenverwaltung aufheben lassen.

tung umstritten, da die Gefahr der Beeinträchtigung der Gläubigerinteressen in stärkerem Maße gegeben ist.[380]

Nach *Kautzsch* hat die Eigenverwaltung einen sanierungsfördernden Aspekt, wenn mit dem Antrag auf Eröffnung des Insolvenzverfahrens ein Insolvenzplan vorgelegt wird. Werden die maßgeblichen Gläubigergruppen in die Erstellung einbezogen, so hat der Insolvenzplan gute Aussichten auf Annahme und rasche Umsetzung. Die Eigenverwaltung würde dann eine (zumindest teilweise) ungestörte Fortsetzung des Unternehmens ermöglichen.[381]

Trotz der genannten Vorteile ist die Eigenverwaltung der Kritik ausgesetzt, da trotz aller Vorsorge Interessensgegensätze zwischen Gläubiger und Schuldner bestehen bleiben. Dass der Schuldner nicht sein eigener Gerichtsvollzieher sein könne und dass ein Insolvenzverfahren ohne Insolvenzverwalter schon in sich widersprüchlich sei, sind nur zwei der Argumente. Der gescheiterte Unternehmer sei zur Abwicklung seiner eigenen Insolvenz ungeeignet, da er nicht in der Lage war, die Unternehmenskrise und -insolvenz zu vermeiden.[382] Da jedoch die endgültige Entscheidung über die Eigenverwaltung den Gläubigern obliegt, können diese die Risiken der Eigenverwaltung im Hinblick auf eine Kostenersparnis abwägen. Eine Vorgehensweise, die Missbrauch und den Zweifel der Gläubiger reduzieren könnte, wäre, dass zunächst immer ein Insolvenzverwalter bestellt wird, welcher zu einem späteren Zeitpunkt in Folge einer Gläubigerentscheidung durch den eigenverwaltenden Schuldner ersetzt wird.[383]

4.6.3 Sanierungsformen

Bei der Definition des Sanierungsbegriffes sowie in der Ablaufdarstellung des Insolvenzverfahrens wurde bereits auf die beiden existierenden Sanierungsformen Rechtsträgersanierung und übertragende Sanierung hingewiesen. Beide Sanierungsformen stehen sich rechtlich als gleichrangige Instrumente gegenüber.

a) Rechtsträgersanierung

Bei einer Rechtsträgersanierung bleibt der bisherige Unternehmensrechtsträger bestehen und das Unternehmen wird in der Rechtsform, unter der es Insolvenz

[380] Vgl. Kautzsch (2001), S. 140 ff.
[381] Vgl. Kautzsch (2001), S. 269.
[382] Vgl. Leipold (1991), S. 168 ff., Kautzsch (2001), S. 141.
[383] Vgl. Kautzsch (2001), S. 143.

angemeldet hat, fortgeführt und saniert. Die Rechtsträgersanierung findet in aller Regel in einem Insolvenzplanverfahren statt. Für die Annahme des Insolvenzplanes müssen die Gläubigergruppen sowohl mit einer Kopf- als auch einer Summenmehrheit zustimmen. Mit einem Obstruktionsverbot werden willkürliche Verweigerungen umgangen. Das Gericht hebt nach Bedienung unstreitiger Masseverbindlichkeiten und Sicherheitsleistungen für streitige Verbindlichkeiten durch den Insolvenzverwalter das Insolvenzverfahren auf. Der Schuldner kann wieder über die Insolvenzmasse verfügen, muss aber gleichzeitig den Insolvenzplan erfüllen.

Da die Leitungs- und Verfügungsbefugnis am Ende des Verfahrens wieder auf den Schuldner zurückgehen soll, empfiehlt es sich, dass der Insolvenzverwalter Gesellschafter und Management in alle Aktivitäten involviert. Diese behalten so den Überblick über die Unternehmensentwicklung und können nach Abschluss des Verfahrens wieder selbstständig tätig werden.[384]

Die Vorteile einer solchen Sanierung liegen in der Beibehaltung aller für das Unternehmen existierenden (vorteilhaften) Verträge. Dies beinhaltet beispielsweise auch die Beibehaltung von steuerlichen Verlustvorträgen. Es besteht die theoretische Möglichkeit einer Wertsteigerung der Gesellschafteranteile und es fällt keine Grunderwerbssteuer an, da Immobilien nicht übertragen werden.[385] Für den Unternehmer liegen die Vorteile einer solchen Sanierung darin, dass er häufig keinen Verlust seines Unternehmens zu verzeichnen hat. D.h., die Besitzstrukturen und die Verteilung der Gesellschafteranteile bleiben oftmals gleich bzw. ähnlich wie zum Insolvenzzeitpunkt.

b) Übertragende Sanierung

Unter einer übertragenden Sanierung ist die Übertragung eines Unternehmens (oder von Unternehmensteilen) auf einen anderen, bereits bestehenden oder neu zu gründenden Rechtsträger zu verstehen. Das Unternehmen bleibt so erhalten und der bisherige Unternehmensträger wird liquidiert.[386] Eine Sanierung definiert sich bei einer solchen Vorgehensweise zunächst nicht durch die Gesundung des Unternehmens, sondern durch den Erhalt des betrieblichen Systems des Unternehmens.[387] Der im Rahmen des Verkaufes erzielte Preis fließt in die Insol-

---

[384] Vgl. Kautzsch (2001), S. 139.
[385] Vgl. Wonnemann/Buchalik/Polley (2005), S. 11.
[386] Vgl. Bork (2005), der den Begriff der ‚liquidierenden Sanierung' verwendet.
[387] Haarmeyer/Wutzke/Förster (1995), RN 44, S. 323.

venzmasse, das alte Unternehmen wird abgewickelt und die Gläubiger werden entsprechend einer Quote befriedigt.

Theoretisches Fundament der übertragenden Sanierung sind der Wettbewerbsgedanke und die Trennung von Verwertung und Verwerfung. D.h., theoretisch bieten in einer Auktion die Neueigentümer mit dem besten Sanierungskonzept den höchsten Preis für das insolvente Unternehmen und sorgen so für den maximalen Verwertungserlös zugunsten der Gläubiger.[388]

Wird die übertragende Sanierung mit Hilfe einer Fortführungsgesellschaft durchgeführt, so existieren unterschiedliche Ausprägungsformen:[389]

- Sanierungsgesellschaft: Eine Sanierungsgesellschaft hat den Zweck, die Zahlungsunfähigkeit und/oder die Überschuldung zu beseitigen. Durch Neugesellschafter werden neue finanzielle Mittel zur Verfügung gestellt, was in der Regel zu veränderten Eigentumsverhältnissen führt, jedoch erlaubt eine solche Form der Fortführungsgesellschaft auch die Einbindung der Altgesellschafter.

- Betriebsübernahmegesellschaft: Bei der Betriebsübernahmegesellschaft ist das Ziel, Betriebsteile aus dem Unternehmen herauszulösen, zu sanieren und unter einem neuen Rechtsträger selbstständig fortzuführen. Da KMU jedoch häufig eine Monostruktur aufweisen und das Unternehmen ganzheitlich krankt, ist die Bedeutung dieser Fortführungsform für KMU als eher gering einzustufen.

- Auffanggesellschaft: Eine Auffanggesellschaft führt zunächst pachtweise oder in eigenem Namen den Betrieb des Insolvenzunternehmens fort. Übernimmt das Insolvenzunternehmen den Betrieb zu einem späteren Zeitpunkt wieder selbst, so handelt es sich um eine Sanierungs-Auffanggesellschaft. Charakteristisch für die Sanierungs-Auffanggesellschaft ist, dass sie den Betrieb für das Insolvenzunternehmen in eigener Rechtsträgerschaft fortführt, gleichzeitig aber im Interesse seiner Gläubiger tätig wird. Erwirbt die Auffanggesellschaft den Betrieb, so kommt dies im Prinzip einer Betriebsübernahmegesellschaft gleich und es wird von einer Übernahme-Auffanggesellschaft gesprochen. Charakteristisch für eine solche Gesellschaft ist der

388 Vgl. Buchhart (2001), S. 270.
389 Vgl. Groß (1988), RN 1 ff, S. 131 ff., Buchhart (2001), S. 272 ff., Hesselmann/Stefan (1990), S. 55 f.

Pachtvertrag mit einer Option des späteren Betriebserwerbes. Auffanggesellschaften sind das flexibelste Instrument der Fortführungsgesellschaften, da der Unternehmenserhalt als Ganzes möglich ist und die Altgesellschafter einbezogen werden können.

Unabhängig von Fortführungsgesellschaften ist auch ein ganz normaler Unternehmensverkauf an ein anderes Unternehmen, eine Privatperson, einen Investor etc. möglich.

Als Vorteil einer übertragenden Sanierung gilt, dass ein kompletter Neuanfang ermöglicht wird, ohne dass Altverbindlichkeiten übernommen werden müssen. Das Verfahren ist unkompliziert und kann durch einfache vertragliche Regelungen zum Übergang einzelner Vermögensgegenstände (Asset-Deal) gehandhabt werden. Dies schafft eine ‚saubere Basis' für potenzielle Investoren. Durch eine steuerliche Buchwertaufstockung (Step-Up) kann neues Abschreibungspotenzial generiert werden.[390]

Andererseits wird die übertragende Sanierung auch kritisch betrachtet. Durch die Übertragung des Unternehmens auf Dritte steht den Gläubigern das Unternehmen nicht mehr als Teil der Insolvenzmasse zur Verfügung, sondern lediglich der Verkaufserlös.[391] Haftungsfragen werden hierbei besonders relevant. Sofern kein adäquater Preis erzielt wird oder einzelne Gläubiger Sondervorteile durch die Übertragung erzielen (z.B. durch Insidergeschäfte), kann dies zum Nachteil der verbleibenden Gläubiger geschehen. Da aber die Entscheidung, wie mit dem insolventen Unternehmen verfahren werden soll, den Gläubigern obliegt, haben sie es (zumindest theoretisch) selbst in der Hand, ob sie einer solchen Lösung zustimmen oder nicht. Aus Sicht des Unternehmers ist hierbei problematisch, dass er durch die Übertragung in aller Regel sein Unternehmen verliert.

Eine wichtige Bedeutung bei der übertragenden Sanierung erhält der § 613a BGB, welcher die Übernahme der bisherigen Beschäftigten in die neue Rechtsform fordert.[392] Inwieweit eine Aussetzung des § 613a BGB im Insolvenzverfahren die übertragende Sanierung erleichtern würde und zur Förderung des Unternehmenserhaltes beiträgt, soll in diesem Rahmen nicht erörtert werden. Eine Aussetzung

---

[390] Vgl. Wonnemann/Buchalik/Polley (2005), S. 11 ff.

[391] Vgl. Schmidt (1991), S. 67 ff. Zur Insolvenzmasse siehe Schmidt (1990), S. 69 ff.

[392] „Geht ein Betrieb oder Betriebsteil durch Rechtsgeschäft auf einen anderen Inhaber über, so tritt dieser in die Rechte und Pflichten aus den im Zeitpunkt des Übergangs bestehenden Arbeitsverhältnissen ein." BGB (2006), § 613a.

könnte aber dazu führen, dass die übertragende Sanierung gegenüber der Rechtsträgersanierung stärker bevorzugt wird.[393]

Je nach Perspektive wird die übertragende Sanierung nicht zwangsläufig als Sanierung angesehen. Sie führt zwar letztendlich zum Erhalt des Betriebes, ggf. auch von Betriebsstrukturen, ist aber aus insolvenzrechtlicher Sicht lediglich eine Version der Unternehmensliquidation[394] um die Gläubiger zu befriedigen. Aus betriebs- und volkswirtschaftlicher Sicht handelt es sich um eine Sanierung, da ein insolventes Unternehmen mit Hilfe eines Käufers weitergeführt werden kann. Die Aussage von *Mönning*, dass auf lange Sicht betrachtet nur jede zweite übertragende Sanierung oder Reorganisation Erfolg hat, kann aufgrund einer fehlenden empirischen Fundierung nicht verifiziert bzw. falsifiziert werden.[395]

Tabelle 4.14 gibt einen Überblick über die Hauptvorteile der Sanierungsformen:

Rechtsträgersanierung	**Übertragende Sanierung**
➢ Erhalt vorteilhafter Verträge	➢ Vollständiger Neustart möglich (ohne ‚Altlasten')
➢ Erhalt steuerlicher Verlustvorträge	➢ Unkompliziertes, schnelles Verfahren
➢ Chancen auf Wertsteigerung der Gesellschafteranteile	➢ ‚saubere' Basis für Investoren
➢ Keine Grunderwerbssteuer	➢ Abschreibungspotenzial generierbar
➢ Unternehmer behält häufig seinen Einfluss	

Tabelle 4.14: Vorteile verschiedener Sanierungsformen

Quelle: Eigene Darstellung, in Anlehnung an Wonnemann/Buchalik/Polley (2005), S. 12

[393] Eine ähnliche Interpretation des § 613a BGB hat auch Kautzsch. Vgl. Kautzsch (2001), S. 270. Zu der Bedeutung des § 613a BGB im Insolvenzverfahren siehe Kautzsch (2001), S. 162 ff. Für die rechtstatsächliche Wirkung des §613a BGB siehe Keller-Stoltenhoff (1986).

[394] Vgl. z.B. Mönning (1997), RN 201, S. 53.

[395] Vgl. Mönning (1997), RN 1414, S. 344.

4.7 Exkurs: Sanierungsprüfung

Der folgende Exkurs behandelt den Ablauf einer Sanierungsprüfung, wie sie aus Gläubigersicht stattfindet, um einer potenziellen Rechtsträgersanierung zuzustimmen.[396] Der Ablauf kann aber auch auf außerinsolvenzliche Sanierungsprüfungen angewendet werden.

Die Frage, ob ein insolventes Unternehmen im Rahmen einer Rechtsträgersanierung saniert werden soll oder nicht, kann nicht allgemeingültig durch Gesetzgebung geregelt werden, sondern bedarf einer Einzelfallentscheidung. Diese Entscheidung, zu der der Insolvenzverwalter die notwendigen Informationen liefert, müssen die Gläubiger treffen. Dabei kann die Sanierungsprüfung anhand quantitativer als auch qualitativer Kriterien vorgenommen werden. Die Prüfung von quantitativen Kriterien entspricht weitgehend der Prüfung der Sanierungsfähigkeit, die der qualitativen Kriterien der Prüfung der Sanierungswürdigkeit.

4.7.1 Sanierungsfähigkeit

Mit der Prüfung der Sanierungsfähigkeit wird untersucht, ob ein Unternehmen durch Sanierungsmaßnahmen wieder wettbewerbsfähig werden kann. Dadurch soll verhindert werden, dass Sanierungen für Unternehmen begonnen werden, für die Maßnahmen bereits zu spät kommen oder die auch nach einer erfolgten Sanierung nur noch kurze Zeit lebensfähig wären.[397] Die Sanierungsfähigkeit eines insolventen Unternehmens kann zwar nur im Zusammenhang mit dessen Insolvenzursachen, der zukünftigen Unternehmensentwicklung sowie den zu setzenden Sanierungsmaßnahmen beurteilt werden[398], dennoch wird eine Entscheidung häufig an reinen Finanzergebnissen festgemacht. *Feldbauer-Durstmüller* formuliert dies folgendermaßen: „Sanierungsfähigkeit liegt dann vor, wenn zu erwarten ist, dass das in seinem Bestand gefährdete Unternehmen als Ergebnis der Reorganisationsmaßnahmen wieder selbstständig lebensfähig ist.“[399]

Bei der Sanierungsprüfung werden sowohl die existierenden Unternehmensschwächen, aus welcher die Insolvenz resultiert, als auch existierende und potenzielle Stärken festgestellt. Relevante Umweltentwicklungen müssen aufge-

---

[396] Zur Sanierungsprüfung im Konkurs siehe auch Feldbauer-Durstmüller (2002), S. 455 ff. Für die allgemeine Prüfung der Sanierungsfähigkeit wird auf Brandstätter (1993) verwiesen.
[397] Vgl. Feldbauer-Durstmüller (1994), S. 238.
[398] Vgl. Feldbauer-Durstmüller (1994), S. 236, siehe auch Buchhart (2001), S. 231 ff.
[399] Feldbauer-Durstmüller (1994), S. 238.

zeigt, prognostiziert und in ein Stärken-/Schwächenprofil überführt werden. Eine Bejahung der Sanierungsfähigkeit ist (aus betriebswirtschaftlicher Sichtweise) nur dann möglich, wenn das Unternehmen grundsätzlich noch über Erfolgspotenziale verfügt.

Dass bei der Potenzialanalyse[400] eines insolventen Unternehmens eine hohe Anzahl von Erfolgspotenzialen gefunden wird, ist eher unwahrscheinlich, jedoch genügt das Vorhandensein von einem oder zwei Erfolgspotenzial(en), wie z.B. wettbewerbsfähige, zukunftsträchtige Produkte oder eine qualifizierte Vertriebsorganisation, um eine Sanierung aussichtsreich erscheinen zu lassen.[401]

Da Gläubiger meist nur monetäre Interessen haben, werden sie einer Sanierung nur dann zustimmen, wenn diese die Schädigung ihrer Position minimiert. Die ökonomische Frage lautet daher: Ergibt die Rechtsträgersanierung einen höheren Erlös als die übertragende Sanierung bzw. die Liquidation des Unternehmens? Gesamtwirtschaftliche oder soziale Kriterien spielen im Rahmen der Prüfung der Sanierungsfähigkeit normalerweise kaum eine Rolle.[402] Die Entscheidung der Sanierungsfähigkeit beruht somit auf quantitativen Kriterien unter Berücksichtigung von Unternehmensbewertungsmethoden. Es wird ein Vergleich zwischen dem Fortführungswert (Going-Concern) und dem Verkaufs-/Liquidationswert des Unternehmens vorgenommen. Eine Sanierung ist dann ökonomisch gerechtfertigt, wenn der Fortführungswert größer ist als der Verkaufs-/Liquidationswert.[403]

Der Liquidationswert eines Unternehmens kann relativ einfach anhand des Marktpreises bestimmt werden. Ebenso ist der Verkaufswert einfach anzugeben, indem Kaufangebote potenzieller Interessenten vorliegen. Die Ermittlung des Fortführungswertes stellt jedoch eine nicht unerhebliche Schwierigkeit dar, da subjektive Einflüsse wie die Einschätzung der Erfolgspotenziale, der Wettbewerber, der Marktentwicklung etc. zum Tragen kommen.[404]

---

[400] Zur Potenzialanalyse siehe Kraft (1986), S. 16 ff.

[401] Vgl. Krystek (1987), S. 217. Ähnlich Feldbauer-Durstmüller (1994), S. 238.

[402] Ähnlich Buchhart (2001), S. 234.

[403] Buchhart spricht vom Reproduktionswert des Unternehmens zuzüglich seinem Ertragswert und vom Liquidationswert zuzüglich eines neu zu gründenden Unternehmens. Vgl. Buchhart (2001), S. 233.

[404] Pinkwart/Kolb (2000), S. 29. Zur Problematik der Kaufpreisermittlung eines Unternehmens wird auf die einschlägige M&A Literatur verwiesen.

4.7.2 Sanierungswürdigkeit

Bei der Sanierungswürdigkeitsprüfung werden qualitative, außerökonomische Aspekte, welche für eine Sanierung von Bedeutung sind, analysiert und es wird die Frage gestellt, ob ein potenzielles Sanierungsengagement auch nach den persönlichen Interessenslagen und Bereitschaft aller Beteiligten (Gesellschafter, Management, Mitarbeiter, Banken, Lieferanten, Behörden etc.) gerechtfertigt ist.[405]

Die Sanierungswürdigkeitsprüfung betrifft überwiegend die subjektiven Merkmale der Unternehmensleitung.[406] Von besonderer Relevanz sind dabei der effektive und effiziente Einsatz des Sanierungsmanagements sowie die existierenden Voraussetzungen im Bereich der Unternehmensführung. Auch ethische und soziale Aspekte fallen in diesen Bereich, genauso wie die charakterlichen und fachlichen Eigenschaften[407] der Unternehmensleitung.

Hieraus wird deutlich, dass die Frage, ob ein Unternehmen sanierungswürdig ist, nur durch die subjektive Einschätzung und Risikoneigung der Betroffenen beantwortet werden kann.[408] Interessenskonflikte, welche unter anderem aufgrund von unterschiedlichen Risikoneigungen sowie unterschiedlicher Besicherung von Forderungen entstehen und nicht beigelegt werden können, haben einen negativen Einfluss auf das Gelingen einer Sanierung. Sind die Träger der Sanierung im Vorfeld über Widerstände bzw. Unterstützung der Beteiligten informiert, können Aktivitäten darauf ausgerichtet werden, potenzielle Konflikte zu reduzieren.[409] Sofern nicht alle (wesentlich) Beteiligten die Sanierungswürdigkeit eines grundsätzlich sanierungsfähigen Unternehmens bejahen, wird eine Sanierung erschwert, wenn nicht sogar verhindert.[410]

---

[405] Eine der frühen Erläuterungen zur Sanierungswürdigkeit findet sich bei Goldner (1961), S. 37 ff. Zur Sanierungswürdigkeitsprüfung siehe auch Feldbauer-Durstmüller (1992), S. 49 ff., Jozefowski (1985), S. 29 ff., Kayser (1983), S. 17 ff., Groß (1988), S. 22 ff., Brandstätter (1993), Huisgen (1998), S. 131 ff.

[406] Vgl. Goldner (1961), S. 37.

[407] Vgl. Jozefowski (1985), S. 37.

[408] Vgl. Schmiedel (1984), S. 390.

[409] Vgl. Böckenförde (1996), S. 63 f.

[410] Vgl. Kranzusch/May-Strobl (2002), S. 22. Experteninterviews durch Kranzusch/May-Strobl zeigen, dass keine pauschale Sanierungsverweigerung der Gläubiger wie Fiskus, Sozialversicherungsträger, Kreditinstitute oder Lieferanten gegenüber grundsätzlich sanierungsfähigen Einzelunternehmen besteht. Vgl. Kranzusch/May-Strobl (2002), S. 22.

Abbildung 4.6 zeigt den Ablauf der Sanierungsprüfung. Aus der Grafik wird auch ersichtlich, dass, sofern die Sanierungsfähigkeit und -würdigkeit verneint werden, die Möglichkeit der Konzeptanpassung besteht. Erst wenn eine Sanierungsdurchführungsentscheidung positiv getroffen wurde, wird die Rechtsträgersanierung durchgeführt. In der praktischen Umsetzung stellt sich jedoch der Zeitdruck als problematisch für die Durchführung von Konzeptanpassungen dar.

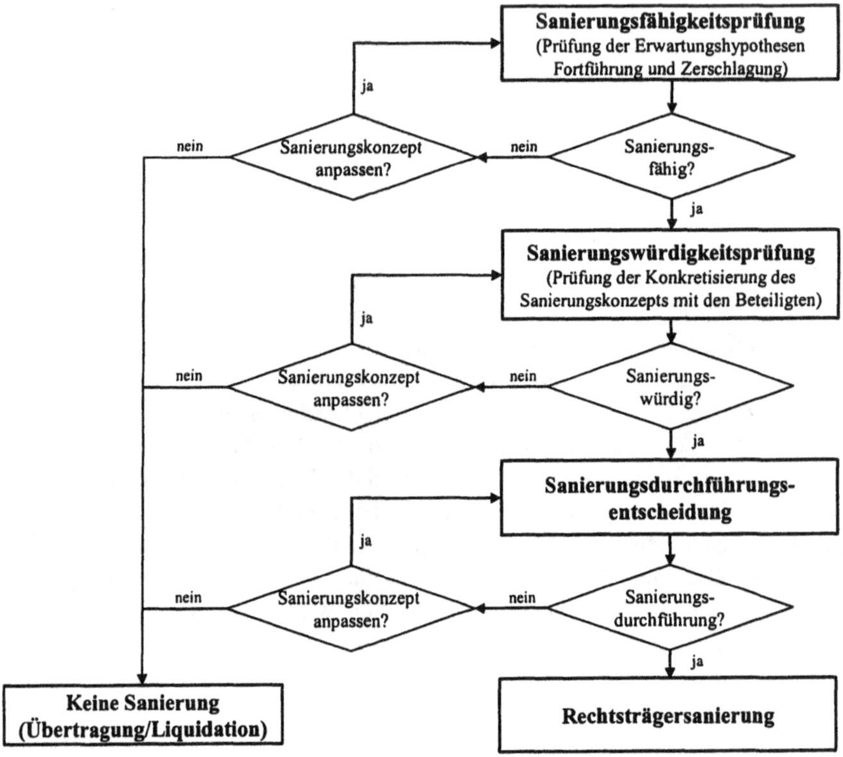

Abbildung 4.6: Ablauf der Sanierungsprüfung

Quelle: Eigene Darstellung, in Anlehnung an Hesselmann/Stefan (1990), S. 44

4.8 Sanierungsmaßnahmen

Innerhalb des vorläufigen als auch des eröffneten Insolvenzverfahrens können betriebswirtschaftliche Maßnahmen zur Unternehmenssanierung durchgeführt werden. Eine überschneidungsfreie Zuordnung von Maßnahmen in einzelne Kategorien ist nur erschwert möglich, da z.B. der Zeitraum (kurz- oder langfristig), die Orientierung der Maßnahme (innen- oder außengerichtet) oder der Fokus (finanz- oder leistungswirtschaftlich) als Klassifizierungskriterien dienen können.[411] Besonders der Fokus einer Maßnahme lässt sich weiter differenzieren. So sind finanzwirtschaftliche Maßnahmen nochmals in autonome und heteronome Maßnahmen unterscheidbar und leistungswirtschaftliche Maßnahmen in die verschiedenen Funktionsbereiche wie z.B. Unternehmensorganisation, Personalwirtschaft, Produktion, Materialwirtschaft, Marketing und Vertrieb sowie Forschung und Entwicklung.

Im Folgenden wird ein Überblick über potenzielle Maßnahmen gegeben, welche sowohl während der Fortführung und einer Rechtsträgersanierung als auch nach Übertragung des Unternehmens durchgeführt werden können. Aufgrund der Heterogenität von Unternehmen und ihren Insolvenzursachen können die Wirkungsweise sowie die Vor- und Nachteile der verschiedenen Sanierungsmaßnahmen nur schwer beurteilt werden. Daher werden die Maßnahmen lediglich in tabellarischer Form gelistet. Als Gliederungsschema wird die Differenzierung in finanz- und leistungswirtschaftliche Maßnahmen gewählt.[412]

Hier soll auch nochmals darauf hingewiesen werden, dass im Rahmen des Insolvenzrechtes leistungswirtschaftliche Sanierungsmaßnahmen und Aktivitäten nicht uneingeschränkt anwendbar sind. Die betriebswirtschaftlichen Maßnahmen der Unternehmenssanierung haben, solange sich ein Unternehmen im Insolvenzverfahren befindet, keine volle Entfaltungsmöglichkeit. Bei der Betriebsfortführung in der Insolvenz spielen betriebswirtschaftliche Aktivitäten häufig eine untergeordnete und eher begleitende Rolle.[413]

4.8.1 Finanzwirtschaftliche Maßnahmen

Finanzwirtschaftliche Maßnahmen lassen sich in autonome und heteronome Maßnahmen unterteilen, wobei unter autonomen Maßnahmen solche Aktivitäten zu verstehen sind, welche das Unternehmen aus eigener Kraft durchführen kann. Heterogene Maßnahmen erfordern hingegen die Zustimmung und Einwilligung externer Interessensgruppen, wie z.B. Gläubiger, Arbeitnehmer, Kunden.[414]

---

[411] Zur Einteilung der inhaltlichen Komponente des Sanierungsmanagements siehe auch Huisgen (1998), S. 175, Hess/Fechner (1991), S. 190 ff., Hess/Fechner/Freund/Körner (1998), S. 192 ff.
[412] Die dargestellten Maßnahmen finden sich in ähnlicher Form bei Huisgen (1998), S. 178 ff.
[413] Vgl. Mönning (1997), RN 1398, S. 341.
[414] Vgl. Huisgen (1998), S. 179 f.

Die Finanzierungsbeiträge einer Fortführung und Sanierung können von unterschiedlichen Gruppen kommen, so z.B. vom Unternehmen selbst, von Gesellschafterseite, von neuen Privatinvestoren, Banken, Finanzintermediären oder anderen Unternehmen, aber auch von Lieferanten, Kunden und Mitarbeitern sowie von staatlichen Institutionen. Die Beiträge können unterschiedliche Formen, wie z.B. Kredite, Bürgschaften, Anzahlungen etc. annehmen.

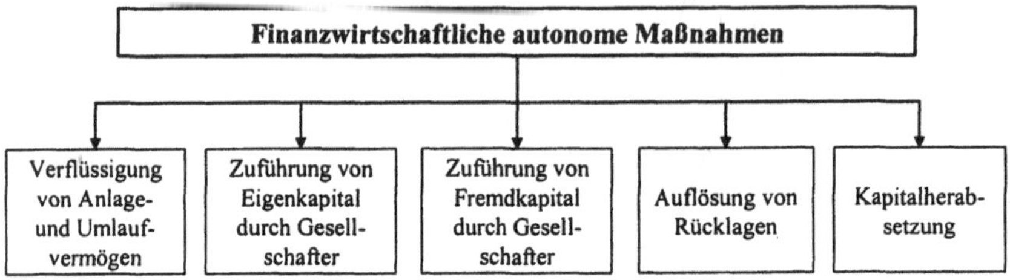

Abbildung 4.7: Finanzwirtschaftliche autonome Maßnahmen

Quelle: Eigene Darstellung, in Anlehnung an Huisgen (1998), S. 179 f.

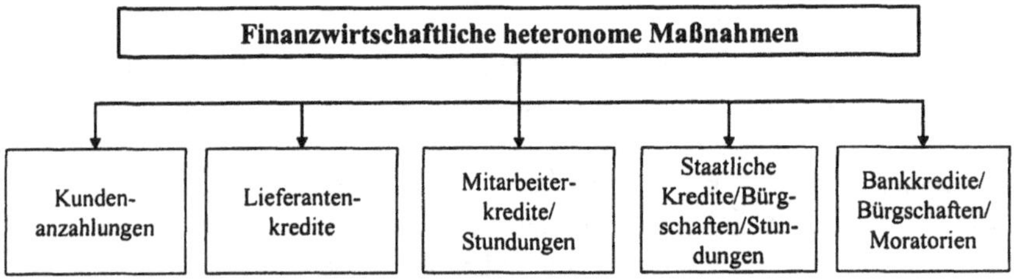

Abbildung 4.8: Finanzwirtschaftliche heteronome Maßnahmen

Quelle: Eigene Darstellung, in Anlehnung an Huisgen (1998), S. 179 f.

Ob ein Unternehmen in der Insolvenz fortgeführt werden kann, hängt zunächst von der Möglichkeit ab, kurzfristig Liquidität zu beschaffen.[415] Von besonderer Bedeutung ist das Insolvenzausfallgeld, welches in Höhe von bis zu drei Monatsgehältern bezahlt wird und bei Inanspruchnahme weitere Liquiditätsabflüsse spart.

Tabelle 4.15 und Tabelle 4.16 geben einen Überblick über einige autonome und heteronome finanzwirtschaftliche Maßnahmen, welche im Rahmen einer Fortführung und Sanierung durchgeführt werden können:

[415] Vgl. Portisch (2003), S. 331.

Autonome Maßnahmen
Maßnahmen des Unternehmens
➢ Auflösung von Rücklagen und stillen Reserven ➢ Kapitalherabsetzung (ordentliche/vereinfachte) ➢ Zentrale Kontrolle und Genehmigung von Ausgaben und Investitionen ➢ Veräußerung von Betriebsteilen ➢ Veräußerung immaterieller Vermögensgegenstände (Lizenzen, Patente, Warenzeichen) ➢ Veräußerung von Anlagevermögen (Mobilien, Maschinen, Werkzeuge) ➢ Veräußerung von Finanzanlagen (Wertpapiere, Beteiligungen) ➢ Verbesserung des Mahnwesens ➢ Factoring, externes Inkasso, Forfaitierung ➢ Abbau von Roh-, Hilfs- und Betriebsstoffen ➢ Abbau von fertigen Handelswaren ➢ Abbau von Liquiditätsreserven (Wechselforderungen, Termingelder, Wertpapiere) ➢ Ausnutzung von Skonti ➢ Sale and lease back ➢ Absicherung von Währungsrisiken ➢ Fälligstellung bestehender Kreditgewährungen ➢ Rückforderung geleisteter Vorauszahlungen ➢ Streichung freiwilliger Sozialleistungen
Maßnahmen der Gesellschafter/Anteilseigner
➢ Kapitalherabsetzung mit anschließender Kapitalerhöhung ➢ Zuführung von Eigenkapital ➢ Zuzahlung oder Zusammenlegung von Aktien ➢ Aufnahme neuer/stiller Gesellschafter ➢ Bürgschafts-/Patronatserklärung ➢ Rangrücktrittserklärungen

Tabelle 4.15: Autonome finanzwirtschaftliche Maßnahmen

Quelle: Huisgen (1998), S. 181, WP-Handbuch (1998), S. 428 ff.

Heteronome Maßnahmen
Maßnahmen der Lieferantengläubiger
➢ Zahlungsaufschub (Moratorium, Stundung) ➢ Ratenverzichte ➢ Schuldenerlasse/Forderungsverzichte (mit oder ohne Besserungsschein) ➢ Zinsreduktion/-erlasse ➢ Kapitalerlasse ➢ Umwandlung kurzfristiger Verbindlichkeiten in langfristige Darlehen ➢ Umwandlung von Verbindlichkeiten in Beteiligungskapital/nachrangiges Kapital
Maßnahmen der Gläubigerbanken
➢ Verzicht auf Kreditkündigungen ➢ Zinsreduktion/-erlasse ➢ Schuldenerlasse/Forderungsverzicht (mit oder ohne Besserungsschein) ➢ Bürgschaften/Patronatserklärungen ➢ Bewilligung neuer (Sanierungs-)Kredite ➢ Erhöhung des Diskont- und Kontokorrentrahmens ➢ Umschuldungen ➢ Umwandlung kurzfristiger Kredite in langfristige Darlehen ➢ Umwandlung von Krediten in Beteiligungen
Maßnahmen der Steuergläubiger/Öffentlichen Hand
➢ Anpassung von Vorauszahlungen ➢ Erlasse/Forderungsänderung von Steuern ➢ Stundungen ➢ Vollstreckungsaufschub ➢ Subventionen, Zuschuss-/Kreditgewährung (inkl. Fördermittel) ➢ Bürgschaften, Sicherheitsleistungen, Ausfallhaftungen ➢ Gewährung Insolvenzausfallgeld
Maßnahmen der Mitarbeiter
➢ Einfrieren von Löhnen und Gehältern ➢ Verzicht bzw. Reduktion von Abfindungs- oder Rentenansprüchen ➢ Stundungen und Verzicht von Lohnzahlungen, Weihnachts- und Urlaubsgeld

Tabelle 4.16: Heteronome finanzwirtschaftliche Maßnahmen

Quelle: Groß (1988), S. 179 ff., Huisgen (1998), S. 181, WP-Handbuch (1998), S. 428 ff.

Anhand der dargestellten Maßnahmen lassen sich vier verschiedene Gruppen bilden, welche in der Fortführung und Sanierung von Bedeutung sind. Unter der ersten Gruppe sind das Unternehmen selbst sowie dessen bisherige Gesellschafter zu subsumieren. Die zweite Gruppe ist durch ihr ‚Investitionsinteresse' gekennzeichnet und spiegelt sich in Form von neuen Privatinvestoren, Banken, Finanzintermediären oder anderen Unternehmen wider. Die dritte Gruppe stellt die bisher dem Unternehmen nahe stehenden Akteure dar, wie z.B. Lieferanten, Kunden und Mitarbeiter. Die vierte Gruppe besteht aus staatlichen Institutionen, wie z.B. Finanzbehörden, der Bundesagentur für Arbeit, aber auch Förderinstitutionen,[416] welche sich der KMU-Förderung widmen.

4.8.2 Leistungswirtschaftliche Maßnahmen

Um ein Unternehmen nachhaltig sanieren zu können, sind in der Regel Maßnahmen im leistungswirtschaftlichen Bereich notwendig, welche sowohl innerhalb der Fortführungsphase und innerhalb einer Rechtsträgersanierung als auch nach Übertragung umgesetzt werden müssen. Die Maßnahmen lassen sich anhand der Unternehmensfunktionsbereiche gliedern und haben entweder eine kostensenkende oder umsatzsteigernde Wirkung.

a) Management- und Organisationsbereich

Das Top- und Mittelmanagement bleibt bei Unternehmenssanierungen in seiner Zusammensetzung häufig nicht unverändert, da die bisherige Unternehmensführung sich von einer Insolvenzschuld nicht exkulpieren kann. Führungskräfte werden entweder ausgetauscht oder verlassen von selbst das Unternehmen. *Rauh* sieht dabei einen kritischen Erfolgsfaktor bei den mittleren Führungskräften (Abteilungsleiter und Meister), welche die Werthaltungen und das Know-how des Unternehmens tragen. Da von ihnen Multiplikatoreffekte ausgehen, ist es bedeutsam, diese in die Unternehmenssanierung einzubinden.[417]

Tabelle 4.17 gibt einen Überblick über potenzielle Maßnahmen im Bereich Management und Organisation:

---

[416] Zu Förderungen für Krisenunternehmen siehe auch Abschnitt 5.4.1.
[417] Vgl. Rauh (1990), S. 386.

Managementbezogene und organisatorische Maßnahmen
Managementbezogene Maßnahmen
➢ Personelle Veränderung in der Führungsstruktur ➢ Zentralisation der Entscheidungsbefugnisse ➢ Neuorganisation der Führungskräftevergütung ➢ Erstellung von Führungsrichtlinien ➢ Optimierung der Planung ➢ Beauftragung eines Beraters/Krisenmanagers für Sanierungsmaßnahmen ➢ Rekrutierung externer Führungskräfte mit zusätzlichem Know-how
Organisatorische Maßnahmen
➢ Zusammenlegung von Ressorts ➢ Neuorganisation der Aufgabengebiete innerhalb der Führungsstruktur ➢ Straffung des Informationssystems/Informationsmanagements ➢ Festlegung der Informations-, Reports- und Kommunikationsstrukturen ➢ Umgestaltung der Aufbau- und Ablauforganisation ➢ Rechtliche Verselbstständigung von Teilbetrieben/zentralen Servicefunktionen ➢ Änderung der Rechtsform ➢ Änderung der Beteiligungsstruktur ➢ Gründung von Fortführungsgesellschaften

Tabelle 4.17: Managementbezogene und organisatorische Maßnahmen

Quelle: Groß (1988), S. 156 ff., Huisgen (1998), S. 183, WP-Handbuch (1998), S. 424

b) Personalbereich

Sanierungsmaßnahmen sind in der Regel mit erheblichen Konsequenzen für die Mitarbeiter verbunden. Je nach Branche und Unternehmensstruktur liegen hier hohe Einsparpotenziale, und Entlassungen sind häufig unumgänglich.

Gleichzeitig ist bei nahezu allen Personalmaßnahmen mit einer Auswirkung auf die Mitarbeitermotivation zu rechnen. Daher sollten auch Überlegungen vorgenommen werden, wie die Unternehmensleitung ein positives Denken und Team-Geist bei den verbleibenden Mitarbeitern kreieren kann. Sofern existent, ist bei den meisten Personalmaßnahmen eine Zustimmung oder Mitwirkung des Betriebsrates (in größeren Unternehmen auch des Wirtschaftsausschusses) notwendig.

Im Insolvenzverfahren gelten für Kündigungen durch den Insolvenzverwalter nach § 125 InsO folgende Einschränkungen des Kündigungsschutzes:[418]

- Es wird vermutet, dass die Kündigung der im Interessensausgleich namentlich bezeichneten Arbeitnehmer betriebsbedingt ist.
- Die soziale Auswahl wird eingeschränkt. Sie ist nur im Hinblick auf die Dauer der Betriebszugehörigkeit, das Lebensalter sowie Unterhaltspflichten durchzuführen und wird nur auf grobe Fehlerhaftigkeit überprüft.

Tabelle 4.18 gibt einen Überblick über potenzielle Maßnahmen im Bereich Personal:

Personalbezogene Maßnahmen
➢ Einstellungsbeschränkungen/genereller oder qualifizierter Einstellungsstopp
➢ Einführung von Kurzarbeit
➢ Abbau von Mehrarbeit/Überstunden
➢ Gezielte Urlaubsplanung/Werksurlaube
➢ Umwandlung von Vollzeit- in Teilzeitverträge
➢ Befristetes oder unbefristetes Ruhen von Arbeitsverträgen
➢ Kündigung von Dienstverträgen freier Mitarbeiter oder Aushilfen
➢ Abbau von Leistungszulagen
➢ Betriebsbedingte Kündigungen/Massenentlassungen
➢ Einsatz eigener Mitarbeiter bei fremden Firmen
➢ Abbau freiwilliger Sozialleistungen oder Sondererlaubnisse
➢ Nichtbesetzung frei werdender Stellen
➢ Lohn- und Gehaltssteigerungsstopp
➢ Aufhebungsverträge
➢ Überarbeitung von Lohn- und Gehaltsstrukturen
➢ Qualifikationsmaßnahmen
➢ Abbau von Leiharbeit
➢ Einstellung Pensionszahlungen (mit Zustimmung des Pensionssicherungsvereins)
➢ Umsetzungen/Versetzungen
➢ Altersteilzeit/vorzeitige Pensionierungen

Tabelle 4.18: Personalbezogene Maßnahmen

Quelle: Huisgen (1998), S. 183, WP-Handbuch (1998), S. 415 ff.

[418] Vgl. WP-Handbuch (1998), S. 422.

c) Materialwirtschaft

Die betriebliche Aufgabe der Materialwirtschaft liegt darin, die für die operative Tätigkeit des Unternehmens benötigten Materialien in der richtigen Menge, der richtigen Qualität, zum richtigen Preis und zum richtigen Zeitpunkt bereitzustellen. Geschieht dies nicht, so arbeitet das Unternehmen nicht in seinem Optimum und es existieren Verbesserungspotenziale. Bei Krisenunternehmen zeigt sich häufig, dass diese ihre Materialkosten erheblich senken können und gleichzeitig ihr Vorratsvermögen abbauen.[419] In der Insolvenz ist von besonderer Bedeutung, dass Lieferanten in aller Regel auch Gläubiger sind und weitere Lieferungen nur gegen Vorkasse durchführen.

Tabelle 4.19 gibt einen Überblick über potenzielle Maßnahmen im Bereich Materialwirtschaft:

Materialwirtschaftsbezogene Maßnahmen
➢ Suche nach günstigeren Lieferanten ➢ Standardisierung von verwendeten Bauteilen und -materialien ➢ Veränderung der Bestellmenge (Einkaufsbündelung) ➢ Kleinere Losgrößen mit geringeren Lieferabständen (geringes gebundenes Kapital) ➢ Größere Losgrößen mit größeren Lieferabständen (Mengenrabatte) ➢ Einholung von Vergleichsangeboten ➢ Senkung von Transport- und Lagerkosten ➢ Abwälzung der Lagerung bestellter Ware auf Lieferanten ➢ Einkaufsstopp ➢ Kündigung von Lieferverträgen ➢ Rücküberführung von Waren an Zulieferer ➢ Abbau von ,Work-in-Progress'-Beständen ➢ Abbau von Lager und Lagerbeständen ➢ Abstimmung mit anderen Funktionsbereichen ➢ Optimierung von Make-or-Buy-Entscheidungen ➢ Verwendung von Substitutionsgütern ➢ Überprüfung von Vertragsbedingungen (Erfüllung, Gewährleistung, Schadensersatz) ➢ Gegengeschäfte (Kompensationsgeschäfte)

Tabelle 4.19: Materialwirtschaftsbezogene Maßnahmen

Quelle: Huisgen (1998), S. 185, WP-Handbuch (1998), S. 406 ff.

[419] Vgl. WP-Handbuch (1998), S. 406.

d) Produktionsbereich

Die Aufgabe der Produktion ist die Erstellung von Produkten und Dienstleistungen, welche in Kosten und Preis wettbewerbsfähig sind. Dies beinhaltet sowohl eine technologische als auch eine organisatorische Kompetenz und Leistungsfähigkeit des Unternehmens.[420]

Tabelle 4.20 gibt einen Überblick über potenzielle Maßnahmen im Bereich Produktion:

Produktionsbezogene Maßnahmen
➢ Übergang zum Einschichtbetrieb
➢ Durchführung von Reparaturen mit eigenen Kräften
➢ Standardisierung von Produkten und Verpackungen
➢ Eingrenzung der Sortimentsbreite
➢ Verzicht auf Ersatzinvestitionen
➢ Kürzung von Fertigungskosten
➢ Eliminierung von Problemprodukten
➢ Einsparungen in den Bereichen Material- und Energieverbrauch
➢ Annahme von Großaufträgen
➢ Streichung von Produktinnovationen, Produktüberarbeitungen
➢ Verbesserung der Termintreue
➢ Restriktive Fertigungsplanung
➢ Konzentration der Fertigung (evtl. durch Schließung von Fertigungsstätten)
➢ Reduktion der Fertigungstiefe (Outsourcing von Produktionsschritten)
➢ Lohnfertigung für andere Unternehmen
➢ Erhöhung der Durchlaufzeiten (Optimierung der Ablauforganisation der Fertigung)
➢ Kapazitäts- und intensitätsmäßige Anpassung des Produktionsprozesses
➢ Reduktion der Ausschussprodukte
➢ Optimierung von Losgrößen (Losgrößendegression)
➢ Typung und Normierung von Produkten und Produktteilen
➢ Erhöhung des Automatisierungsgrades
➢ Einführung/Optimierung von CIM Konzepten
➢ Beseitigung von Produktivitätsengpässen

Tabelle 4.20: Produktionsbezogene Maßnahmen

Quelle: Groß (1988), S. 175 ff., Huisgen (1998), S. 185, WP-Handbuch (1998), S. 397 ff.

[420] Vgl. WP-Handbuch (1998), S. 397 f.

e) Absatz und Vertrieb

Ausgangspunkt einer Betrachtung des Bereiches Absatz und Vertrieb soll die bisherige Umsatzentwicklung, gegliedert nach Produkten und Märkten, sein, so dass eine Positionsbestimmung des Unternehmens mit seinen Produkten stattfinden kann. Maßnahmen in diesem Bereich haben Umsatzsteigerungen zum Ergebnis und sollten daher eine hohe Priorität genießen.

Tabelle 4.21 gibt einen Überblick über potenzielle Maßnahmen im Bereich Absatz und Vertrieb:

Absatz- und vertriebsbezogene Maßnahmen
➢ Preis- und Rabattänderungen (Preisdifferenzierung, preispsycholog. Maßnahmen) ➢ Konditionspolitik (Liefer- und Zahlungsbedingungen) ➢ Sortimentsbereinigung ➢ Sonderverkaufsaktionen, Liquidationsverkäufe ➢ Übernahme von Distributionsaufgaben für Drittfirmen ➢ Überarbeitung der Distributionswege ➢ Vergabe von Vertriebslizenzen ➢ Reduktion der Fehler bei der Auftragsabwicklung ➢ Prüfung/Auflösung von Verträgen mit Absatzmittlern ➢ Erhöhung/Verringerung von Serviceleistungen/Kundendienst ➢ Prämienaussetzung für Verkäufer ➢ Durchführung von Werbeaktionen ➢ Beschränkung von Werbeaktivitäten und Sponsorentätigkeit ➢ Verringerung der Versandzeiten ➢ Ausarbeitung/Straffung des Vertriebssortimentes ➢ Ausbau der Marktanteile zukunftsträchtiger Produkte in angestammten Märkten ➢ Intensivierung der Öffentlichkeitsarbeit ➢ Durchführung von Markterweiterungsstrategien ➢ Fokussierung auf Kundengruppen mit hohen Margen ➢ Erhebung der Preisbereitschaft von Kunden & Marktsegmenten ➢ Key-Account-Management

Tabelle 4.21: Absatz- und vertriebsbezogene Maßnahmen

Quelle: Groß (1988), S. 172 ff., Huisgen (1998), S. 185, WP-Handbuch (1998), S. 386 ff.

f) Forschung und Entwicklung

Forschung und Entwicklung (F&E) können für Unternehmen extreme Chancen, gleichzeitig aber auch unabschätzbare Risiken beinhalten. Je nach Unternehmen kann der Aufwand für F&E-Aktivitäten sehr hoch sein.

Tabelle 4.22 gibt einen Überblick über potenzielle Maßnahmen im Bereich Forschung und Entwicklung:

Forschungs- und entwicklungsbezogene Maßnahmen
➢ Überprüfung des Entwicklungsbudgets
➢ Stopp von Produktentwicklungen
➢ Überwachung von Zeitplänen
➢ Überprüfung von Menge, Qualität, Finanzbedarf von laufenden Projekten
➢ Überprüfung von Projektvorschlägen
➢ Entwicklung neuer Produkte
➢ Überprüfung der Aktualität von Entwicklungszielen
➢ Projektbeschleunigungen
➢ Outsourcing von Entwicklungsschritten
➢ Anträge auf staatliche Förderungen
➢ Qualitätsoffensive

Tabelle 4.22: Forschungs- und entwicklungsbezogene Maßnahmen

Quelle: WP-Handbuch (1998), S. 411 ff.

4.9 Sanierungsakteure

Die Sanierungsakteure, auch als Träger des Sanierungsmanagements bezeichnet, können anhand einer Stakeholderanalyse ermittelt werden. Grundsätzlich kommen dabei alle Individuen und Institutionen in Betracht, welche in dem Insolvenzverfahren involviert und an Planung, Durchführung und Kontrolle der Sanierung beteiligt sind.

Eine grundlegende Differenzierung der Akteure ist dabei in die Kategorien unternehmensextern und -intern möglich, wobei vereinzelt die Zuordnung nicht überschneidungsfrei ist. So stellt sich z.B. die Frage, ob die Familie des Unternehmers oder ein Aufsichtsrat/Beirat als externer oder interner Akteur einzuordnen ist. Ebenso ist unklar, ob ein Insolvenzverwalter im eröffneten Verfahren nicht auch zum internen Akteur wird, da er die Geschäftsführung des Unternehmens übernimmt. Das Kriterium der ‚Schicksalsgemeinschaft' zwischen Akteur und Unternehmen kann dazu dienen, eine Zuordnungsentscheidung zu treffen. Diese Schicksalsgemeinschaft ist besonders durch die intensive (auch emotionale) Verbindung zwischen Akteur und Unternehmen gekennzeichnet. Ob bei einer Sanierung interne oder externe Individuen vorherrschen, „(...) liegt hauptsächlich an dem Akutheitsgrad der Unternehmenskrise und dem damit verbundenen Autonomiegrad der Unternehmensführung und der Eigenkapitalgeber."[421]

[421] Vgl. Huisgen (1998), S. 88.

In der Insolvenz ist dieser Autonomiegrad am stärksten eingeschränkt und die Geschäftsführung des insolventen Unternehmens bekommt im vorläufigen Verfahren einen vorläufigen Insolvenzverwalter zu Seite gestellt, der die Aufgabe der Überwachung hat. Im eröffneten Verfahren wird dem Insolvenzverwalter dann de jure die Geschäftsführung übertragen. Als eine Voraussetzung für Sanierungserfolge wird immer wieder die Bereitschaft aller wesentlichen Akteure (‚Promotoren des Turnarounds')[422] genannt, am Sanierungsprozess mitzuwirken. Dabei haben die existierenden Akteure unterschiedliche Interessenslagen, welche idealtypischerweise frühzeitig bekannt sind.

Tabelle 4.23 gibt einen Überblick über interne Akteure einer Fortführung und Sanierung:

Interne Akteure
➢ Gesellschafter/Unternehmer
➢ Management/Führungskräfte
➢ Aufsichtsrat/Beirat
➢ Familie des Unternehmers
➢ Mitarbeiter
➢ Betriebsrat

Tabelle 4.23: Interne Akteure einer Insolvenzsanierung

Tabelle 4.24 gibt einen Überblick über externe Akteure einer Fortführung und Sanierung:

Externe Akteure
➢ Insolvenzverwalter
➢ Lieferanten
➢ Kunden
➢ Banken
➢ Unternehmensberater
➢ Steuerberater/Wirtschaftsprüfer
➢ Gewerkschaften
➢ Staatliche Institutionen (Sozialversicherungsträger, Finanzbehörden etc.)
➢ Potenzielle Übernehmer/Investoren

Tabelle 4.24: Externe Akteure einer Insolvenzsanierung

[422] Vgl. Clasen (1992), S. 180 ff.

Die dargestellten Akteure können zusätzlich in eine ‚Gruppe der Gläubiger' und der ‚Nichtgläubiger' differenziert werden. D.h., es gibt Akteure, welche mit einer hohen Wahrscheinlichkeit Forderungen gegenüber dem insolventen Unternehmen haben, und welche, die forderungsfrei sind. Die Akteure, welche eher zu der Gläubigergruppe gehören, sind Mitarbeiter (inkl. Management und Führungskräfte), Lieferanten, Banken und staatliche Institutionen. Die anderen Akteure können zwar auch Gläubiger sein, jedoch ist entweder die Wahrscheinlichkeit geringer oder sie haben nur einen geringen Anteil an den Gesamtforderungen.

Im Insolvenzfall ist zu erwarten, dass zwischen den Akteuren Interessensgegensätze existieren. Das Handeln des Unternehmers ist darauf ausgerichtet, sein Unternehmen möglichst unbeschadet fortzuführen (ggf. auch eine riskante Sanierung durchzuführen), wohingegen die Gläubiger eine bestmögliche Befriedigung ihrer Ansprüche und damit eine verlustminimierende Sanierungsstrategie (ggf. auch eine Liquidation) anstreben. Es existiert die Gefahr eines Verwertungskampfes, wenn z.B. einzelne Gläubiger ihre Geschäftsverbindungen zum Schuldner unterbrechen und versuchen, ihre Forderungen zu realisieren, indem sie Vermögen aus der Verfügungsmacht des Schuldners abziehen. Werden dem Unternehmen betriebsnotwendige Assets entzogen, so nimmt dies einer Sanierung weitere Grundlagen und es kann zu einer Kettenreaktion des Niedergangs kommen.[423]

Es ist anzunehmen, dass die Reaktion mit dem Besicherungsgrad der Forderungen, mit der Gläubigerstruktur und mit existierenden Informationsasymmetrien[424] zusammenhängt. Unbesicherte Gläubiger tendieren eher zu einer risikoreichen Sanierungsstrategie, da sie im Liquidationsfall ohnehin einen Großteil ihrer Forderungen verlieren. Bei einer Sanierung stehen ihren hohen Ertragschancen relativ niedrige Verlustrisiken gegenüber. Je nach Besicherungsform ist die Liquidation für besicherte Gläubiger vorteilhafter als eine Fortführung und Sanierung, da bei einer Sanierung Wertverluste ihrer Sicherungsgüter auftreten können. Eine Sanierung, welche mit hohen Erfolgsrisiken behaftet ist, werden daher gesicherte Gläubiger häufig ablehnen, da ihre Ertragschancen im Vergleich zum Risiko gering sind.[425]

---

[423] Ähnlich Kautzsch (2001), S. 98, Buchhart (2001), S. 301. Daher müssen Gläubiger daran gehindert werden, dem Unternehmen das vorhandene und benötigte Betriebsvermögen zu entziehen.

[424] Zu der Agency-Problematik bei Sanierungen siehe Fischer (1999).

[425] Vgl. Buchhart (2001), S. 251 f.

Auf eine ausführliche Darstellung der Akteure und ihrer potenziellen Interessen wird zu diesem Zeitpunkt verzichtet. Die Darstellung der Akteure und ihrer tatsächlichen Interessen im Insolvenzfall wird im Rahmen der empirischen Ergebnisse in Abschnitt 7.2 durchgeführt.

Für theoretische Abhandlungen zu den verschiedenen Krisen- und Insolvenzakteuren wird auf die Ausführungen von *Cezanne*[426], *Chalupsky*[427], *Clasen*[428] sowie *Kratz*[429] und *Ruhl*[430] verwiesen.

---

[426] Vgl. Cezanne (1998), S. 25 ff.
[427] Vgl. Chalupsky (1994), S. 295 ff.
[428] Vgl. Clasen (1992), S. 180 ff.
[429] Vgl. Kratz (1996), S. 8 ff.
[430] Vgl. Ruhl (2000), S. 185 ff.

5 KMU-SPEZIFIKA & FORSCHUNGMODELL

Die bisherige Betrachtung der Insolvenzproblematik und Sanierung fand eher unter einem allgemeingültigen Fokus satt. In diesem Kapitel wird speziell auf KMU und ihre Insolvenzsituation eingegangen. Es werden qualitative Spezifika von KMU dargestellt und bezüglich ihrer potenziellen Sanierungsbedeutung analysiert. Auf diese Weise werden Einflussvariablen generiert, die bei der empirischen Untersuchung herangezogen werden können.

Problematisch stellt sich dar, dass eine sehr geringe Anzahl an empirischen Studien zum Bereich Insolvenzbewältigung existiert.[431] Ein Rückgriff auf bereits empirisch überprüfte Variablen ist nur in geringem Ausmaß möglich. Um dennoch Variablen identifizieren zu können, wäre eine Anlehnung an die Insolvenzursachenforschung denkbar, denn aus Insolvenzursachen ergäben sich ggf. Variablen, die zur Insolvenzsanierung beitragen. Da jedoch die Insolvenzursachenforschung in aller Regel zu dem Ergebnis kommt, dass eine Hauptschuld beim Management liegt (bei KMU im besonderen Maße beim Unternehmer), blieben weitere Einflussvariablen, welche zur Sanierung beitragen könnten, unberücksichtigt. Gleichzeitig ist die Abgrenzung zwischen tatsächlich exogenen und tatsächlich endogenen Insolvenzursachen nur schwer möglich. Zwei Beispielfragen verdeutlichen dies: Ist eine veränderte Marktlage nur als exogene Insolvenzursache zu betrachten oder wird dies nicht zu einer endogenen, indem das Management nicht adäquat reagiert? Ist eine mangelnde Managerqualifikation in der jeweiligen Person bedingt oder kann auch ein mangelhaftes unternehmerisches Bildungsumfeld die Ursache einer Insolvenz sein? Ein Rückgriff auf die Insolvenzursachenforschung ist somit nur bedingt möglich. Daher wird auf allgemeine KMU-Literatur zurückgegriffen, welche die qualitativen Aspekte eines kleinen und mittelständischen Unternehmens beschreibt, um anhand dieser eine potenzielle Sanierungsbedeutung abzuleiten.

Hinsichtlich der Methodik wird die nachfolgende Analyse in einer logisch-deduktiven Form durchgeführt. Aus KMU-Charakteristika und der allgemeinen Krisenliteratur werden potenzielle Einflussfaktoren für die Fortführung und Sanierung abgeleitet. Sofern möglich, wird dieses Vorgehen durch eine empirisch-induktive Vorgehensweise ergänzt, indem auf empirische Befunde zur Krisen- und Insolvenzforschung verwiesen wird. Als Analyseraster wird dabei das

---

[431] Vgl. Abschnitt 2.1.5.

in Abschnitt 3.4 dargestellte Arbeitsmodell dienen, um die Spezifika anhand der Variablen Unternehmer, Management, Ressourcen und Umwelt darzustellen.[432] Abbildung 5.1 verdeutlicht die Vorgehensweise:

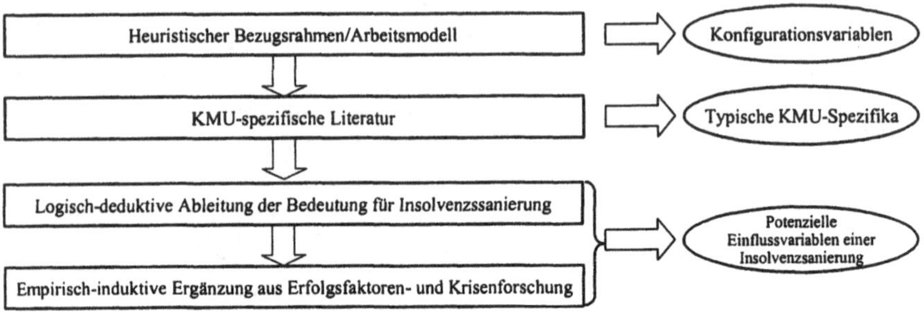

Abbildung 5.1: Vorgehensweise bei der Analyse von KMU-Spezifika

Quelle: Eigene Darstellung

5.1 Unternehmer

Über das Bild des Unternehmers existieren in Wissenschaft und Praxis vielfältige Charakterisierungen und Wertungen. Das Spektrum reicht dabei von der positiven Auflistung seiner Aktivitäten, wie z.B. Herstellung von Waren, Übernahme des unternehmerischen Risikos[433], über kritische Äußerungen, wie z.B. einem egoistischen Gewinnstreben, bis hin zu einer ambivalenten Wertung, wie z.B. der von *Marx*, welcher den Unternehmer sowohl als Förderer der wirtschaftlichen Dynamik und des technischen Fortschrittes identifiziert, gleichzeitig aber auch seine Mittel (Ausbeutung, Sklaverei) kritisiert. In der öffentlichen Meinung schneiden Unternehmer in Klein- und Mittelbetrieben in ihrer Bewertung zudem besser ab als Manager von Großunternehmen.[434]

Kleine und mittelständische Unternehmen werden durch den Unternehmer in besonderer Art und Weise geprägt. Durch seine Wertvorstellungen, seine Qualifikation, seine Persönlichkeitsmerkmale etc. entsteht ein spezifisches System des Unternehmens, welches in Organisation und Funktionalität vielfach die Unter-

[432] Es wird darauf hingewiesen, dass die dargestellten Spezifika nicht ausschließlich für die Gruppe der KMU gelten und KMU nicht zwingend alle dargestellten Besonderheiten aufweisen müssen. Im Allgemeinen können jedoch die dargestellten Charakteristika als KMU-typisch angesehen werden.

[433] Schumpeter misst dem Unternehmer die Bedeutung der treibenden Kraft des Wirtschaftslebens bei. Vgl. Schumpeter (1928), S. 476 ff.

[434] Vgl. Pleitner (1984), S. 511 ff.

nehmerpersönlichkeit widerspiegelt. Zudem hat der Unternehmer meist eine Doppelrolle als Eigentümer und ‚oberster Manager'[435] inne. Er selbst stellt den entscheidenden Beeinflussungsfaktor der Unternehmensentwicklung dar. Kommt es zu einer Unternehmenskrise, verweisen trotz einer möglichen Multikausalität Ursachen viele Autoren[436] zunächst auf den Unternehmer und messen ihm und seinen Managementfähigkeiten eine besondere Relevanz für die Krisenentstehung bei.[437]

Scherrer z.B. sieht 80% der Krisenursachen im Bereich der Unternehmensinnenwelt, also im Verantwortungsbereich des Unternehmers, wohingegen nur 20% der Ursachen dem Bereich Unternehmensumwelt zuzuordnen sind.[438] *Mortsiefer* ermittelt für den innerbetrieblichen Bereich, dass rund drei Viertel aller insolventen mittelständischen Unternehmen in der Betriebsführung Schwachstellen aufweisen. Darunter subsumiert er besonders Mängel in der Unternehmerqualifikation, einen unzureichenden Informationsstand und ungenügende Führungskenntnisse.[439] *Sieber* ist der Auffassung, dass 90% der Konkurse auf die Unzulänglichkeit der Geschäftsführung zurückfallen.[440] Auch der Bericht des European Network for SME Research für das Jahr 1997 kommt zu dem Ergebnis, dass ‚schlechtes Management' als wichtigste Krisenursachenkategorie anzusehen ist.[441]

Im Umkehrschluss könnte daher angenommen werden, dass dem Unternehmer nicht nur in der Krisenentstehung, sondern auch in der Krisenbewältigung eine bedeutende Rolle zufällt. Inwieweit der Unternehmer tatsächlich ein neuralgischer Punkt einer Insolvenzsanierung sein kann, wird im Folgenden bei der Betrachtung verschiedener Persönlichkeitsmerkmale und Unternehmertypologien sowie seiner Qualifikation beleuchtet.

---

[435] Fröhlich/Pichler/Pleitner verweisen noch zusätzlich auf die Funktion des Kapitalgebers. Vgl. Fröhlich/Pichler/ Pleitner (2000), S. 12.
[436] Vgl. Pfaffenholz (1998), S. 43 ff., Hauschildt (2004), S. 710.
[437] Krystek warnt vor der pauschalisierten Aussage Krisenursachen allein Führungsfehler zuzuschreiben, da dies der Multikausalität und Multilokalität von Krisenursachen nicht gerecht wird. Vgl. Krystek (1987), S. 68.
[438] Vgl. Scherrer (1989), S. 32.
[439] Vgl. Mortsiefer (1982), S. 8.
[440] Vgl. Sieber (1959), S. 76 f.
[441] Vgl. European Network for SME Research (1997), S. 184. Auf ähnliche Werte der innerbetrieblichen Insolvenzursachen verweisen auch Reske/Brandenburg/Mortsiefer (1976), S. 60 ff., bzw. Hauschildt (2000), S. 7 ff., Pfaffenholz (1998), S. 43 ff.

5.1.1 Persönlichkeitsmerkmale & Typologien

KMU-Erfolgsfaktoren sind häufig an den Persönlichkeitsmerkmalen und der Typologie[442] des Unternehmers ausgerichtet.[443] Daher könnten auch Erfolgsfaktoren einer Sanierung an dem Unternehmertyp ausgerichtet sein. Verschiedene Persönlichkeitsmerkmale und Unternehmertypologien hätten somit unterschiedliche Auswirkungen auf den Fortführungs- und Sanierungsprozess und eine Zuordnung von Unternehmern zu Typologien und die Kenntnis von Persönlichkeitsmerkmalen könnten Hinweise auf Sanierungsresultate liefern.

Persönlichkeitsmerkmale und Eigenschaften, welche bisher hinsichtlich ihrer Erfolgswirkung untersucht wurden, sind vielfältig, wie z.B. Belastbarkeit, Flexibilität, Selbstsicherheit, Disziplin, Kreativität, Risikofreude, Dynamik, Frustrationstoleranz. Da die bisher durchgeführten Untersuchungen teilweise unterschiedliche Resultate zeigen, verwenden neuere Forschungsansätze statt isolierter Eigenschaften Eigenschaftsbündel um so interdependente Beziehungen einbeziehen zu können.[444]

a) Isolierte Persönlichkeitsmerkmale & Eigenschaften

In Bezug auf Unternehmerpersönlichkeitsmerkmale wird eine Kontroverse geführt, welche zwei Pole hat. Einer wird durch die Grundidee: ‚Entrepreneurs are made not born' charakterisiert, der andere durch die Grundidee: ‚Entrepreneurs are born not made'.[445] Dabei ist wahrscheinlich keine der beiden Ideen absolut und vollständig gültig. Viel eher kommt es auf interne und externe Gegebenheiten an, auf die der Unternehmer während seiner Tätigkeit trifft. Ähnlicher Auffassung ist auch *Hilb*, der die These in den Raum stellt, dass erfolgreiche Unternehmer zwar mit unternehmerrelevanten Anlagen zur Welt kommen, ob sie diese

[442] Eine der ersten Unternehmertypologisierungen wurde von Schumpeter vorgenommen, der in die Typologien Fabrikherr/Kaufmann, moderner Industriekapitän, Direktor und Gründer differenziert. Vgl. Schumpeter (1928), S. 483. Weitere Darstellungen finden sich z.B. in Heuss (1965), Miles/Snow (1978), Pleitner (1984). Für eine allgemeine Übersicht über Autoren und ihre Ansätze zur Ausprägung von Unternehmertypologien wird auf Mugler verwiesen. Vgl. Mugler (1998), S. 24 ff.

[443] Hierauf verweist Fueglistaller, welcher die zahlreichen Erfolgsfaktorenuntersuchungen von Pleitner nennt. Siehe Fueglistaller (2000), S. 309 ff.

[444] So z.B. Korunka/Frank/Becker (1993), indem sie die seelische Gesundheit als Eigenschaftsbündel von Unternehmern untersuchen.

[445] Vgl. z.B. Morrison (1998), S. 6 ff., Brockhaus/Horwitz (1986), S. 37.

Potenziale jedoch entwickeln und nutzen können, hänge von den gegebenen Umweltbedingungen ab.[446]

Unternehmern wird generell ein hohes Streben nach Selbstständigkeit und Unabhängigkeit bescheinigt. Sie haben ein ausgeprägtes Bedürfnis nach Leistung (need for achievement) sowie nach Gestaltung und Selbstverwirklichung. Eine weitere vielgenannte unternehmerische Eigenschaft ist die des ‚internal locus of control'. D.h., Unternehmer rechnen Erfolge eher sich selbst und weniger externen Gründen zu.[447]

Ziele des Selbstständigkeitsstrebens, des Leistungsbedürfnisses, der Gestaltung und Selbstverwirklichung sind primär die Ziele der Nachhaltigkeit, der Betriebserhaltung und der Einkommenssicherung. Unternehmer möchten gute Produkte herstellen, eine hohe Arbeitszufriedenheit haben und ihre Unabhängigkeit wahren.[448] Sie sind nicht primär aus ökonomischen Gründen selbstständig, um ein maximales Einkommen und eine Maximierung der Kapitalrentabilität zu generieren, sondern werden eher von den genannten außerökonomischen Bedürfnissen geleitet.

Diese Eigenschaften sprechen dafür, dass Unternehmer in der Insolvenz ein hohes Interesse an dem Weiterbestehen ihres Unternehmens und dem Betriebserhalt haben. *Buchhart* weist auf die enge Verbindung des Unternehmers zum Unternehmen und auf weitere, nicht monetäre Interessen hin, aufgrund derer die Eigentümer stets die Sanierungsfähigkeit ihres Unternehmens befürworten.[449]

Weitere Persönlichkeitsmerkmale, bei welchen anzunehmen ist, dass sie besonders in einer Krisen- und Insolvenzsituation von hoher Relevanz sind, sind die Stressresistenz und die Auswirkungen von Stress. *Clasen* postuliert einen allgemeinen Zusammenhang zwischen dem Unternehmenszustand und dem Verhalten des Unternehmers, wobei Krisenverlauf und Unternehmerverhalten gegenseitig verstärkend aufeinander einwirken.[450] Bei einem negativen Zusammenhang zwischen Stressresistenz und individueller Arbeitsleistung kann es zu einem

---

[446] Hilb (2000), S. 176.
[447] Vgl. die Ausführungen von Brockhaus/Horwitz (1986), S. 27 ff. und die dort zitierte Literatur. Weiter siehe z.B. Plaschka (1986), S. 108 ff., Kailer/Biehal/Kalcher/Piber/Schnedlitz (1985), McClelland (1961), S. 259 ff., Rotter (1966).
[448] Ähnlich Fröhlich/Pichler (1988), S. 95, Hruschka (1975), S. 238, Plaschka (1986), S. 108 ff.
[449] Vgl. Buchhart (2001), S. 233 f.
[450] Clasen (1992), S. 109.

Circulus vitiosus kommen, der in einer Krisensituation eine Beschleunigung der destruktiven Wirkung zur Folge hat.

In Unternehmenskrisen sind bei Managern eine reduzierte Aufmerksamkeit, eine Verhärtung der Ansichten und ein kurzfristiger orientierter Zeithorizont festzustellen.[451] Es ist anzunehmen, dass dieser Zusammenhang auf Unternehmer und Insolvenzsituationen übertragbar ist. Der Insolvenzstress engt die Aufmerksamkeit sachlich und zeitlich ein. Zudem sind Unternehmer meist persönlich durch Bürgschaften oder Kreditgewährungen finanziell mit dem Unternehmen verbunden und selbst existenzgefährdet. Dies kann sich auf ihre psychische und physische Verfassung (und somit auf die Stressresistenz) nachteilig auswirken.[452]

a) Eigenschaftsbündel am Beispiel der STRATOS Gruppe

Die STRATOS (Strategic Orientation of Small and Medium Sized Enterprises) Gruppe unter *Fröhlich* und *Pichler* typologisierte KMU-Unternehmer, um Zusammenhänge zwischen den Werten und Einstellungen des Unternehmers und der Unternehmensleistung festzustellen.[453] Über typenbestimmende Wertindikatoren wurden vier signifikant unterschiedliche Unternehmertypologien gebildet, die sich hinsichtlich ihrer dynamisch-schöpferischen und administrativ-ausführenden Aktivitäten unterscheiden.[454]

Unternehmertypus	Dynamisch-schöpferische Aktivität	Administrativ-ausführende Aktivität
Allrounder	stark	stark
Pionier	stark	schwach
Organisator	schwach	stark
Routinier	schwach	schwach

Tabelle 5.1: Unternehmertypologien nach Fröhlich/Pichler

Der Allrounder-Unternehmer ist beweglich, aufgeschlossen und anpassungsfähig. Er ist selbst sein eigener Konstrukteur, Buchhalter, Verkäufer oder Vorarbeiter. Allerdings resultiert aus dieser Aufgabenvielfalt häufig eine Mittelmäßigkeit bei der Ausführung der einzelnen Aktivitäten. Der Pionier-Unternehmer verkörpert eingebungsstarke, dynamisch-schöpferische und kreative Aspekte und ist in der

[451] Vgl. Holsti (1978), S. 41 ff.
[452] Vgl. Mönning (1997), RN 1174, S. 287.
[453] Fröhlich/Picher (1988).
[454] Vgl. Fröhlich/Pichler (1988), S. 59 ff.

Nähe des ‚Schumpeterschen Innovators' zu sehen. Er investiert jedoch wenig in Organisation und Kontrolle. Der Organisator-Unternehmer übernimmt verstärkt verwaltende Aufgaben und seine geistigen, analytischen und organisatorischen Fähigkeiten sind eher emotionslos und rational. Der Routinier-Unternehmer ist ohne besondere Stärke in seiner Unternehmerbegabung und als unspektakulär zu bezeichnen. Er leitet seine Legitimation einen Betrieb zu führen aus Gegebenheiten, wie z.B. besonderer finanzieller oder persönlicher Einsatzbereitschaft, ab und kann daher als klassischer Risikoträger bezeichnet werden.[455]

Bezüglich der Krisenanfälligkeit und Überlebenswahrscheinlichkeit[456] werden dem ‚Routinier' relativ geringe Erfolgschancen und die höchste Krisenanfälligkeit zugeschrieben, was anhand von Untersuchungen des Cashflows und der unternehmerischen Verhaltensweise begründet wird.[457] Auch im Hinblick auf leistungsmotivierende Effekte für Mitarbeiter des ‚Routiniers' sind Vorbehalte anzumelden. Ein Kennzeichen dieses Unternehmertypus ist (auch im Erfolgsfall) eine ständige Unzufriedenheit.[458] Im Gegensatz zum ‚Pionier' oder ‚Allrounder' ist der ‚Routinier' in der Bewältigung von Umweltveränderungen nur wenig anpassungsfähig.

Der ‚Pionier' hat dynamisch-kreative Stärken und eine hohe Ausprägung in den Kategorien ‚Weiterbildung für Vorgesetzte' und ‚Mitarbeiterbeteiligung an Entscheidungsfindungen'. Er bevorzugt eine Diversifikationsstrategie und gilt als extrem veränderungsbereit.[459] Aus diesen Eigenschaften kann abgeleitet werden, dass der ‚Pionier' in einer Insolvenz versucht, die Unternehmenssituation gemeinsam mit den Mitarbeitern ‚herumzureißen'. Seine Innovationskraft kann auf die beteiligten Personen (vor allem Mitarbeiter) motivierend wirken und er kann es (ggf. gemeinsam mit dem Insolvenzverwalter) schaffen, eine ‚Zukunftsvision' zu kreieren. Seine Schwächen im administrativ-ausführenden Bereich könnten innerhalb einer Unternehmenssanierung durch externe Personen, wie z.B. dem Insolvenzverwalter oder Unternehmensberater ausgeglichen werden.

Der ‚Allrounder' ist durch seine Vielseitigkeit und sein ausgewogenes Interesse zu beschreiben. Ihm wird eine ähnliche Kraft und Dynamik wie dem ‚Pionier' zugesprochen, jedoch zeigt er fast durchgehend mittlere Ausprägungen in den

---

455 Vgl. Fröhlich/Pichler (1988), S. 59 ff. bzw. Bamberger/Pleitner (1988), S. 47 ff.
456 Die folgende Ausführung über die Krisenanfälligkeit lehnt sich an Clasen an. Vgl. Clasen (1992), S. 31 ff. und Clasen (2000), S. 191 ff.
457 Vgl. Fröhlich/Pichler (1988), S. 61 und S. 144 bzw. Bamberger/Pleitner (1988), S. 48 f.
458 Vgl. Fröhlich/Pichler (1988), S. 145 f.
459 Vgl. Fröhlich/Pichler (1988), S. 70 und 108.

Kategorien Unternehmer-Mitarbeiter-Verhältnis und Veränderungsbereitschaft. Er ist kaum in ausgeprägter Form für oder gegen etwas.[460] Daraus kann abgeleitet werden, dass er in der Sanierung ‚vorangetrieben' werden muss. D.h., ist der Insolvenzverwalter oder ein involvierter Berater selbst aktiv und qualifiziert, eine Fortführung und Sanierung durchzuführen, ist anzunehmen, dass der Unternehmer ihn entsprechend unterstützt. Die Mittelmäßigkeit des ‚Allrounders' würde dann durch den Insolvenzverwalter bzw. Berater ausgeglichen werden können.

Der ‚Organisator' hat seine Stärken im administrativ-ausführenden Bereich und besitzt eine hohe Wertschätzung für moderne Organisationsgrundsätze. Dies zeigt sich darin, dass er Organisationsmethoden, wie z.B. Stellenbeschreibungen oder Firmenhandbücher, einsetzt. Gleichzeitig zeigt er aber eine Emotionslosigkeit hinsichtlich Perspektiven und Visionen und hat eine Neigung zu hierarchischen und patriarchalen Führungsstilen.[461] Aus diesen Eigenschaften kann abgeleitet werden, dass der Unternehmer sein Unternehmen zwar ‚im Griff' hat, d.h., der Insolvenzverwalter findet entsprechende Daten vor, um eine Unternehmensanalyse und ein Fortführungs- und Sanierungskonzept zügig erstellen zu können, gleichzeitig ist aber in Frage zu stellen, inwieweit der ‚Organisator' aufgrund seines hierarchischen und patriarchalischen Führungsstiles Zukunftsperspektiven kreieren und die beteiligten Personen motivieren kann.[462]

---

[460] Vgl. Fröhlich/Pichler (1988), S. 64.
[461] Vgl. Fröhlich/Pichler (1988), S. 70.
[462] Zu Führungsformen in Krisensituationen siehe z.B. Krystek (1981), S. 236 ff., Huisgen (1998), S. 118 ff.

Tabelle 5.2 fasst die Überlegungen zu den Typologien zusammen:

Typus	Eigenschaften	angenommene Sanierungsbedeutung
Routinier	➢ Ohne besondere Unternehmer-begabung ➢ Fokus auf Rationalisierungs-maßnahmen und Kostensenkung ➢ Strategie der Marktdurch-dringung ➢ Hohe Unzufriedenheit	➢ Eher geringe Erfolgsaussichten bei einer Sanierung ➢ Wenig anpassungsfähig
Pionier	➢ Hohe Innovationskraft ➢ Hohe Mitarbeiterorientierung ➢ Ständige Veränderungs-bereitschaft	➢ Eher hohe Erfolgsausichten bei einer Sanierung ➢ Wirkt motivierend auf Mit-arbeiter
Allrounder	➢ Mittlere Ausprägungen im Unternehmer-Mitarbeiter-Ver-hältnis ➢ Mittlere Ausprägung im Bereich Veränderungsbereitschaft ➢ Indifferente Haltung, bietet Unterstützungsfunktion für externe Personen	➢ Indifferente Bewertung ➢ Sanierungserfolg stark von der Unterstützung externer Personen abhängig.
Organisator	➢ Hohe Wertschätzung für Orga-nisationsgrundsätze und -methoden ➢ Wenig Perspektiven/Visionen ➢ Hierarchischer/patriarchalischer Führungsstil	➢ Indifferente Bewertung. ➢ Gute Datengrundlage für Sofortmaßnahmen. Perspektiv-/ Visionenlosigkeit problematisch.

Tabelle 5.2: Eigenschaften und Sanierungsbedeutung verschiedener Unternehmertypen

Als Einschränkung dieser Zuordnung ist anzumerken, dass gerade diejenige Wirkung von Eigenschaften, die möglicherweise sanierungsfördernd bzw. -hemmend ist, dann abgeschwächt oder verstärkt werden kann, wenn sich der Unternehmer seiner Stärken und Schwächen bewusst ist.[463]

[463] Vgl. Clasen (1992), S. 34. Dies spiegelt die Bedeutung des Lernverhaltens des Unternehmers wider, mit welchem er seine Stärken verstärken und Schwächen reduzieren kann.

5.1.2 Qualifikation

Die fachliche Qualifikation des Unternehmers/der Unternehmensführung wird durch die Eröffnung eines Insolvenzverfahrens mit großer Regelmäßigkeit in Frage gestellt.[464] Dies impliziert gleichzeitig ein Misstrauen gegenüber der Fähigkeit des Unternehmers, das Unternehmen zu sanieren. Wie soll der Unternehmer, der nicht geeignet war, die Insolvenz zu verhindern, nun die Insolvenzsanierung meistern?

Über den Zusammenhang zwischen Unternehmerqualifikation und Unternehmenserfolg existieren in der Literatur widersprüchliche Aussagen, und es kann nicht pauschalisiert werden, dass eine höhere Qualifikation zu einer höheren Unternehmenserfolgswahrscheinlichkeit und vice versa führt.[465] Bei Unternehmensgründungen und ihres Erfolges wird darauf verwiesen, dass Unternehmer, welche ihr Unternehmen freiwillig und ohne eine externe Notwendigkeit gründen (‚Opportunity-Entrepreneure'), erfolgreicher sind als so genannte ‚Necessity-Entrepreneure'.[466]

Eine grundsätzliche Differenzierung von Qualifikation[467] ist die Einteilung in Branchenwissen und Fachwissen im Sinne von betriebswirtschaftlichen Kenntnissen. Dabei führt die häufige Involvierung der KMU-Unternehmer in operative Tätigkeiten zu hohen Anforderungen hinsichtlich ihrer fachlich-technischen Kompetenz und es ist oftmals festzustellen, dass diese über ein exzellentes Branchenwissen verfügen und detaillierte Kenntnisse über ihre Produkte, Dienstleistungen und Märkte haben, dass jedoch gleichzeitig ein Mangel an Fachwissen im Bereich der betriebwirtschaftlichen Unternehmensführung existiert.

Je nach Unternehmen sind diese betriebswirtschaftlichen Kenntnisse von unterschiedlicher Relevanz. Es ist aber anzunehmen, dass Unternehmer bei mangelnden Informationsständen hinsichtlich internen Unternehmens- und externen Umweltdaten ein höheres Insolvenzrisiko haben als bei einem gut etablierten betriebswirtschaftlichen Berichtssystem. Systematische Analysen und Informa-

---

464 Vgl. Kautzsch (2001), S. 139 und die dort zitierte Literatur.

465 Vgl. Mugler (1998), S. 146 f., Plaschka (1986), S. 96 ff.

466 Vgl. Forschungen im Rahmen des Global Entrepreneurship Monitors, wie z.B. Minniti/Bygrave/Autio (2005), Sternberg/Lückgen (2005).

467 Qualifikation ist ein Sammelbegriff für Fähigkeiten, Fertigkeiten und Kenntnisse im Sinne der schulischen und außerschulischen Ausbildung, Berufspraxis und Branchenerfahrung. Vgl. Staehle (1999), S.179 ff.

tionsaufbereitung könnten als Frühwarnsystem genutzt werden und die Gefahr der ‚blinden Unternehmenssteuerung' reduzieren.[468]

Unter der Variable Qualifikation lässt sich auch die Krisen- und Sanierungserfahrung von Unternehmern subsumieren. Diese ist in einer Insolvenzsituation zwangsläufig von hoher Relevanz, um Bewältigungsmaßnahmen identifizieren und umsetzen zu können. D.h., hat der Unternehmer entsprechende Kenntnisse und ist über Verfahrensabläufe informiert, so kann er eine rechtzeitige Weichenstellung veranlassen. Die Geschäftsführung von insolventen Unternehmen sieht sich in Krisensituationen jedoch mit zwei Problemen konfrontiert. Erstens hat sie in der Regel keine Erfahrung mit Krisensituationen, noch die Fähigkeiten ein Restrukturierungs-/Sanierungsprogramm innerhalb kurzer Zeit zu erstellen, zweitens hat sie mit einem Vertrauensverlust der am Unternehmen interessierten Gruppen zu kämpfen.[469] Sobald Gläubiger an der Fähigkeit des Unternehmers zweifeln, das Unternehmen mit Erfolg fortzuführen und zu sanieren, muss dieser ausgetauscht werden.[470]

5.2 Management

Der Variable Management wird eine Sonderstellung zuteil, als dass sie Objekt und Subjekt zugleich ist. Objekt im Sinne einer Zustandsanalyse (Qualität der Instrumente und Methoden), Subjekt, da das Management (dann verstanden als Unternehmensführung) selbst Instrumente bereitstellt und Interventionen veranlasst.[471] Da das Management in KMU häufig mit dem Unternehmer identisch ist und dieser im Abschnitt 5.1 bereits behandelt wurde, sollen im Folgenden unter dem Begriff des Managements alle Methoden und Instrumentarien verstanden werden, welche für die Unternehmensführung eingesetzt werden können. Dass besonders erfolgreiche Unternehmen am intensivsten Managementinstrumente nutzen[472], zeigt die Notwendigkeit einer genaueren Betrachtung dieser.

---

468 Frühwarnindikatoren wurden bereits frühzeitig von Hahn/Klausmann im Rahmen einer empirischen Untersuchung ermittelt. Vgl. Hahn/Klausmann (1979). Zu Kennzahlensystemen siehe z.B. auch Mayr (1994), S. 24 ff.

469 Vgl. Kraus/Gless (1998), S.104.

470 Zum Verhalten des Unternehmers in der Insolvenz siehe die frühe Untersuchung von Keiser (1966), S. 88 ff.

471 Vgl. Mugler (1998), S. 158.

472 Pohl/Nawroth (1994), S. 174.

In Unternehmen existiert die Neigung, dass einmal installierte Managementsysteme langfristig beibehalten und nicht weiterentwickelt werden, da häufig eine zeitnahe und direkte Erfolgsmessung durch den Markt fehlt. Ein einmal bewährtes System wird so auch unter veränderten Rahmenbedingungen beibehalten. Besonders im Krisenfall lässt sich das Phänomen beobachten, dass „(...) mit konventionellen Managementtätigkeiten gescheiterte leitende Mitarbeiter gegen neue Mitarbeiter ausgetauscht werden, die ihrerseits mit denselben im ‚Normalfall' erfolgreichen Aktivitäten ebenfalls keinen Fortschritt erzielen."[473]

Um die Ausprägung von Managementinstrumenten in KMU zu analysieren, bietet sich eine mehrdimensionale Gliederung an, welche ausgehend von einer hierarchischen Dimension verschiedene Managementinstrumente in weitere prozessuale, strukturelle und personelle Dimensionen differenziert. Durch eine solche Gliederung können alle Methoden und Maßnahmen berücksichtigt werden, welche unter den Begriffen Strategie, Prozesse, Struktur und Kultur zu subsumieren sind.[474]

Da über die Bedeutung von Managementinstrumenten von KMU in der Insolvenz nur wenig belegbare Aussagen und Erhebungen existieren, werden in diesem Abschnitt die Instrumente vorgestellt und ihre potenzielle Bedeutung in der Insolvenz als Frage formuliert.

5.2.1 Hierarchische Dimension

Unter der hierarchischen Dimension ist die Subordination von Managementmaßnahmen nach ihrer Wichtigkeit oder ihrem Vorrang zu verstehen. D.h., strategische Entscheidungen stehen über taktischen und operativen Entscheidungen. Alle Geschehnisse im operativen Geschäft müssen innerhalb dieses strategischen Rahmens liegen und im Einklang mit diesen obersten hierarchischen Grundsätzen stehen.[475] In der praktischen Umsetzung kann dies z.B. bedeuten, dass ein schriftlich fixiertes Unternehmensleitbild entwickelt wird, welches eine Unternehmensmission und -vision beinhaltet. Das Leitbild sollte dabei an die Stärken des Unternehmens angelehnt sein sowie die Unternehmensumwelt berücksichtigen. Solche Unternehmensgrundsätze sind dann im Sinne einer Rahmenentscheidung zu verstehen.

---

[473] Clasen (1992), S. 117.
[474] Vgl. Mugler (1998), S. 159, Bussiek (2000), S. 51.
[475] Vgl. Mugler (2005), S. 140.

Im KMU existieren jedoch schriftlich fixierte Unternehmensgrundsätze und Unternehmensstrategien nur in den seltensten Fällen. Zumeist hat der Unternehmer diese lediglich im Kopf und sie sind daher nur mehr oder weniger bewusst präsent. Für Dritte kann dies mit einer Unsicherheit bezüglich der Wahrnehmung und Bedeutung verbunden sein.[476] Die potenzielle Orientierungsfunktion, welche Unternehmensgrundsätze hinsichtlich einer Zielorientierung des Handelns geben kann, kommt nicht zur Geltung. Da jedoch in KMU eine direkte Kommunikation zwischen Mitarbeitern und Vorgesetzten möglich ist, kann die Vermittlung von Grundsätzen auch auf implizite Weise durch Vorbildverhalten stattfinden.

Eine intensive Beschäftigung mit fundamentalen Fragen und eine schriftliche Fixierung bieten die Möglichkeit, dass ein unternehmerisches Denken das Unternehmen als Ganzes erfasst und dieses Denken zukunftsorientiert, in sich konsistent und widerspruchsfrei ist.[477]

Inwieweit vorhandene Unternehmensgrundsätze und -strategien in der Krise für Mitarbeiter eine Orientierungsfunktion übernehmen und einen Anker in der Unsicherheit der Insolvenz darstellen, ist fraglich. Schließlich handelt es sich bei der Insolvenz um eine existenzielle Bedrohung des Unternehmens. Sind Unternehmensstrategien in der Insolvenz überhaupt noch von Bedeutung? Können sich Mitarbeiter trotz Insolvenz an einem Leitbild orientieren? Nutzt dem Insolvenzverwalter die bisherige Unternehmensstrategie zur Fortführung und Sanierung? Kann die Existenz einer Unternehmensstrategie Einfluss auf den Sanierungserfolg haben?

5.2.2 Strukturelle Dimension

Die strukturelle Dimension des Managements ist als ‚Methode des Organisierens'[478] anzusehen, worunter insbesondere die Schaffung einer effizient funktionierenden Aufbauorganisation fällt. Als Instrumente hierfür gelten vor allem Organigramme, Arbeitsplatzbeschreibungen und Funktionsdiagramme, welche Verantwortungsbereiche strukturieren sowie Kompetenzen regeln und dadurch die Organisation strukturieren.

Nach einer einmaligen Organisation eines Unternehmens stellt sich die Frage, wie sich dieses weiterentwickelt. Ältere Ansätze der Organisationsentwicklung gehen

---

[476] Ähnlich Mugler (1998), S. 161.
[477] Vgl. Bussiek (2000), S. 51.
[478] Mugler (1998), S. 164.

davon aus, dass zu einem bestimmten Zeitpunkt die Organisation aus einem Ausgangsgleichgewicht ‚aufgetaut' wird, dass dann Veränderungen durchgeführt werden und danach die Organisation in einem neuen Gleichgewicht wieder stabilisiert wird.[479] Neue Ansätze gehen davon aus, dass eine Organisation nicht starr und nur mit großem Aufwand veränderbar sein soll, sondern sich kontinuierlich Veränderungen in der internen und externen Unternehmensumwelt anpassen soll. Auf diese Weise ist eine Organisation in einem permanenten Prozess des Wandels, welcher im Idealfall von einem kontinuierlichen organisatorischen Lernen getragen wird.[480]

Ein Merkmal mittelständischer Organisationsstrukturen besteht darin, dass diese eine gering ausgeprägte funktionale Spezialisierung aufweisen. Es existiert in den meisten Fällen zwar eine Aufgabenzuordnung, jedoch ist ein formal ausgebautes Managementsystem nicht vorhanden. Organisationsinstrumente wie Organigramme, Arbeitsplatzbeschreibungen und Funktionsdiagramme existieren selten. Aufbau- und Ablauforganisation sind eher einer ‚flexiblen Handhabung' unterworfen und es herrscht ein ‚allgemeines Generalistentum'.[481]

Eine empirische Untersuchung von *Wittlage* zeigt, dass ca. zwei Drittel der mittelständischen Unternehmen Organigramme besitzen und ca. die Hälfte Stellenbeschreibungen. Knapp zehn Prozent der Unternehmen haben keinerlei Dokumentation ihrer Organisationsstruktur. Bezüglich der Prozessstruktur (welche prinzipiell mit der strukturellen Dimension verknüpft sein sollte) zeigt sich, dass Arbeitsablaufdarstellungen in 26% und Verfahrensanweisungen in 40% der befragten Unternehmen dokumentiert sind.[482]

Dass es zwischen prozessualer und struktureller Dimension eine Diskrepanz gibt und mittelständische Unternehmen ihre Prozesse nur in geringem Ausmaß dokumentieren, führt *Wittlage* darauf zurück, dass „(...) in den mittelständischen Unternehmen den Aspekten Hierarchie, Kompetenz, Entscheidungsbefugnisse, Zuständigkeiten usw. ein höheres Gewicht beigemessen wird als der Gestaltung

---

[479] Dies entspricht dem Episodenmodell nach Lewin (Unfreezing, Moving, Freezing). Vgl. Lewin (1958), S. 210 f. Zu organisatorischem Wandel siehe auch Schreyögg/Noss (1995).
[480] Vgl. Mugler (1998), S. 164.
[481] Ähnlich Fröhlich/Pichler/Pleitner (2000), S. 22, Behrends (2003), S. 39.
[482] Vgl. Wittlage (1996), S. 69 f. Bei der Erhebung von Wittlage muss darauf hingewiesen werden, dass Unternehmen der Größenklasse 50-499 Mitarbeiter untersucht wurden. Es ist anzunehmen, dass bei einer Betrachtung von Kleinst- und Kleinunternehmen erheblich geringere Werte zu verzeichnen sind.

der Aufgabenerfüllungsprozesse."[483] Die Überschaubarkeit von mittelständischen Unternehmen sowie ein Übergewicht von dispositiven Regelungen (im Gegensatz zu organisatorischen Regelungen) können somit als Erklärungen für einen geringen Dokumentationsumfang der Leitungs- und Abteilungsfunktion, der Aufgabenverteilung, der Kompetenzen und Verantwortungen herangezogen werden.[484]

In KMU findet zudem eine zentralisierte Entscheidungsfindung statt. D.h., der Unternehmer selbst hat weitreichende Möglichkeiten, alle wichtigen Entscheidungen alleine zu treffen und nicht auf nachgelagerte Hierarchieebenen zu übertragen. Dabei korreliert die Delegationsbereitschaft mit der Unternehmensgröße, denn bei kleinen Unternehmen mit einer geringen Mitarbeiterzahl sind Delegationsmöglichkeiten per se beschränkt. Solche Entscheidungsstrukturen sind ein Aspekt, dass KMU ein gering ausgebautes System formaler bzw. standardisierter Regelungen und Verfahren aufweisen. Durch die überschaubare Größe wird ein persönlicher Kontakt ermöglicht[485], welcher dispositive Regelungen unterstützt.

Inwieweit ein geringer Formalisierungsgrad, die Überschaubarkeit des Unternehmens und die zentralisierte Entscheidungsfindung in der Insolvenz fortführungs- und sanierungsfördernd sind, ist fraglich. Wie lange braucht ein Insolvenzverwalter bei fehlender Dokumentation, um sich ein Bild über das Unternehmen zu machen? Wird dies durch einen hohen Formalisierungsgrad beschleunigt? Sind die ‚Machtzentren' in KMU klar lokalisierbar und können Entscheidungen schnell getroffen werden? Vereinfachen die Überschaubarkeit und die direkte Kommunikation die Datenbeschaffung und die Maßnahmenplanung bei der Fortführung und Sanierung?

5.2.3 Prozessuale Dimension

Prozessuale Dimensionen des Managements führen zu einer Zerlegung der Unternehmensführung in zeitlich aufeinander folgende Phasen und können in die Bereiche Planung, Entscheidung, Durchführung und Kontrolle gegliedert werden.[486] Im Gegensatz zur hierarchischen Dimension, welche durch die Frage

---

[483] Wittlage (1996), S. 70.
[484] Vgl. Wittlage (1996), S. 70.
[485] Vgl. Behrends (2003), S. 39 ff., Fueglistaller/Müller/Volery (2004), S. 86.
[486] Vgl. Mugler (1998), S. 161 f.

‚Wohin wollen wir gehen?' charakterisiert ist, lässt sich die prozessuale Dimension durch die Frage ‚Wie gelangen wir dorthin?' beschreiben.[487]

In der Krisen- und Insolvenzursachenforschung finden sich unter den angegebenen Krisen- und Insolvenzgründen immer wieder mangelhafte Informationsstände hinsichtlich des innerbetrieblichen Geschehens. Diese Orientierungslosigkeit lässt sich auf Schwierigkeiten in der Informationsbeschaffung, auf unbewusstes Unterlassen der Informationsbeschaffung, da die Zweckmäßigkeit übersehen wurde, oder auch auf einen bewussten Verzicht aus Kostengründen zurückführen. Dies hat zur Folge, dass Unternehmen ohne genaue Kenntnis ihrer Lage in die Krise und Insolvenz steuern.[488]

Die Planung, worunter das gedankliche, systematische Gestalten des zukünftigen Handelns zu verstehen ist, läuft in KMU oftmals gering formalisiert, wenig methodenbasiert und dokumentiert ab. Geschäftsprozesse sind nur in geringem Ausmaß dokumentiert und werden nicht bewusst gestaltet. Als Alternative zur Planung wird das ‚unternehmerische Fingerspitzengefühl' angesehen, welches auf Intuition und einer nicht genau definierbaren Erfahrung beruht. Zwar sind diese Erfahrungen in der Regel mit realen betriebswirtschaftlichen Erkenntnissen verbunden, jedoch sind diese nicht systematisch erfasst.[489]

Führungskräfte in KMU stehen bezüglich der strategischen Planung hohen Herausforderungen gegenüber, da ihnen teilweise Kenntnisse über geeignete Führungs- und Planungsmethoden fehlen und die Lösungen großer Unternehmen nicht kopiert werden können.[490] Auch Früherkennungsmethoden und Controllingsysteme (im Sinne von Berichtswesen und Steuerung) sind in KMU häufig gering ausgeprägt. Selbst einfache Planungs- und Abrechungssysteme werden nicht eingesetzt. Je kleiner das Unternehmen, desto geringer die Verbreitung. Ebenso beeinflusst die Herkunft der Geschäftsführung die Einsatzhäufigkeit deutlich. Fremdmanager setzen häufiger Planungs- und Controllinginstrumente ein als Inhaber.[491]

---

[487] Vgl. Bussiek (2000), S. 54.

[488] Vgl. Hinderer (1984), S. 82. Auch Reske/Brandenburg/Mortsiefer (1976) listet Mängel im Rechnungswesen als wichtige endogene Krisenursache, wobei eine starke Abhängigkeit der Ausprägung von der Betriebsgröße zu verzeichnen ist. Vgl. Reske/Brandenburg/Mortsiefer (1976), S. 122 ff.

[489] Vgl. Bussiek (2000), S. 57. Für Ausführungen zur Planung und Intuition in KMU siehe Kirsch (1983), S. 150 ff., Hinderer (1984), S. 274.

[490] Siehe Hinderer (1984), S. 274.

[491] Vgl. Pohl/Rehkugler (1989), S. 6 f., Kropfberger (1986), S. 38 ff. und die dort zitierte Literatur.

Für eine Sanierung stellt sich die Frage, ob die Kenntnisse von geeigneten Führungs- und Planungsmethoden sanierungsfördernd sind. Würde die Existenz von Methoden-Know-how zu einer schnelleren Ermittlung von Maßnahmen und deren Umsetzung führen? Kann der Insolvenzverwalter verstärkt Führungskräfte und Mitarbeiter bei der Fortführung und Sanierung einbinden, sofern diese ein adäquates Methoden-Know-how aufweisen? Führt ein adäquates Controllingsystem dazu, Unternehmenskrisen frühzeitig zu erkennen und Maßnahmen zur Insolvenzabwehr ergreifen zu können? Kann der Insolvenzverwalter bei der Existenz eines adäquaten Controllingsystems schneller und qualitativ bessere Maßnahmen ergreifen?

5.2.4 Personelle Dimension

Die personelle Dimension des Managements wird als Führung im engeren Sinne bezeichnet.[492] Da die individuelle Führungskompetenz des Unternehmers als ein Erfolgsfaktor von KMU gilt,[493] soll im Folgenden der Kontakt Unternehmer – Mitarbeiter näher betrachtet werden.

Wittlage hat in seiner Untersuchung bei mittelständischen Unternehmen eine durchschnittliche Leitungsspanne von 6,4 ermittelt und stellt fest, dass die hierarchische Tiefengliederung gering ist. Es existierten bei den von ihm untersuchten Unternehmen 3,1 Hierarchieebenen. Weiterhin stellt er fest, dass mit einer Zunahme der Hierarchieebenen und Anzahl der Abteilungsleiter die Anzahl der Unternehmen mit Stabsstellen abnimmt. Die durchschnittliche Anzahl der eingerichteten Abteilungen liegt bei 4,9.[494] Es ist zu berücksichtigen, dass *Wittlage* Unternehmen der Größenklasse 50 - 499 Mitarbeiter untersucht hat. Bei einer entsprechenden Reduzierung der Größenklasse ist davon auszugehen, dass eine deutlich geringere Kriterienausprägung zu verzeichnen ist.

Aufgrund der geringen Leitungsspanne und Anzahl von Hierarchieebenen ergibt sich eine leichtere Überschaubarkeit. Eine direkte Kommunikation und ein persönlicheres Verhältnis zwischen Unternehmensleitung und Mitarbeitern sind

---

[492] Vgl. Mugler (1998), S. 164. Dabei ist die personelle Dimension der Variable Management eng mit der Variable Ressourcen und der Dimension Mitarbeiter und Unternehmenskultur verknüpft. Eine trennscharfe Abgrenzung ist in manchen Teilaspekten nicht möglich.

[493] Vgl. Kayser (1995), Sp. 1303.

[494] Vgl. Wittlage (1996), S. 56 ff. Auch Kemmetmüller nennt aufgrund der beschränkten Zahl von Mitarbeitern ein- oder höchstens zweistufige Aufbauorganisationen als typisch und sieht deren niedrigen Funktionalisierungsgrad als einen Grund, dass Stäbe in gewerblichen KMU äußerst selten anzutreffen sind. Vgl. Kemmetmüller (1982), S. 206 f.

möglich. Mitarbeiter können in Strukturen und Prozesse einbezogen werden und Führungsstile dem jeweiligen Bedürfnis und der Mitarbeitersituation angepasst werden. Ein täglicher persönlicher Kontakt ermöglicht eine einfachere wechselseitige Abstimmung. Dass dies aber unterschiedlich gehandhabt wird, zeigt wiederum die Untersuchung von *Wittlage*. In 51% der Unternehmen können Mitarbeiter ihre Ansichten zu Entscheidungen zwar äußern, aber nur in 29% der Unternehmen Vorschläge selbst erarbeiten. Dies legt die Vermutung nahe, dass Ziele und Entscheidungsspielräume ohne Mitarbeitermitwirkung festgelegt werden.[495]

Bezüglich des Führungsstiles in KMU (autokratisch/autoritär oder kooperativ/ partizipativ) existieren in der Literatur divergierende Aussagen. Hinsichtlich des Arbeitsverhältnisses stellt *Scase* fest, dass in kleinen Firmen zwar ein freundschaftlicher Umgang herrscht, der aber durch Paternalismus und Autokratie geprägt ist. Die gegenseitige Abhängigkeit stellt ein zentrales Element des Unternehmer-Mitarbeiter-Verhältnisses dar.[496] Auch bezüglich des in einer Krise zu präferierenden Führungsstiles existieren unterschiedliche Meinungen. *Schulten* bewertet die Stile folgendermaßen: „Generell hat somit der autoritäre dem kooperativen Führungsstil einen gewissen zeitlichen, umgekehrt die kooperative aber wiederum gegenüber der autoritären Umgangsform einen gewissen qualitativen Vorsprung voraus. Insofern erscheint je nach krisenspezifischer Dringlichkeit eine Hinwendung zum einen oder anderen Führungsstil ratsam."[497]

Wie sich eine niedrige Leitungsspanne, wenige Hierarchieebenen sowie die Überschaubarkeit und direkte Kommunikation auf eine Insolvenzsanierung auswirken, ist nicht eindeutig. Kann der Insolvenzverwalter das Unternehmen bezüglich der personellen Dimension schneller analysieren? Können Maßnahmen rascher und mit Nachdruck kommuniziert und umgesetzt werden? Existieren in KMU zu wenige Ansatzhebel im Personalbereich? Sind die Kommunikation und ein Vorbildverhalten der Unternehmensführung für den Sanierungserfolg von Bedeutung?

---

[495] Vgl. Wittlage (1996), S. 66.

[496] Vgl. Scase (1994).

[497] Schulten (1995), S. 217 f. Zu Führungsstile bei Sanierungen siehe z.B. Schulten (1995), S. 215 ff., Söhnchen (1992), S. 149 ff.

5.3 Ressourcen

Unter Ressourcen sollen im Folgenden Faktoren wirtschaftlicher Leistung verstanden werden, deren Verfügbarkeit für die Unternehmensentwicklung und den -erfolg von Bedeutung sind. Die Bereitstellung und die Verknüpfung von Ressourcen zu Leistungspotenzialen benötigen stets eine gewisse Vorlaufzeit. Da diese Zeit in der Insolvenz nicht vorhanden ist, sind besonders jene Ressourcen von Bedeutung, auf die das Unternehmen zum Insolvenzzeitpunkt bereits Zugriff hat oder die innerhalb (sehr) kurzer Zeit beschafft werden können.

Prinzipiell lassen sich Ressourcen in tangible und intangible differenzieren. *Bamberger* und *Wrona* unterscheiden noch detaillierter in physische, intangible, finanzielle und organisationale Ressourcen.[498] Im Folgenden werden die Ressourcen Unternehmensorganisation, Mitarbeiter und Unternehmenskultur sowie finanzielle Ressourcen näher beleuchtet.

5.3.1 Unternehmensorganisation

Der Bereich der Unternehmensorganisation wurde bereits unter der Konfigurationsvariable ‚Management' im Hinblick auf Managementmethoden analysiert. Nun wird auf die Unternehmensorganisation im Hinblick auf die Leistungserbringung eingegangen.

Ein hoher Organisationsgrad kann bei wiederholt ablaufenden Tätigkeiten Zeit und Geld sparen, ein niedriger hingegen ermöglicht eine schnelle und flexible Anpassung gegenüber Veränderungen. Wie in Abschnitt 5.2.2 dargestellt, können KMU nicht auf einen hohen Organisationsgrad zurückgreifen. *Scherer* stellt für diesen Bereich die Bedeutung des Unternehmers heraus: „Im Zentrum von KMU steht das hohe Maß an unternehmerischem Willen, im Markt zu bestehen sowie hohe Flexibilität im unternehmerischen Handeln und Verhalten. Gerade weil die organisatorischen Strukturen (…) sich sehr schnell verändern lassen (…) können neue Erfolg versprechende Positionen besetzt und alte aufgegeben werden."[499] D.h., KMU können flexibel auf Kundenwünsche reagieren und ihre Organisation variabel den veränderten Erfordernissen anpassen.

Bezüglich der organisatorischen Umgestaltung von Unternehmen existiert zwar kein allgemeintypischer Lebenszyklus, dennoch wurde eine Übereinstimmung von Grobmustern festgestellt. Im Allgemeinen wechseln sich positive Ent-

---

[498] Bamberger/Wrona (1996), S. 133.
[499] Scherer (2000), S. 287.

wicklungsphasen (manchmal lediglich auf Wachstumsphasen reduziert) mit negativen Phasen (Krisen, Barrieren, Schwellen) ab. *Greiner*[500] hat diese Abfolge in seinem Phasenmodell dargestellt, welches verschiedene Krisen im Unternehmensentwicklungsprozess spezifiziert. Dabei wertet er das Auslassen und Überspringen von Krisen als negativ und sieht Krisenphasen als Lernsituationen, welche bewusst durchschritten werden sollen. Krisen haben somit im Sinne eines Double-Loop-Lerneffekts eine funktionale Bedeutung und stellen keine Systemfehler dar, welche nur unter dem Gesichtspunkt der Vermeidung und Reparatur zu sehen sind.[501]

Im Insolvenzfall stellt sich die grundsätzliche Frage, ob auf eine funktionierende Organisationsstruktur zurückgegriffen werden kann. Benötigt der Insolvenzverwalter eine funktionierende Organisationsstruktur oder kann er diese innerhalb von kurzer Zeit schaffen? Fördert eine hohe Anpassungsfähigkeit der Unternehmensorganisation auf veränderte Rahmenbedingungen den Sanierungserfolg? Wie schnell kann sich das Unternehmen an die neuen Rahmenbedingungen anpassen? Hängen die Organisationsstruktur und die Anpassungsfähigkeit für den Sanierungserfolg nur von unternehmensinternen oder auch von externen Personen ab?

5.3.2 Mitarbeiter & Unternehmenskultur

Mitarbeiter werden als wichtige Unternehmensressource und als bedeutsamer Erfolgsfaktor angesehen.[502] Für KMU stellen *Hornsby* und *Kuratko* fest, dass besonders die Rekrutierung, die Motivation und die Erhaltung von Arbeitskräften problematisch sind.[503] Nach einer Studie von *Ackermann* und *Blumenstock* ist in Unternehmen das Problembewusstsein bezüglich Personalmanagement in seiner Relevanz als Wettbewerbsfaktor hoch, wird aber in gleicher Bedeutung wie Produktion, Marketing und Finanzen gesehen. In der Unternehmensgrößenklasse bis 150 Mitarbeiter beschäftigen nach ihrer Studie nur 25% einen hauptamtlichen Personalverantwortlichen. Eine strategische Ausrichtung des Personalmanagements in Form von Personalentwicklung oder Personalbedarfsplanung wird nur eingeschränkt als notwendig erachtet.[504] Personalmanagementmaßnahmen werden

[500] Greiner (1972), S. 37 ff.
[501] Vgl. Mugler (1998), S. 155.
[502] Vgl. Küpper (1994), S. 121.
[503] Vgl. Hornsby/Kuratko (1990). Für einen Überblick über typische personalwirtschaftlich relevante Unterschiede zwischen KMU und Großunternehmen siehe Domsch/Krüger (1984), S. 596.
[504] Vgl. Ackermann/Blumenstock (1993), S. 30 und S. 57 f.

nur wenige durchgeführt und es zeigen sich sowohl Instrumenten- als auch Methodendefizite. *Ackermann* und *Blumenstock* geben als mögliche Gründe neben einem fehlenden Know-how und geringen zeitlichen Kapazitäten auch das ‚personale Prinzip' als Eigenheit mittelständischer Unternehmen an. Personalentscheidungen werden ungern delegiert und vorzugsweise vom Unternehmer selbst verantwortet, was sich längerfristig negativ auf die Leistungsbereitschaft und das ‚Commitment' der Mitarbeiter auswirkt.[505]

Das ‚betriebliche Miteinander' ist in KMU durch eine ausgeprägte Koorientierung und eine wechselseitige Interessenberücksichtigung geprägt. Mitarbeiter haben ein gemeinsames Interesse am wirtschaftlichen Erfolg des Unternehmens.[506] Daher könnte angenommen werden, dass gerade solche immateriellen Werte wie auch Arbeitsinhalte und -ergebnisse, Arbeitsklima, bessere Überschaubarkeit, direkte Wahrnehmung von Erfolg- und Misserfolg, schnelle Entscheidungswege und ein eher breites und abwechslungsreiches Arbeitsgebiet zu einer höheren Mitarbeitermotivation und Arbeitszufriedenheit führen. Dass diese Charakteristika eine große Rolle als Entgeltersatz oder Sozialleistungen besonderer Art spielen, bestätigt auch *Mugler*.[507] Untersuchungen über die Arbeitszufriedenheit in KMU kommen allerdings zu divergierenden Ergebnissen[508], was *Mugler* damit begründet, dass in KMU das Potenzial von immateriellen Werten nicht von alleine wirksam wird, sondern von der Unternehmensleitung gefördert werden muss. Dem Unternehmer fällt dabei eine zentrale Rolle zu.[509]

In der Krise und Insolvenz ist die Mitarbeitermotivation ein neuralgischer Punkt. Häufig existieren Motivationsbarrieren, die überwunden werden müssen, indem neue Perspektiven geschaffen werden. Dass Mitarbeiter demotiviert sind, lässt sich als Folge des wirtschaftlichen Zusammenbruchs des Unternehmens erklären und äußert sich in einem mangelnden Leistungswillen, allgemeiner Verunsicherung und Zukunftsängsten.[510] Dabei existiert eine Spirale der Demotivation, welche aufgrund von Unternehmenskrisen, Motivationsdefiziten und Leistungsdefiziten entsteht.[511] Abbildung 5.2 visualisiert den Zusammenhang:

---

[505] Ackermann/Blumenstock (1993), S. 58. Auch Berthel und Touet kommen zu der Auffassung, dass in KMU ein geringer Einsatz personalwirtschaftlicher Instrumente und Maßnahmen stattfindet. Vgl. Berthel/Touet (1997), S. 28.
[506] Behrends (2003), S. 45.
[507] Vgl. Mugler (1997), S. 219.
[508] Siehe z.B. Atkinson/Storey (1994), S. 9 ff.
[509] Vgl. Mugler (1997), S. 219.
[510] Müller (1986), S. 405.
[511] Vgl. Achilles (2000), S. 149, Söhnchen (1992), S. 38. Zur Arbeitsmotivation und Motivationsdefiziten bei Unternehmenssanierungen siehe auch Söhnchen (1992).

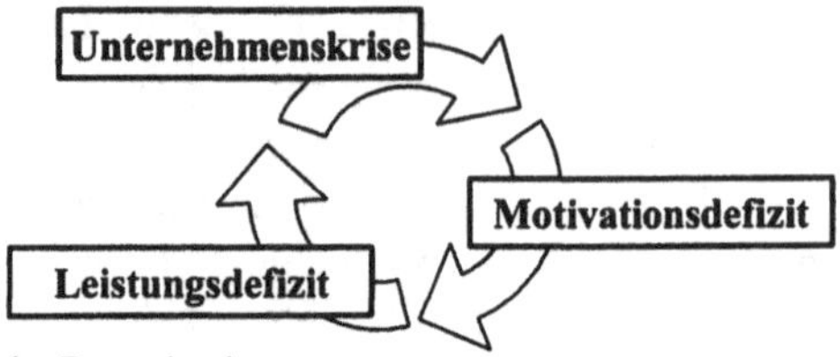

Abbildung 5.2: Spirale der Demotivation

Quelle: Achilles (2000), S. 149

Bei einer Betrachtung des Mitarbeiter-Know-hows zeigt sich, dass KMU überwiegend Generalisten beschäftigen, welche vielseitig einsetzbar sind und sich durch ihre Flexibilität auszeichnen.[512] KMU können auf keinen breit abgestützten Pool von Führungskräften und Fachexperten zurückgreifen, um Personaldefizite auszugleichen.[513] D.h., dass der Insolvenzverwalter in aller Regel mit dem vorhandenen Personal auskommen und mit den vorhandenen Ressourcen eine Fortführung und Sanierung meistern muss. *Mönning* formuliert dies folgendermaßen: „Führungs- und Organisationsstrukturen können nachhaltig nicht verändert werden. Führungskräfte, ja nicht einmal Mitarbeiter im Bereich des mittleren Managements, sind für ein insolventes Unternehmen anstelle der bisherigen Führungskräfte zu gewinnen, da ihnen der Verwalter keine langfristige Perspektive bieten kann."[514]

Gelingt es dem (vorläufigen) Insolvenzverwalter, den Geschäftsbetrieb über die kritischen ersten Tage fortzuführen und die Stilllegung zu vermeiden, so löst dies oftmals einen Motivationsschub aus. Dieser wirkt jedoch unterschiedlich lang und ist unter anderem von der Länge der Fortführung abhängig. Die Motivation schwindet mit zunehmender Zeitdauer, wenn die Aussicht auf eine Sanierung abnimmt. Solange die Betriebsfortführung nicht mit der Aussicht auf Erhaltung der betrieblichen Strukturen verbunden werden kann, lässt sich auch ein sukzessives Abwandern von Mitarbeitern nicht verhindern. Schwankungen innerhalb der Belegschaft lassen sich besonders in Klein- und Mittelbetrieben schwer auffangen, da kurzfristig kein adäquater Ersatz beschafft werden kann.[515]

In KMU sind Produkte und Dienstleistungen von wenigen Leuten abhängig. Einige gelten, indem sie besondere Fähigkeiten und Kenntnisse oder eine hohe

[512] Vgl. auch Fröhlich/Pichler/Pleitner (2000), S. 22, Behrends (2003), S. 39.
[513] Vgl. Scherer (2000), S. 284.
[514] Mönning (1997), RN 1395, S. 340.
[515] Vgl. Mönning (1997), RN 1216 ff., S. 298 ff.

Einsatz- und Leistungsbereitschaft haben, als so genannte Schlüsselpersonen. Ebenso können notwendige Erlaubnisse, Zulassungen und Konzessionen an bestimmte Personen geknüpft sein. Umfang, Dauer und Erfolg einer Sanierung hängen daher auch von der Einbindung dieser Mitarbeiter ab. Besonders Schlüsselpersonen unterliegen häufig Abwanderungsgedanken und schwanken zwischen ihrer Loyalität und der persönlichen Zukunftssicherung. Unterstützt wird die Abwanderungsgefahr zusätzlich durch Wettbewerber, welche in der Insolvenz die Möglichkeit sehen, jene Personen abzuwerben, welche ihnen bisher den Konkurrenzkampf erschwert haben.[516]

Wird bei einem insolventen Unternehmen eine Sanierung angestrebt, so sollte der Insolvenzverwalter vom ersten Tag an den Kontakt zu Schlüsselpersonen suchen und diese in die Fortführung und Sanierung involvieren. Ob er es schafft, wie *Mönning* es vorschlägt, ein ‚Gentleman's Agreement' zu vereinbaren, dass diese Abwanderungsentscheidungen rechtzeitig offenbaren, um überhaupt noch reagieren und über Alternativen nachdenken zu können, ist fraglich. Häufig ist aber dieser Personenkreis für eine kapitalmäßige Beteiligung offen, so dass über die Möglichkeit eines Management-Buy-Outs oder eines Management-Spinn-Offs gesprochen werden kann.[517]

5.3.3 Finanzielle Ressourcen

Mangelnde finanzielle Ressourcen und die daraus resultierende Zahlungsunfähigkeit lösen die Insolvenz aus und sind daher als direkter Insolvenzgrund zu nennen. Dass dem Finanzierungsbereich in KMU teilweise wenig Aufmerksamkeit gewidmet wird, zeigt sich unter anderem darin, dass nur wenige KMU über eine eingerichtete Finanzierungs-/Investitionsabteilung oder ein Finanzressort verfügen. Die Bereiche ‚Absatz/Vertrieb/Marketing' sowie ‚Beschaffung/ Einkauf/Materialwirtschaft' existieren hingegen bei vielen Unternehmen als eigene Abteilung.[518]

---

[516] Vgl. Mönning (1997), RN. 1210 ff., S. 297 f.

[517] Mönning (1997), RN 1213 f., S. 297 f. Zu rechtlichen Einzelheiten eines Management-Buy-Outs oder Management-Spin-Offs vgl. auch die Ausführungen bei Holzapfel/Pöllath (1992), S. 208 ff.

[518] Wittlage beziffert die Existenz von Finanzierungsabteilungen nur in 32 % seiner untersuchten Unternehmen, die von Vertrieb/Marketing bzw. Beschaffung/Einkauf/Materialwirtschaft und Rechnungswesen/Steuern hingegen zu über 80%. Vgl. Wittlage (1996), S. 62. Inwieweit der Bereich Rechnungswesen/Steuern den Bereich Finanzierung übernimmt, wurde nicht erhoben.

Die Eigenkapitalausstattung von KMU ist in der Regel gering.[519] Die deutsche Bundesbank beziffert die Eigenkapitallücke deutscher kleiner und mittlerer Unternehmen auf 300 Milliarden Euro. Der Anteil der Unternehmen, welche weniger als 10% Eigenkapital besitzen beträgt 37%. In die Größenklasse bis 20% fallen weitere 26% der Unternehmen. Diese Zahlen sind jedoch nach Branche und Firmensitz differenziert zu betrachten. Der Handel und das verarbeitende Gewerbe verfügen über die besten Eigenkapitalquoten, das Baugewerbe und Unternehmen der Dienstleistungsbranche sind hingegen schlechter ausgestattet. Ebenso zeigt sich, dass es Unterschiede zwischen ost- und westdeutschen Unternehmen gibt. Der Anteil der Unternehmen mit hinreichend Eigenkapital (mehr als 30%) ist bei westdeutschen Unternehmen mit 24% nahezu doppelt so hoch wie in Ostdeutschland mit 12,7%.[520] Neben einer Branchendifferenzierung ist auch eine Größendifferenzierung vorzunehmen. Je kleiner das Unternehmen, desto weniger Eigenkapital. Unternehmen mit weniger als 0,5 Mio. Euro Umsatz operieren praktisch ohne Eigenkapital. Großunternehmen mit über 50 Mio. Euro Umsatz weisen hingegen eine Eigenkapitalquote von über 23% aus. Die mangelnde Kapitalausstattung wird auch durch die Gewinnsituation von KMU verstärkt. Im Jahr 2000 haben 31% der deutschen Unternehmen keine Gewinne gemacht und hatten somit keinerlei Möglichkeit, aus eigener Kraft eine Eigenkapitaldecke aufzubauen.[521]

In Österreich betrug die Eigenkapitalquote nach Angaben der KMU Forschung Austria im Wirtschaftsjahr 2002/2003 im Durchschnitt 19%. Bei einer Betrachtung nach Größenklassen ist festzustellen, dass Unternehmen bis 0,5 Mio. Euro Umsatz ein negatives Eigenkapital ausweisen und die Klasse 0,5-1 Mio. Euro 3,5% Eigenkapital aufbringen. Ab einem Jahresumsatz größer 7 Mio. Euro beträgt die Eigenkapitalquote 23,8%. Die geringsten Eigenkapitalquoten finden sich dabei bei Unternehmen in der Tourismusbranche sowie im Einzelhandel. Die höchsten sind bei Unternehmen zu finden, die dem Bereich Verkehr zuzuordnen sind.[522]

KMU besitzen keinen oder nur einen erschwerten Zugang zu (organisierten) Kapitalmärkten und haben keine den Großunternehmen vergleichbare Refinanzierungsmöglichkeit. Die Kapitalmarktfähigkeit von KMU ist in der Regel nicht gegeben, da diese von Faktoren wie Umsatz, Eigenkapital, dauerhaft ge-

---

519 Zur Finanzierungssituation mittelständischer Unternehmen und ihrer Insolvenzanfälligkeit siehe Wossidlo (1985).

520 Vgl. Creditreform (2005b), S. 19 ff.

521 Vgl. Scheer (2003), S. 75, Deutscher Sparkassen- und Giroverband (2000), S. 12, Köster (2003), S. 8, Creditrefom (2005b).

522 Vgl. Bornett (2005).

sicherter und guter Ertragslage sowie vom Bekanntheitsgrad abhängig ist. KMU werden den Investorenanforderungen hinsichtlich Unternehmensstruktur, Transparenz, Rechnungslegung, Reporting, Strategie etc. nicht gerecht.[523] Für die Unternehmenssanierung erweist sich dieser fehlende Kapitalmarktzutritt als problematisch, da in aller Regel neues Kapital notwendig ist. *Buchhart* schlägt als möglichen Lösungsansatz den Einsatz von Finanzintermediären, wie z.B. spezielle Sanierungsgesellschaften, vor. Aufgrund diverser Spezialisierungseffekte hätten diese Vorteile bei der Risikominimierung der Sanierung.[524]

Finanzielle Ressourcen entstammen bei KMU häufig aus dem Privatvermögen des Unternehmers, dessen Familie und Freunde oder von der Hausbank. KMU-Unternehmer haben daher ein höheres finanzielles Risiko als angestellte Manager, da sich die Haftung häufig auf das Privatvermögen erstreckt. Gleichzeitig unterliegen Kapitaleigentum und Unternehmensführung einer geringen Streuung. Aufgrund der wenigen Gesellschafter (im Extremfall nur einen) ergeben sich bei den Gesellschafterinteressen eine höhere Homogenität und somit weniger divergierende Ziele. Ob Gesellschafter in der Insolvenz finanzielle Mittel zur Sanierung bereitstellen, hängt von den verfügbaren Mitteln und ihrer Bereitschaft ab, nochmals Geld in das Unternehmen einzubringen. Es ist anzunehmen, dass in der vorinsolvenzlichen Krisenphase häufig privates Geld in das Unternehmen eingebracht wird und so entweder nur noch geringe Mittel verfügbar sind oder es keine Bereitschaft mehr gibt, weiteres Geld bereitzustellen. Bringt ein Gesellschafter weiteres Geld für die Sanierung ein, kann dies eine positive Signalwirkung haben und bei den betroffenen Akteuren vertrauensstiftend wirken.

5.4 Umwelt

Der Variable Unternehmensumwelt als Krisen- und Insolvenzursache wird, je nach Perspektive, ein hoher oder ein verhältnismäßig geringer Anteil zugesprochen. Unternehmer bewerten Umweltfaktoren als Ursache höher als interne Ursachenkomplexe.[525] Eine überschneidungsfreie Klassifizierung der Unternehmensumwelt ist aufgrund der Heterogenität der beeinflussenden Variablen nur schwer möglich. *Mugler* gliedert die Variable Umwelt in eine Makro- und Mikroumwelt und unterscheidet jeweils eine ökonomische und meta-ökonomische

---

[523] Vgl. Buchhart (2001), S. 57 f., Schröder (2003), S. 58 f. Zwar hat sich dies im Zuge der New Economy und dem IPO vieler IT-Unternehmen teilweise geändert, jedoch bleibt für den Großteil der Unternehmen die Problematik des erschwerten Kapitalmarktzutritts bestehen.

[524] Vgl. Buchhart (2001), S. 267.

[525] Vgl. Mugler (1999), S. 194.

Ebene. Dabei weist er darauf hin, dass eine trennscharfe Grenzziehung weder zwischen Makro- und Mikroumwelt noch zwischen ökonomischer und metaökonomischer Umwelt möglich ist. Da es sich bei der Einteilung jedoch um eine Heuristik für das Auffinden von Informationen handelt, sind eventuelle Redundanzen in Kauf zu nehmen und nicht schädlich.[526] In diesem Sinne ist auch die nachfolgende Betrachtung der Variable Umwelt zu verstehen.

Umweltwirkungen können grundsätzlich zwei unterschiedlichen Richtungen unterliegen. D.h., Unternehmen können auf ihre Umwelt reagieren als auch agieren. Im ersten Fall übt die Umwelt eine Kontrolle auf das Unternehmen aus und es existiert eine Ressourcenabhängigkeit des Unternehmens.[527] Im zweiten Fall wird die Umwelt nicht als eine restriktive Variable gesehen, sondern als eine Variable, welche Aktionen und Handlungen ermöglicht.

Tabelle 5.3 gibt einen Überblick über die nachfolgend betrachteten Umweltvariablen:

	Makroumwelt	**Mikroumwelt**
Meta-ökonomisch	**Allgemeine Umwelt-entwicklungen** ➢ Technologie & Standort ➢ Demografische Entwicklung	**Persönliches Beziehungs-geflecht des Unternehmers** ➢ Familie/Freundeskreis ➢ Berater/Dienstleister
Ökonomisch	**Volkswirtschaftliche Rahmendaten** ➢ Branchenstruktur/Wettbewerb ➢ Politische und wirtschaftliche Rahmenbedingungen (Förderprogramme, Beihilfen)	**Beziehungen zu konkreten Unternehmenspartnern** ➢ Kunden/Lieferanten ➢ Hausbank/Steuerberater ➢ Interessensvertretungen (Betriebsrat, Gewerkschaften)

Tabelle 5.3: Gliederung der Variable Umwelt

[526] Vgl. Mugler (1998), S. 112 f.
[527] Zur externen Kontrolle von Organisationen unter der Ressourcen Perspektive siehe Pfeffer/ Salancik (1978).

5.4.1 Makroumwelt

a) Metaökonomische Makroumwelt

Unter der metaökonomischen Makroumwelt werden allgemeine Umweltentwicklungen subsumiert, die auf das Unternehmen einen Einfluss haben können.

Technologien und der Zugang zu diesen haben, je nach Branche, für Unternehmen eine unterschiedliche Bedeutung. Durch neue Informations- und Kommunikationstechnologien wird der Zugang vereinfacht und es existiert kein Wissens- und Bildungsmonopol mehr. Unternehmen haben (zumindest theoretisch) die Möglichkeit, schnell an notwendiges Wissen heranzukommen und somit Erfolgsvoraussetzungen zu schaffen. Es ist jedoch von Bedeutung, dass dieses Wissen auch adäquat und systematisch verarbeitet wird. Dabei spielt das Entwicklungstempo eine besondere Rolle, denn KMU können häufig nicht mit dem Technologieentwicklungstempo mithalten, da die Nutzung neuester Technologien zum einen kostenintensiv, zum anderen häufig an eine kritische Betriebsgröße (minimum efficient scales) gebunden ist.[528] In der Insolvenz kann es also von Bedeutung sein, wie technologieabhängig das Unternehmen ist. Ist es notwendig, dass in neue Technologien investiert wird? Ist die Technologie, die das Unternehmen besitzt, für andere Unternehmen interessant?

Technologien (insbesondere Informations- und Kommunikationstechnologien) haben auch eine Auswirkung auf die Standortwahl. Je nach Branche ist die Standortbedeutung aber unterschiedlich und aufgrund globaler Produktion und Handel wird diese tendenziell unbedeutender. Andererseits haben besonders KMU nicht die Möglichkeit, Standortverlagerungen durchzuführen. Diese Standortabhängigkeit hat für die Insolvenz insofern eine Bedeutung, als dass für Käufer/neue Investoren der Standort und die Standortverlagerung eine Variable in der Investitionsentscheidung sein können.

Die demografische Entwicklung hat auf KMU ebenso Einfluss. Zum einen sind KMU auf Markt- und Kundenseite, zum anderen aber auch in der internen Organisation betroffen. So kommt es z.B. aufgrund von zunehmend älter werdenden Konsumenten zu Veränderungen der Güternachfrage und des Konsumverhaltens. Die Erhöhung von Sozialabgaben und damit von Lohnnebenkosten kann zumindest teilweise auch auf die demografische Entwicklung zurückgeführt werden. Unternehmensintern führt die demografische Entwicklung dazu,

528 Vgl. Mugler (1998), S. 117.

dass in Familienunternehmen die Generationszyklen länger werden. D.h., ein Unternehmen ist länger in der Hand einer Generation, bevor es übergeben wird.

Eine nicht adäquate Nachfolgeplanung[529] kann durchaus als KMU-spezifische Krisen- und Insolvenzursache gelten und hat daher bei einer Sanierung Bedeutung. Liegt die Insolvenzursache in einem verzögerten Generationenwechsel, so muss mit hoher Wahrscheinlichkeit der bisherige Unternehmenseigner ausgewechselt werden und ein Nachfolger die Unternehmensführung übernehmen. Eine solche Konstellation, die bei einem entsprechenden Wechsel auch Signalwirkung hat, könnte sich als sanierungsfördernd darstellen.

b) Ökonomische Makroumwelt

Neben den dargestellten allgemeinen Umweltentwicklungen gibt es weitere volkswirtschaftliche Rahmendaten, welche auf ökonomischer Ebene auf Unternehmen einwirken. Dazu gehören z.B. die Branchenstruktur oder politische und wirtschaftliche Rahmenbedingungen.

Die Ausprägung der Branchenstruktur und des Wettbewerbs hat Einfluss auf die Unternehmensentwicklung und den -erfolg.[530] Daher ist davon auszugehen, dass diese auch auf den Fortführungs- und Sanierungserfolg wirken. Ist z.B. ein Unternehmen in einer hart umkämpften Branche tätig, welche über Preise einen Verdrängungskampf führt, so stellt sich die Frage, ob das Unternehmen für einen solchen Wettbewerb gerüstet ist. Falls nicht, müsste es, um auf diesem Markt verbleiben zu können, in rascher Zeit seine Strukturen adaptieren oder andere Wettbewerbsvorteile erlangen.

Für Unternehmen sind auch politische und wirtschaftliche Rahmenbedingungen von Relevanz. Darunter fallen u.a. auch Organisationen auf globaler sowie nationaler Ebene, welche Programme zur KMU-Förderung ins Leben gerufen haben.[531] Öffentliche Förderprogramme für Krisenunternehmen in Deutschland gibt es jedoch nur wenige. So kann z.B. die Deutsche Ausgleichsbank (DtA) genannt werden, welche gemeinsam mit den Wirtschaftskammern als vorinsolvenzliches Beratungsinstrument Runde Tische anbietet. Als weitere Beispiele

---

[529] Zu der Thematik der Nachfolgeregelung in KMU siehe Trefelik (1998).

[530] Vgl. hierzu auch die Arbeiten zum Industrieökonomischen Ansatz von Bain (1968), Mason (1939) und dem darauf aufbauenden Modell der 5-Wettbewerbskräfte (5-Forces) von Porter (1980).

[531] Auf globaler Ebene z.B. die OECD, UN, WTO, Weltbank, EBRD oder die EU. Weitere Beispiele siehe Mugler (1998), S. 122 f.

existieren die Pro-Fortführungsinitiative des Bundeslandes Nordrhein-Westfalen, die Internetplattform für Krisenfrüherkennung vom Bundesministerium für Wirtschaft und Technologie sowie die Betriebsberatungen der Wirtschafts- und Handwerkskammern. Recherchen von *Kranzusch/May-Strobl* haben ergeben, dass in Deutschland die Krisenberatung häufig in allgemeine Programme wie ‚Existenzsicherung', ‚Gründungsnachfolgeberatung' oder ‚allgemeine betriebswirtschaftliche Beratung für KMU' einbezogen sind. Bei drohender Insolvenz lehnen öffentliche Institutionen eine Hilfe häufig ab, wenn es um eine Rechtsträgersanierung geht. Auffanggesellschaften, welche als ‚Neugründungen' bezeichnet werden, werden hingegen gefördert.[532] Abbildung 5.3 gibt einen Überblick über den Markt für Informations- und Beratungsangebote im Krisenfall:

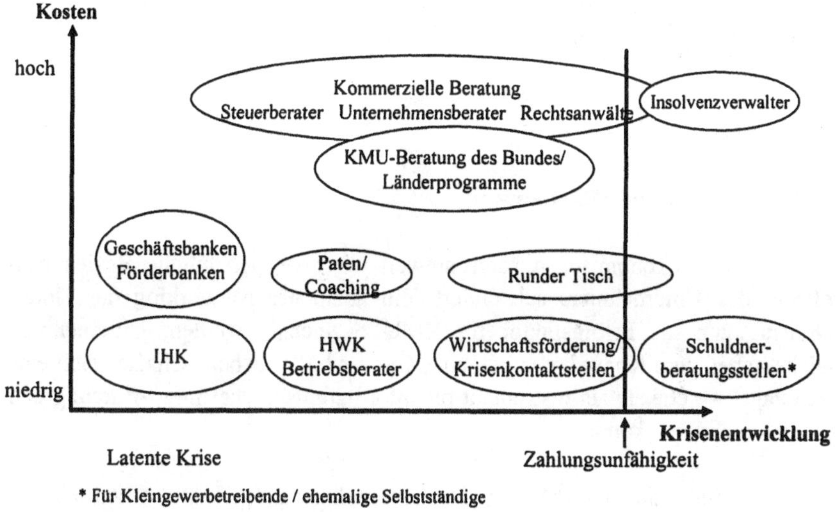

Abbildung 5.3: Übersicht Informations- und Beratungsangebote im Krisenfall

Quelle: Kranzusch/May-Strobl (2002), S. 36

532 Vgl. Kranzusch/May-Strobl (2002), S. 42 ff. Ähnlich wertet auch Mönning: „Für kleinere oder mittlere Unternehmen stehen hingegen staatliche Hilfen nicht zur Verfügung. Förderprogramme zur Abdeckung von Fortführungsrisiken befinden sich allenfalls im Diskussionsstadium. Bislang sind sie auf die Förderung des Investors beschränkt, der im Zuge einer übertragenden Sanierung von Stilllegung bedrohte Arbeitsplätze erhält, Investitionen durchführt und zu diesem Zweck einer staatlichen Hilfe bei der Finanzierung teils auch zur Darstellung seines Eigenkapitals bedarf." Mönning (1997), RN 771, S. 188.

Öffentliche Sanierungshilfen werden nur in Ausnahmefällen gewährt, wobei hiervon überwiegend Großunternehmen profitieren, deren Marktmacht und politisches Gewicht bedeutender sind als dies bei KMU der Fall ist.[533] Dabei sind durch die Europäische Union, um Wettbewerbsverzerrungen zwischen den EU-Mitgliedsstaaten zu vermeiden, strenge Vergaberegelungen für nationale öffentliche Rettungshilfen vorgeschrieben. Alle staatlichen Beihilfen zur Rettung und Umstrukturierung von Unternehmen, welche nicht den marktüblichen Konditionen entsprechen, müssen grundsätzlich der EU-Kommission gemeldet und von ihr genehmigt werden.[534] Bestimmte Beihilfen für KMU sind jedoch von der Anmeldepflicht befreit. Wenn der Höchstbetrag aller Beihilfen innerhalb eines gleitenden Drei-Jahres-Zeitraumes 100.000 € nicht überschreitet, sind diese nicht mehr notifizierungspflichtig.[535] Staatliche Institutionen erhielten so theoretisch einen höheren Handlungsspielraum für die Krisenunterstützung von Unternehmen.

5.4.2 Mikroumwelt

a) Metaökonomische Mikroumwelt

Unter der metaökonomischen Mikroumwelt wird das persönliche Beziehungsgeflecht des Unternehmers subsumiert. Ein adäquates Networking des Unternehmers kann als Erfolgsfaktor für KMU bezeichnet werden. Unternehmer, welche neben dem Know-how noch ein ‚Know-who'[536] haben, schaffen sich eine Grundlage, welche sie als Instrument für Informationsbeschaffung, -filterung und Akquisition nutzen können.[537]

Neben der individuellen Prägung des Unternehmens durch die Unternehmerperson existiert in vielen KMU eine ‚existenzielle Verbindung zwischen Unternehmens- und Privatsphäre'[538] und damit ein hoher Einfluss der Familie auf das Unternehmen. Dieser Verbindung, welche oftmals um den Freundeskreis erweitert wird, fällt als informellem Informations-, Lern- und Beratungsnetzwerk eine große Bedeutung zu. Es ist anzunehmen, dass ein ‚sicherer Rückhalt' aus diesem Umfeld zu Motivationseffekten führt.

---

[533] Vgl. auch Fröhlich/Pichler/Pleitner (2000), S. 23.
[534] Vgl. EU-Kommission (1999) und EU-Kommission (2004).
[535] Vgl. EU-Kommission (2001a) und (2001b).
[536] Vgl. Aldrich/Zimmer (1986), S. 20.
[537] Zu der Idee von Netzwerk-Strategien siehe z.B. Johannisson (1986).
[538] Buchhart (2001), S. 56.

Jedoch birgt die Überschneidung von Betriebs- und Familiensphäre auch Risiken, da die enge Verbindung zu einer Betriebsblindheit führen kann, die sich negativ auf die Situationswahrnehmung auswirkt. Es besteht die Gefahr, dass der Unternehmer die natürlichen psychischen Barrieren gegenüber einer realistischen Wahrnehmung und Lagebeurteilung nicht überwindet.[539] Dies wird durch die Besitz- und Führungsstruktur von KMU sowie dem häufigen Fehlen weiterer Führungskräfte und dem Mangel an Kontrollorganen (Beirat, Aufsichtsrat, Gesellschafterversammlung) verstärkt. Die Betriebsblindheit führt dazu, dass die Krisenerkennung und die Initiierung der Krisenbewältigung tendenziell verzögert stattfinden. Zudem verhindern psychische Barrieren, dass eine Situation, welche eine Gefährdung des Lebenswerkes darstellt und mit dem Stigma des Scheiterns behaftet ist, frühzeitig wahrgenommen wird.[540]

Personen, welche eine Vertrauensstellung haben, aber dennoch distanziert sind, könnten dazu beizutragen, dass Wahrnehmungsverzerrungen reduziert werden.[541] Verwandten- und Freundeskreise sind in einer Krisensituation oftmals ‚psychische Stützen', verfügen aber häufig nicht über ausreichenden betriebswirtschaftlichen und rechtlichen Sachverstand, um einer existenzbedrohenden Krise zu begegnen. Zudem ist ihre Neutralität aufgrund ihrer persönlichen, finanziellen und emotionalen Betroffenheit nicht in dem gewünschten Sinne gewahrt.[542]

Externe ‚Interventionisten', wie z.B. Unternehmensberater, haben in KMU oftmals nicht das Vertrauen des Unternehmers.[543] Eine Person aus dem privaten Umfeld des Unternehmers könnte als ‚Katalysator' zur Involvierung von Sanierungs- und Insolvenzexperten wirken. Die Frage, ob Familienmitglieder und Freunde solche Experten darstellen können, muss wohl negativ beantwortet werden. Sie sind durch finanzielle Hilfestellungen oftmals selbst in die Krise und Insolvenz involviert und haben keine neutrale Position.[544]

Ein weiteres Faktum, welches sich aus der engen Verbindung Unternehmen - Familie als KMU-Spezifika ergibt, ist, dass oftmals Familienmitglieder in den Unternehmen mitarbeiten. Es ist anzunehmen, dass die Loyalität dieser Mitarbeiter besonders hoch ist und sie einen direkten Anreiz durch eine erfolgreiche

---

[539] Vgl. Mugler (1999), S. 198, Kropfberger (1986), S. 66.
[540] Vgl. Kranzusch/May-Strobl (2002), S. 24. Zu Barrieren strategischer Frühaufklärung siehe Pinkwart/Kolb (2000), S. 14 ff.
[541] Vgl. auch Tscheulin/Römer (2003), S. 75.
[542] Vgl. Kranzusch/May-Strobl (2002), S. 36.
[543] Vgl. Mugler (1999), S. 198.
[544] Vgl. Kranzusch/May-Strobl (2002), S. 35 f.

Insolvenzsanierung erhalten. Ihre Verbundenheit zum Unternehmen und dem Unternehmer kann zu einer höheren Motivationswirkung sowie Fortführungs- und Sanierungsunterstützung führen.

b) Ökonomische Mikroumwelt

Die ökonomische Mikroumwelt umfasst alle direkten Marktbeziehungen zwischen KMU und seinen Marktpartnern, worunter Kunden und Lieferanten als auch Banken, Steuerberater sowie Interessensvertretungen in Form von Betriebsräten subsumiert werden können.

Kleine und mittelständische Unternehmen haben einen individuelleren und intensiveren Kunden- und Lieferantenkontakt als die auf Massenproduktion ausgerichteten Großunternehmen, was ihre Ursache auch darin hat, dass sie als Anbieter und Nachfrager einen geringen Machtfaktor besitzen. In einer Krisensituation kann dieser individuelle Kundenkontakt durchaus vorteilhaft sein, da anzunehmen ist, dass damit die Bereitschaft eines Kunden, eine Bestellung/einen Auftrag zu platzieren, größer ist als ohne persönliche Beziehung. Ob eine solche Kundenreaktion auch im Insolvenzfall erwartet werden kann, ist fraglich, da die Kontinuität von Lieferung und Leistung für Kunden stets von hohem Interesse ist.[545] Besonders in der Insolvenz gilt, dass Kunden umfassend informiert werden, denn der Kundenverlust durch die Insolvenz kann nur schwer durch Neuakquisitionen ausgeglichen werden. Auf Seite der Lieferanten besteht das Interesse vorwiegend darin, die Zahlungsfähigkeit des insolventen Unternehmens zu erhalten bzw. wiederzuerlangen. Kann dies nicht realisiert werden, so ist die Verlustminimierung das vorrangige Ziel. Die Unterstützungsbereitschaft wichtiger Lieferanten ist daher wie bei Kunden schon zu Beginn des Insolvenzverfahrens zu eruieren. Kunden und Lieferanten sind in der Insolvenz aber auch als potenzielle Investoren von Bedeutung. Sie können den Kauf des Unternehmens anstreben, um beispielsweise Marktanteile zu erhöhen, Synergien zu nutzen oder die Liefersituation zu sichern.[546]

Eine weitere bedeutende Beziehung, welche KMU pflegen, ist diejenige zu ihrer Hausbank, wobei die Sparkassen und Genossenschaftsbanken aufgrund ihrer regionalen Struktur eine besondere Bedeutung haben. Ihre Stellung in der Krise

---

[545] Vgl. Ruhl (2000), S. 189 ff.

[546] Für eine Darstellung potenzieller Unternehmenskäufer siehe Lützenrath/Peppmeier/Schuppener (2003), S. 64 ff. Zur allgemeinen Rolle von Kunden und Lieferanten in Krisensituationen siehe Clasen (1992), S. 190.

und Insolvenz ist aber differenziert zu betrachten. Banken befinden sich bei der vorinsolvenzlichen Sanierungsentscheidung in einem Konflikt zwischen der Insolvenzverzögerung und juristischen oder auch moralischen Verpflichtungen.[547] Die Insolvenz bedeutet für Banken häufig den Verlust eines Kunden sowie, je nach Kreditbesicherung, die Abschreibung von Forderungen. Ein moralischer Schaden durch die Zuweisung der Mitverschuldung kommt häufig hinzu, da Unternehmer den Kreditinstituten ein Mitverschulden der Krise aufgrund von falscher Beratung oder dem Ausbleiben von frühzeitigen Reaktionen zuweisen. Dabei laufen Banken in Krisen- und Insolvenzsituationen Gefahr, haftungsrechtliche Konsequenzen zu riskieren, wenn sie z.B. bei vorliegenden Anzeichen einer Insolvenz den Schuldner nicht zum Insolvenzantrag bewegen, sondern ihm weitere Kredite bereitstellen.[548] Inwieweit der individuelle Hausbankkontakt für eine Fortführung und Sanierung von Nutzen ist, ist fraglich, denn in der Regel werden die betroffenen Kreditengagements von dem bisherigen Firmenbetreuer zu krisen- und insolvenzerfahrenen Spezialabteilungen (Sanierungsabteilungen, Workout Abteilung) übertragen.

Ein weiterer Kontakt, welchen KMU in der Regel intensiv pflegen, ist der zu ihrem Steuerberater. Auch hier sind die Erwartungshaltungen unterschiedlich, denn die Steuerberater bekommen häufig nur ein Mandat für die Buchhaltung, die Bilanz- und GuV-Erstellung sowie die steuerliche Optimierung des Betriebsergebnisses. Unternehmer hingegen erwarten aber oftmals eine rechtzeitige Krisenwarnung und sehen den Steuerberater eher als kaufmännischen Berater. Dass zu diesem Zweck eine qualifizierte Marktbeobachtung und Analyse der Unternehmenschancen und -risiken notwendig wäre und Steuerberater dies nicht leisten, bleibt unberücksichtigt. Im Krisen- und Insolvenzfall werden Steuerberater zu Gläubigern und sind von Forderungsausfällen betroffen.[549] Über die Rolle des Steuerberaters als (vorinsolvenzlicher) Sanierungsmanager wird auf die Arbeiten von *Hantschel*[550] und *Kratz*[551] verwiesen. Die Rolle des Steuerberaters bei der Erstellung eines Insolvenzplanes analysiert *Beigel*[552].

---

[547] Zum Verhältnis Hausbank-KMU siehe Doberanzke (1993).
[548] Zu der Rolle der Banken bei Sanierungen siehe Duursma (1994). Zu den Sanierungsrisiken der Banken siehe Neuhof (1999), Doberanzke (1993), S. 134 ff.
[549] Ähnlich Kranzusch/May-Strobl (2002), S. 38.
[550] Hantschel (1993).
[551] Kratz (1996).
[552] Vgl. Beigel (2002).

5.5 Forschungsmodell

Das in Abschnitt 3.4 dargestellte Arbeitsmodell wird im Folgenden modifiziert, um daraus ein Forschungsmodell für die empirische Untersuchung zur Beantwortung der Forschungsfragen zu generieren. In das Forschungsmodell gehen insbesondere die theoretischen Grundlagen aus Kapitel vier sowie die in diesem Kapitel dargestellten KMU-Spezifika ein. Folgendes Forschungsmodell leitet die empirische Erhebung:

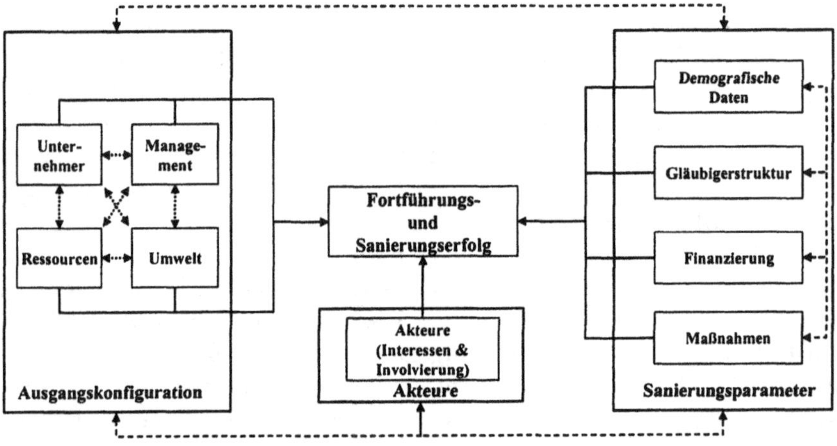

Abbildung 5.4: Forschungsmodell

Quelle: Eigene Darstellung

Das Forschungsmodell kann in einfacher Form in Annahmen beschrieben werden, welche davon ausgehen, dass sowohl die Ausgangskonfiguration eines insolventen Unternehmens, die Sanierungsparameter als auch die Akteure mit ihren Interessen und ihrer Involvierung in den Insolvenzprozess eine kausale Wirkung auf den Fortführungs- und Sanierungserfolg haben. Diese Annahmen sind jedoch nicht im strengen Sinne des Positivismus zu verstehen, welcher eine detaillierte Thesenformulierung und -überprüfung erfordern würde, sondern sie dienen dazu, die Aufmerksamkeit auf die als relevant erachteten Bereiche einer Insolvenzsanierung zu lenken und Anhaltspunkte zur Beantwortung der Forschungsfragen zu liefern.

Ein Unternehmen besitzt zum Insolvenzzeitpunkt eine Ausgangskonfiguration, bei welcher angenommen wird, dass sich diese auf den Fortführungs- und Sanierungserfolg auswirkt. Diese Konfiguration lässt sich durch die vier Konfigurationsvariablen Unternehmer, Management, Ressourcen und Umwelt beschreiben, welche ihrerseits weitere Subvariablen besitzen. Die einzelnen Konfigurationsvariablen stehen miteinander in reziproker Beziehung und wirken sowohl einzeln als auch in Kombination auf den Sanierungserfolg.

Ebenso existieren Sanierungsparameter in Form von demografischen Daten, der Gläubigerstruktur, der Sanierungsfinanzierung und der Sanierungsmaßnahmen, bei welchen angenommen wird, dass diese auf den Fortführungs- und Sanierungserfolg wirken. Die Variablen lassen sich ebenso in Subvariablen untergliedern, stehen ähnlich der Ausgangskonfiguration in reziproker Beziehung und wirken sowohl einzeln als auch in Kombination auf den Fortführungs- und Sanierungserfolg.

Den dritten Bereich, bei welchem angenommen wird, dass er auf den Fortführungs- und Sanierungserfolg wirkt, bilden die Akteure. Diese haben unterschiedliche Interessen und Involvierungsgrade in den Sanierungsprozess. Daraus resultiert auch eine unterschiedliche Bedeutung für den Fortführungs- und Sanierungserfolg. Da angenommen wird, dass einige Akteure eine besondere Bedeutung bei einer Insolvenzsanierung haben, werden Akteure nicht in der Ausgangskonfiguration und den Sanierungsparameter integriert, sondern als eigener Variablenblock dargestellt und untersucht.

Um das konfigurationstheoretische Denken zu berücksichtigen, wird durch die gestrichelten Linien darauf hingewiesen, dass die Ausgangskonfiguration, die Sanierungsparameter und die Akteure auch untereinander in reziproker Beziehung stehen.

6 FORSCHUNGSDESIGN & GANG DER ARBEIT

Mit der bisherigen theoretischen Betrachtung des Forschungsfeldes und dem daraus abgeleiteten Forschungsmodell wird in diesem Kapitel ein Forschungsdesign entwickelt. Dies beinhaltet sowohl die Festlegung der tatsächlichen Erhebungsmethodik als auch die Entwicklung der Erhebungsinstrumente sowie die Auswahl einer geeigneten Auswertungsart. Ebenso wird ein Überblick über den Gang der empirischen Erhebung gegeben.

6.1 Forschungsmethodik

Zur Beantwortung der Forschungsfragen sollen das Forschungsmodell und die zugrunde liegenden Annahmen einer empirischen Überprüfung unterzogen werden. Zu dieser Überprüfung stehen grundsätzlich quantitative und qualitative Methoden zur Verfügung, welche sich sowohl in der Methodik der Datenerhebung und -auswertung als auch in der Strategie der Forschungsdurchführung unterscheiden.[553] Quantitative und qualitative Forschungsansätze lassen sich aufgrund ihrer unterschiedlichen Datenbasis (Texte vs. Zahlen, strukturiert vs. unstrukturiert), der angewendeten Logik (induktiv vs. deduktiv), der Untersuchungsart (explorativ vs. bestätigend), der Analysemethode (interpretativ vs. statistisch), dem Erklärungsansatz sowie dem angenommenen Wissenschaftsparadigma (positivistisch vs. kritisch rationalistisch) differenzieren.[554]

6.1.1 Quantitative Forschungsansätze

Quantitative Forschungen haben als Grundlage quantitative Daten, deren Auswertung mit Hilfe statistischer Methoden vorgenommen wird. Unter quantitativen Daten sind zunächst nur zahlenmäßig darstellbare, abstrakte Daten zu verstehen, wie z.B. physiologische Messwerte, Skalenwerte in Tests/Fragebögen oder Zeitwerte für bestimmte Ereignisse. Diese Daten sind insofern abstrakt, als dass der Bedeutungsgehalt des Gemessenen nachträglich durch den Leser hinzugefügt werden muss, da die erhobenen Daten zunächst keinen Bedeutungsgehalt haben. Wie Daten ausgewertet und analysiert werden, ist von den Datenmerkmalen abhängig. Bestimmte Daten können quantitativ analysiert und mit statistischen Methoden ausgewertet werden, was bereits bei der Erhebung entsprechende Maßnahmen erfordert. D.h., die Daten müssen standardisiert erhoben werden, eine bestimmte Mindestqualität aufweisen und sollten repräsentativ sein. Durch die

[553] Vgl. Witt (2001).
[554] Vgl. Bazeley (2004), S. 551.

Standardisierung werden Daten vergleichbar gemacht, um Mittelwerte, Streuungen, Zusammenhangsmaße etc. berechnen zu können. Welche Maße tatsächlich berechnet werden können, ist von der Datenqualität und den dahinter liegenden Skalenniveaus abhängig.[555]

Um bei der Überprüfung von Forschungsmethoden Anhaltspunkte über Wahrheitsgehalt und Haltbarkeit von Aussagen zu erlangen, werden entsprechende Gütekriterien verwendet.[556] Die in der quantitativen Sozialforschung gängigsten Gütekriterien stellen Validität, Reliabilität, Objektivität und Signifikanz dar.[557]

Quantitative Forschungsansätze werden häufig in Zusammenhang mit einer positivistischen Denkweise und dem kritischen Rationalismus genannt. Die Hypothesenprüfung ist von elementarer Bedeutung. Dabei vertreten kritische Rationalisten im Sinne von *Karl Popper* den Standpunkt, dass die reale Existenz von Phänomenen und Gegenständen und deren adäquate Wahrnehmung möglich sind, allerdings unter der Prämisse, dass die Erkenntnis vorläufig ist. Wissenschaft hat immer mit vorläufig akzeptierten Annahmen (Hypothesen) über die Logik der Wirklichkeit zu tun und deren Akzeptanz ergibt sich aus ihrer Bewährung. Wissen ist nie vollständig und wird durch permanente Kritik verbessert. D.h., eine Annahme wird so lange als wahr betrachtet, bis sie widerlegt wird.

6.1.2 Qualitative Forschungsansätze

Qualitative Forschungen beziehen sich auf die Erhebung und Auswertung qualitativer Daten, welche in Form von Texten (auch Bilder oder Filme) Bedeutungen tragen. Eine unmittelbare Bedeutung ist nicht immer eindeutig erkennbar und muss unter Umständen durch Kontextbedingungen ergänzt werden. Qualitative Daten beinhalten häufig mehr Details und sind alltagsnäher als quantitative. Die Datenauswertung ist nicht durch die Datenart festgelegt, sondern es bedarf zur Auswertung zusätzlicher Merkmale.[558]

Bei der Analyse qualitativer Daten sind auch deren Entstehungsgeschichte und Kontext ein Maß für die Datenqualität. Bedingungen der Datengewinnung werden in qualitativen Untersuchungen stärker betont, genauer betrachtet und expliziter dargestellt als in quantitativen Untersuchungen. Dabei geht es weniger um

[555] Vgl. Witt (2001).
[556] Vgl. Lamnek (1993), S. 153 ff..
[557] Für eine Erklärung der Gütekriterien siehe z.B. Diekmann (2002), S. 216 ff.
[558] Vgl. Witt (2001).

Repräsentativität und Standardisierung als vielmehr um die Offenheit, Breite, Detaillierung und Ernsthaftigkeit der Untersuchung sowie um Expertise und sprachliche Präzision. Von der Fragestellung hängt ab, welche Bedingungen der Datenqualität für die Analyse erfüllt sein müssen. Im Rahmen von heuristischen qualitativen Forschungen geht es bei der Datenanalyse um das Finden von Gemeinsamkeiten, also um jene Aspekte, welche bei der größtmöglichen Heterogenität der Daten das Verbindende darstellen. Ausgangspunkt der Analyse sind die Daten selbst, aus denen unmittelbare Bedeutungen entnommen werden können. Jeder Teilaspekt der Analyse muss belegbar sein, und es sollte möglichst mehrere Daten (z.B. Textstellen) geben, welche eine Aussage bestätigen.[559]

In der Umsetzung resultiert eine qualitative Forschungsmethodik meist in der Durchführung von Interviews oder partizipativen Beobachtungen. Der Forscher kommt dadurch an das Forschungsfeld näher heran und erlangt Wissen aus erster Hand über die zu erforschende soziale Welt. Dabei kann er auch die analytischen, begrifflichen und kategorialen Bestandteile der Dateninterpretation entwickeln.[560] Ein zentrales und zu berücksichtigendes Prinzip bei der Datenerhebung ist eine grundsätzliche Offenheit und Flexibilität, um Akteure innerhalb deren Sicht und in deren Lebenswelt zu erfahren. Die Datenerhebung ist gleichzeitig Sozialisation des Forschers, wobei die Sozialisation wiederum Bedingung für das Verstehen der Abläufe im Forschungsfeld ist. Auf eine Normierung oder Standardisierung der Erhebungsverfahren wird häufig verzichtet, um situationsadäquate, flexible und die Konkretisierung fördernde Methoden zu ermöglichen.[561]

Die Anwendung quantitativer Gütekriterien ist bei qualitativen Untersuchungen nur bedingt möglich. In der qualitativen Sozialforschung ist die Erfassung der sozialen Wirklichkeit relevant, also inwieweit die Konzeptualisierungen des Forschenden und dessen Interpretationen mit den Wirklichkeitskonzeptionen der Subjekte übereinstimmen. Aus diesem Grunde sind als Gütekriterien die Verfahrensdokumentation, eine argumentative Interpretationsabsicherung, die Regelgeleitetheit sowie die Nähe zum Gegenstand von Bedeutung.[562]

Qualitative Forschungsansätze sind häufig mit einer konstruktivistischen Denkweise im Sinne von *Ernst von Glasersfeld* verbunden. Konstruktivisten vertreten den Standpunkt, dass menschliche Wirklichkeit und deren Gegenstände und

559 Vgl. Witt (2001).
560 Vgl. Lamnek (1993), S. 195.
561 Vgl. Lamnek (1993), S. 196.
562 Für eine Erklärung der Gütekriterien siehe z.B. Lamnek (1993), S. 152 ff., Lamnek (2005), S. 142 ff.

Phänomene in Prozessen menschlicher Kommunikation konstruiert werden.[563] Das entscheidende Charakteristikum menschlichen Wissens ist, dass es nichts darüber vermittelt, wie die Welt ist, sondern nur, wie diese zu handhaben ist. Die Rolle von Wissen besteht somit darin, zu befähigen, in der Erlebniswelt zu handeln und Ziele zu erreichen.[564] Das Ziel wissenschaftlicher Forschung kann daher nur darin bestehen, zu erkennen, wie mit der Welt und den Dingen umzugehen ist.

6.1.3 Triangulation & Methodenmix

Der Begriff und die Idee der Triangulation sind der Trigonometrie entlehnt, in welcher eine unbekannte Größe von unterschiedlichen Messpunkten aus betrachtet wird, um sie so genauer bestimmen zu können. Durch eine Variation des Messvorganges und der Bezugspunkte wird versucht, das zu Messende präziser zu bestimmen. Die Kombination komplementärer Messverfahren kann dabei die Messgenauigkeit erhöhen und Verzerrungen reduzieren.[565] Analog wird in der Sozialforschung mit der Triangulation die Betrachtung eines Forschungsgegenstandes aus (mindestens) zwei Punkten bezeichnet. Dabei wird die Triangulation auch immer wieder in der Diskussion um die Verbindung quantitativer und qualitativer Forschung verwendet.[566] Grundsätzlich existieren mehrere Formen der Triangulation, wie z.B. eine Triangulation verschiedener Daten, Forscher, Theorien oder Methoden.[567] Eine Definition, welche die Methodentriangulation im Fokus hat, liefert *Denzin*, welcher die Triangulation als die Kombination von Methodologien beim Studium ein und desselben Phänomens bezeichnet.[568]

Die Frage, ob die Triangulation zur Validierung einer Untersuchung beiträgt, wird kritisch bewertet, da im Prinzip jede Forschungsmethodik für sich gesehen werden muss. Bei der Verbindung von qualitativen und quantitativen Methoden entsteht zusätzlich ein Dilemma, welches aus der unterschiedlichen ontologischen Sichtweise entsteht.[569] Vorteilhaft bei einer Triangulation kann aber die ganzheitliche Sicht auf eine Problemstellung sein. Dies ermöglicht ein besseres Erklären und Verstehen, indem tiefer in die Materie eingedrungen und neue

[563] Grundlegend Berger/Luckmann (1995).
[564] Siehe dazu Schülein/Reitze (2002), S. 174 ff., grundlegend: Glasersfeld (1998).
[565] Vgl. Lamnek (2005), S. 158, Jick (1979).
[566] Flick (2000), S. 309.
[567] Vgl. Lamnek (2005), S. 159.
[568] Denzin (1978), S. 291.
[569] Fielding/Fielding (1986), S. 30 ff., Flick (1992), Flick (2000), S. 311, Sale/Lohfeld/Brazil (2002).

Dimensionen entdeckt werden können. Besonders den qualitativen Aspekten kommt bei einer Methodentriangulation eine hohe Bedeutung zu, da auf kontextuelle Aspekte und Relevanzsysteme eingegangen werden kann.[570].

In seiner strengen Form beinhaltet die Triangulation auf wissenschaftlich-methodischer Ebene eine Gleichwertigkeit der Methoden. In einer wenigen strengen Form bedarf es keiner Gleichwertigkeit der angewendeten Methoden und der Begriff der Triangulation kann eher in dem Sinne eines ‚multimethodischen Vorgehens' oder als ‚Methodenmix' verstanden werden. Dabei können sich die Methoden ergänzen, um unterschiedliche Aspekte desselben Phänomens zu analysieren. In beiden Fällen besteht jedoch die Erwartung, dass ein besonderer Erkenntnisfortschritt zu erzielen ist.[571]

6.2 Untersuchungskonzeption

Insolvenzsanierungen stellen einen komplexen und vielschichtigen Prozess dar. Deshalb erscheint es sinnvoll, diesen mit verschiedenen Methoden zu analysieren. Im Folgenden wird ein Methodenmix im Sinne einer Verbindung zwischen quantitativen und qualitativen Methoden durchgeführt, wobei nicht unbedingt die Gleichwertigkeit der Methoden im strengen Sinne der Triangulation angestrebt wird. Durch den Methodenmix wird eine Einbeziehung verschiedener Informationsquellen möglich, die die Analyse von Sachverhalt und Kontext unterstützen.

Die Entscheidung für einen Methodenmix sagt zunächst nichts über die Erhebungsform aus. Bezüglich des Forschungsdesigns existieren verschiedene Möglichkeiten, wobei aber aktive Forschungsdesigns, wie z.B. die Aktionsforschung, eine teilnehmende Forschung oder Experimente, ausscheiden. Dies würde nämlich eine aktive Teilnahme am gesamten Insolvenz- und Sanierungsprozess voraussetzen, was im gegebenen Rahmen für diese Forschungsarbeit nicht möglich ist. Aus diesem Grund wird eine passive Forschungsmethodik gewählt.

Die empirische Untersuchung wird so konzipiert, dass eine quantitative Fragebogenerhebung (mit Schwerpunkt auf der Ausgangs- und Schlusskonfiguration sowie den Sanierungsparametern) und qualitative Interviews (mit Schwerpunkt auf den Akteuren und Interdependenzen) durchgeführt werden.

---

[570] Lamnek (2005), S. 274 ff.

[571] Zur Frage des Methodenmix siehe Sale/Lohfeld/Brazil (2002).

6.2.1 Quantitative Fragebogenerhebung

Durch eine quantitative Fragebogenerhebung werden Daten zur statistischen Auswertung generiert, welche Aussagen über die Ausgangskonfiguration und die Sanierungsparameter eines insolventen Unternehmens ermöglichen. Gleichzeitig soll eine Schlusskonfiguration erhoben werden, um festzustellen, welche Änderungen sich innerhalb des Fortführungs- und Sanierungsprozesses zur Ausgangskonfiguration ergeben haben. Da die Sanierungsakteure bereits in verschiedenen Variablen der Ausgangskonfiguration und den Sanierungsparametern enthalten sind, werden sie in der quantitativen Erhebung nur bedingt berücksichtigt. Ihre Bedeutung, Interessen und Interdependenzen werden jedoch in der qualitativen Erhebung detailliert analysiert.

Anhand der Critical-Incident-Technique und geschlossener Fragen soll der Befragte einen Insolvenzfall ausführlich beschreiben. D.h., die befragte Person wird gebeten, denjenigen Insolvenzfall auszuwählen, welcher ihr am besten in Erinnerung ist. Es ist davon auszugehen, dass zu diesem Fall detaillierte Aussagen getroffen werden können und es dadurch zu einer geringeren Antwortverzerrung aufgrund mangelnder Erinnerungsfähigkeit kommt.

Um Einflussfaktoren auf den Fortführungs- und Sanierungserfolg zu erfassen, bedarf es einer abhängigen Variablen. Diese wird dadurch erzeugt, indem zwei Befragungsgruppen gebildet werden. D.h., eine Gruppe beschreibt erfolgreiche Fortführungen und Sanierungen, eine zweite nicht erfolgreiche.

Als Zielgruppe einer solchen Befragung kommen Personen in Frage, welche eng und umfassend mit dem Fortführungs- und Sanierungsprozess in Verbindung stehen. Dies können entweder direkt Insolvenzbetroffene (Unternehmer, Geschäftsführer, Gesellschafter)[572] oder Insolvenzverwalter sein. Andere Personengruppen, wie z.B. Steuerberater/Wirtschaftsprüfer, Bankenvertreter und Mitarbeiter, sind weniger geeignet, da diese häufig nur in Teilprozesse der Insolvenz involviert sind. Die Befragung betroffener Unternehmer stellt sich jedoch als problematisch dar, da diese zwangsläufig emotional mit der Insolvenz verbunden sind, und es dadurch zu Antwortverzerrungen kommen könnte. Aus diesem Grund werden in der quantitativen Fragebogenerhebung Insolvenzverwalter befragt. Es ist zu erwarten, dass diese emotionsloser und neutraler über einen Insolvenzfall berichten können.

---

572 In KMU sind die Geschäftsführer- und Gesellschafterfunktion häufig durch den Unternehmer in Personalunion vertreten.

6.2.2 Qualitative Experteninterviews

In einer qualitativen Erhebung werden Experteninterviews durchgeführt, um einen tiefer gehenden Einblick in den Fortführungs- und Sanierungsprozess zu erhalten. In diesen Interviews werden zunächst ähnliche Fragen wie in der quantitativen Erhebung gestellt, jedoch wird verstärkt auf den Kontext einer Insolvenz und die Variableninterdependenzen eingegangen. Eine besondere Berücksichtigung finden dabei die Insolvenzakteure inklusive ihrer Interessen und ihrer Involvierung. Die qualitativen Interviews ermöglichen zusätzlich eine Interpretation der quantitativen Ergebnisse. Durch eine solche Vorgehensweise wird eine Multiperspektive generiert und es entsteht ein abgerundetes Bild des Fortführungs- und Sanierungsprozesses.

Die Entscheidung für Experteninterviews lässt die Frage der Interviewform zunächst unbeantwortet. So existieren z.B. Intensivinterviews, Tiefeninterviews, unstrukturierte Interviews, qualitative, detaillierte, zentrierte, offene Interviews, narrative Interviews, situationsflexible, problemzentrierte, rezeptive Interviews. Allen diesen Interviewarten ist gemeinsam, dass der Interviewer anregend passiv bleibt und sich darauf beschränkt, Fragen zu stellen und den Interviewten zu eigenen Ausführungen anzuregen.[573]

Aufgrund der Konzeption der Forschungsarbeit erscheint das problemzentrierte Interview adäquat, welches durch die Kriterien Problemzentrierung, Gegenstandsorientierung und Prozessorientierung gekennzeichnet ist.[574] Das problemzentrierte Interview spiegelt dabei eine Kombination aus Induktion und Deduktion wider und steht methodologisch im Gegensatz zu der streng induktiven Vorgehensweise des narrativen Interviews, bei welchem ohne Prädetermination an das Interview herangegangen wird.[575]

Als Zielgruppe der qualitativen Erhebung kommen Personen in Frage, welche umfassend über Zusammenhänge bei Unternehmensinsolvenzen Auskunft geben können. Dabei ist es unabdingbar, dass diese Personen praktische Erfahrung mit dem Insolvenzprozess haben. Diese Bedingungen erfüllen einerseits auf Krisenmanagement und Insolvenzsanierungen spezialisierte Unternehmensberater, andererseits die Insolvenzverwalter. Ähnlich der quantitativen Erhebung gilt, dass andere Personengruppen, wie z.B. Steuerberater/Wirtschaftsprüfer oder Banken-

---

573 Für eine Methodenübersicht der verschiedenen Interviewarten siehe Lamnek (1995), S. 91.
574 Vgl. Witzel (1982), S. 70., Witzel (2000).
575 Vgl. Lamnek (1995), S. 74 f.

vertreter, in der Regel nur in Teilprozesse involviert sind und für eine umfassende Betrachtung ausscheiden. Trotz der emotionalen Verbindung zur Unternehmensinsolvenz sollen in der qualitativen Erhebung auch Unternehmer (ggf. auch Führungskräfte) befragt werden, da diese in KMU eine besondere Rolle spielen.[576] Zwar können diese Personen nur über ihren individuellen Insolvenzfall berichten, jedoch ist deren Sichtweise auf den Fortführungs- und Sanierungsprozess als direkt Betroffene von besonderem Interesse.

6.2.3 Untersuchungseinheit & Überblick

In der empirischen Erhebung werden ausschließlich kleine und mittelständische Unternehmen berücksichtigt, welche von einer Insolvenzsituation betroffen waren. Dabei wird eine Einschränkung auf Unternehmen mit mindestens 20 Mitarbeitern vorgenommen, da bei Unternehmen mit weniger Mitarbeitern aufgrund der eher schwach ausgeprägten Unternehmensstrukturen wesentliche Ansatzpunkte zur Fortführung und Sanierung nicht existieren.[577] Die Obergrenze liegt in Anlehnung an die EU-Definition bei 250 Mitarbeitern.

Der Insolvenzzeitpunkt soll nach dem 1.1.1999 liegen, so dass alle Unternehmen den gleichen rechtlichen Rahmenbedingungen der zu diesem Zeitpunkt in Deutschland eingeführten neuen Insolvenzordnung unterliegen.

Berücksichtigt werden nur solche Unternehmen, welche sich in ihrem Lebenszyklus in einem fortgeschrittenen Status befinden, d.h., es werden nur Unternehmen berücksichtigt, welche zum Zeitpunkt der Insolvenzanmeldung älter als drei Jahre sind. Es werden also keine Gründungsinsolvenzen miteinbezogen, deren Ursachen (und somit auch Fortführungs- und Sanierungsansätze) teilweise in anderen Bereichen liegen als bei Unternehmen, die in ihrem Lebenszyklus bereits fortgeschrittener sind.

Dass es sich um kein staatliches Unternehmen bzw. keine Konzerntochter handeln soll, liegt in der EU-Definition von KMU begründet, welche maximal einen Anteil von 25% institutioneller Investoren vorsieht. Staatliche Unternehmen bzw. Konzerntöchter haben häufig andere Strukturen und die ‚Schicksalsgemeinschaft Unternehmer-Unternehmen' existiert nicht. Aufgrund dieser Schicksalsgemein-

---

[576] Vgl. Abschnitt 5.

[577] Dass eine Untergrenze von 20 Mitarbeitern gewählt wurde, wird eher einer ‚Praxisgröße' gerecht als einer wissenschaftlichen Begründung. Kleinere Unternehmen werden häufiger zerschlagen bzw. haben gering ausgeprägte Unternehmensstrukturen, welche Sanierungsansätze bieten könnten.

schaft soll als weitere Voraussetzung gelten, dass mindestens ein Gesellschafter in der Geschäftsführung vertreten ist.

Die zu beschreibenden Unternehmen müssen nach dem Insolvenzantrag zunächst fortgeführt und dürfen nicht sofort stillgelegt worden sein. Das Ziel der Fortführung soll darin bestanden haben, eine Rechtsträgersanierung bzw. übertragende Sanierung durchzuführen. Um eine abhängige Variable zu erhalten, bedarf es erfolgreicher und nicht erfolgreicher Sanierungen. D.h., bei dem einen Teil der Unternehmen soll die Fortführung abgebrochen und das Unternehmen liquidiert worden sein, bei dem anderen Teil soll die Fortführung zu einer Rechtsträgersanierung oder übertragenden Sanierung geführt haben.

Dass die Erhebung geografisch auf die Bundesrepublik Deutschland gerichtet ist, ist damit zu begründen, dass in Deutschland eine hohe Anzahl potenzieller Untersuchungsfälle existiert. Zudem gewährleistet die Fokussierung auf nur ein Land die Vergleichbarkeit der Unternehmenssituation im Hinblick auf rechtliche Rahmenbedingungen.

Tabelle 6.1 gibt eine Übersicht über die Eingrenzungskriterien der Untersuchungseinheit sowie ihre jeweilige Begründung:

Kriterium	Gründe für die Eingrenzung
➢ 20-250 Mitarbeiter	➢ Stärker ausgeprägte Unternehmensstrukturen bei Unternehmen ab 20 Mitarbeiter, Obergrenze nach EU-Definition.
➢ Insolvenzzeitpunkt nach 1.1.1999	➢ Einführung der neuen Insolvenzordnung, dadurch gleiche Rechtsgrundlage.
➢ Unternehmen älter als drei Jahre	➢ Keine Berücksichtigung von Gründungsinsolvenzen
➢ Kein staatliches Unternehmen oder Konzerntochter	➢ Rückgriff auf EU-Definition, wonach institutionelle Anleger weniger als 25% Anteile besitzen dürfen.
➢ Mindestens ein Gesellschafter in der Geschäftsführung	➢ Qualitativer Aspekt der ‚Schicksalsgemeinschaft Unternehmer - Unternehmen'.
➢ Unterscheidung in erfolgreiche und nicht erfolgreiche Fortführungen und Sanierungen	➢ Ermöglicht den Erhalt von abhängigen und unabhängigen Variablen.
➢ Forschungsfeld Deutschland	➢ Hohe Anzahl potenzieller Untersuchungsfälle, Einheitliche rechtliche Rahmenbedingungen.

Tabelle 6.1: Eingrenzungskriterien empirische Erhebung

6.2.4 Ablauf und Risiken der Untersuchungskonzeption

Der bisher implizit dargestellte Ablauf der empirischen Erhebung wird in Abbildung 6.1 visualisiert. Der Darstellung sind auch die notwendigen Pre-Tests und ihre Rücklaufschleifen zur Fragebogenerstellung zu entnehmen. Ebenso wird deutlich, dass ggf. bei einem zu geringen Rücklauf Erinnerungsschreiben versendet werden müssen. Sofern die Ergebnisse der qualitativen Interviews nicht verwertbar sein sollten, bedarf es nochmaliger Interviewrunden. Abschließend werden mit den Ergebnissen beider Erhebungen die Forschungsfragen beantwortet und es wird ein Modell mit den relevanten Einflussfaktoren einer Insolvenzsanierung dargestellt.

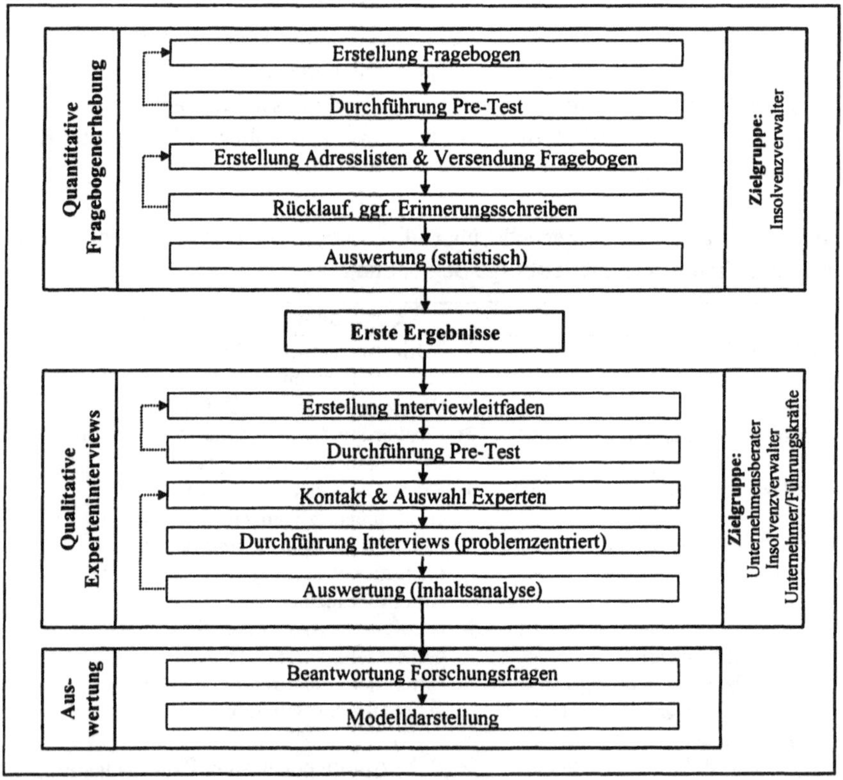

Abbildung 6.1: Ablauf empirische Erhebung

Quelle: Eigene Darstellung

Für die konzipierte empirische Untersuchung existieren Chancen und Risiken, welche übersichtsartig in Tabelle 6.2 dargestellt sind:

Bereich	Chancen	Risiken
Quantitative Fragebogen-erhebung	➢ Größere Fall- und Datenmenge erfassbar ➢ Statistisch repräsentativ (abhängig von Rücklaufquote) ➢ Statistische Einflüsse berechenbar	➢ Unsicherheit bezüglich Rücklaufquote
Zielgruppe Insolvenzverwalter	➢ Adressen öffentlich zugänglich ➢ Umfangreiche Erfahrung und Kenntnisse des Insolvenz-prozesses ➢ Neutralität bei heiklen Fragen zum Unternehmer/Unter-nehmen ➢ Keine/geringe emotionale Belastung durch Insolvenzfall ➢ Keine geografische Fokussierung notwendig ➢ Anonymität der Fälle und des Insolvenzverwalters möglich ➢ Potenzielles Interesse an den Ergebnissen	➢ Lediglich eine Sicht-weise auf den Insolvenzfall ➢ Durch zeitliche (Über-) Beanspruchung ggf. geringe Rücklaufquote
Qualitative Experteninterviews	➢ Zusätzliche Einbeziehung weiterer Personen möglich ➢ Fokus auf Kontext und Interdependenzen möglich ➢ Interpretation der quantitativen Ergebnisse	➢ Lokale Gebundenheit der Interviews ➢ Hoher Reiseaufwand für Interviewdurchführung
Zielgruppe Unternehmensberater Insolvenzverwalter Unternehmer/ Führungskräfte	➢ Multiperspektive auf Insolvenzprozess möglich ➢ Interesse an den Ergebnissen	➢ Problematischer Zugang zu Interviewpartnern, insbesondere zu Betroffenen ➢ Ggf. zeitliche Restrik-tionen ➢ Problematik der Anonymität

Tabelle 6.2: Vor- und Nachteilsmatrix Forschungsdesign

6.3 Gang der Arbeit

Im Folgenden wird der Gang der Arbeit erläutert. Dies beinhaltet die Entwicklung der Erhebungsinstrumente, die Darstellung des Zugangs zum Forschungsfeld sowie die tatsächliche Datenerhebung und die Vorgehensweise bei der Datenauswertung.

6.3.1 Entwicklung der Erhebungsinstrumente

a) Quantitativer Fragebogen

Der Fragebogen[578] für die quantitative Erhebung wurde aus den theoretischen Analysen der Kapitel vier und fünf sowie dem dazugehörigen Forschungsmodell erstellt. Dabei wurde zusätzlich die Dynamik der konfigurationstheoretischen Denkweise berücksichtigt, indem eine Betrachtung von Konfigurationsvariablen zum Insolvenzzeitpunkt als auch zum Endzeitpunkt der Sanierung stattfindet.

Um die Erfolgswirkung feststellen zu können, wurden zwei Fragebögen entwickelt, die sich inhaltlich aber nur in einer Frage unterscheiden. Der Fragebogen für nicht erfolgreiche Fortführungen behandelt in Frage Nr. 16 die Abbruchgründe, der Fragebogen für erfolgreiche Sanierungen hingegen die alte und neue Eigentümerstruktur des Unternehmens. Konsequenterweise stellt die abgefragte Schlusskonfiguration bei nicht erfolgreichen Sanierungen die Konfiguration zum Liquidationszeitpunkt dar und bei erfolgreichen Sanierungen die Konfiguration bei Beendigung des Insolvenzverfahrens bzw. dem Übertragungszeitpunkt.

Um die durchschnittliche Befragungsdauer zu ermitteln, die Verständlichkeit von Fragen zu überprüfen und Fragekontexteffekte zu erheben, empfiehlt *Diekmann* die Durchführung von Pre-Tests.[579] Diese Pre-Tests wurden in der vorliegenden Arbeit in verschiedenen Runden mit unterschiedlicher Zielsetzung durchgeführt:

- 1. Pre-Test-Runde: allgemeine inhaltliche Verständlichkeit und Beantwortungsdauer
- 2. Pre-Test-Runde: allgemeine inhaltliche Verständlichkeit, inhaltliche Beantwortungsfähigkeit und Variablenselektion
- 3. Pre-Test-Runde: Schlusskontrolle des überarbeiteten Fragebogens

[578] Der Fragebogen ist dem Anhang II zu entnehmen.
[579] Diekmann (2002), S. 415 f.

Um die inhaltliche Verständlichkeit und die Beantwortungsdauer des Fragebogens in einer ersten Pre-Test-Runde zu überprüfen, wurde dieser drei verschiedenen Personen aus dem Umfeld des Autors vorgelegt. Diese Personen haben zwar einen betriebswirtschaftlichen Hintergrund, verfügen jedoch nicht über vertiefte insolvenzrechtliche Kenntnisse. Als Ergebnis dieser Pre-Tests wurden einzelne Fragen deutlicher formuliert und die Wortwahl geändert.

In der zweiten Pre-Test-Runde wurde mit ausgewählten Insolvenzverwaltern[580] nochmals die allgemeine Verständlichkeit als auch die spezifische Beantwortungsfähigkeit getestet. D.h., es sollte herausgefunden werden, ob die Fragen sowohl inhaltlich zu beantworten sind als auch ob die Bereitschaft der Insolvenzverwalter existiert, diese zu beantworten. Ein besonderer Fokus wurde auf die Variablenselektion gesetzt. D.h., es sollte herausgefunden werden, ob nicht relevante Variablen zu entnehmen sind und relevante hinzugefügt werden müssen.[581]

Als dritter Schritt der Pre-Test-Phase wurde die überarbeitete Version der Fragebögen nochmals zwei Personen zur Begutachtung übergeben. Zum einen einer Unternehmensberaterin, welche langjährige Berufserfahrung in einer Rechtsanwaltskanzlei für Insolvenzrecht und -verwaltung hat, zum anderen einem Rechtsanwalt für Insolvenzrecht. Die Rückmeldungen dieser dritten Pre-Test-Runde führten zu keinen weiteren inhaltlichen Veränderungen des Fragebogens. In der so entstandenen Form wurde der Fragebogen für die empirische Erhebung verwendet.

b) Interviewleitfaden

Der Interviewleitfaden wurde wie der quantitative Fragebogen anhand der theoretischen Analysen der Kapitel vier und fünf sowie dem Forschungsmodell erstellt. Er ähnelt daher dem quantitativen Fragebogen in seiner Grundstruktur. Ein besonderer Fokus wurde auf den Insolvenzkontext sowie dessen Akteure und existierende Interdependenzen gelegt. Ebenso wurde in den Interviews auf die besondere Rolle des Insolvenzverwalters eingegangen, da dieser in der quantitativen Erhebung nicht berücksichtigt werden konnte, da verzerrte Antworten zu erwarten gewesen wären.

[580] Um ein umfassendes Spektrum zu erhalten, wurden dafür Insolvenzverwalter aus verschiedenen Kanzleigrößenklassen ausgewählt.
[581] Der Anlage I sind die ausgewählten Variablen und deren jeweilige Begründung für die Entnahme bzw. das Hinzufügen zu entnehmen.

Nach einer ersten Auswertung der quantitativen Erhebung wurden die Ergebnisse in ‚Regieanweisungen' eingebaut, so dass der Interviewer im entsprechenden Fragenblock spezifisch auf die Ergebnisse eingehen konnte, um den Inhalt des Gespräches zu präzisieren. Die tatsächlichen Ergebnisse der quantitativen Befragung blieben dem Interviewten jedoch unbekannt bzw. wurden nur bedingt offenbart, um keine Antwortverzerrung zu erzeugen.[582]

Der auf diese Weise entstandene Interviewleitfaden wurde Pre-Tests unterzogen, welche jedoch nicht so ausführlich gestaltet waren wie die Pre-Test-Runden der quantitativen Erhebung. Dies erschien daher nicht notwendig, da bei Missverständnissen und Unklarheiten im Interview Nachfragen und Ergänzungen möglich sind. Aufgrund der positiven Erfahrungen mit den Personen der ersten Pre-Test-Runde des quantitativen Fragebogens wurde der Interviewleitfaden nochmals mit diesen Personen getestet. Dabei wurden auch zwei fiktive Interviews durchgeführt, um ein Gefühl für die Interviewdauer und Gesprächssituation zu entwickeln. Diese Pre-Tests führten zu kleinen Änderungen in der Fragenformulierung, der Darstellungsform und einigen Regieanweisungen, inhaltlich blieb der Interviewleitfaden gleich.[583]

6.3.2 Zugang zum Forschungsfeld

a) Adressdaten Insolvenzverwalter

Zur Versendung der quantitativen Fragebögen wurden zunächst Adressen von Insolvenzverwaltern recherchiert werden, da keine zentrale Liste der in Deutschland zugelassenen Insolvenzverwalter existiert.[584] Aus diesem Grunde wurden in einem aufwändigen Suchprozess über die Homepage des RWS-Verlages[585] alle im Zeitraum 1. Januar 2004 bis 31. Mai 2005 in Deutschland beantragten und eröffneten Insolvenzverfahren sowie die den Verfahren zugewiesenen Insolvenzverwalter recherchiert.

In einem weiteren Schritt wurden über die Bundesrechtsanwaltskammer bzw. über die Kammern der verschiedenen Bundesländer die Kanzleien der vorwiegend im Berufsstand der Rechtsanwälte tätigen Insolvenzverwalter und die dazugehörigen

---

[582] Zu Fehlerquellen und Antwortverzerrungen im Interview siehe Diekmann (2002), S. 382 ff.
[583] Der Interviewleitfaden ist dem Anhang III zu entnehmen.
[584] Eine schriftliche Anfrage an das deutsche Bundesministerium für Justiz, ob eine Gesamtliste der in Deutschland zugelassenen Insolvenzverwalter existiert, wurde mit dem Hinweis auf die Homepage des RWS-Verlages (www.rws-verlag.de) beantwortet.
[585] Vgl. www.rws-verlag.de

Faxnummern recherchiert. Die so entstandene Liste wurde noch mit den öffentlich zugänglichen Daten der Bundesvereinigung Restrukturierung, Sanierung und Interim Management (BRSI)[586] sowie des Verbandes der Insolvenzverwalter Deutschlands e.V.[587] abgeglichen.

Auf diese Weise konnten 1.144 Insolvenzverwalter ermittelt werden. Insolvenzverwalter, welche innerhalb dieses Zeitraumes keinen Fall zugewiesen bekamen und nicht im BRSI bzw. dem Verband der Insolvenzverwalter vertreten sind, wurden nicht berücksichtigt. Es ist aber anzunehmen, dass die ermittelten 1.144 Personen die in Deutschland aktiven Insolvenzverwalter nahezu vollständig widerspiegeln.

b) Interviewpartner

Wie in Abschnitt 6.2.2 dargestellt, bedarf es für die Interviews Personen, welche mit dem Insolvenzprozess eng in Verbindung stehen. Dabei scheint besonders der Zugang zu betroffenen Unternehmern und Führungskräften problematisch, da die Insolvenz häufig mit dem Stigma des Scheiterns verbunden ist. Der Zugang wird zusätzlich erschwert, da private Unternehmeradressen nur unter hohem Aufwand recherchierbar sind. Aus diesen Gründen wurde eine Kontaktaufnahme über ‚Türöffner' gewählt und eine Veröffentlichung des Forschungsvorhabens auf der Homepage des BRSI sowie in einem BRSI-Newsletter vorgenommen.

Aufgrund dieser Veröffentlichung meldeten sich verschiedene Unternehmensberater, die Interesse an einem Interview zeigten. Mit diesen wurde in einem Telefonat geklärt, ob sie zu einem Interview auch betroffene Unternehmer einladen können, bzw. ein Kontakt vermittelbar ist.

Um Insolvenzverwalter als Interviewpartner zu gewinnen, wurde auf der Schlussseite des quantitativen Fragebogens nach ihrer Interviewbereitschaft gefragt. Eine weitere Kontaktebene bestand in dem persönlichen Netzwerk des Autors, welcher durch seine praktische Tätigkeit im Bereich Sanierungsmanagement Kontakte zu Unternehmern, Unternehmensberatern und Insolvenzverwaltern besitzt. Außerdem wurden telefonische Anfragen direkt an Unternehmensberatungen gestellt, welche sich durch einen Fokus auf Krisen- und Insolvenzmanagement auszeichnen.

---

[586] Vgl. www.brsi.de

[587] Vgl. www.arbeitskreis-insolvenzverwalter.de

Mit der dargestellten Vorgehensweise konnten insgesamt 16 Unternehmensberater, neun von einer Insolvenz betroffene Unternehmer/Führungskräfte und 34 Insolvenzverwalter in den Pool der potenziellen Interviewpartner aufgenommen werden.

6.3.3 Datenerhebung und -rücklauf

a) Quantitative Erhebung

Von den verschiedenen Aussendungsoptionen des Fragebogens wurde die Postversion gewählt, da diese die größte Seriosität versprach. Gegen die Variante der E-Mail Versendung sprach neben rechtlichen Bedenken die Tatsache, dass der Aufwand, personalisierte E-Mail Adressen von Insolvenzverwaltern zu recherchieren, unabschätzbar hoch ist. Gegen die Variante der Faxversendung sprachen mögliche rechtliche Bedenken hinsichtlich der Zulässigkeit sowie die Tatsache, dass einem im Umschlag versandten Fragebogen größere Bedeutsamkeit zukommt und dieser einen höheren ‚optischen Eindruck' hinterlässt als ein Fax.

Unterstützend wurden neben der postalischen Aussendung das Anschreiben sowie beide Fragebögen nochmals durch die BRSI in einem eigenen Newsletter an die Insolvenzverwalter unter ihren Mitgliedern versendet. Eine weitere Multiplikation entstand durch die Kontakte zu Unternehmensberatern, Rechtsanwälten und Vertretern staatlicher Organisationen, welche sich aufgrund der ersten BRSI-Veröffentlichung meldeten und bereit waren, ihre Kontakte zu Insolvenzverwaltern zu nutzen um den Fragebogen zu streuen.

Zusätzlich wurde die Homepage www.wu-wien.ac.at/insolvenzstudie eingerichtet, auf welcher Informationen über die Studie sowie den Autor zugänglich waren und beide Fragebögen heruntergeladen werden konnten. Auf diese Internetseite wurde bei allen postalischen Versendungen hingewiesen. Als abschließende Maßnahme zur Erhöhung der Rücklaufquote wurde mit dem Abstand von ca. vier bis fünf Wochen zur postalischen Versendung ein Erinnerungsfax an die Insolvenzverwalter versendet.

Die Erhebung fand vom 1. August 2005 bis zum 30. Oktober 2005 statt. Da der Erhebungszeitraum in die Sommerferien fiel, wurde entsprechend der ‚Feriengrenze' eine dreistufige Aussendung nach Bundesländern vorgenommen, so dass der Fragebogen in der ersten oder zweiten Woche nach Ferienende einging.

Von den insgesamt 1.144 versendeten Fragebögen kamen 12 aufgrund einer falschen Postanschrift wieder zurück. Von den verbleibenden 1.132 Fragebögen gab es 212 Rücksendungen, was einer Responserate von 18,7% entspricht. 65 Insolvenzverwalter haben angegeben, dass sie bisher noch keinen Insolvenzfall betreut haben, der in die Untersuchungsgruppe fällt. Tatsächlich ausgefüllte Fragebögen gab es 147 (13,0%), davon verwertbar waren 145 (12,8%). Von diesen 145 beschreiben 92 eine erfolgreiche Fortführung und Sanierung (63,4%) und 53 eine nicht erfolgreiche (36,6%).

	Anzahl	**in %**	
Versendete Fragebögen	1.144		
Rücksendung wegen falscher Postanschrift	12		
Tatsächlich angekommene Fragebögen	1.132	100,0%	
Zurückgesendete Fragebögen	212	18,7%	(100,0%)
- davon kein Insolvenzfall	65		30,7%
- davon ausgefüllte Fragebögen	147		69,3%
Verwertbare Fragebögen	145	12,8%	(100,0%)
- davon erfolgreich Fälle	92		63,4%
- davon nicht erfolgreiche Fälle	53		36,6%

Tabelle 6.3: Übersicht Rücklauf quantitative Erhebung

Es ist davon auszugehen, dass ein Großteil der Insolvenzverwalter lediglich kleine Insolvenzen betreut haben und viele keinen Fall mit den angefragten Eigenschaften vorweisen können. Ebenso gehören Insolvenzverwalter zu einer Berufsgruppe mit einer extrem hohen Arbeitsbelastung, so dass eine Responserate von 18,7% mit 12,8% verwertbaren Fragebögen als sehr erfolgreich zu werten ist. Eventuell wäre eine noch höhere Responsrate möglich gewesen, wenn jedem Insolvenzverwalter beide Fragebögen zugesendet worden wären. Da jedoch zu erwarten war, dass in einem solchen Fall das Verhältnis erfolgreiche zu nicht erfolgreiche Fortführungen und Sanierungen sehr zugunsten der erfolgreichen ausfällt, wurde eine Verwässerung[588] in Kauf genommen und jedem Insolvenzverwalter nur ein Fragebogen zugesendet. Dass im Bereich der nicht erfolgreichen Sanierungen weniger Fragebögen zurückgesendet wurden, entspricht der Tatsache, dass viele insolvente Unternehmen erst gar nicht fortgeführt und bereits zu einem frühen Zeitpunkt zerschlagen werden.

[588] Unter dem Begriff der Verwässerung ist hier zu verstehen, dass Insolvenzverwalter, welche lediglich über erfolgreiche Fortführungen und Sanierungen berichten können, einen Fragebogen für nicht erfolgreiche Fälle erhalten und diesen daher nicht ausfüllen bzw. vice versa.

b) Qualitative Interviews

Aus dem Pool der potenziellen 59 Interviewpartner wurden insgesamt drei Insolvenzverwalter, sechs Unternehmensberater und sechs Betroffene in Form von Gesellschaftern, Geschäftsführern oder Führungskräften ausgewählt, wobei die Auswahl eine möglichst regionale Streuung widerspiegeln sollte. Insgesamt wurden die 15 Interviews in den Städten Frankfurt am Main, Hannover, München, Stuttgart sowie in Wien, inkl. des jeweiligen Umlandes, durchgeführt. Die Interviewpartner wurden telefonisch zur Terminvereinbarung kontaktiert und der Interviewleitfaden wurde vorab versendet. Den direkt von einer Insolvenz Betroffenen wurde bereits bei diesem Telefonat garantiert, dass keine namentliche Veröffentlichung vorgenommen wird, sondern lediglich die Funktion, Branche, Mitarbeiteranzahl und das Insolvenzjahr veröffentlich werden.

Das Interview wurde anhand des Interviewleitfadens und, sofern möglich, als Vor-Ort-Interview[589] durchgeführt. Die Reihenfolge und die Frageformulierung, wie sie zunächst im Interviewleitfaden fixiert waren, wurden in den Interviews teilweise variiert. Beim Interview selbst wurde das Erzählprinzip in den Vordergrund gestellt. D.h., der Befragte konnte frei und ohne Antwortalternativen antworten. Die Bedeutungsstrukturierung der sozialen Wirklichkeit blieb dadurch dem Interviewten selbst überlassen. Das dem Interview zu Grunde liegende theoretische Konzept wurde nicht bekannt, um keine verzerrenden Wirkungen zu erzeugen.[590]

Die Interviews fanden im Zeitraum vom 28. November 2005 bis zum 15. Dezember 2005 statt und wurden meistens in den Büroräumen der Interviewpartner durchgeführt. Bei den betroffenen Unternehmern und Geschäftsführern wurden die Interviews teilweise in den Privatwohnungen durchgeführt. Zwei Interviews konnten aufgrund von terminlichen Verschiebungen lediglich telefonisch geführt werden. Die Interviewdauer variierte zwischen einer und drei Stunden. Die meisten Interviews (12) lagen jedoch in einem Zeitrahmen von ca. 75-90 Minuten.

---

[589] Sofern ein persönliches Vor-Ort-Interview nicht möglich war, wurde in Ausnahmefällen auch ein telefonisches Interview durchgeführt.

[590] Eine ähnliche Vorgehensweise empfehlen auch Lamnek und Kohli. Vgl. Lamnek (1995), S. 75, Kohli (1978), S. 1 ff.

6.3.4 Datenauswertung

a) Statistische Auswertung mit SPSS

Zur Auswertung der quantitativen Erhebung wurden alle Fragebogenvariablen kodiert und ihre Ausprägung in SPSS eingegeben. Es wurde dann sowohl eine deskriptive als auch eine multivariate Analyse durchgeführt, um Unterschiede in Ausgangskonfiguration und den Sanierungsparametern zwischen erfolgreichen und nicht erfolgreichen Fortführungen und Sanierungen sowie Einflussfaktoren auf den Erfolg ermitteln zu können. Ebenso sollten Unterschiede in der Ausgangs- und Schlusskonfiguration ermittelt werden. Auf die Durchführung einer Datenreduktion, z.B. in Form einer Faktorenanalyse, wurde verzichtet, um Informationsverluste zu vermeiden.

Die erhobenen Daten wurden zunächst mit Häufigkeitsauswertungen und Mittelwertberechnungen analysiert, um einen allgemeinen Überblick über die beschriebenen Insolvenzfälle zu erhalten. Diese Auswertungen dienten neben einer grundlegenden Beschreibung der Variablenausprägung auch der Generierung von Verteilungsaussagen.

Um Unterschiede zwischen beiden Gruppen zu ermitteln, wurden bei den nominal skalierten Variablen Chiquadrat-Tests durchgeführt. Bei den metrisch skalierten Variablen wurden mittelwertvergleichende t-Tests bei unabhängigen Variablen errechnet. Diese t-Tests entsprechen einer Hypothesentestung mit der Hypothese: ‚Die Varianzen sind gleich' bzw. ‚Die Varianzen sind nicht gleich'. Anhand der Signifikanzniveaus war festzustellen, ob die Unterschiede zwischen erfolgreichen und nicht erfolgreichen Sanierungen rein zufällig oder signifikant unterschiedlich sind.

Die ermittelten signifikant unterschiedlichen Variablen bei der Ausgangskonfiguration und den Sanierungsparametern wurden dann im Rahmen einer logistischen Regressionsrechnung bezüglich ihres Einflusses auf den Fortführungs- und Sanierungserfolg untersucht.

Die logistische Regression gehört wie die Diskriminanz- und die Regressionsanalyse zu den strukturprüfenden Verfahren. Die für die logistische Regression relevante Problemstellung ist derart definiert, dass es ein Komplementärereignis (0/1 Ereignis) gibt. Die dichotome Ausprägung der Variable Erfolg (erfolgreiche Fortführung und Sanierung vs. nicht erfolgreiche) führt im vorliegenden Fall zu einer abhängigen Variable (e) mit den Ausprägungen 1 für erfolgreiche Fortführung und 0 für nicht erfolgreiche. Die Eintrittswahrscheinlichkeit (p) der Ereignisse steht in folgender Beziehung:

$$p\,(e=0) + p\,(e=1) = 1$$

und es gilt: $$p\,(e=0) = 1 - p\,(e=1)$$

Die logistische Regression versucht nun über einen Regressionsansatz zu bestimmen, mit welcher Wahrscheinlichkeit der Fortführungs- und Sanierungserfolg von verschiedenen Einflussgrößen abhängt. D.h., das Ziel der logistischen Regression ist die Ableitung einer Eintrittswahrscheinlichkeit für das empirisch beobachtete Ereignis ‚Erfolg'. Vorteilhaft bei der logistischen Regression ist, dass sie keine multinormalverteilte, unabhängige Variablen benötigt und auch keine gleiche Varianz-Kovarianzmatrizen in den betrachteten Gruppen. Die unabhängigen Variablen müssen zudem kein metrisches Skalenniveau aufweisen, sondern können auch eine kategoriale Variable mit nominalem Skalenniveau sein.[591]

Ob das erstellte Modell besser zwischen Erfolg und nicht Erfolg trennt als der Zufall, d.h., ob das Modell signifikant ist, ist eine Frage der Modellgüte. Um die Modellgüte zu bewerten, wurden Gütekriterien auf Basis der LogLikelihood-Funktion (das -2fache des logarithmierten Likelihood (-2LL)) ausgewählt. Die Größe -2LL ist auch als Devianz zu bezeichnen und kann inhaltlich mit der Fehlerquadratsumme der klassischen Regressionsanalyse verglichen werden. Weitere Gütemaße stellen z.B. das Cox und Snell R^2 oder das Nagelkerke R^2 dar.

Abbildung 6.2 zeigt den Ablauf der statistischen Analyse:

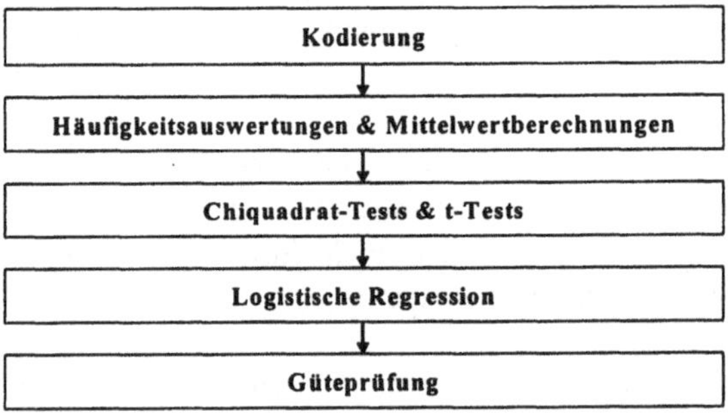

Abbildung 6.2: Ablauf statistische Analyse

Quelle: Eigene Darstellung

[591] Vgl. Backhaus/Erichson/Plinke/Weiber (2003), S. 418 ff.

b) Qualitative Inhaltsanalyse

Zur Auswertung der qualitativen Interviews wurden zunächst alle Interviews (bis auf vier Ausnahmen, bei welchen eine Aufnahme durch die Befragten nicht erwünscht oder telefonisch nicht möglich war) auf Tonband aufgezeichnet. Bei den vier nicht aufgezeichneten Interviews wurden die Antworten während des Gespräches mitprotokolliert.

Die Interviewauswertung wurde in Form einer qualitativen Inhaltsanalyse vorgenommen, welche in der vorliegenden konkreten Ausgestaltung eine Kombination einer zusammenfassenden und inhaltlich strukturierenden Inhaltsanalyse darstellt. Dies hat den Vorteil einer methodisch kontrollierten Vorgehensweise, welche durch ein Kategoriesystem unterstützt wird. Dabei dient das Kategoriesystem dazu, diejenigen Bereiche und Aspekte festzulegen, welche aus dem Material herausgefiltert werden sollen.[592]

Zunächst wurden die Interviews wörtlich transkribiert und im Sinne einer Globalauswertung nach *Legewie*[593] unter Berücksichtigung der Forschungsfragen und dem Fokus auf die Akteure gelesen. Gleichzeitig wurde der Text mit Vermerken versehen und interessante Textstellen wurden markiert. Mit diesem inhaltlichen Wissen wurde ein Kategoriesytem gebildet, welches sich an den Insolvenzakteuren orientiert.

In einem nächsten Schritt wurde die Datenmenge handhabbar gemacht (zusammengefasst), indem die transkribierten Interviews paraphrasiert und nicht inhaltstragende Äußerungen weggelassen wurden. Gleichzeitig wurden die paraphrasierten Interviewteile auf eine grammatikalische Kurzform reduziert, um eine Fokussierung auf die tatsächliche Aussage zu gewährleisten. Die auf diese Art und Weise reduzierten Aussagen wurden dann abstrahiert, um generalisierte Satzaussagen zu erhalten und einer der Akteurskategorien zugeordnet (inhaltlich strukturiert). Abschließend wurden die Aussagen und Zusammenhänge der einzelnen Kategorien inhaltlich interpretiert und die Ergebnisse dargestellt.

---

[592] Zur zusammenfassenden Inhaltsanalyse siehe Mayring (2003), S. 59 ff., zur strukturierenden Inhaltsanalyse siehe Mayring (2003), S. 82 ff. Zur Geschichte der Methodik der Inhaltsanalyse wird auf Atteslander (2000), S. 201 ff. verwiesen.

[593] Vgl. Legewie (1994), S. 177 ff.

Abbildung 6.3 zeigt den Ablauf der qualitativen Inhaltsanalyse:

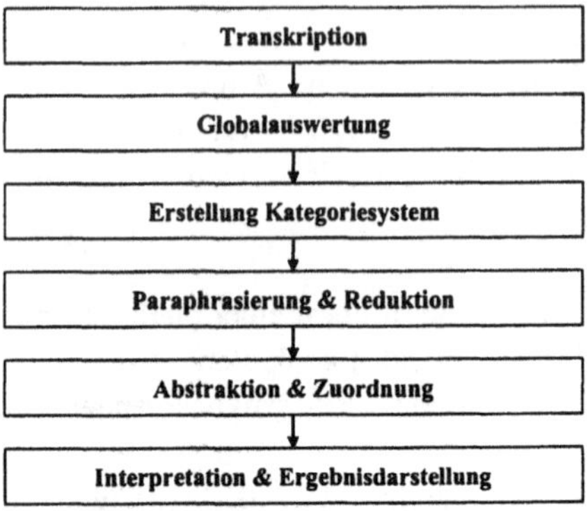

Abbildung 6.3: Ablauf qualitative Inhaltsanalyse

Quelle: Eigene Darstellung, in Anlehnung an Mayring (2003), S. 56 ff.

7 EMPIRISCHE ERGEBNISSE

Im Folgenden werden die Ergebnisse der quantitativen Fragebogenerhebung und der qualitativen Interviews dargestellt. Das Kapitel endet mit einer Beantwortung der Forschungsfragen aus Abschnitt 2.2 und der Präsentation eines Modells, welches die bedeutenden Einflussfaktoren einer erfolgreichen Fortführung und Sanierung darstellt.

7.1 Quantitative Fragebogenerhebung

Durch die Auswertung der quantitativen Fragebögen lässt sich ein Überblick über die Ausgangskonfiguration, die Sanierungsparameter als auch die Schlusskonfiguration generieren. Es werden signifikante Unterschiede der Konfigurationsvariablen zwischen erfolgreichen und nicht erfolgreichen Fortführungen und Sanierungen festgestellt und deren Einfluss auf den Sanierungserfolg ermittelt.

7.1.1 Ausgangskonfiguration

Neben einer reinen Beschreibung der Ausgangskonfiguration wird auf die Unterschiede zwischen erfolgreichen und nicht erfolgreichen Sanierungen eingegangen. Um festzustellen, ob ermittelte Unterschiede zwischen beiden Gruppen signifikant sind, werden Chiquadrat-Tests und t-Tests für die Mittelwertgleichheit durchgeführt. Die Antwortkategorien wurden wie folgt kodiert: sehr gering=1, gering=2, hoch=3, sehr hoch=4 und daraus die Mittelwerte (MW) berechnet. Signifikante Unterschiede sind im Folgenden **fett** gedruckt.

a) Unternehmer

Der Unternehmer wird von den befragten Insolvenzverwaltern mit einem hohen Stellenwert seiner Selbstständigkeit beschrieben. Insgesamt wird in 81,8% der Fälle eine hohe bzw. sehr hohe Bewertung abgegeben. Sein Bedürfnis nach Betriebserhaltung hat die höchste Ausprägung aller abgefragten Variablen. 88,2% beurteilen das Bedürfnis nach Betriebserhaltung als hoch bzw. sehr hoch.

Bei der Frage nach dem Unternehmertyp anhand der Variablen dynamisch-schöpferisch und administrativ-ausführend zeigt sich, dass insolvente Unternehmer eine stärkere Tendenz zu dynamisch-schöpferischen Aktivitäten haben als zu administrativ-ausführenden. Die Stressresistenz und die Vertrauenswürdigkeit werden mit mittleren Ausprägungen eingestuft.

KMU-Unternehmer haben nahezu keinerlei Sanierungserfahrung. Lediglich in einem Fall wird diese mit sehr hoch angegeben, in vier Fällen mit hoch. In 96,6% der Fälle wird die Sanierungserfahrung mit sehr gering (66,7%) bzw. gering (29,9%) bewertet. Hinsichtlich seines Wissens wird dem Unternehmer ein deutlich höheres Branchenwissen in Bezug auf Produkte und Märkte zugesprochen als betriebswirtschaftliche Kompetenz.

Der Mittelwertvergleich zwischen erfolgreichen und nicht erfolgreichen Fortführungen zeigt, dass die größten Differenzen in den Variablen ‚Bedürfnis nach Betriebserhaltung', ‚Dynamisch-schöpferische Aktivität' und ‚Vertrauenswürdigkeit' existieren. Alle drei genannten Variablen haben höhere Mittelwerte bei erfolgreichen Fortführungen und sind signifikant.

Das Bedürfnis nach Betriebserhaltung wird bei nicht erfolgreichen Fortführungen mit einem Mittelwert von 3,17 eingestuft, der Mittelwert bei erfolgreichen Fortführungen ist mit 3,44 signifikant höher. Bei Betrachtung der Variable ‚Dynamisch-schöpferische Aktivität' bedarf es zusätzlich einer Berücksichtigung der Variable ‚Administrativ-ausführende Aktivität'. Bei nicht erfolgreichen Fortführungen und Sanierungen zeigt sich, dass der Unternehmer dem Typus ‚Routinier' entspricht (hohe Insolvenzanfälligkeit und geringe Aussicht auf Sanierungserfolg), bei erfolgreichen ist dieser dem Typus ‚Pionier' (geringere Insolvenzanfälligkeit und hohe Aussicht auf Sanierungserfolg) zuzuordnen.[594] Die Vertrauenswürdigkeit des Unternehmers hat bei nicht erfolgreichen Fortführungen einen Mittelwert von 2,58, bei erfolgreichen ist dieser mit 2,84 signifikant höher.

Tabelle 7.1 zeigt die Mittelwerte (MW), die T-Werte sowie die 2-seitige Signifikanz der Konfigurationsvariablen Unternehmer:

[594] Für die Typenzuordnung und -beschreibung siehe Abschnitt 5.1.1.

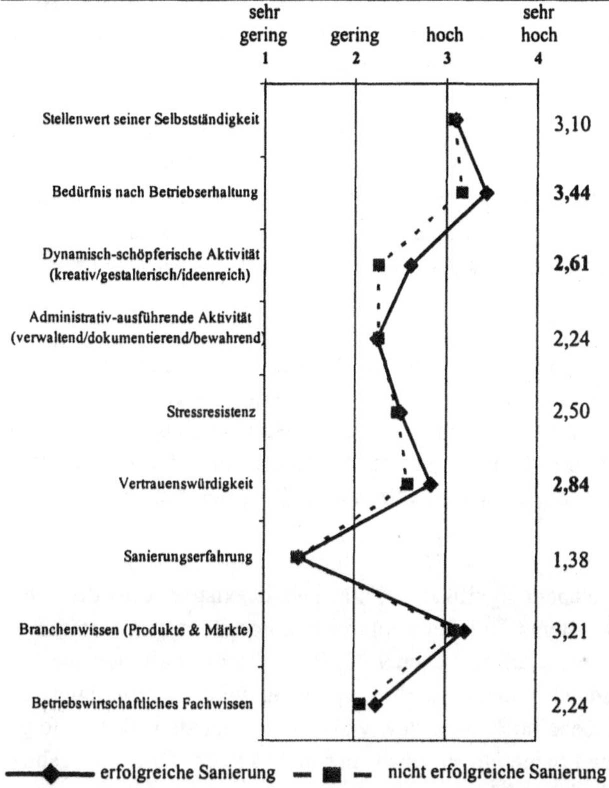

Variablenausprägung	MW e.S.	MW ne.S.	T	Sig. (2-seitig)
Stellenwert seiner Selbstständigkeit	3,10	3,08	-0,204	0,838
Bedürfnis nach Betriebserhaltung	**3,44**	**3,17**	**-2,224**	**0,028**
Dynamisch-schöpferische Aktivität (kreativ/gestalterisch/ideenreich)	**2,61**	**2,25**	**-2,705**	**0,008**
Administrativ-ausführende Aktivität (verwaltend/dokumentierend/bewahrend)	2,24	2,25	-0,067	0,947
Stressresistenz	2,50	2,46	-0,297	0,767
Vertrauenswürdigkeit	**2,84**	**2,58**	**-2,009**	**0,046**
Sanierungserfahrung	1,38	1,36	-0,261	0,795
Branchenwissen (Produkte & Märkte)	3,21	3,09	-0,990	0,324
Betriebswirtschaftliches Fachwissen	2,24	2,06	-1,495	0,137

e.S.=erfolgreiche Sanierungen, ne.S.=nicht erfolgreiche Sanierungen, Sig.=Signifikanz

Tabelle 7.1: Mittelwerte und signifikante Unterschiede - Unternehmer

b) Management

Bei den Managementinstrumenten zeigt sich eine geringe Ausprägung und Verbreitung. Besonders gering wird die Ausprägung von Controllingsystemen im Sinne von Planung, Berichtswesen und Steuerung bewertet. In 75,9% der Fälle wird die Kategorie als sehr gering (28,3%) bzw. gering (47,6%) angegeben. Das Vorbildverhalten des Unternehmers zeigt die höchste Ausprägung der abgefragten Managementinstrumente. In 40,7% der Fälle wird dieses als hoch, in 5,7% der Fälle als sehr hoch eingestuft. Die Kommunikation Mitarbeiter-Unternehmensleitung ist gering. In 65,3% der Fälle wird diese Kommunikation mit sehr gering bzw. gering bewertet. Die Variablen ‚Unternehmensstrategie', ‚Dokumentierte Geschäftsprozesse' sowie ‚Methoden-Know-how' zeigen ähnlich niedrige Ausprägungen. Zwischen erfolgreichen und nicht erfolgreichen Fortführungen und Sanierungen zeigen sich bei drei der sechs Variablen signifikante Unterschiede.

Ein erster signifikanter Unterschied ist bei den dokumentierten Geschäftsprozessen festzustellen. Bei erfolgreichen Fortführungen ist in 41,3% der Fälle die Ausprägung mit hoch bzw. sehr hoch bewertet, bei den nicht erfolgreichen Fortführungen nur in 24,5% der Fälle. Folglich ist der Mittelwert bei nicht erfolgreichen Fortführungen und Sanierungen mit 1,92 geringer als bei erfolgreichen (2,27).

Ein zweiter Bereich, bei welchem ein signifikanter Unterschied existiert, ist das Methoden-Know-how. Bei den erfolgreichen Fortführungen wird in 37,8% der Fälle eine hohe bzw. sehr hohe Ausprägung des Methoden-Know-hows angegeben, bei den nicht erfolgreichen lediglich in 24,5% der Fälle. Dadurch beträgt der Mittelwert bei den erfolgreichen Fortführungen 2,31, bei den nicht erfolgreichen 2,00.

Der dritte Bereich, in welchem signifikante Unterschiede existieren, ist die Ausprägung des Controllingsystems. Bei den erfolgreichen Fortführungen beträgt der Mittelwert 2,09, bei den nicht erfolgreichen 1,77. In 30,5% der Fälle werden bei erfolgreichen Fortführungen Existenz und Ausprägung von Controllinginstrumenten mit hoch bzw. sehr hoch bewertet, wohingegen bei den nicht erfolgreichen Fortführungen und Sanierungen ‚hoch' nur in 13,2% der Fälle angegeben wird, ‚sehr hoch' kein einziges Mal.

Tabelle 7.2 zeigt die Mittelwerte (MW), die T-Werte sowie die 2-seitige Signifikanz der Konfigurationsvariablen Management:

Variablenausprägung	MW e.S.	MW ne.S.	T	Sig. (2-seitig)
Unternehmensstrategie	2,24	2,08	-1,410	0,161
Dokumentierte Geschäftsprozesse	**2,27**	**1,92**	**-2,660**	**0,009**
Methoden-Know-how	**2,31**	**2,00**	**-2,427**	**0,016**
Controllingsystem (Planung, Berichtswesen, Steuerung)	**2,09**	**1,77**	**-2,451**	**0,015**
Kommunikation Mitarbeiter - Unternehmensleitung	2,23	2,17	-0,483	0,630
Vorbildverhalten der geschäftsführenden Person	2,39	2,31	-0,545	0,587

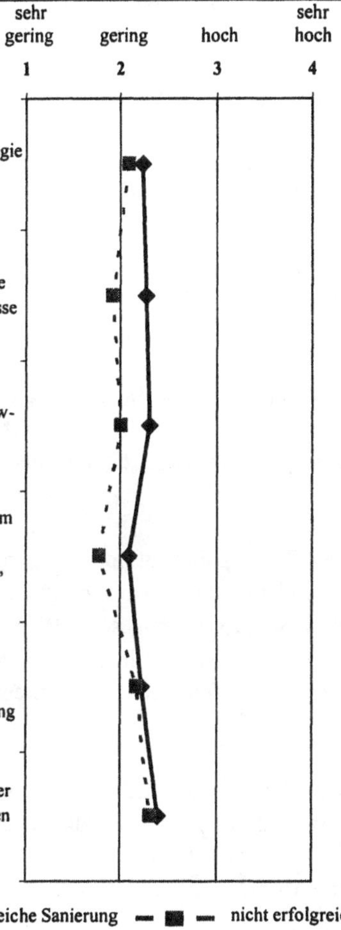

e.S.=erfolgreiche Sanierungen, ne.S.=nicht erfolgreiche Sanierungen, Sig.=Signifikanz

Tabelle 7.2: Mittelwerte und signifikante Unterschiede - Management

c) Ressourcen

Die Ressourcen im Bereich der Unternehmensorganisation, welche anhand der Variablen ‚Anpassungsfähigkeit der Unternehmensorganisation' und ‚Funktionsfähigkeit der Organisationsstruktur' abgefragt wurden, zeigen mittlere Ausprägungen mit signifikanten Unterschieden zwischen beiden Gruppen. Bei erfolgreichen Fortführungen wird die Anpassungsfähigkeit der Unternehmensorganisation in 41,1% der Fälle mit hoch bzw. sehr hoch bewertet, bei nicht erfolgreichen Fortführungen nur in 15,1% der Fälle als hoch. ‚Sehr hoch' wird bei nicht erfolgreichen Fortführungen kein einziges Mal angegeben. Dies bedeutet, dass die Anpassungsfähigkeit bei nicht erfolgreichen Fortführungen in 84,9% der Fälle als gering bzw. sehr gering bewertet wird. Ähnlich verhält es sich mit der Funktionsfähigkeit der Organisationsstruktur. Diese wird bei erfolgreichen Fortführungen in 51,7% der Fälle als hoch bzw. sehr hoch bewertet, bei nicht erfolgreichen Fortführungen hingegen nur in 28,3% der Fälle als hoch.

Bei den personellen Ressourcen zeigt sich eine hohe Ausprägung der Mitarbeitermotivation. In 56,6% aller Fälle ist diese als hoch (49,7%) bzw. sehr hoch (6,9%) klassifiziert. Die Anzahl der Schlüsselpersonen ist in 67,8% aller Fälle mit sehr gering bzw. gering beurteilt.

Finanzielle Ressourcen in Form von Eigenkapital und dem Kapitalmarktzugang sind nahezu nicht vorhanden. Die Eigenkapitalquote wird lediglich in 12,8% aller Fälle als hoch (11,4%) bzw. als sehr hoch (1,4%) eingestuft. Beim Kapitalmarktzugang beträgt der Prozentsatz der hohen bzw. sehr hohen Angaben 7,8%. Die Anzahl der Gesellschafter, welche potenziell finanzielle Ressourcen bereitstellen könnten, ist ähnlich niedrig.

Es existiert ein geringer Diversifikations- und mittlerer Innovationsgrad der Produkte. Die Anzahl der Kunden ist wird in 60,7% der Fälle als hoch bzw. sehr hoch bewertet. In diesen drei Bereichen existiert zwischen erfolgreich und nicht erfolgreich fortgeführten Unternehmen nahezu Übereinstimmung in den Ausprägungen.

Tabelle 7.3 zeigt die Mittelwerte (MW), die T-Werte sowie die 2-seitige Signifikanz der Konfigurationsvariablen Ressourcen:

Variablenausprägung	MW e.S.	MW ne.S.	T	Sig. (2-seitig)
Anpassungsfähigkeit der Unternehmensorganisation	**2,38**	**2,02**	**-3,621**	**0,000**
Funktionsfähigkeit der Organisationsstruktur	**2,48**	**2,19**	**-2,830**	**0,005**
Anzahl Schlüsselpersonen	2,28	2,13	-1,341	0,200
Mitarbeitermotivation	2,63	2,45	-1,426	0,156
Eigenkapitalquote (im Vergleich zur Branche)	1,83	1,67	-1,275	0,204
Kapitalmarktzugang	1,60	1,55	-0,482	0,631
Anzahl der Gesellschafter	1,79	1,70	-0,813	0,418
Diversifikationsgrad (Anzahl Geschäftsfelder)	1,88	1,87	-0,112	0,911
Innovationsgrad der Produkte	2,31	2,26	-0,328	0,743
Anzahl der Kunden	2,67	2,57	-0,874	0,384

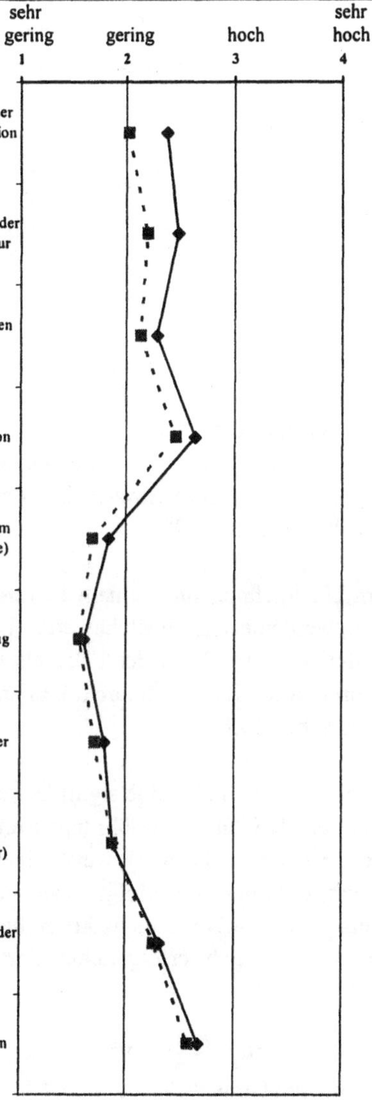

erfolgreiche Sanierung — nicht erfolgreiche Sanierung

e.S.=erfolgreiche Sanierungen, ne.S.=nicht erfolgreiche Sanierungen, Sig.=Signifikanz

Tabelle 7.3: Mittelwerte und signifikante Unterschiede - Ressourcen

d) Umwelt

Der Bereich der Unternehmensumwelt stellt sich als heterogen dar. Im Folgenden wird daher nur auf die extremen Werte sowie die signifikanten Unterschiede eingegangen.

Die geringsten Ausprägungen zeigen die Variablen ‚Einfluss von Interessensvertretungen' und ‚Inanspruchnahme von staatlichen Förderungen'. In 79,9% der Fälle wird die Inanspruchnahme von Förderungen als gering bzw. sehr gering bewertet, der Einfluss von Interessensvertretungen in Form von Betriebsräten und Gewerkschaften in 76,2% der Fälle als gering bzw. sehr gering.

Die höchsten Ausprägungen existieren in der individuellen Kunden-/Lieferantenbeziehung und der Anzahl der Wettbewerber. In 86,0% der Fälle wird die individuelle Kunden-/Lieferantenbeziehung als hoch bzw. sehr hoch eingestuft. Bei der Wettbewerberanzahl zeigt sich, dass viele Unternehmen höchstwahrscheinlich mit ‚me-too- Produkten'[595] am Markt vertreten sind, da diese in 73,2% der Fälle als hoch bzw. sehr hoch bewertet wird.[596]

Die Variablen, welche mit dem Unternehmer und seinem Privat- und Familienumfeld in Zusammenhang stehen, werden ebenso hoch bewertet. Die Loyalität der mitarbeitenden Familienmitglieder wird in 72,8% der Fälle als hoch bzw. sehr hoch eingestuft,[597] die Motivation und der Rückhalt durch die Familie des Unternehmers in 63,7% der Fälle als hoch bzw. sehr hoch.

Bei den bisher genannten Variablen finden sich keine signifikanten Unterschiede zwischen erfolgreichen und nicht erfolgreichen Fortführungen und Sanierungen. Lediglich die Variable ‚Einbezug externer Berater' weist einen signifikanten Unterschied auf und es zeigt sich, dass bei den erfolgreichen Fortführungen in 31,9% der Fälle Berater bereits zum Insolvenzzeitpunkt in hohem oder sehr hohem Maße einbezogen waren. Bei den nicht erfolgreichen Fortführungen liegt dieser Anteil bei 21,1%.

Tabelle 7.4 zeigt die Mittelwerte (MW), die T-Werte sowie die 2-seitige Signifikanz der Konfigurationsvariablen Umwelt:

---

[595] Me-too-Produkte stellen eine Imitation bereits am Markt vorhandener Produkte dar.

[596] Diese Vermutung wird durch den geringen Innovationsgrad der Produkte gestützt.

[597] Es ist zu berücksichtigen, dass in 31,7% der Fälle hierzu keine Angaben gemacht wurden, was darauf schließen lässt, dass in diesen Fällen keine Familienmitglieder in den operativen Bereich des insolventen Unternehmens involviert waren.

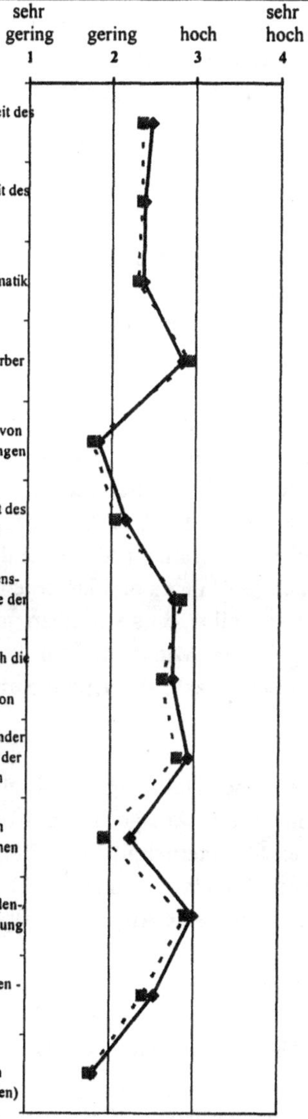

Variablenausprägung	MW e.S.	MW ne.S.	T	Sig. (2-seitig)
Technologieabhängigkeit des Unternehmens	2,46	2,35	-0,705	0,482
Standortabhängigkeit des Unternehmens	2,38	2,34	-0,294	0,769
Nachfolgeproblematik	2,37	2,30	-0,415	0,678
Anzahl der Wettbewerber	2,84	2,92	0,714	0,476
Inanspruchnahme von staatlichen Förderungen	1,84	1,77	-0,425	0,671
Tarifgebundenheit des Unternehmens	2,17	2,04	-0,731	0,466
Verbindung Unternehmens- und Privat-/Familiensphäre der geschäftsf. Person	2,75	2,83	0,453	0,652
Motivation/Rückhalt durch die Familie der geschäftsführenden Person	2,74	2,61	-0,789	0,431
Loyalität mitarbeitender Familienmitglieder der geschäftsf. Person	2,93	2,79	-0,753	0,453
Einbezug von externen Beratern in das Unternehmen	**2,24**	**1,92**	**-2,428**	**0,016**
Individuelle Kunden-/Lieferantenbeziehung	2,99	2,89	-1,103	0,272
Kontakt Unternehmen - Hausbank	2,52	2,38	-1,116	0,266
Einfluss von Interessensvertretungen (Betriebsrat/Gewerkschaften)	1,82	1,76	-0,255	0,799

—◆— erfolgreiche Sanierung – ■ – nicht erfolgreiche Sanierung

e.S.=erfolgreiche Sanierungen, ne.S.=nicht erfolgreiche Sanierungen, Sig.=Signifikanz

Tabelle 7.4: Mittelwerte und signifikante Unterschiede - Umwelt

7.1.2 Sanierungsparameter

Im Folgenden werden die Sanierungsparameter dargestellt, welche durch die Variablen ‚Demografische Daten', ‚Gläubigerstruktur', ‚Finanzierung' und ‚Maßnahmen' beschrieben sind. In die Variable Maßnahmen ist auch die Frage nach der Sanierungsform integriert.

a) Demografische Daten

Von den 145 beschriebenen Unternehmen werden 114 in der Rechtsform einer GmbH geführt (78,6%), vier als AG oder KGaA (2,8%), 19 in der Form OHG, KG oder GbR (13,1%) und acht als Einzelunternehmen (5,5%).

Hinsichtlich der Mitarbeiteranzahl haben 59 Unternehmen 20-50 Mitarbeiter (40,7%), 46 Unternehmen 51-100 Mitarbeiter (31,7%), und in 40 Unternehmen (27,6%) sind 101-250 Mitarbeiter beschäftigt. Die Größenklasse spiegelt sich ebenso in den Umsatzzahlen wider. In die Umsatzklasse < 3 Mio. € fallen 45 Unternehmen (31,0%), in die Klasse 3-10 Mio. € 62 Unternehmen (42,8%), in die Klasse >10-50 Mio. € Umsatz 30 Unternehmen (20,7%) und in die Klasse > 50 Mio. € insgesamt fünf Unternehmen (3,4%). Zu drei Unternehmen (2,1%) werden keine Angaben gemacht. Es ist festzustellen, dass vor allem größere Unternehmen (besonders die Größenklasse 101-250 Mitarbeiter) in stärkerem Ausmaße vertreten sind, als dies bei der Gesamtanzahl der Unternehmensinsolvenzen der Fall ist.[598]

Die Branchenverteilung der Unternehmen stellt sich wie folgt dar: Bauwirtschaft: 34 Unternehmen (23,4%), Maschinen- und Anlagebau: 23 Unternehmen (15,9%), Verarbeitendes Gewerbe/Industrie: 44 Unternehmen (30,3%), Handel: 19 Unternehmen (13,1%), Dienstleistungen: 20 Unternehmen (13,8%), Sonstiges: vier Unternehmen (2,8%), in einem Fall wird keine Angabe zur Branche gemacht.

Bei der Verteilung nach Altersklassen sind 28 Unternehmen (19,3%) der Klasse 4-7 Jahre und 53 Unternehmen (36,6%) der Klasse 8-20 Jahre zuzuordnen. 63 Unternehmen (43,4%) sind älter als 20 Jahre. Zu einem Unternehmen wird keine

---

[598] Der Anteil der aufgrund von drohender Zahlungsunfähigkeit eröffneten Insolvenzverfahren beträgt 0,6% im Jahr 2005. Siehe Abschnitt 4.4. Dass in der vorliegenden Erhebung dieser Anteil wesentlich höher ist, liegt zum einen daran, dass Unternehmen bis 20 Mitarbeiter nicht berücksichtigt wurden (andere Grundgesamtheit), zum anderen in der Freistellung der Fallauswahl. D.h., Insolvenzverwalter wurden gebeten, denjenigen Fall zu wählen, an welchen sie sich am besten erinnern. Es ist anzunehmen, dass dies oftmals die ‚großen Fälle' darstellt.

Angabe gemacht. Diese Verteilung zeigt, dass vorwiegend ältere Unternehmen in den beschriebenen Fällen vertreten sind.

In 105 Fällen (72,4%) ist der Gesellschafter bzw. der Einzelunternehmer alleiniger Geschäftsführer des Unternehmens, bei 25 Unternehmen (17,2%) teilten sich der Gesellschafter die Geschäftsführung mit einem Familienmitglied, bei sieben Unternehmen (4,8%) ist neben dem Gesellschafter noch ein Fremdmanager involviert und bei vier Unternehmen (2,8%) neben Gesellschafter und Familienmitglied auch noch ein Fremdmanager in der Geschäftsführung. In vier Fällen wird keine Angabe zur Geschäftsführung gemacht.

Abbildung 7.1 zeigt die demografischen Daten im Überblick (n=145):

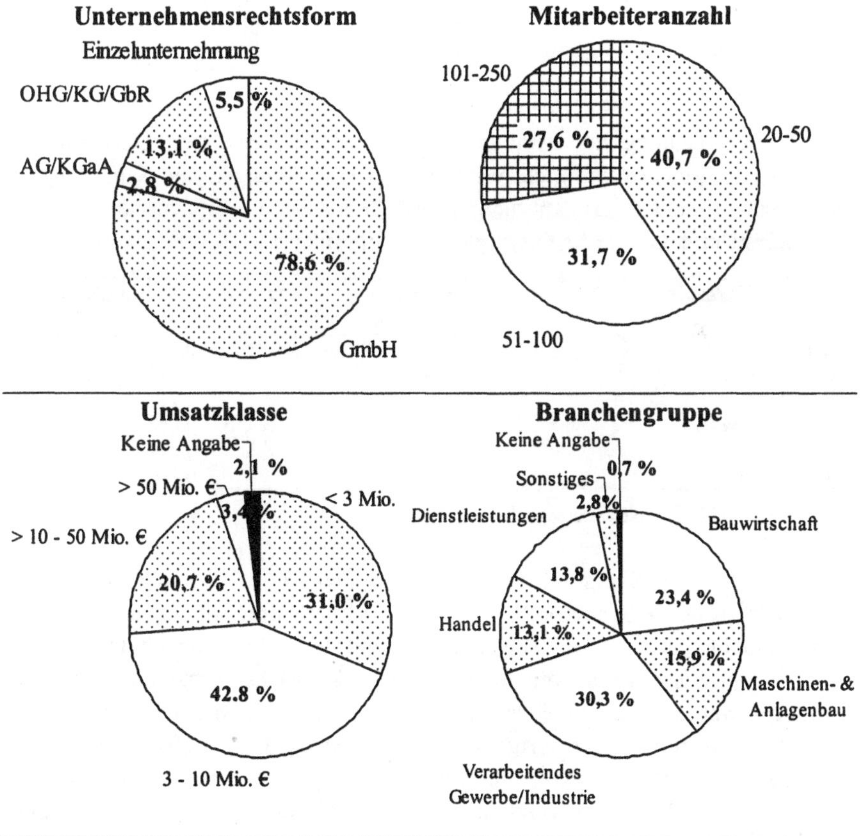

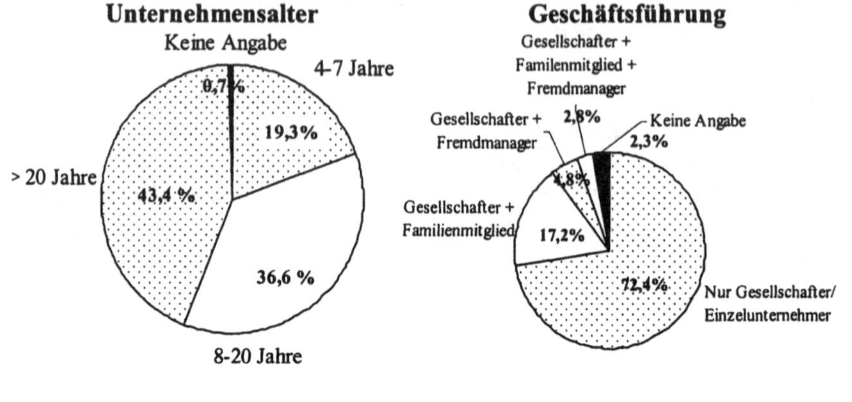

Abbildung 7.1: Überblick demografische Daten

Quelle: Eigene Darstellung

Bei einer Betrachtung der demografischen Daten ergeben sich Unterschiede zwischen erfolgreichen und nicht erfolgreichen Fortführungen und Sanierungen, welche jedoch nicht signifikant sind. Tabelle 7.5 zeigt die Ergebnisse des Chiquadrat-Tests und die 2-seitige asymptotische Signifikanz:

Variable	Wert	Asymptotische Signifikanz (2-seitig)
Rechtsform	1,297	0,730
Mitarbeiteranzahl	1,987	0,372
Umsatzklasse	1,378	0,711
Unternehmensalter	0,765	0,682
Branche	9,485	0,091
Geschäftsführung	3,802	0,284

Tabelle 7.5: Signifikanzniveau demografische Daten

Da die Branchenverteilung am geringfügigsten nicht signifikant ist (0,091), soll auf die entsprechende Kreuztabelle im Anhang XI verwiesen werden, aus welcher zu entnehmen ist, dass 82,6% der Maschinen- und Anlagebauunternehmen erfolgreich fortgeführt und saniert werden und nur 17,4% zunächst fortgeführt und dann zerschlagen werden. Ein ähnliches Bild ergibt sich beim Handel. Es können 78,9 % aller Handelsunternehmen fortgeführt und saniert werden. 21,1% werden nach einer gewissen Fortführungszeit zerschlagen. 58,8% der Bauunternehmen, bei welchen eine Fortführung vorgenommen wird, werden erfolgreich fortgeführt und saniert, wohingegen 41,2% zerschlagen werden. Bei Dienstleistungsunternehmen ist der Anteil der nicht erfolgreichen Fortführungen höher, was darauf schließen lässt, dass diese Unternehmen nur sehr schwer fortzuführen und zu sanieren sind. Bei diesen Aussagen ist zu berücksichtigen, dass die Entscheidung ‚Fortführung oder Zerschlagung' schon zugunsten der Fortführungsvariante gefällt wurde und dass die Verteilung der einzelnen Branchen innerhalb der Gruppen erfolgreich bzw. nicht erfolgreich keine signifikanten Unterschiede aufweist.

b) Gläubigerstruktur

Bei der Betrachtung der Gläubigerstruktur hinsichtlich des Anteils der Gläubigerforderungen und dem Grad der Besicherung zeigt sich, dass die Hauptforderung auf den Gläubiger Bank (41,1% Anteil aller Forderungen) entfällt.[599] Die Besicherung der Bank wird in 83,1% der Fälle als hoch bzw. sehr hoch angegeben.

Die zweite große Gläubigergruppe stellen Lieferanten mit einem 22,6%-Anteil an den Gesamtforderungen dar. Diese sind jedoch nur in 19,7% der Fälle hoch und in 5,1% der Fälle sehr hoch besichert. Staatliche Institutionen haben durchschnittlich einen Forderungsanteil von 14,1% mit einer noch geringeren Besicherung. In 74,8% der Fälle wird diese Besicherung als sehr gering bezeichnet, in weiteren 18,1% als gering. Eine ähnlich geringe Besicherung hat auch die Gläubigergruppe Mitarbeiter. Diese sind in 80,2% der Fälle sehr gering besichert, in 12,9% der Fälle gering. Ihr Gesamtanteil an den Forderungen beträgt 9,9%. Die verbleibenden 12,4% der Gläubigersumme entfallen auf sonstige Gläubiger (häufig Vermieter, Versicherungen und Gesellschafter des Unternehmens).

Es ist festzustellen, dass der Grad der Besicherung der Banken bei erfolgreichen Fortführungen höher ist als bei nicht erfolgreichen Fortführungen, jedoch ist dieser Unterschied nicht signifikant.

Tabelle 7.6 zeigt die Mittel- und T-Werte sowie die 2-seitige Signifikanz der Variable Gläubigerstruktur hinsichtlich des Besicherungsgrades:

Variable	Mittelwert bei erfolgreichen Sanierungen	Mittelwert bei nicht erfolgreichen Sanierungen	T	Signifikanz (2-seitig)
Bank	3,24	2,98	-1,619	0,108
Lieferanten	1,36	1,32	-0,339	0,736
Staatliche Institutionen	2,07	1,96	-0,740	0,461
Mitarbeiter	1,30	1,27	-0,209	0,834

Tabelle 7.6: Grad der Gläubigerbesicherung

[599] Die Zahlen der Forderungsverteilung wurden geglättet.

e) Finanzierung

Der größte finanzielle Beitrag zur Fortführung und Sanierung insolventer Unternehmen kommt von der Bundesagentur für Arbeit. Das von der Bundesagentur bezahlte Insolvenzausfallgeld wird in 74,3% der Fälle in seiner Bedeutung als hoch (50,7%) bzw. sehr hoch (23,6%) bezeichnet.

Nahezu bedeutungslos sind Beiträge von anderen staatlichen Institutionen in Form von Bürgschaften oder Förderungen und von Finanzintermediären, wie z.B. Venture Capital Unternehmen. Lediglich in einem Fall (0,7%) haben Finanzintermediäre eine hohe Bedeutung. In 18 Fällen (12,5%) sind staatliche Institutionen, welche einen Beitrag in Form von Stundungen, Bürgschaften oder Förderungen leisten, von hoher bzw. sehr hoher Bedeutung. Der Beitrag anderer Unternehmen wird als sehr gering bewertet. In 77,1% der Fälle kommt kein finanzieller Beitrag von anderen Unternehmen.

Der finanzielle Beitrag der bisherigen Gesellschafter und der Kunden ist ebenso gering. In 61,8% der Fälle leisten Gesellschafter überhaupt keinen Beitrag zur Fortführung und Sanierung, in 11,1% der Fälle einen sehr geringen und in 9,7% der Fälle einen geringen Beitrag. Die Beiträge der Kunden sind nur in 9,0% der Fälle als hoch bewertet. Keinen Beitrag leisten die Kunden in 59,0%, einen sehr geringen in 12,5% und einen geringen in 19,5% der Fälle. Lieferanten spielen ähnlich wie Kunden keine bedeutende Rolle in der Finanzierung der Fortführung und Sanierung.

Eine hohe Bedeutung fällt den Mitarbeitern zu. Diese leisten in 29,9% der Fälle einen hohen, in 3,5% der Fälle einen sehr hohen Beitrag in Form von Lohn-/ Gehaltsverzichten oder Mehrarbeit. Von ähnlich hoher Bedeutung sind neue Privatinvestoren und Banken. In 38,2% der Fälle leisten Privatinvestoren einen hohen bzw. sehr hohen Beitrag, Banken in 27,8% der Fälle. Der Beitrag des insolventen Unternehmens selbst in Form von Cashflows, Veräußerungen oder Rücklagen wird in 20,9% der Fälle als hoch bzw. sehr hoch bezeichnet.

Bei nicht erfolgreichen Fortführungen ist der finanzielle Beitrag von Mitarbeitern und Lieferanten höher als bei erfolgreichen, wobei dieser Unterschied nicht signifikant ist. Signifikante Unterschiede sind bei den Beiträgen des Unternehmens selbst, bei den Beiträgen von neuen Privatinvestoren, von Banken und anderen Unternehmen festzustellen. Besonders die Unterschiede bei den Beiträgen von Privatinvestoren und Unternehmen sind hoch signifikant.

Tabelle 7.7 zeigt die Mittel- und T-Werte sowie die 2-seitige Signifikanz der Variable Finanzierung:

Variable	Mittelwert bei erfolgreichen Sanierungen	Mittelwert bei nicht erfolgreichen Sanierungen	T	Signifikanz (2-seitig)
Unternehmen selbst	**1,29**	**0,81**	**-2,445**	**0,016**
Bisherige Gesellschafter	0,98	0,62	-1,811	0,073
Neue Privatinvestoren	**2,09**	**0,63**	**-6,353**	**0,000**
Banken	**1,55**	**0,98**	**-2,643**	**0,009**
Finanzintermediäre	0,08	0,17	1,080	0,284
Andere Unternehmen	**0,88**	**0,19**	**-3,958**	**0,000**
Lieferanten	0,93	1,19	1,193	0,235
Kunden	0,80	0,75	-0,297	0,767
Mitarbeiter	1,55	1,77	0,965	0,336
Staatliche Institutionen	0,68	0,48	-1,129	0,261
Bundesagentur für Arbeit	2,75	2,83	0,423	0,693

Tabelle 7.7: Mittelwerte und signifikante Unterschiede - Finanzierung

d) Maßnahmen & Sanierungsform

Sanierungsmaßnahmen werden nur in geringem bis mittlerem Ausmaß durchgeführt. Die wenigsten Maßnahmen werden in den Bereichen Forschung und Entwicklung sowie in der Produktion und der Materialwirtschaft durchgeführt. Im Bereich Forschung und Entwicklung werden nur in 2,8% der Fälle viele Maßnahmen getroffen. Im Bereich der Bereich der Produktion werden in 25,0% der Fälle viele bzw. sehr viele Maßnahmen ergriffen und in der Materialwirtschaft in 29,2% der Fälle.

Die Bereiche Finanzwirtschaft und Absatz/Marketing/Vertrieb liegen im mittleren Bereich. So werden in 35,5% der Fälle viele bzw. sehr viele Maßnahmen im Bereich Absatz/Marketing/Vertrieb getroffen. In der Finanzwirtschaft werden in 39,6% der Fälle viele bzw. sehr viele Maßnahmen getroffen.

Die meisten Maßnahmen werden in den Bereichen Management/Unternehmensführung, Unternehmensorganisation und Personalwirtschaft durchgeführt. Im Bereich Management/Unternehmensführung werden in 50% der Fälle viele bzw. sehr viele Maßnahmen durchgeführt, was den am stärksten von Maßnahmen betroffenen Bereich darstellt. In 47,9% der Fälle werden viele bzw. sehr viele Maßnahmen im Bereich der Unternehmensorganisation vorgenommen. Im Bereich der Personalwirtschaft liegt dieser Anteil bei 43,7%.

Signifikante Unterschiede zwischen erfolgreichen und nicht erfolgreichen Fortführungen sind bei Maßnahmen in den Bereichen Management/Unternehmensführung und Unternehmensorganisation existent. Bei erfolgreichen Fortführungen werden in 60,9% der Fälle viele bzw. sehr viele Maßnahmen im Bereich des Managements/der Unternehmensführung getroffen, wohingegen bei nicht erfolgreichen Fortführungen dieser Anteil nur 30,7% beträgt. Der Mittelwert beträgt daher 1,87 bei nicht erfolgreichen und 2,53 bei erfolgreichen Fortführungen und Sanierungen. Die korrespondierenden Zahlen bei Maßnahmen im Bereich der Unternehmensorganisation sind 56,5% (Mittelwert 2,37) zu 32,7% (Mittelwert 1,81).

Tabelle 7.8 zeigt die Mittel- und T-Werte sowie die 2-seitige Signifikanz der Variable Finanzierung:

Variable	**Mittelwert bei erfolgreichen Sanierungen**	**Mittelwert bei nicht erfolgreichen Sanierungen**	**T**	**Signifikanz (2-seitig)**
Finanzwirtschaft	1,96	1,65	-1,397	0,165
Management/Unternehmensführung	**2,53**	**1,87**	**-3,316**	**0,001**
Unternehmensorganisation	**2,37**	**1,81**	**-2,789**	**0,006**
Personalwirtschaft	2,23	1,92	-1,475	0,142
Materialwirtschaft	1,70	1,75	0,269	0,789
Produktion	1,48	1,46	-0,77	0,938
Absatz, Marketing & Vertrieb	1,87	1,83	-0,201	0,841
Forschung & Entwicklung	0,58	0,37	-1,521	0,130

Tabelle 7.8: Mittelwerte und signifikante Unterschiede - Maßnahmen

Über die geplante bzw. tatsächlich durchgeführte Sanierungsform liegen zu 133 Fällen Aussagen vor. Davon beschreiben 48 nicht erfolgreiche Fortführungen und Sanierungen und 85 erfolgreiche. Von den 133 Unternehmen wurden elf erfolgreich mithilfe einer Rechtsträgersanierung saniert (8,0%). 74 Unternehmen wurden im Rahmen einer übertragenden Sanierung erfolgreich fortgeführt und saniert (55,6%). Innerhalb der Gruppe erfolgreiche Fortführung macht der Anteil der Rechtsträgersanierungen 12,9% aus und die der übertragenden Sanierung 87,1%. In der Gruppe der nicht erfolgreichen Fortführungen sind die Prozentzahlen 14,6% für eine Rechtsträgersanierung und 85,4% für eine übertragende Sanierung.[600] Die Unterschiede zwischen beiden Gruppen sind nicht signifikant.

[600] Es wird auf die entsprechende Kreuztabelle im Anhang IV verwiesen.

Tabelle 7.9 zeigt den T-Wert sowie die 2-seitige Signifikanz der Variable Sanierungsform:

Variable	T	Signifikanz (2-seitig)
Sanierungsform	0,071	0,790

Tabelle 7.9: T-Wert und Signifikanz, Variable Sanierungsform

7.1.3 Akteure

a) Liquidations- vs. Fortführungsinteresse

Bei allen erhobenen Fällen liegt das Fortführungsinteresse weit über dem Liquidationsinteresse. Je nach Akteur schwankt der Prozentsatz zwischen 62,8% Fortführungsinteresse bei Banken und 98,3% Fortführungsinteresse bei Betriebsräten und Gewerkschaften[601] sowie 97,8% Fortführungsinteresse bei den Mitarbeitern.

Der Vergleich zwischen erfolgreichen und nicht erfolgreichen Fällen zeigt, dass der Fortführungswille bei erfolgreichen Fortführungen höher ist als das Liquidationsinteresse und dass bei nicht erfolgreichen Fortführungen das Liquidationsinteresse aller Akteure höher ist als das Fortführungsinteresse. Bei folgenden Akteuren ist der Interessensunterschied signifikant: Gesellschafter/Unternehmer, Aufsichtsrat/Beirat[602], Mitarbeiter, Kunden, Banken, Steuerberater/Wirtschaftsprüfer[603], Insolvenzverwalter und potenzielle Übernehmer.

Das durchweg höhere Fortführungsinteresse bei erfolgreichen Sanierungen lässt darauf schließen, dass der Wille zur Fortführung eine Grundvoraussetzung für eine erfolgreiche Sanierung ist. Ob durch ein Liquidationsinteresse der beteiligten Akteure automatisch eine sich selbst erfüllende Prophezeiung eintritt und das Unternehmen zerschlagen wird, kann aufgrund der quantitativen Erhebung nicht beantwortet werden.

Tabelle 7.10 zeigt die signifikanten Unterschiede bezüglich des Fortführungsinteresses der Akteure:

---

[601] Es wurden nur in 60 der 145 Fälle Angaben zu Betriebsräten gemacht. Es ist davon auszugehen, dass in einem Großteil der Unternehmen daher keine Betriebsräte existieren.

[602] Lediglich eine geringe Fallzahl von 25.

[603] Lediglich eine geringe Fallzahl von 53.

Akteur	Wert	Signifikanz (2-seitig)
Gesellschafter/Unternehmer	**5,531**	**0,019**
Management/Führungskräfte	3,207	0,073
Aufsichtsrat/Beirat	**4,620**	**0,032**
Familie des Unternehmers	3,555	0,059
Mitarbeiter	**5,580**	**0,017**
Lieferanten	2,532	0,112
Kunden	**15,713**	**0,000**
Banken	**8,431**	**0,004**
Unternehmensberater	3,655	0,056
Steuerberater/Wirtschaftsprüfer	**6,756**	**0,009**
Betriebsrat/Gewerkschaften	2,317	0,128
Insolvenzverwalter	**8,106**	**0,004**
Potenzielle Übernehmer	**7,204**	**0,027**

Tabelle 7.10: Signifikante Unterschiede Akteure und ihr Fortführungsinteresse

b) Akteure – Involvierung Erstellung Fortführungskonzept

Um ein insolventes Unternehmen fortzuführen, bedarf es eines Fortführungs- und Sanierungskonzeptes. Bei der Erstellung dieses Konzeptes ist in 86,1% der Fälle der Insolvenzverwalter in hohem Maße involviert. In 17,2% der Fälle ist der Insolvenzverwalter sogar die einzige Person, welche das Konzept erstellt. Weitere Akteure, welche in hohem Maße beteiligt sind, sind in 54,9% der Fälle der/die Gesellschafter/Unternehmer sowie in 53,3% der Fälle das Management/die Führungskräfte. Mitarbeiter des Unternehmens sind in 24,6% der Fälle bei der Konzepterstellung im hohen Maße involviert.

Sehr selten sind Lieferanten (6,6%) und Kunden (4,9%) im hohen Ausmaß eingebunden. Ebenso selten ein Aufsichtsrat/Beirat (5,7%) oder ein Unternehmensberater (11,6%). Die Familie des Unternehmers, welche bei der Konfigurationsvariablen Umwelt als bedeutend bewertet wurde, spielt sowohl in der Erstellung als auch bei der Umsetzung eine geringe Rolle.

Einen bedeutenden Anteil hat ein potenzieller Übernehmer. Dieser ist in 34,4% der Fälle bereits in hohem Maße in die Konzepterstellung eingebunden. Bei erfolgreichen Fortführungen beträgt dieser Anteil 43,4%, bei nicht erfolgreichen 15,4%. Dieser Unterschied ist signifikant.

Tabelle 7.11 zeigt die Unterschiede bezüglich der Involvierung der Akteure in die Konzepterstellung, die T-Werte und die 2-seitige Signifikanz:

Akteur	Hohe Involvierung alle Fälle in %, n=122	Hohe Involvierung erfolgreiche Fälle in %, n=83	Hohe Involvierung nicht erfolgreiche Fälle in %, n=39	T	Signifikanz (2-seitig)
Gesellschafter/Unternehmer	54,9	56,6	51,3	0,306	0,580
Management/Führungskräfte	53,3	54,2	51,3	0,092	0,762
Aufsichtsrat/Beirat	5,7	6,0	5,1	0,039	0,843
Familie des Unternehmers	11,5	13,3	7,7	0,808	0,369
Mitarbeiter	23,8	21,7	30,8	0,622	0,430
Lieferanten	6,6	7,2	5,1	0,191	0,662
Kunden	4,9	3,6	7,7	0,944	0,331
Banken	22,0	20,5	12,8	1,054	0,305
Unternehmensberater	11,6	13,4	7,7	0,846	0,358
Steuerberater/Wirtschaftsprüfer	15,6	18,1	10,3	1,233	0,267
Betriebsrat/Gewerkschaften	14,8	15,7	12,8	0,170	0,680
Insolvenzverwalter	86,1	85,5	87,2	0,059	0,808
Potenzieller Übernehmer	**34,4**	**43,4**	**15,4**	**9,207**	**0,002**

Tabelle 7.11: Signifikante Unterschiede Akteure und ihre Involvierung in die Konzepterstellung

c) Akteure – Involvierung Umsetzung Sanierungsmaßnahmen

Bei der Umsetzung des Fortführungs- und Sanierungskonzeptes sind die Akteure, welche das Konzept vorwiegend erstellt haben (Gesellschafter/Unternehmer, Management/Führungskräfte, Insolvenzverwalter und potenzieller Übernehmer) wieder maßgeblich beteiligt. Als weitere bedeutende Gruppe kommen die Mitarbeiter hinzu.

Banken, Lieferanten und Kunden sind in der Umsetzung stärker involviert als in der Konzepterstellung. Auffällig ist, dass Banken sich bei erfolgreichen Fortführungen in 28,4% der Fälle in hohem Maße an der Umsetzung beteiligen und bei nicht erfolgreichen Fortführungen nur in 15,8% der Fälle. Der Anteil der involvierten Kunden und Lieferanten ist hingegen bei den nicht erfolgreichen Fortführungen höher als bei den erfolgreichen.

Unterschiede existieren auch bei der Involvierung von Mitarbeitern. Über alle Fälle hinweg sind sie in 41,2% der Fälle in hohem Maße involviert, bei erfolgreichen Fortführungen in 37,0% der Fälle, bei nicht erfolgreichen Fortführungen sogar in 50,0%. Dieser Unterschied ist jedoch nicht signifikant.

Der Unternehmer ist bei erfolgreichen Fortführungen stärker involviert (58,0%) als bei nicht erfolgreichen (31,6%). Zudem ist auch ein potenzieller Übernehmer in der Umsetzung bei erfolgreichen Fortführungen stärker involviert (44,4%) als bei nicht erfolgreichen (13,2%). Diese Unterschiede sind signifikant.

Tabelle 7.12 zeigt die Unterschiede bezüglich der Involvierung der Akteure in die Maßnahmenumsetzung, die T-Werte und die 2-seitige Signifikanz:

Akteur	Hohe Involvierung alle Fälle in %, n=119	Hohe Involvierung erfolgreiche Fälle in %, n=81	Hohe Involvierung nicht erfolg-reiche Fälle in %, n=38	T	Signifi-kanz (2-seitig)
Gesellschafter/Unter-nehmer	**49,6**	**58,0**	**31,6**	**7,236**	**0,007**
Management/ Führungskräfte	57,1	59,3	52,6	0,464	0,496
Aufsichtsrat/Beirat	4,2	4,9	2,6	0,342	0,559
Familie des Unter-nehmers	15,1	17,3	10,5	0,920	0,337
Mitarbeiter	41,2	37,0	50,0	1,794	0,180
Lieferanten	15,1	13,6	18,4	0,472	0,492
Kunden	15,1	12,3	21,1	1,527	0,217
Banken	24,4	28,4	15,8	2,230	0,135
Unternehmensberater	9,2	8,6	10,5	0,109	0,741
Steuerberater/Wirt-schaftsprüfer	8,4	8,6	7,9	0,019	0,891
Betriebsrat/ Gewerk-schaften	21,8	22,2	21,1	0,021	0,886
Insolvenzverwalter	76,5	75,3	78,9	0,190	0,663
Potenzieller Übernehmer	**34,5**	**44,4**	**13,2**	**11,211**	**0,001**

Tabelle 7.12: Signifikante Unterschiede Akteuren und ihre Involvierung in Maßnahmen-umsetzung

7.1.4 Logistische Regression

Bei der bisherigen Betrachtung wurden neben der rein deskriptiven Darstellung der verschiedenen Konfigurationsvariablen auch die signifikanten Unterschiede zwischen erfolgreichen und nicht erfolgreichen Fortführungen und Sanierungen ermittelt. Welchen Einfluss diese signifikanten Unterschiede auf den Sanierungserfolg haben, wird in diesem Abschnitt untersucht. Dabei werden die Sanierungsakteure in diese Auswertung nicht mit einbezogen, da sie auch in den einzelnen

Variablen der Ausgangskonfiguration und der Sanierungsparameter vertreten sind.[604]

Zur Ermittlung des Variableneinflusses wird eine logistische Regression berechnet, welche die Eintrittswahrscheinlichkeit der abhängigen Variablen (im vorliegenden Fall die Variable ,Erfolg') anhand der Werte der unabhängigen Variablen (hier die 15 signifikant unterschiedlichen Variablen) berechnet.

Die Erfolgswahrscheinlichkeit ist anhand folgender Formel zu ermitteln:

$$p=1/(1+e^{-z})$$

wobei

$$z= b_1 * x_1 + b_2 * x_2 + \ldots + b_n * x_n + a$$

Dabei sind x_i die Werte der unabhängigen Variablen und b_i die dazugehörigen Koeffizienten, deren Berechnungen anhand der logistischen Regression durchgeführt werden, a stellt eine Konstante dar. In den Fällen, in welchen die p-Werte größer 0,5 sind, wird angenommen, dass das Ereignis eintritt, bei Werten kleiner 0,5 gilt die Annahme, dass das Ereignis nicht eintritt.

Mit folgenden Variablen wird die Regressionsanalyse durchgeführt:

Bereich	Subvariable	Variable
Ausgangskonfiguration	➢ Unternehmer	➢ Bedürfnis nach Betriebserhaltung ➢ Dynamisch-schöpferische Aktivität ➢ Vertrauenswürdigkeit
	➢ Management-instrumente	➢ Dokumentierte Geschäftsprozesse ➢ Methoden-Know-how ➢ Controllingsystem
	➢ Ressourcen	➢ Anpassungsfähigkeit der Unternehmensorganisation ➢ Funktionsfähigkeit der Organisationsstruktur
	➢ Umwelt	➢ Einbezug von externen Beratern
Sanierungsparameter	➢ Finanzierungsbeitrag	➢ Unternehmen selbst ➢ Neue Privatinvestoren ➢ Banken ➢ Andere Unternehmen
	➢ Maßnahmen	➢ Management/Unternehmensführung ➢ Unternehmensorganisation

Tabelle 7.13: Variablen der logistischen Regressionsrechnung

[604] Z.B. der Unternehmer als eigene Konfigurationsvariable, die Mitarbeitermotivation als Unternehmensressource, die Finanzierung durch Banken, die Existenz von Lieferanten als Gläubiger. Eine detaillierte Berücksichtigung der Interessen und der Involvierung von Akteuren findet in der Darstellung der qualitativen Ergebnisse statt.

Insgesamt wurden 132 Fälle (91% aller Fälle) in die Berechnung mit einbezogen. In der Klassifizierungstabelle wird die Anzahl der beobachteten Fälle denjenigen der vorhergesagten gegenübergestellt. Wie aus Tabelle 7.14 zu entnehmen ist, konnten von 50 nicht erfolgreichen Fortführungen und Sanierungen 40 richtig vorhergesagt werden (80%), 10 Fälle wurden nicht korrekt geschätzt. D.h., sie wurden einer erfolgreichen Fortführung und Sanierung zugeordnet, obwohl sie nicht erfolgreich waren. Von den 82 erfolgreichen Fällen konnten insgesamt 73 richtig vorhergesagt werden (89%) und lediglich 9 wurden falsch zugeordnet. Insgesamt wurden 113 der 132 Fälle richtig vorhergesagt, was einer Genauigkeitsquote von 85,6% entspricht.[605]

Beobachtet			**Vorhergesagt**		
			erfolgreiche / nicht erfolgreiche Fortführung		Prozentsatz der Richtigen
			nicht erfolgreiche Fortführung	erfolgreiche Fortführung	
Schritt 6	erfolgreiche / nicht erfolgreiche Fortführung	nicht erfolgreiche Fortführung	40	10	80,0
		Erfolgreiche Fortführung	9	73	89,0
	Gesamtprozentsatz				85,6

Der Trennwert lautet ,500

Tabelle 7.14: Klassifizierungstabelle

Tabelle 7.15 gibt an, welche Variablen mit welchem Regressionskoeffizienten in das Regressionsmodell miteinbezogen werden. Ebenso ist deren Signifikanz zu entnehmen. Die ermittelte Konstante beträgt -8,864.

Bereich	**Subvariable**	**Variable**	**Regressions-koeffizient**	**Sig.**
Ausgangs-konfiguration	Unternehmer	Vertrauenswürdigkeit	0,942	0,017
	Ressourcen	Anpassungsfähigkeit der Unternehmensorganisation	1,303	0,005
Sanierungs-parameter	Finanzierungs-beitrag	Neue Privatinvestoren	0,825	0,000
		Banken	0,547	0,010
		Andere Unternehmen	0,519	0,043
	Maßnahmen	Management/ Unternehmensführung	0,826	0,003

Tabelle 7.15: Variablen der Regressionsgleichung

605 Die vollständigen Ergebnistabellen der logistischen Regressionsrechnung sind im Anhang IV angegeben.

Es ergibt sich folgende Regressionsgleichung, aus welcher die Überlebenswahrscheinlichkeit eines Unternehmens errechnet werden kann:

Z = -8,864 + 0,942 * Vertrauenswürdigkeit + 1,303 * Anpassungsfähigkeit der Unternehmensorganisation + 0,825 * Finanzierungsbeitrag neue Privatinvestoren + 0,547 * Finanzierungsbeitrag Banken + 0,519 * Finanzierungsbeitrag andere Unternehmen + 0,826 * Maßnahmen im Bereich Management/Unternehmensführung

$$p=1/(1+e^{-z})$$

Die berechnete Wahrscheinlichkeit p bezieht sich immer auf die höhere der beiden Kodierungen der abhängigen Variablen, im vorliegenden Fall auf die erfolgreiche Fortführung (0=nicht erfolgreiche Fortführung und Sanierung, 1=erfolgreiche Fortführung und Sanierung).

Die Güte des Modells wird auf der Basis der LogLikelihood-Funktion bewertet, wozu das -2fache des logarithmierten Likelihood (-2LL) herangezogen wird. Beim Ausgangsmodell, bei welchem lediglich eine Konstante in das Regressionsmodell einbezogen wird, weist der -2LL einen Wert von 175,155 auf. Nach sechs Iterationen wurde die Schätzung beendet, da die Parameterschätzer sich um weniger als 0,001 änderten. Der neue -2LL Wert beträgt dabei 100,457 und ist folglich um 74,698 geringer als der Ausgangswert. Eine Verringerung dieses Wertes bedeutet eine Verbesserung der Modellgüte. Die Differenz wird als Chi-Chadrat angezeigt und ist im vorliegenden Fall hochsignifikant (0,000). Dies bedeutet, dass das ursprüngliche Modell verbessert wurde, indem weitere (sechs) Variablen hinzugefügt wurden. Auch andere potenzielle Gütemaße, wie das Cox und Snell R^2 (0,432)[606] als auch das Nagelkerke R^2 (0,588)[607], weisen insgesamt eine hohe Güte des Gesamtmodells aus. Die vollständigen SPSS-Tabellen der logistischen Regression sind der Anlage XI zu entnehmen.

Abbildung 7.2 zeigt zusammenfassend die signifikanten Unterschiede zwischen erfolgreichen und nicht erfolgreichen Fortführungen und Sanierungen, welche in der logistischen Regression berücksichtigt wurden, und die signifikanten Einflussvariablen auf den Sanierungserfolg mit Angabe der Regressionskoeffizienten (β) und der Signifikanz (α):

---

[606] Akzeptabel ab Werte größer 0,2, gut ab 0,4. Vgl. Backhaus/Erichson/Plinke/Weiber (2003), S. 448.

[607] Akzeptabel ab Werte größer 0,2, gut ab 0,4, sehr gut ab 0,5. Vgl. Backhaus/Erichson/Plinke/Weiber (2003), S. 448.

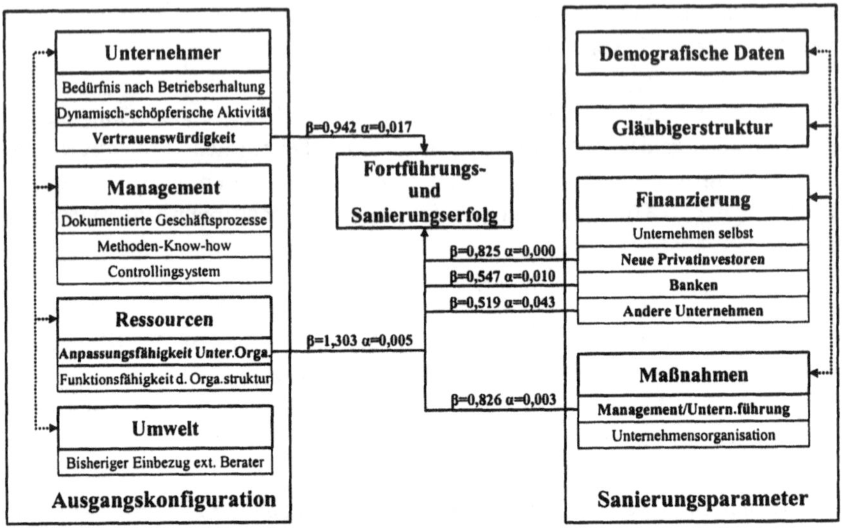

Abbildung 7.2: Einflussvariablen auf Fortführungs- und Sanierungserfolg

Quelle: Eigene Darstellung

7.1.5 Konfiguration nach der Sanierung

Nachdem ermittelt wurde, welche bedeutenden Einflussvariablen für den Sanierungserfolg existieren, wird im Folgenden ein Vergleich zwischen der Unternehmenskonfiguration zum Insolvenzzeitpunkt und der Unternehmenskonfiguration nach der Insolvenz durchgeführt. Dieser Vergleich kann Aufschluss darüber geben, welche Veränderungen sich innerhalb des Insolvenzprozesses ergeben haben und wie die neue Ausgangskonfiguration aussieht, auf welcher das Unternehmen aufbauen muss. Dabei ist der Zeitpunkt nach der Insolvenz definiert als der Übertragungszeitpunkt des Unternehmens bzw. der Zeitpunkt der Beendigung des Insolvenzverfahrens bei einer Rechtsträgersanierung. Um vergleichbare Daten zu haben, ist es notwendig, diesen Vergleich innerhalb einer Gruppe durchzuführen. Da bei nicht erfolgreichen Fortführungen aus der Schlusskonfiguration keine wesentlichen Erkenntnisse zu gewinnen sind (es gibt keine neue Ausgangskonfiguration, da das Unternehmen liquidiert wird), wird dieser Vergleich mit den 92 Fällen, welche eine erfolgreiche Fortführung beschreiben, durchgeführt.

a) Eigentümerstruktur & Geschäftsführung

Zum Insolvenzzeitpunkt sind als Eigentümer lediglich der Geschäftsführer und Familienangehörige von Bedeutung. In 83,9% der Fälle ist der Geschäftsführer (Mit-) Eigentümer und in 31,0% der Fälle gibt es Familienmitglieder als (Mit-) Gesellschafter. In wenigen Fällen (4,6%) ist auch das Management an dem Unternehmen beteiligt. Privatinvestoren, andere Unternehmen oder Venture Capital Gesellschaften spielen keine Rolle.

Die Eigentümerstruktur nach der Sanierung stellt sich so dar, dass der bisherige Geschäftsführer nur noch in 30,8% der Fälle (Mit-)Eigentümer ist. In 48,4% der Fälle gibt es einen neuen Geschäftsführer als (Mit-)Eigentümer. Das Management ist ebenso wie Privatinvestoren in 20,5% der Fälle (mit-)beteiligt und in 33,0% der Fälle gibt es andere Unternehmen, welche Anteile (mit-)besitzen.

Diese Ergebnisse spiegeln die hohe Bedeutung eines potenziellen Übernehmers/ Investors wider und zeigen gleichzeitig die geringe Bedeutung des bisherigen Unternehmers als Eigentümer. D.h., in den meisten Fällen hat dieser sein Unternehmen verloren. Lediglich in 9% der Fälle blieb der bisherige Geschäftsführer und Eigentümer auch weiterhin alleiniger Eigentümer.

Bei einer Betrachtung der Geschäftsführung nach der Sanierung ist festzustellen, dass der bisherige Unternehmer noch in 41,9% der Fälle in der operativen Führung des Unternehmens (mit-)tätig ist (obwohl er nur in 30,8% der Fälle einen Anteil am Unternehmen hat). Die hohe Zahl der operativen (mit-)tätigen Unternehmer ist damit zu begründen, dass als Zeitpunkt nach der Sanierung der Übertragungszeitpunkt bzw. das Verfahrensende bei einer Rechtsträgersanierung gewählt wurde. Zu diesem Zeitpunkt ist der bisherige Unternehmer oftmals noch operativ tätig, er scheidet jedoch nach der Übertragung rasch aus. Bisherige Familienmitglieder und Fremdmanager haben nahezu keinen Einfluss mehr.

Eine wesentlich höhere Bedeutung fällt neuen Personen zu, wie z.B. einem neuen Gesellschafter. Ein solcher ist in 52,3% der Fälle mit der operativen Führung (mit-) betraut. Neue Familienmitglieder sind in 11,6% der Fälle (mit-)tätig, neue Fremdmanager in 34,9% der Fälle. Bei nicht erfolgreichen Fortführungen ist der Insolvenzverwalter in 81,6% der Fälle die Person, welche zum Abbruchs- und

Liquidationszeitpunkt operativ (mit-)tätig ist. Diese Ergebnisse spiegeln eine sehr hohe Bedeutung neuer Personen wider.[608]

b) Unternehmenskonfiguration

Bei einem Vergleich der Unternehmenskonfigurationen zu beiden Zeitpunkten ist festzustellen, dass sich diese nur geringfügig unterscheiden. Die meisten Veränderungen sind im Bereich der Managementinstrumente, die wenigsten beim Unternehmer bzw. bei der operativ tätigen Person zu verzeichnen. Sofern es Veränderungen gibt, handelt es sich zumeist um Verbesserungen gegenüber der Ausgangssituation. Um festzustellen, ob diese Veränderungen signifikant sind, werden t-Tests bei gepaarten Stichproben durchgeführt.

Bei einem Vergleich des Unternehmers zum Insolvenzzeitpunkt und der operativ tätigen Person nach der Sanierung, ist festzustellen, dass diese weitgehend identisch bewertet werden. Lediglich die Sanierungserfahrung wird höher bewertet, was jedoch signifikant ist. Die geringen Unterschiede können dadurch erklärt werden, dass die Befragten häufig dieselbe Person beschrieben haben, was damit zu begründen ist, dass als Beschreibungszeitpunkt der Übertragungszeitpunkt bzw. bei einer Rechtsträgersanierung das Verfahrensende gewählt wurde und der Unternehmer erst nach diesem Zeitpunkt ausscheidet.

[608] Dies entspricht auch der subjektiven Wahrnehmung von Bibeault, welcher davon ausgeht, dass das bei Unternehmenskrisen das bisherige Management in sieben von zehn Fällen ausgewechselt werden muss, da es entweder die Krise nicht aus eigener Kraft lösen kann oder selbst das Problem der Krise darstellt. Vgl. Bibeault (1982), S. 93 f.

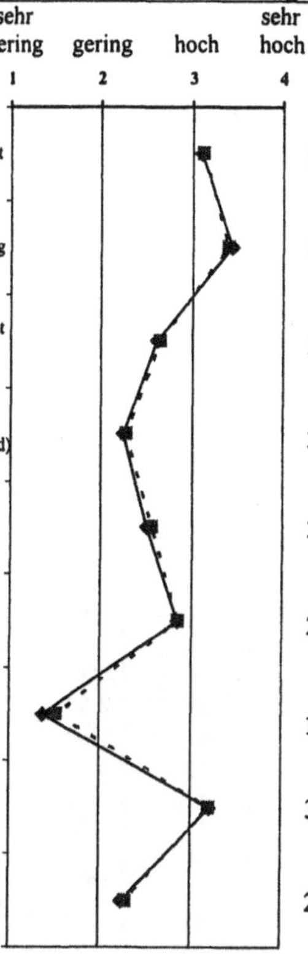

Variablenausprägung	MW Ausgangskonfiguration	MW Schlusskonfiguration	T	Sig. (2-seitig)
Stellenwert seiner Selbstständigkeit	3,10	3,11	-0,276	0,783
Bedürfnis nach Betriebserhaltung	3,44	3,39	1,684	0,096
Dynamisch-schöpferische Aktivität (kreativ/gestalterisch/ideenreich)	2,61	2,64	-0,831	0,408
Administrativ-ausführende Aktivität (verwaltend/dokumentierend/bewahrend)	2,24	2,27	-1,070	0,288
Stressresistenz	2,50	2,55	-0,893	0,374
Vertrauenswürdigkeit	2,84	2,84	-0,831	0,409
Sanierungserfahrung	**1,38**	**1,53**	**-2.740**	**0,007**
Branchenwissen (Produkte & Märkte)	3,21	3,20	0,276	0,783
Betriebswirtschaftliches Fachwissen	2,24	2,28	-1,348	0,181

Insolvenzzeitpunkt — nach der Sanierung

Tabelle 7.16: Vergleich Ausgangs- und Schlusskonfiguration - Unternehmer

Im Bereich der **Managementinstrumente** zeigen alle erhobenen Variablen zum Übertragungszeitpunkt bzw. bei Beendigung des Verfahrens signifikant höhere Ausprägungen als in der Ausgangskonfiguration. Das höchste Signifikanzniveau ist dabei bei der Variable ‚Kommunikation Mitarbeiter-Unternehmensleitung', das zweithöchste bei der Variable ‚Vorbildverhalten der geschäftsführenden Person' festzustellen.

Variablenausprägung	MW Ausgangskonfiguration	MW Schlusskonfiguration	T	Sig. (2-seitig)
Unternehmensstrategie	2,24	2,41	-3,053	0,003
Dokumentierte Geschäftsprozesse	2,27	2,43	-2,344	0,021
Methoden-Know-how	2,31	2,44	-2,691	0,009
Controllingsystem (Planung, Berichtswesen, Steuerung)	2,09	2,29	-3,107	0,003
Kommunikation Mitarbeiter - Unternehmensleitung	2,23	2,42	-3,803	0,000
Vorbildverhalten der geschäftsführenden Person	2.39	2.53	-3.134	0.002

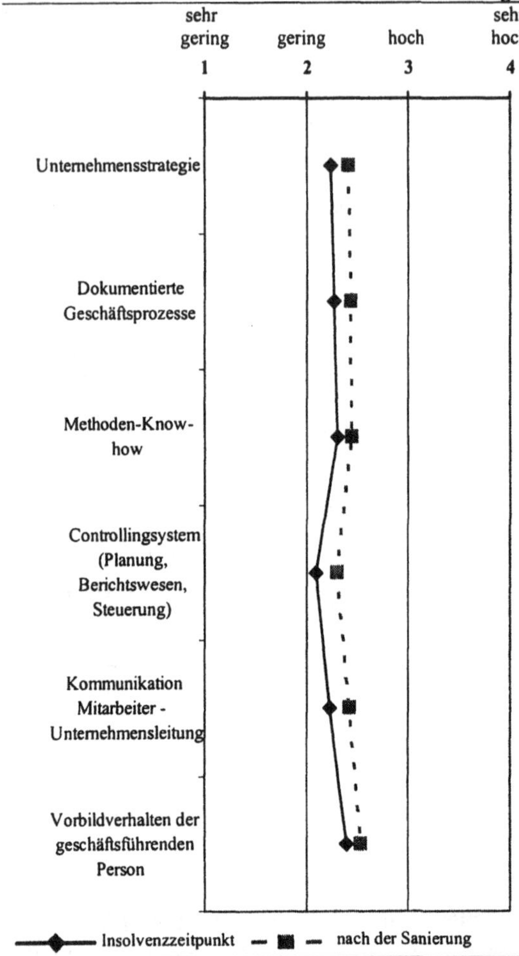

Tabelle 7.17: Vergleich Ausgangs- und Schlusskonfiguration - Management

Im Bereich der **Unternehmensressourcen** zeigt sich zu beiden Zeitpunkten ein nahezu identisches Bild. In einigen Bereichen sind geringfügige, aber signifikante Veränderungen auszumachen, wie z.B. bei den Variablen ‚Anpassungsfähigkeit der Unternehmensorganisation', ‚Funktionsfähigkeit der Organisationsstruktur' sowie ‚Mitarbeitermotivation'. Eine geringfügige, jedoch nicht signifikante Besserung zeigt sich in der Eigenkapitalquote.

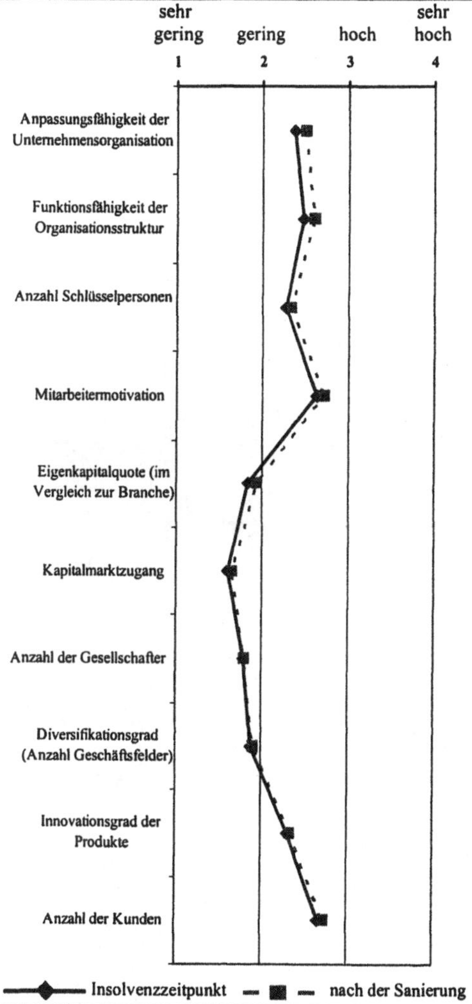

Variablenausprägung	MW Ausgangskonfiguration	MW Schlusskonfiguration	T	Sig. (2-seitig)
Anpassungsfähigkeit der Unternehmensorganisation	**2,38**	**2,50**	**-2,250**	**0,027**
Funktionsfähigkeit der Organisationsstruktur	**2,48**	**2,60**	**-2,774**	**0,007**
Anzahl Schlüsselpersonen	2,28	2,33	-1,618	0,109
Mitarbeitermotivation	**2,63**	**2,71**	**-2,368**	**0,020**
Eigenkapitalquote (im Vergleich zur Branche)	1,83	1,93	-1,753	0,083
Kapitalmarktzugang	1,60	1,65	-1,423	0,159
Anzahl der Gesellschafter	1,79	1,79	0,498	0,620
Diversifikationsgrad (Anzahl Geschäftsfelder)	1,88	1,90	-0,445	0,657
Innovationsgrad der Produkte	2,31	2,33	-0,332	0,741
Anzahl der Kunden	2,67	2,72	-0,773	0,442

Tabelle 7.18: Vergleich Ausgangs- und Schlusskonfiguration - Ressourcen

Bei den **Umweltvariablen** ist die größte Veränderung bei der Nachfolgeproblematik zu verzeichnen. Diese hat abgenommen und ist signifikant unterschiedlich zwischen beiden Zeitpunkten. Weitere geringfügig, jedoch nicht signifikant unterschiedliche Ausprägungen sind in den Variablen ‚Verbindung Unternehmens- und Privatsphäre der geschäftsführenden Person' sowie ‚Loyalität der mitarbeitenden Familienmitglieder' zu verzeichnen, welche geringer geworden ist. Dies lässt sich dadurch erklären, dass diese Personen nach der Insolvenz aus dem Unternehmen ausgeschieden sind.

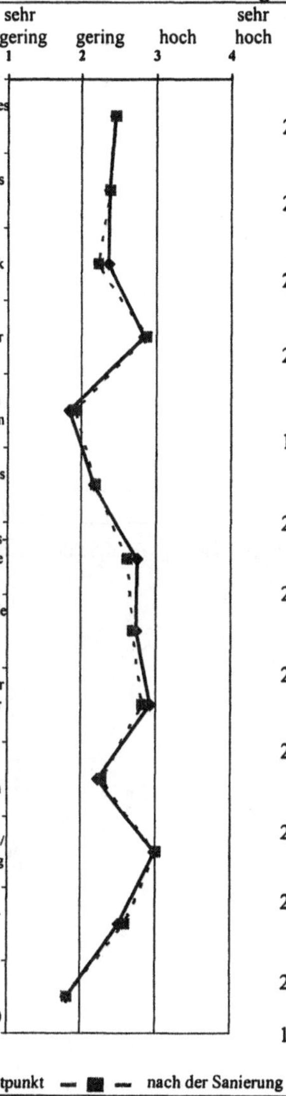

Variablenausprägung	MW Ausgangskonfiguration	MW Schlusskonfiguration	T	Sig. (2-seitig)
Technologieabhängigkeit des Unternehmens	2,46	2,46	0,000	1,000
Standortabhängigkeit des Unternehmens	2,38	2,38	0,445	0,657
Nachfolgeproblematik	**2,37**	**2,22**	**2,018**	**0,047**
Anzahl der Wettbewerber	2,84	2,87	-0,705	0,483
Inanspruchnahme von staatlichen Förderungen	1,84	1,91	-0,630	0,530
Tarifgebundenheit des Unternehmens	2,17	2,19	-0,376	0,708
Verbindung Unternehmens- und Privat-/Familiensphäre der geschäftsf. Person	2,75	2,62	1,414	0,161
Motivation/Rückhalt durch die Familie der geschäftsführenden Person	2,74	2,69	1,423	0,159
Loyalität mitarbeitender Familienmitglieder der geschäftsf. Person	2,93	2,82	0,814	0,420
Einbezug von externen Beratern in das Unternehmen	2,24	2,29	-0,893	0,374
Individuelle Kunden-/Lieferantenbeziehung	2,99	3,00	-0,376	0,708
Kontakt Unternehmen - Hausbank	2,52	2,59	-1,394	0,167
Einfluss von Interessensvertretungen (Betriebsrat/Gewerkschaften)	1,82	1,81	0,332	0,741

Tabelle 7.19: Vergleich Ausgangs- und Schlusskonfiguration - Umwelt

Die signifikanten Unterschiede zwischen Ausgangs- und Schlusskonfiguration können der Tabelle 7.20 entnommen werden:

Konfigurations-variable	Variablenausprägung	T	Signifikanz (2-seitig)
Unternehmer	➢ Sanierungserfahrung	-2,740	0,007
Management	➢ Unternehmensstrategie	-3,053	0,003
	➢ Dokumentierte Geschäftsprozesse	-2,344	0,021
	➢ Methoden-Know-how	-2,691	0,009
	➢ Controllingsystem	-3,107	0,003
	➢ Kommunikation Mitarbeiter-Unternehmensleitung	-3,803	0,000
	➢ Vorbildverhalten geschäftsführende Person	-3,134	0,002
Ressourcen	➢ Anpassungsfähigkeit der Unternehmensorganisation	-2,250	0,027
	➢ Funktionsfähigkeit der Organisationsstruktur	-2,774	0,007
	➢ Mitarbeitermotivation	-2,368	0,020
Umwelt	➢ Nachfolgeproblematik	2,018	0,047

Tabelle 7.20: Übersicht signifikante Unterschiede Ausgangs- und Schlusskonfiguration

7.1.6 Zwischenfazit

Abbildung 7.3 auf den beiden Folgeseiten zeigt die bisherigen Ergebnisse der quantitativen Erhebung. Dieser sind alle erhobenen Variablen der Ausgangskonfiguration und der Sanierungsparameter sowie die verschiedenen Akteure zu entnehmen.

Die signifikanten Unterschiede zwischen erfolgreichen und nicht erfolgreichen Fortführungen und Sanierungen sind **fett** hervorgehoben und die Ergebnisse der logistischen Regressionsrechnung mit der Angabe von Regressionskoeffizienten (β) und Signifikanzen (α) versehen.

Die signifikanten Unterschiede zwischen Ausgangs- und Schlusskonfiguration sind durch die Sterne (*) markiert.

Bei den Akteuren wurde ein zusätzlicher signifikanter Unterschied bei der Involvierung in der Umsetzung von Sanierungsmaßnahmen mit zwei Sternen (**) markiert. Ein zusätzlicher signifikanter Unterschied bei der Erstellung des Fortführungskonzeptes und der Umsetzung der Sanierungsmaßnahmen wurde mit drei Sternen (***) gekennzeichnet.

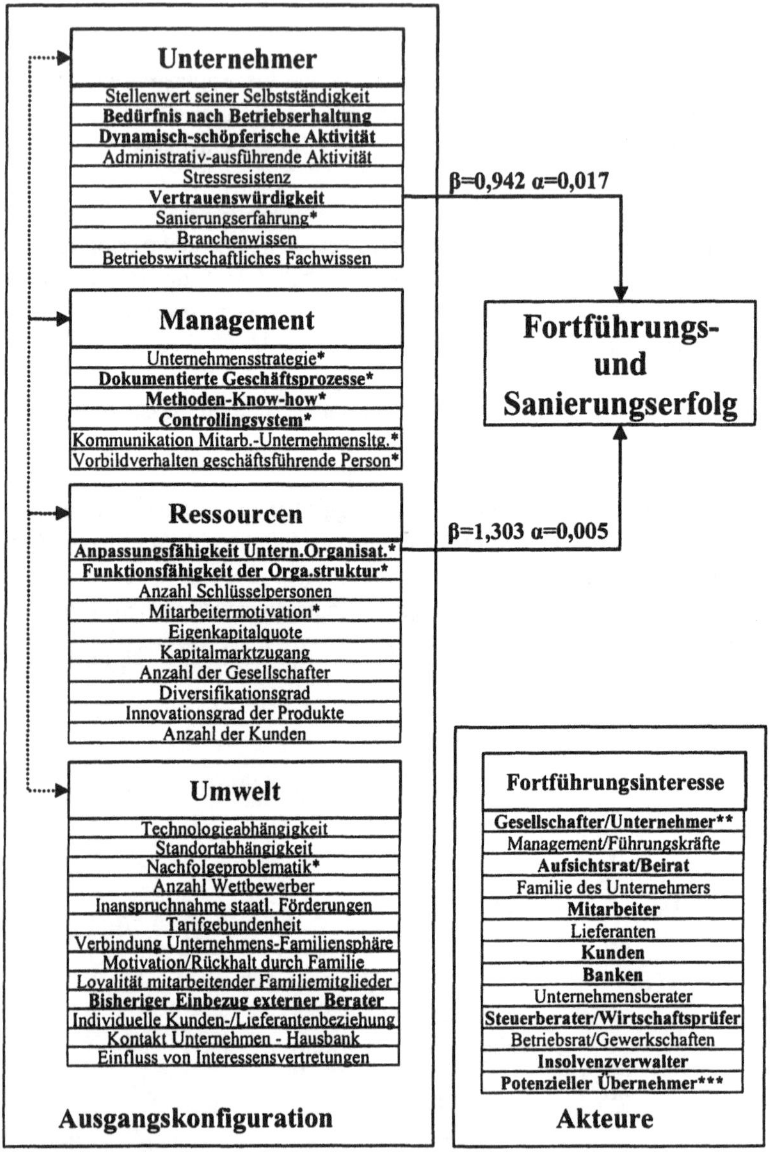

Abbildung 7.3: Übersicht quantitative Ergebnisse

Quelle: Eigene Darstellung

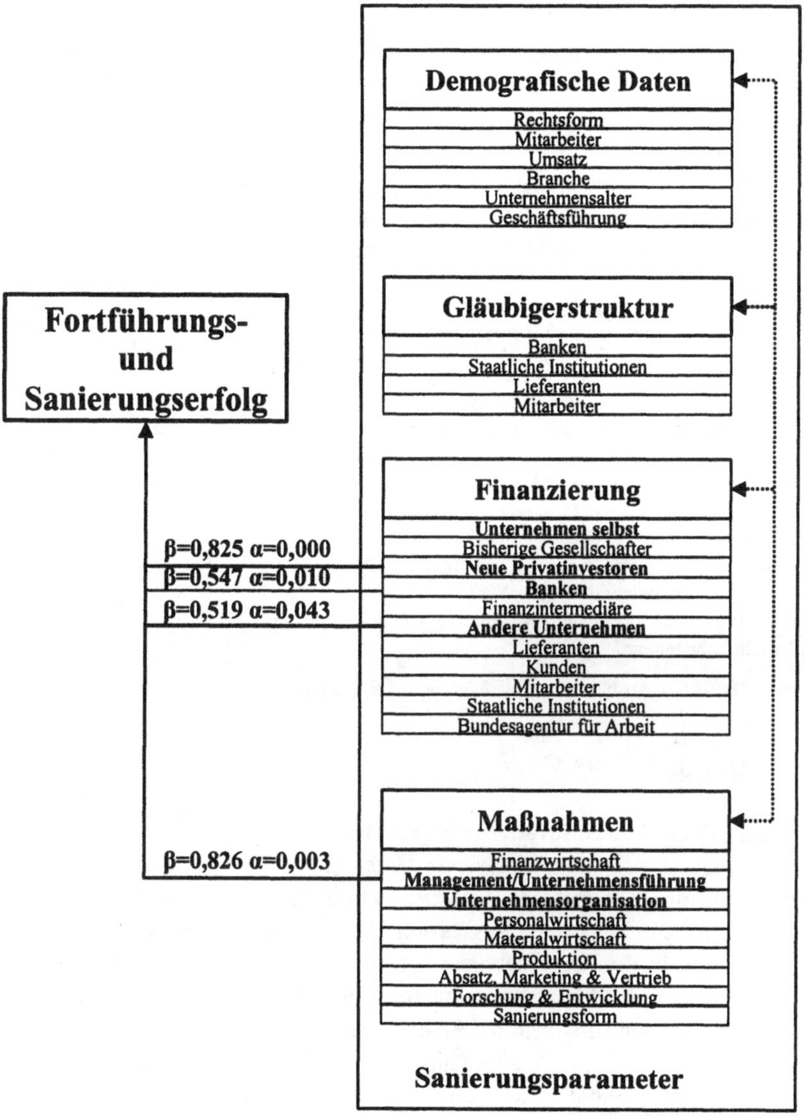

fett: Signifikante Unterschiede zwischen erfolgreichen und nicht erfolgreichen Fortführungen und Sanierungen

* Signifikante Änderungen zwischen Ausgangs- und Schlusskonfiguration

** Zusätzlich signifikanter Unterschied bei Involvierung in Umsetzung Sanierungsmaßnahmen

*** Zusätzlich signifikanter Unterschied bei Erstellung Fortführungskonzept und Umsetzung Sanierungsmaßnahmen

In diesem Zwischenfazit sollen auch die Abbruchgründe einer Fortführung und Sanierung dargestellt werden. Gründe für den Abbruch und die Zerschlagung des insolventen Unternehmens liegen vorwiegend darin, dass kein Käufer für das Unternehmen bzw. für Unternehmensteile gefunden werden kann (64%). Ähnlich häufig (in 60% der Fälle) wird genannt, dass das Unternehmen dauerhaft Verluste erwirtschaftet, also eine leistungswirtschaftliche Sanierung nicht möglich ist. Eine hohe Bedeutung hat auch die Tatsache, dass das benötigte Kapital zur Fortführung und Sanierung nicht beschafft werden kann (44%) sowie der § 613a BGB[609] (42%).

Abbruchgründe	Nennungen	in %
Kein Käufer für Unternehmen/Unternehmensteile zu finden	32	64%
Unternehmen erwirtschaftet dauerhaft Verluste	30	60%
Benötigtes Kapital konnte nicht beschafft werden	22	44%
Problematik des § 613a BGB	21	42%
Veränderte Markt- und Wettbewerbslage	14	28%
Schlüsselpersonen haben das Unternehmen verlassen	9	18%
Aussonderungsberechtigte Gläubiger machen Fortführung unmöglich	5	10%
Keine Einigung mit/unter Gesellschafter möglich	4	8%
Keine Einigung mit/unter Gläubiger möglich	4	8%
Staatliche Institutionen behindern Fortführung/Verkauf	3	6%

n=50, Mehrfachnennung

Tabelle 7.21: Abbruchgründe einer Fortführung und Sanierung

7.2 Qualitative Interviews

Die deskriptiven und multivariaten Ergebnisse der statistischen Auswertung ermöglichen eine Einordnung insolventer Unternehmen bezüglich ihrer Ausgangssituation und der Unterschiede zwischen erfolgreichen und nicht erfolgreichen Fortführungen. Die logistische Regression hat besonders die Bedeutung der Vertrauenswürdigkeit des Unternehmers, der Anpassungsfähigkeit der Unternehmensorganisation, der Maßnahmen im Bereich des Managements/der Unternehmensführung als auch finanzieller Beiträge offenbart. Besonders die ersten drei Variablen stehen in enger Verbindung mit den Akteuren einer Sanierung, auf welche in diesem Abschnitt ein besonderer Fokus gelegt wird.[610]

[609] § 613a BGB regelt die Rechte und Pflichten bei Betriebsübergang, insbesondere den Übergang der Arbeitsverhältnisse: „Geht ein Betrieb oder Betriebsteil durch Rechtsgeschäft auf einen anderen Inhaber über, so tritt dieser in die Rechte und Pflichten aus den im Zeitpunkt des Übergangs bestehenden Arbeitsverhältnissen ein." Vgl. BGB (2006), § 613a.

[610] Textpassagen, welche im folgenden Abschnitt *kursiv* dargestellt sind, entsprechen Originalzitaten der interviewten Personen.

7.2.1 Unternehmer

a) Persönliche Situation

Der Unternehmer hat zum Insolvenzzeitpunkt häufig einen langen Leidensweg hinter sich, da er bis zur Insolvenzantragsstellung gekämpft hat, um diese zu vermeiden. Er wird als frustriert, hilflos, psychisch und physisch an seine Grenzen gekommen beschrieben. Er betrachtet sein Lebenswerk als gescheitert, ist fragil und nicht immer handlungsfähig. Ebenso ist er in Sorge um sein persönliches Vermögen, da er häufig Haftungsansprüchen ausgesetzt ist. Es besitzt oftmals nur noch eingeschränkt finanzielle Ressourcen, da er viel privates Geld in den Insolvenzabwehrkampf gesteckt hat.

Auf die Insolvenz ist er in den seltensten Fällen vorbereitet. D.h., er beschäftigt sich nicht damit, was die Insolvenz für ihn und für sein Unternehmen bedeutet, und holt sich nur in den seltensten Fällen Rat von externen Personen. Die fehlende Vorbereitung wird durch eine hohe emotionale Bindung des Unternehmers an das Unternehmen erklärt. Der Unternehmer wertet eine Insolvenz stets als persönliches Scheitern und empfindet diese als Stigma, welches es zu vermeiden gilt.[611] Bei einer solchen Konstellation, welche durch Emotionen geprägt ist, tritt ein rationales Entscheiden in den Hintergrund. Da der Unternehmer in seiner Emotion gefangen ist, müssten Ansätze auf emotionaler Ebene gefunden werden, die den Unternehmer vor sich selbst schützen.

Dass ein Unternehmer rechtzeitig handelt und am besten schon bei drohender Zahlungsunfähigkeit Insolvenz anmeldet, um so Ressourcen zu sparen, wird als besonders wichtig erachtet. Problematisch ist jedoch der Mangel an adäquaten Frühwarnsystemen und Controllinginstrumenten, welche die Zahlungsunfähigkeit und/oder Überschuldung rechtzeitig anzeigen. *„Der typisch mittelständische Unternehmer ist nicht liquiditätsgetrieben, sondern handelt umsatz- und kostenorientiert. Eine Überprüfung der Kapitaldienstfähigkeit findet nicht statt, denn in guten Zeiten ist ja genügend Geld in der Kasse. Es gibt aber einen Zusammenhang zwischen Unternehmensgröße und Controllinginstrumenten: Je größer das Unternehmen, desto verbreiteter verschiedene Instrumente. Ob die dann geeignet*

---

[611] Da in der Insolvenzursachenforschung dem Unternehmer stets ein hoher Anteil als Insolvenzgrund zufällt, ist ein solches Verhalten als konsistent zu erachten. Die befragten Betroffenen bestätigten die Problematik der Stigmatisierung, konstatierten aber, dass sie in der Öffentlichkeit eher Bedauern und Mitleid empfingen.

sind, den Unternehmer dazu zu bringen, rechtzeitig Insolvenz anzumelden, ist eine andere Frage.“

Ein rechtzeitiger Insolvenzantrag ist besonders wichtig, um das Vertrauensverhältnis zu betroffenen Mitarbeitern, Kunden, Lieferanten, Banken etc. nicht durch einen lang anhaltenden und im Ausgang unsicheren Insolvenzabwehrkampf zu erschüttern. „*Der Unternehmer lebt vor der Insolvenz immer nach dem Prinzip Hoffnung, dabei wäre es wichtig rechtzeitig zu handeln und die Hoffnung auf den Zeitpunkt nach der Insolvenzanmeldung zu verschieben.*“ Als besondere Form der frühzeitigen Insolvenzantragsstellung wird stets auf die Möglichkeit eines Pre-Packaged-Planes verwiesen, der die Antragsstellung aufgrund von drohender Zahlungsunfähigkeit in Verbindung mit einem Sanierungsplan ermöglicht. In der Praxis wird diese Möglichkeit jedoch nicht wahrgenommen.[612]

Durch den langen Insolvenzabwehrkampf und durch die hohe Verunsicherung, die den Unternehmer trifft, ist er zunächst froh, „*...den Stab an den Insolvenzverwalter weitergeben zu können*“. In der Person des Insolvenzverwalters erwartet er eine Sicherheit, da dieser nun die (richtigen) Entscheidungen trifft.[613] Dennoch hat der Unternehmer ein sehr hohes Bedürfnis nach Betriebserhaltung, was zum einen dadurch zu begründen ist, dass das Unternehmen das Lebenswerk des Unternehmers darstellt, zum anderen damit, dass er aus einer persönlichen Haftung herauskommen möchte. Er kann jedoch nicht beurteilen, ob und wie das Unternehmen fortgeführt und saniert werden kann, da er nur wenig Kenntnis über insolvenzspezifische Abläufe hat. In ganz wenigen Fällen hat der Unternehmer mit dem Unternehmen abgeschlossen, was sich darin zeigt, dass das Unternehmen zum Insolvenzzeitpunkt fast nicht mehr funktionsfähig ist und schon seit längerem nur noch ausproduziert wurde und bestehende Aufträge abgearbeitet wurden.

b) Bedeutung für den Fortführungs- und Sanierungsprozess

Die Frage, inwieweit der Unternehmer für den Fortführungs- und Sanierungsprozess von Bedeutung ist, muss differenziert betrachtet werden. Der Insolvenzverwalter braucht jemanden, der ihn mit Unternehmensinformationen versorgt. Der erste Ansprechpartner ist dabei immer die Geschäftsführung bzw. der Unter-

---

[612] Vgl. hierzu Wonnemann/Buchalik/Polley (2005).

[613] Zwar ist im vorläufigen Insolvenzverfahren dies gesetzlich nicht vorgesehen, da der Insolvenzverwalter meistens ein ‚schwacher Verwalter' ist und eher kontrollierend und überwachend agieren soll, de facto aber schon zu diesem Zeitpunkt im Innenverhältnis häufig als ‚starker Verwalter' agiert und das Ruder übernimmt. Zu der Unterscheidung ‚schwacher' und ‚starker Verwalter' siehe auch Abschnitt 4.5.2.

nehmer, da dieser im vorläufigen Verfahren zum einen die Geschäftsführung noch juristisch inne hat, zum anderen Know-how über das Unternehmen besitzt.

In seinen theoretischen Ausführungen weist *Mönning* darauf hin, dass der Insolvenzverwalter bei einem unverzichtbaren kaufmännischen, technischen oder organisatorischen Wissen des Unternehmers nicht umhin kommt, diesen mit wichtigen operativen Aufgaben zu betrauen.[614] In den Interviews wurde stets darauf hingewiesen, dass der Unternehmer nach einer gewissen Zeit (ein Insolvenzverwalter sprach von zwei bis vier Wochen) ersetzt werden kann. Der Insolvenzverwalter und seine Mitarbeiter haben dann das notwendige Wissen zur Fortführung adaptiert und die wichtigen Mitarbeiter in der zweiten Reihe identifiziert, welche die operativen Tätigkeiten übernehmen können. Spätestens ab diesem Zeitpunkt ist der Unternehmer ersetzbar.

Ob und in welchem Umfang der Unternehmer ersetzt wird, hängt neben der Sanierungsform sowohl von seiner psychischen und physischen Verfassung als auch von seinem vorinsolvenzlichen Verhalten und damit von dem Vertrauen ab, welches der Insolvenzverwalter und die Gläubiger in ihn haben. Ist sein vorinsolvenzliches Verhalten nicht oder nur geringfügig zu beanstanden, so steht der Einbindung nichts entgegen. Steht der Unternehmer aber aufgrund von z.B. gravierenden Führungsfehlern, Unfähigkeit und Inkompetenz oder strafrechtlich relevanten Sachverhalten im Kreuzfeuer der Kritik, dann muss der Insolvenzverwalter rasch über seine Suspendierung[615] entscheiden, um die Rahmenbedingungen für die Fortführung nicht zu gefährden. Hält der Insolvenzverwalter an dem Unternehmer fest, so riskiert er ggf. seine eigene Akzeptanz, was sich nachteilig auf die Aufrechterhaltung der zur Betriebsfortführung notwendigen Geschäftsbeziehungen auswirkt.[616] *„Hat der Unternehmer zu viel Porzellan zerschlagen, also wenn das Vertrauensverhältnis zu Mitarbeitern, Lieferanten und Kunden zutiefst erschüttert ist, oder durch persönlich fragwürdiges Verhalten - manchmal sind kurz vor der Insolvenz noch Gesellschafterdarlehen zurückbezahlt worden - dann hat er sich automatisch disqualifiziert. Mit so jemandem kann man nicht weitermachen. Prinzipiell gilt: es muss jemand die Unternehmerfunktion erfüllen. Ob dies durch den alten Unternehmer geschieht oder durch eine andere Person ist egal."* Besonders bei der Rechtsträgersanierung, bei welcher am Ende

---

[614] Vgl. Mönning (1997), RN 1272, S. 311.
[615] Für die Abberufung eines GmbH Geschäftsführers als Organ ist der Insolvenzverwalter nicht zuständig. Dies kann alleine von der Gesellschafterversammlung unter Beachtung des GmbH-Gesetzes erfolgen. Existiert ein Dienstvertrag zwischen der GmbH und ihrem Geschäftsführer, so kann dieser vom Insolvenzverwalter unter Einhaltung von Kündigungsfristen gekündigt werden.
[616] Vgl. auch Mönning (1997), RN 1122 f., S. 272.

die Verwaltungs- und Verfügungsbefugnis wieder auf den Schuldner übergehen soll, muss dieser sich als vertrauenswürdig erweisen.

Wirkt der Unternehmer bei der Fortführung, inklusive der Konzepterstellung und Umsetzung, mit, so entlastet dies den Insolvenzverwalter. Inwieweit bei der Mitwirkung des Unternehmers opportunistische Gründe mitspielen, um z.B. weiterhin Einfluss im Unternehmen behalten zu können oder die persönliche Haftung reduzieren zu können, kann nicht eindeutig bewertet werden.

Die Möglichkeiten des Unternehmers, seinen Einfluss im Unternehmen zu wahren, sind mit dem Insolvenzeintritt erheblich reduziert, da andere Akteure ‚das Ruder übernehmen'. Hinzu kommt, dass die Insolvenz ein schneller dynamischer Prozess ist, der Neuland für ihn darstellt und ihn oftmals überfordert. Wird eine übertragende Sanierung durchgeführt, verliert er in den meisten Fällen sein Unternehmen und damit seinen Einfluss. Ein neuer Investor benötigt den alten Unternehmer in der Regel nicht. Ausnahmen sind vorwiegend im Kleinstunternehmensbereich zu finden, bei welchen Familienmitglieder des bisherigen Unternehmers als Investoren auftreten. Weitere Ausnahmen existieren, wenn der Unternehmer betriebsnotwendige Rechte wie z.B. Patente auf seine Person vereint hat oder ganz spezifisches (häufig technisches) Know-how besitzt und dieses zur Fortführung notwendig ist. Bei einer Rechtsträgersanierung ist festzustellen, dass die Altgesellschafter weiterhin Anteile am Unternehmen besitzen, auch wenn häufig ein neuer Investor hinzukommt. Diese Sanierungsform erhöht für den Unternehmer die Chance, seinen Einfluss zu wahren.

Ein weiterer Weg, Einfluss zu wahren, würde durch das Einbringen finanzieller Mittel ermöglicht. Der Unternehmer könnte eine Auffanglösung in Form eines neuen Rechtsträgers finanzieren, wofür er jedoch Kapital aufbringen müsste. Über diese verfügt er häufig nicht.[617] *„Der Unternehmer müsste vorinsolvenzlich Geld sparen und dieses nicht verbrennen."* Sich vorinsolvenzlichen Rat von Rechtsanwälten und Beratern einzuholen, um frühzeitig Insolvenz anzumelden, spart Unternehmer- und Unternehmensressourcen und unterstützt die Vertrauensbildung bei beteiligten Akteuren.[618]

---

[617] Der finanzielle Beitrag bisheriger Gesellschafter ist in der quantitativen Erhebung sehr gering bewertet worden. In 61,8% der Fälle gibt es keinen Beitrag der Gesellschafter. In 11,1% der Fälle einen sehr geringen.

[618] Nachteile einer frühzeitigen Insolvenzanmeldung sind in Abschnitt 4.6.2 genannt.

7.2.2 Führungskräfte & Mitarbeiter

Den Führungskräften und Mitarbeitern des insolventen Unternehmens fällt eine wichtige Rolle für die Fortführung und Sanierung zu. Sie sind die Personen, welche Produkte und Dienstleistungen erstellen und die Leistungsfähigkeit des Unternehmens maßgeblich beeinflussen. Fehlt es an geeigneten Führungskräften und Mitarbeitern, so lassen sich weder Fortführung noch Sanierung realisieren. Auch die Beantwortung der Frage, ob ein insolventes Unternehmen funktions- und anpassungsfähig ist, hängt von dieser Personengruppe ab.

Die meisten Mitarbeiter sind zum Insolvenzzeitpunkt immer noch im Unternehmen und nur wenige haben das Unternehmen verlassen. *„Es gibt so eine Art Wagenburgmentalität. Diejenigen, welche das letzte halbe Jahr oder Jahr miteinander gekämpft haben, bleiben auch in der Insolvenz dabei. Da wundere ich mich manchmal extrem, aber das ist wohl von der Unternehmensmentalität in KMU abhängig. Andererseits vereinfacht die wirtschaftliche Lage es nicht, rasch einen anderen Arbeitsplatz zu finden."* Dabei ist auch die physische Bindung an einen Arbeitsplatz im Unternehmen von Bedeutung. Beim Fehlen eines ‚Vor-Ort-Arbeitsplatzes' (z.B. in einem Büro, an einer Maschine) ist die Gefahr größer, dass Mitarbeiter, welche diese physische Bindung nicht haben, das Unternehmen rasch verlassen. *„Besonders auffällig ist ein solches Verhalten im Umfeld Bau oder bei Speditionen, denn für wen man eine Schaufel hält oder wessen LKW man fährt, ist schlussendlich dem Arbeitnehmer egal. Die einzige Verbindung, welche solche Mitarbeiter zum Unternehmen haben, besteht durch die monatliche Gehaltszahlung."*

Einem Kernteam (Schlüsselpersonen, welche die Leistungsträger des Unternehmens darstellen) fällt eine besondere Bedeutung zu, da es die Fortführung und Sanierung unterstützen muss. Im Idealfall haben diese Personen zusätzlich eine hohe Motivationswirkung auf andere Mitarbeiter. Solche Schlüsselpersonen finden sich in jedem insolventen Unternehmen und sind, wenn nicht in der ersten Reihe, dann in der zweiten oder gar dritten Hierarchieebene zu identifizieren. Existieren solche Personen nicht, ist eine Fortführung und Sanierung praktisch nicht möglich.

Als schwierig stellt sich die Mitarbeitermotivation dar, da eine Fortführung und Sanierung immer mit Personaleinschnitten verbunden ist.[619] Ein Investor hat

[619] In nur ca. 15% der Fälle wurden keine Maßnahmen im Bereich der Personalwirtschaft getroffen. In nur 14% keine im Bereich des Managements/der Unternehmensführung.

häufig nur Interesse an der *'Olympiamannschaft'*. Um diese Mannschaft herzustellen, bedarf es Kündigungen, da bei dem Verkauf des insolventen Unternehmens alle Arbeitsverhältnisse auf den Erwerber übergehen (§ 613a BGB). In größeren Insolvenzverfahren, bei welchen Entlassungen nicht immer einfach zu gestalten sind, werden häufig Zwischenschritte durchgeführt, um Mitarbeiter in Beschäftigungsgesellschaften unterzubringen oder durch Betriebsauffang-/ Sanierungsgesellschaften eine veräußerungsfähige Einheit herzustellen.[620] Um eine Demotivation der Mitarbeiter (welche auf der Angst aufbaut als Nächster entlassen zu werden) zu vermeiden, bedarf es einmaliger, harter Personalmaßnahmen mit der realistischen Aussicht, dass die verbleibenden Mitarbeiter ihren Arbeitsplatz behalten können. Sukzessive Entlassungen wirken sich stets demotivierend auf die verbleibenden Mitarbeiter aus.

Neben Maßnahmen auf der Mitarbeiterebene sind auch auf der Management- und Unternehmensführungsebene Maßnahmen notwendig. Führungskräfte können sich einer Insolvenzschuld nicht exkulpieren. Die Überlegungen, welche im vorherigen Abschnitt für den Unternehmer gelten, können auf Führungskräfte analog angewendet werden. D.h., notwendige Maßnahmen hängen von dem bisherigen Verhalten der Führungskräfte und den Insolvenzgründen ab, welche auf die Vertrauenswürdigkeit Auswirkungen haben.

Dass bei nicht erfolgreichen Fortführungen und Sanierungen sowohl der finanzielle Beitrag als auch die Involvierung in Konzepterstellung und -umsetzung durch Mitarbeiter höher ist als bei erfolgreichen Sanierungen, schreiben die befragten Unternehmensberater der Tatsache zu, dass Insolvenzverwalter nicht immer bereit sind, externe Akteure für das Insolvenzmanagement zu involvieren. Daher verbleiben lediglich die bisherigen Führungskräfte und Mitarbeiter, welche den Fortführungs- und Sanierungsprozess (unter der Führung des Insolvenzverwalters) gestalten. Diese konnten jedoch die Krise und Insolvenz nicht vermeiden, weshalb eine Fortführung und Sanierung mit denselben Führungskräften und Methoden nicht zum Erfolg führen kann.

7.2.3 Lieferanten & Kunden

a) Lieferanten

Die Hauptfrage, welche in Bezug auf Lieferanten zu klären ist, ist deren Bedeutung für das insolvente Unternehmen. Haben Sie eine Schlüsselstellung, so muss

[620] Zu den einzelnen Gesellschaftsformen siehe auch Abschnitt 4.6.3.

bei diesen frühzeitig das Gespräch gesucht und um Vertrauen geworben werden. Ab dem Insolvenzzeitpunkt liefern in aller Regel Lieferanten nur noch gegen Vorkasse, um weiteres Risiko zu minimieren. Da das Unternehmen, sofern Insolvenzausfallgeld in Anspruch genommen werden kann, durch die Insolvenzantragsstellung Liquiditätsabflüsse spart, können Lieferanten (sofern Produkte/ Dienstleistungen verkauft werden können und Liquidität zu generieren ist) auch bezahlt werden.

Grundsätzlich haben Lieferanten ein hohes Fortführungsinteresse, welches daher rührt, dass diese einen Kunden beibehalten möchten. Allerdings wurde von den Befragten mehrfach darauf hingewiesen, dass (auch aufgrund der Vielzahl von Insolvenzen) die Bereitschaft, einen elementaren Fortführungs- und Sanierungsbeitrag zu leisten, zunehmend restriktiver ausfällt. Ist das Vertrauensverhältnis in die bisherigen Akteure durch die vorinsolvenzliche Krisenphase erschüttert, ist eine finanzielle Beteiligung an einer Sanierung nahezu ausgeschlossen.

Unter dem Gesichtspunkt, dass Lieferanten einen Kunden nicht verlieren wollen, bleibt den Lieferanten nur eine Reaktionsweise. Sie liefern weiter (gegen Vorkasse oder offene Rechnung) und haben so die Option, nach Beendigung des Insolvenzverfahrens weiterhin Lieferant des bisherigen oder des neu entstandenen Unternehmens zu sein. Bei einer Liefereinstellung beenden sie ihre Geschäftsbeziehung häufig dauerhaft. Einer der Interviewten formulierte die für ihn typische Gesprächssituation mit Lieferanten folgendermaßen: *„Entweder Ihr beliefert weiter und habt zunächst die Sicherheit durch die Insolvenzsituation oder Ihr realisiert Euren wirtschaftlichen maximalen Schaden. Eine Quote bekommt Ihr eh nur in homöopathischen Dosen. Wenn Ihr Euch nun als fähiger Lieferant beweist, der mit an Bord bleibt, dann werdet Ihr weitere Deckungsbeiträge erhalten und könnt Euch positionieren. Denn wenn es zu einer neuen Gesellschaft kommt, dann seid Ihr mit dabei und habt einen Kunden behalten. Entscheidet selbst.“*

b) Kunden

Auf Kundenseite muss verstärkt um Vertrauen für das insolvente Unternehmen geworben werden. Dabei muss deutlich werden, dass das Unternehmen seine Leistungsfähigkeit zur Leistungserstellung beibehalten hat und es aufgrund der Insolvenz zu keinen Termin- und Qualitätseinschränkungen kommt. Die Hauptfragen an die Kunden sind dann: *„Könnt Ihr dem insolventen Unternehmen helfen? Was kann das Unternehmen, was für Euch interessant ist?“*

Um diese Fragen zu beantworten, sind Branche und Kundenstruktur von Relevanz. Bei der Kundenstruktur ist es vorteilhaft, wenn ein hoher Umsatzanteil mit nur wenigen Kunden gemacht wird. D.h., es müssen nur wenige Kunden überzeugt werden, weiterhin Aufträge zu platzieren und bereits geschlossene Verträge abzunehmen. Dass eine solche Kundenstruktur sowohl vorinsolvenzlich als auch innerhalb des Verfahrens eine hohe Gefahr birgt, ist selbstredend. Beenden die wichtigsten (wenigen) Kunden in der Insolvenz die Geschäftsbeziehung, ist die Fortführung und Sanierung auf das Äußerste gefährdet. Verliert ein Unternehmen diese Kunden bei normalem Geschäftsbetrieb, so kann darin ein Insolvenzgrund liegen.

Die Unterstützungsbereitschaft durch Erteilung neuer Aufträge ist branchenabhängig. Die Bauwirtschaft wird als klassische Branche genannt, in welcher es sehr schwierig ist, ein insolventes Unternehmen fortzuführen, da es nahezu unmöglich ist, neue Aufträge zu akquirieren. Besonders bei mittelgroßen Baufirmen, welche einen hohen Umsatzanteil mit öffentlichen Aufträgen generieren, sind Auftragserteilungen in der Insolvenz in der Regel ausgeschlossen. Bei solchen Unternehmen muss sofort ein Käufer gefunden werden, um wieder Rechtssicherheit zu erlangen. In der Automobil-Branche hingegen ist die Bereitschaft hoch, einen insolventen Lieferanten zu unterstützen und auch liquide Mittel bereitzustellen. Lieferanten sind in der Regel in hohem Maße in die Wertschöpfungskette eingebunden und der Ausfall eines bedeutenden Lieferanten hätte im schlimmsten Fall einen Produktionsstopp zur Folge.

Unter dem Branchengesichtspunkt ist auch die Frage des Produktes/der Dienstleistung des insolventen Unternehmens zu subsumieren und es ist von Bedeutung, ob das Unternehmen im Business-to-Business oder im Business-to-Customer Bereich angesiedelt ist. *„Je mehr ‚commodity' und ‚me-too' das Produkt beinhaltet, desto schwieriger ist es von Kunden Unterstützungsleistungen zu erhalten. Für den Endverbraucher im Business-to-Customer Bereich hat das Verschwinden eines Anbieters vom Markt nur geringe Auswirkungen."* Dieser Wertung steht entgegen, dass für die Kaufentscheidung bei Commodity-Gütern die Insolvenz des Unternehmens irrelevant ist. D.h., der Endverbraucher kauft, vorausgesetzt die Qualität ist vor und nach der Insolvenz die gleiche, dennoch bei dem insolventen Unternehmen. Die Branche und das damit verbundene Produkt gelten daher als Haupteinflussfaktoren für die Kundenunterstützung.

7.2.4 Banken

Den Banken wird für die Fortführung und Sanierung eine hohe Bedeutung zugesprochen. Dabei kann in eine Gläubigerrolle und eine Finanzierungsrolle der Banken differenziert werden. Die Finanzierungsrolle greift besonders bei übertragenden Sanierungen, wenn es darum geht, dass ein Investor einen Kaufpreis finanzieren muss. Für das insolvente Unternehmen und für den Fortführungsprozess ist die Gläubigerrolle von höherer Relevanz.

In der Gläubigerrolle und dem Verhalten der Banken existieren Unterschiede zwischen den Bankenarten. Große Geschäftsbanken unterstützen tendenziell weniger eine Fortführung und Sanierung eines KMU als dies eine regional verwurzelte Sparkasse oder Volksbank tut, welche versucht, Geschäft in der Region zu halten. Die regionalen Banken haben eine Interessenslage, welche auch durch die enge Verbindung (z.B. durch eine Immobilienfinanzierung) zu den Mitarbeitern des insolventen Unternehmens geprägt ist. In kleinen Einheiten ist daher die Bereitschaft, suboptimale Masselösungen zu akzeptieren, größer als in Großverfahren, bei welchen vorwiegend große Geschäftsbanken involviert sind. Zudem haben die Großbanken ihre für Krisen und Insolvenzen zuständigen Sanierungs-/Work-Out-Abteilungen stark zentralisiert und sind so vom Geschehen auch lokal distanzierter.

Neben der regionalen Verwurzelung ist von Bedeutung, ob das insolvente Unternehmen eine Einbanken- oder eine Mehrbankenverbindung unterhält. Existiert eine Mehrbankenverbindung, welche in der Insolvenz zu einem Bankenpool zusammengeschlossen wird, so ist diese Konstellation wesentlich schwieriger zu handhaben als Einbankenverbindungen. Bei Verhandlungen mit einem Pool geht es nicht nur um die Interessenslage bezüglich des insolventen Unternehmens, sondern auch um die Marktmacht und Wettbewerbsstellung der einzelnen Bank. Jedoch gilt im KMU-Bereich weiterhin, dass das klassische mittelständische Unternehmen sich über seine Hausbank vor Ort finanziert und so lediglich eine Einbanken-, maximal eine Zweibankenverbindung, aufweist.

Abgesehen von diesen (nur bedingt ökonomischen Einflussfaktoren) sind Banken *„(...) kühle Rechner, welche rein quantitativ bewerten, was ihnen die Fortführung und Sanierung im Vergleich zu einer Zerschlagung bringt."* Banken sind selbst in der Situation, ihre Bilanzen sauber zu halten, was sich auch im Verkauf von schlechten Kreditengagements und der zunehmend restriktiveren Kreditvergabe widerspiegelt. Daher treffen sie ihre Entscheidungen rational anhand von

Variablen wie z.B. Kreditvolumen und Besicherungsgrad in Verbindung mit dem Verwertungsrisiko. Bezüglich des Besicherungsgrades ist festzustellen, dass dieser an sich irrelevant ist, denn es muss eine explizite Betrachtung des Besicherungsgutes stattfinden. D.h., selbst wenn Kredite mit Immobilien hoch besichert sind, muss differenziert werden, um was für eine Immobilie es sich handelt und ob diese entsprechend verwertbar ist. Oftmals nutzt es Banken (und allen anderen Gläubigern) mehr, wenn ein Unternehmen fortgeführt und saniert wird und Kredite zurückbezahlt werden, als wenn das Sicherungsgut zu verwerten ist.

7.2.5 Berater

Um die Bedeutung und die Rolle von Beratern erfassen zu können, ist nach dem Beratungszeitpunkt (vorinsolvenzlich vs. nachinsolvenzlich) und dem Beratungsinhalt (Steuer-, Rechts-, Krisen-/Sanierungs- oder Insolvenzberatung) zu differenzieren.

Als klassischer Berater von KMU hat sich der Steuerberater bzw. der Wirtschaftsprüfer etabliert, welcher dem Unternehmen in der Regel langjährig verbunden ist. Für den Fortführungs- und Sanierungserfolg spielen diese Berater jedoch keine bedeutende Rolle.[621]

Andere Berater, welche in der allgemeinen Form der Unternehmensberater und in der spezifischen Form der Krisen-/Sanierungsberater existieren, sind vorinsolvenzlich stärker vertreten als nachinsolvenzlich. Dies ist auch damit zu begründen, dass vorinsolvenzlich eine freiere Beratung möglich ist als nachinsolvenzlich. Unabhängig von dem Zeitpunkt des Einsatzes zeigt sich aber, dass KMU immer noch beratungsresistent sind und der Rückgriff auf externe Berater (auch zur Insolvenzvorbereitung) nur selten stattfindet. Nach Ansicht der Befragten ist der Beratereinsatz abhängig von der Unternehmensgröße. Je größer das Unternehmen, desto häufiger der Beratereinsatz.

Berater, welche vorinsolvenzlich im Unternehmen tätig sind und Krisen-/Sanierungsberatung durchführen, sind mit Insolvenzeintritt der Kritik ausgesetzt, da auch sie nicht in der Lage waren, die Insolvenz abzuwenden. Ob dies daran liegt, dass sie zu spät gerufen werden, die Interessen des Unternehmers betreuen und

---

[621] Dies wird auch durch die quantitative Erhebung wiedergegeben, in welcher zu sehen ist, dass der Steuerberater/Wirtschaftsprüfer nur in 15,6% der Fälle in hohem Maße in die Konzepterstellung und nur in 8,4% der Fälle in die Umsetzung involviert ist.

nicht die des Unternehmens oder schlicht keine Sanierungserfahrung haben, soll an dieser Stelle nicht vertieft werden. Auffällig ist aber das Ergebnis der quantitativen Erhebung: Es existiert ein signifikanter Unterschied zwischen erfolgreichen und nicht erfolgreichen Fortführungen und Sanierungen hinsichtlich des vorinsolvenzlichen Beratereinsatzes. In Unternehmen, welche erfolgreich fortgeführt und saniert wurden, finden sich vorinsolvenzlich häufiger Berater. Eine Begründung wurde in den Interviews dadurch gegeben, dass gute Berater rechtzeitig die Insolvenzantragsstellung veranlassen. Das Unternehmen verkürzt den Leidensweg bis zur Insolvenz und spart wertvolle Ressourcen, welche für die spätere Fortführung und Sanierung von Bedeutung sind. Die potenziellen Chancen, die im Rahmen eines Pre-Packaged-Planes bestehen, können verstärkt genutzt werden. Außerdem arbeiten Berater häufig an Controllinginstrumenten, die das Unternehmen transparenter darstellen. Diese Tatsachen erleichtern dem Insolvenzverwalter eine Fortführung und stärken das Vertrauen in die bisherige Unternehmensleitung.

Nachinsolvenzlich finden sich sehr selten Berater im Unternehmen, da zum einen deren Finanzierung problematisch ist, zum anderen die Insolvenzverwalter nur in geringem Ausmaß externe Berater involvieren. Die Tätigkeit von externen Personen kann aber eine wichtige Hilfestellung zur Fortführung und Sanierung darstellen, da die Insolvenzverwalter einer zeitlichen Restriktion unterliegen und es jemanden bedarf, der sich professionell und intensiv um die Firmenbelange kümmert. Betrachtet man den Fortführungs- und Sanierungsprozess als M&A-Prozess, der unter anderen Voraussetzungen stattfindet, so fällt dieser externen Person die professionelle Planung und Steuerung dieses Verkaufsprozesses zu, eine Tätigkeit, die nur bedingt durch den Insolvenzverwalter durchgeführt wird. *„Die meisten Verwalter verkaufen platt ab. Die telefonieren die Branche durch und wenn sie keinen Käufer finden, sind sie fertig. Der Bereich des Verkaufbar-Machens fällt völlig unter den Tisch. Dabei müssen besonders der Mehrwert und Nutzen, also der Benefit, den ein Unternehmen für einen Käufer hat, besonders herausgearbeitet werden. Man kann ja nicht einfach so jemandem ein insolventes Unternehmen anbieten."*

7.2.6 Insolvenzverwalter

a) Person

„Der Insolvenzverwalter dominiert das Szenario." Da die Insolvenzverwaltung eine personenorientierte Tätigkeit ist, existiert bei den Insolvenzverwaltern eine große Bandbreite hinsichtlich Know-how, Erfahrung und Einstellung. *„Es gibt*

gute, aber auch schwache Insolvenzverwalter, genauso wie unternehmerische Insolvenzverwalter als auch Formalisten. In den vergangenen Jahren ist eine Veränderung festzustellen, welche von den ursprünglich Konkursordnungs- und damit zerschlagungsorientierten Insolvenzverwaltern hin zu fortführungsorientierten Insolvenzverwaltern führt." Begründet wird dieser Wandel mit einem Generationenwechsel, welcher sowohl bei den Insolvenzverwaltern, als auch bei den Richtern und Rechtspflegern, stattfindet.[622]

Das Fortführungsverständnis der Insolvenzverwalter ist dennoch heterogen und was ein Insolvenzverwalter tatsächlich unter dem Fortführungsbegriff subsumiert, ist nicht immer eindeutig. So existieren Insolvenzverwalter, welche die Fortführung als Instrument zur Massegenerierung interpretieren, da sie von Gesetzeswegen zunächst dem Gläubigerschutz verpflichtet sind und nicht dem Unternehmenserhalt. Ebenso existieren Insolvenzverwalter, welche durch die Fortführung den Unternehmenserhalt ermöglichen wollen, um so auch gesellschaftspolitischen Anforderungen gerecht zu werden. Es stellt sich in jedem Verfahren also die Frage: „*Wer ist der Insolvenzverwalter und wie versteht er seine Tätigkeit - Masse generieren oder Arbeitsplätze erhalten?*"

Die befragten Insolvenzverwalter sehen den Fortführungszweck darin, ein Unternehmen zu erhalten, so dass das Unternehmen oder einzelne Bestandteile in einer wie auch immer gearteten Form weiter existieren und die Vernichtung volkswirtschaftlicher Werte verhindert wird. Ein Insolvenzverwalter unterstützte dies mit der Anmerkung: „*Es ist einfacher, einen Kaufvertrag über ein insolventes Unternehmen im Rahmen einer übertragenden Sanierung zu unterschreiben, als 100 Kündigungen und in einer Betriebsversammlung die Mitarbeiter darüber zu informieren.*"

Für den Fortführungs- und Sanierungserfolg bedarf es jedoch entsprechender Voraussetzungen. Die grundlegende Voraussetzung ist die (zumindest teilweise) existierende Funktionsfähigkeit des Unternehmens. Wenn es keine Aufträge, keine Mitarbeiter, keine marktfähigen Produkte, keine Organisation gibt, kann es nicht zu einer Fortführung kommen. Ein Insolvenzverwalter konstatierte: „*Ich führe das fort, was ich vorfinde. Wenn nicht nichts vorfinde, führe ich nichts fort.*

[622] Im Zusammenhang mit den Gerichten wird als problematisch angesehen, dass diese in die Verfahrensabläufe wenig Einblick haben. Ob ein Insolvenzverwalter als ‚Scheinfortführer' agiert, aber im Prinzip das Ziel hat, das Unternehmen zu liquidieren, kann nicht bewertet werden. Ein Grund zur Zerschlagung findet sich immer. „*Da müssen Sie nur ein paar negative Prognosen in die Zukunft wagen, ganz legal, denn es handelt sich ja nicht um florierende Unternehmen, und schon haben Sie einen Grund, dass Sie liquidieren können.*"

Dass es manchmal nichts mehr gibt, hängt damit zusammen, dass es selten einen sofortigen Unternehmenstod gibt. Die Großzahl der Unternehmen durchquert einen langen Leidensweg und sie sind bis zur Insolvenz gefahren, gefahren und gefahren. Zum Insolvenzzeitpunkt sind diese Unternehmen ausgebrannt und es ist extrem schwierig, solche Unternehmen fortzuführen. In Konsequenz bedeutet dies: frühe Antragsstellung aufgrund von adäquaten Frühwarnsystemen."

Doch auch bei einer Fortführung ist die leistungswirtschaftliche Sanierung nicht immer Ziel des Insolvenzverwalters. Das Hauptziel der Insolvenzverwalter besteht in der Regel darin, das Unternehmen mit dem eröffneten Verfahren spätestens zum Berichtstermin zu verkaufen. *„Fortführen heißt für den Verwalter also übertragen und das am besten sofort."* Einer der Insolvenzverwalter formulierte: *„Ich sehe mich nicht unbedingt als klassischer Sanierer, denn damit würde ich scheitern, sondern eher als Katalysator, um ein Unternehmen zu erhalten und zu verkaufen. Je schneller dieses Verkaufen passiert, umso besser."*[623]

Dass Insolvenzverwalter im eröffneten Verfahren nur ungern fortführen, hat seine Gründe sowohl in der persönlichen Haftung als auch in der Honorarstruktur. Zudem ist ein unternehmerisches Agieren im eröffneten Verfahren nicht immer möglich, da nur eingeschränkt Investitionen getätigt werden können, um die Masse nicht zu schmälern. Besonders die finanzielle Honorierung kann als systembedingtes Problem angesehen werden, denn die Durchführung eines aufwändigen Insolvenzplanverfahrens schlägt sich nicht zwangsläufig in der finanziellen Vergütung des Insolvenzverwalters nieder. Ein sofortiges Zerschlagen und Liquidieren ist honorartechnisch nicht immer schlechter gestellt. D.h., auf monetärer Ebene existiert kein Anreiz, ein Unternehmen fortzuführen und zu sanieren. Berücksichtigt man das Haftungsrisiko, so haben Insolvenzverwalter *„(...) außer Ruhm und Ehre keinen Anreiz"*.

Dass Insolvenzverwalter keine operativen Unternehmenssanierer sein können, ist auch mit ihrer Arbeitsbelastung begründbar. Neben den Unternehmensinsolvenzen werden ihnen zusätzlich die Privatinsolvenzen zugewiesen. Der zur Verfügung stehenden Anzahl von ca. 1.200 Insolvenzverwaltern in Deutschland steht so eine extrem hohe Fallanzahl gegenüber. Die meisten Insolvenzverwalter sind daher im Unternehmen nur selten anzutreffen.[624] Bezieht der Insolvenz-

[623] Zu der Rolle des Insolvenzverwalters aus der Perspektive des Prinzipal-Agenten-Ansatzes siehe die Ausführungen von Littkemann/Madrian (2000).

[624] Die Größe des Mitarbeiterstabes des Insolvenzverwalters (und dessen Bereitschaft, diesen bzw. weitere Experten einzusetzen) kann dieses Zeitproblem reduzieren.

verwalter keine weiteren Personen in das Verfahren mit ein, sondern versucht mit den vorhandenen Mitarbeitern das Unternehmen fortzuführen und zu sanieren, so ist festzustellen, dass dieser Prozess zu wenig gesteuert wird und in Folge nicht immer die gewünschte Wendung herbeigeführt werden kann. Dass Mitarbeiter in ihren Handlungen durch Eigeninteressen geprägt sind, ist ein weiterer Grund, welcher für eine Überwachung die Involvierung externer Personen spricht.

Neben der Problematik des Selbstverständnisses und der eher systembedingten Probleme (Honorar und Fallanzahl) trifft den Insolvenzverwalter immer wieder die Kritik, dass dieser nicht genügend betriebswirtschaftliches Know-how mitbringe und daran Fortführungen und Sanierungen scheitern. *„Die überwiegend juristische Ausbildung der Insolvenzverwalter führt dazu, dass insolvente Unternehmen als juristisches Objekt gesehen werden und nicht als noch lebendes Organ. Es geht bei der Insolvenzverwaltung immer noch stark um die Regelung von Schuldverhältnissen. Dabei ist die Kunst in der Insolvenz nicht das Juristische, sondern das Betriebswirtschaftliche.“* Ob die Kritik der zu geringen betriebswirtschaftlichen Kenntnisse berechtigt ist, kann im Rahmen dieser Arbeit weder verifiziert noch falsifiziert werden. Hierzu bedürfte es einer eigenen Untersuchung, welche die Qualifikation eines Insolvenzverwalters in Bezug zu seinem Erfolg setzt. Sicher ist jedoch, dass es für den Erfolg einer Fortführung und Sanierung eines Insolvenzverwalters bedarf, welcher *„(...) unternehmerisch, volkswirtschaftlich und sozial denkt*“. Hierzu gehört auch die Bereitschaft, sollten die eigenen Kenntnisse nicht genügen, betriebswirtschaftlich versierte Personen in einen Insolvenzfall zu involvieren.[625]

b) Bewertung und Auswahl der Sanierungsform

Dem Insolvenzverwalter obliegt auch die Bewertung der verschiedenen Sanierungsformen. In aller Regel wird eine Sanierung durch das Instrumentarium der übertragenden Sanierung durchgeführt. Die Sanierung des Rechtsträgers ist in der Praxis wenig verbreitet und wird nur in Ausnahmefällen angestrebt, wenn eine übertragende Sanierung nicht sinnvoll oder nicht möglich erscheint. Für die geringe Verbreitung des Insolvenzplanverfahrens existieren verschiedene Gründe:

---

[625] Dies unterstützt auch die theoretischen Überlegungen von Risse, welcher den Zusammenhang zwischen Qualifikation des Insolvenzverwalters und Sanierungserfolg folgendermaßen wertet: „Es kommt auf die fachliche Qualifikation der Person an der Spitze eines Unternehmens und daher bei der Sanierung auf die Person des Insolvenzverwalters an, die beim Betriebswirtschaftler und eben keinem anderen Berufsbild vorhanden ist.“ Risse (2001), S. 1136.

„Je kürzer das Insolvenzverfahren andauert, desto einfacher ist es, die beteiligten Akteure bei der Stange zu halten. Die Sanierung über ein Planverfahren ist langwierig und ungewiss. Die Grundfrage, ob der Plan angenommen wird, ist im Vorfeld nur schwer zu beantworten und der Prozess der Abstimmung ist umso schwieriger, je mehr Gläubiger dabei sind. Je besser die Gläubiger besichert sind, desto geringer ist ihr Interesse an einem Plan. Hinzu kommt, dass ein Plan sehr betriebswirtschaftlich orientiert ist und überwacht werden muss. Bei einer übertragenden Sanierung wissen alle, wie es geht. Es gibt auch kein richtiges Motiv, einen Plan durchzuführen. Ein Plan ist vom Ergebnis nicht schlechter oder besser als eine übertragende Sanierung, verursacht aber mehr Aufwand als eine schlanke Übertragung."

Neben dem Aufwand für ein Planverfahren stellt der Erhalt der Eigentümer- und Führungsstruktur einen weiteren Diskussionsgegenstand dar. Ein radikaler Neuanfang, wie dies bei einer Übertragung möglich ist, wird erschwert. Unter wettbewerbs- und volkswirtschaftlichen Gesichtpunkten ist ein Insolvenzplanverfahren fragwürdig, wenn dieselben Personen mit denselben Methoden im Unternehmen weiteragieren, jedoch auf Gläubiger- und Staatskosten das Unternehmen entschuldet wurde und dadurch eine Wettbewerbsverzerrung stattfindet.

Ein Planverfahren ist dann sinnvoll, wenn damit die Restschuldbefreiung des Unternehmers verknüpft wird oder es Rechte in Form von Patenten, Lizenzen gibt, welche nur schwer oder nicht auf einen neuen Rechtsträger übertragbar sind. Gegebenenfalls kommt ein Planverfahren ‚als letzte Möglichkeit' in Frage, wenn das Unternehmen zu klein ist oder in einer unattraktiven Branche tätig ist und sich daher kein Käufer für das Unternehmen findet. Ausgeschlossen ist das Insolvenzplanverfahren, wenn im Unternehmen Altlasten existieren, wie z.B. Pensionsverpflichtungen, welche nicht anders als durch eine Übertragung auf einen neuen, unbelasteten Rechtsträger eliminierbar sind.

c) Konzept & Maßnahmen

In der quantitativen Erhebung messen die Insolvenzverwalter sich selbst einen sehr hohen Stellenwert bei der Erstellung eines Fortführungs- und Sanierungskonzeptes bei. In der qualitativen Erhebung gibt es zu dieser Frage jedoch divergierende Aussagen. Die Antworten reichen von: *„In der Regel immer vom Insolvenzverwalter"* bis zu: *„Vom Insolvenzverwalter kann dieses nicht stammen, da er kein betriebswirtschaftliches Know-how hat und das Unternehmen zu wenig* *kennt".* Dass die Fäden des Konzeptes beim Insolvenzverwalter zusammenlaufen und nur selten externe Personen involviert werden, ist jedoch unstrittig.

Inhaltlich sollte ein Fortführungs- und Sanierungskonzept die Reduktion des Unternehmens auf den überlebensfähigen leistungswirtschaftlichen Kern beinhalten. *„Im schlimmsten Fall gibt es dann nur noch zwei Personen, die diesen Kern darstellen."* Die Unternehmensberater beurteilen das Konzept, welches vom Insolvenzverwalter erstellt wird, als ein *„(...)minimalistisches Konzept, in welchem es um Verzichte und Personalmaßnahmen geht und nur in geringem Ausmaß um eine leistungswirtschaftliche Sanierung. Im vorläufigen Verfahren wird die Unternehmensstruktur nicht angegriffen und die tatsächliche leistungswirtschaftliche Sanierung beginnt erst nach der Übertragung. Diese unterscheidet sich dann nicht von einer klassischen Sanierung."*

Die innerhalb des Insolvenzverfahrens getroffenen Maßnahmen zum Unternehmenserhalt sind daher nur in geringem Ausmaß dem leistungswirtschaftlichen Bereich zuzuordnen, sondern vielmehr als typische Insolvenzmaßnahmen anzusehen. D.h., zuerst ist zu prüfen, ob grundsätzlich fortgeführt werden kann. Ein Unternehmen, welches zum Erliegen gekommen ist, kann nur sehr schwer wieder in Gang gebracht werden. Um die Frage der Fortführung beantworten zu können, sind drei Hauptfragen wichtig: Gibt es noch etwas, das fortgeführt werden kann (inklusive Schlüsselpersonen)? Hat das Unternehmen einen leistungswirtschaftlich marktfähigen Kern? Gibt es genügend Liquidität, um das Unternehmen fortführen zu können?[626]

Die Frage der Liquidität steht in engem Zusammenhang mit der Frage, ob Insolvenzausfallgeld beantragt werden kann. Dieses Insolvenzgeld spart dem Unternehmen zunächst weitere Liquiditätsabflüsse. Je höher der Lohnkostenanteil an den Gesamtkosten, desto vorteilhafter. Ist die Entscheidung zur Fortführung gefallen, müssen gegenüber (Schlüssel-)Kunden und Lieferanten Handlungsfähigkeit demonstriert und Vertrauenssignale gesetzt werden. Gleichzeitig ist eine adäquate Kommunikation gegenüber Mitarbeitern elementar, um Vertrauen zu schaffen und zu motivieren. Als weitere typische Insolvenzmaßnahme gilt die Sicherung von Wirtschaftsgütern, welche vermeiden soll, dass das Schuldnervermögen im Laufe des Verfahrens z.B. durch Diebstahl reduziert wird.

Führt der Insolvenzverwalter betriebswirtschaftliche Maßnahmen durch, so liegen diese meist im Bereich der Kostenreduzierung. Dass eine tatsächlich leistungs-

[626] Dies entspricht auch den Analysebereichen der Fortführungsentscheidung in Abschnitt 4.5.4.

wirtschaftliche und nachhaltige Sanierung angegangen wird, ist nur in ganz wenigen Ausnahmen der Fall. Ein Grund hierfür ist die meist kurzfristige Perspektive des Insolvenzverwalters, welcher seinen Fokus auf den Unternehmensverkauf setzt. Daher ist eine der wichtigsten Aktivitäten die Suche nach einem Käufer bzw. Investor, welcher das Unternehmen übernimmt oder in das Unternehmen investiert.

7.2.7 Käufer/Investor

Fällt dem Insolvenzverwalter eine hohe Bedeutung für die Fortführung zu, so ist für die Frage der (leistungswirtschaftlichen) Sanierung und des langfristigen Unternehmenserhaltes ein Käufer bzw. Investor von elementarer Bedeutung. Einige Interviewte sprachen auch vom Investor als *„Erfolgsfaktor Nummer eins"*.[627] Als Käufer und Investoren kommt eine Vielzahl von Gruppen in Frage:[628]

Strategische Investoren	Institutionelle Investoren	Private Investoren	Management-Buy-Out	Management-Buy-In
➢ Wettbewerber ➢ Kunden ➢ Lieferanten	➢ Förder-orientierte Investoren ➢ Rendite-orientierte Investoren	➢ Business Angels ➢ Familienmitglieder ➢ Sonstige Privat-personen	➢ Bisherige Führungskräfte/ Mitarbeiter mit unternehmerischem Engagement, Motivation und Insiderwissen	➢ Externe Personen mit unternehmerischem Engagement, mit neuem, ggf. auch Spezial-Know-how

Tabelle 7.22: Übersicht Herkunft potenzielle Käufer und Investoren

Das in Tabelle 7.22 dargestellte weite Spektrum bestätigen alle Befragten. *„Vom Management-Buy-Out über Privatinvestoren, die einen Management-Buy-In machen, über Brancheninvestoren, hin zu Finanzinvestoren bis zu chinesischen Investoren, die zur Zeit im Maschinenbaubereich nahezu alles kaufen, ist jegliche Form eines Übernehmers denkbar."*

---

[627] Dies spiegelt sich auch in der quantitativen Erhebung wider, welche zeigt, dass der Hauptabbruchgrund für Fortführungen und Sanierungen darin liegt, dass kein Käufer zu finden ist. Gleichzeitig liegen signifikante Unterschiede zwischen erfolgreichen und nicht erfolgreichen Fällen darin, dass ein Investor in die Konzepterstellung und -umsetzung involviert ist. Dass in der Regressionsgleichung zwei Variablen zu finden sind, welche einem Käufer/Investor zuzuschreiben sind, ist ein weiterer Punkt, welcher die Bedeutung unterstreicht.

[628] Vgl. Lützenrath/Peppmeier/Schuppener (2003), S. 65.

Wie ein Käufer/Investor tatsächlich gesucht und gefunden wird, ist jedoch unklar. In einigen Fällen sind vorinsolvenzliche Verkaufsbemühungen gescheitert und diese Interessenten werden nun wieder durch den Insolvenzverwalter angesprochen oder Unternehmer, Management und Banken nennen potenzielle Übernehmer. Teilweise sind dem Insolvenzverwalter Interessenten durch frühere Insolvenzfälle bekannt oder es werden Anzeigen in Tageszeitungen und Fachzeitschriften veröffentlicht und die Unternehmensbörse der Industrie- und Handelskammern als Angebotsplattform genutzt. Ebenso werden Insolvenzverwalter von potenziellen Interessenten angerufen. Letztendlich ist aber keine einheitliche Systematik ausfindig zu machen. Auf die Frage, woher der Käufer seines Unternehmens kam, antwortete ein Betroffener: *„Dieser ist erschienen wie deus ex machina."* Das Netzwerk des Insolvenzverwalters ist bei der Suche nach einem Übernehmer zwar relevant, da bei ihm alle Informationen zusammenlaufen, jedoch sollte dieses nach Ansicht der Unternehmensberater und der Betroffenen nicht überbewertet werden.

Ab einer gewissen Unternehmensgröße kommen auch Finanzinvestoren als Übernehmer in Frage. Der überwiegende Teil der KMU ist allerdings zu klein für solche Transaktionen. Zudem ist es schwierig, den Anforderungen der Finanzinvestoren gerecht zu werden und innerhalb kurzer Zeit das Unternehmen transparent darzustellen. Zwar ist es wünschenswert, dass durch Distressed Capital oder entsprechende Sanierungsfonds ein Verkauf aus der Insolvenz vereinfacht werden könnte, gleichzeitig ist aber zu konstatieren, dass ein reiner Sanierungsfonds nicht funktioniert, ohne dass betriebswirtschaftliches Know-how hinzugefügt wird. *„Ein Fonds alleine ist zu wenig. Es braucht schon die Kombination von Kapital und Management-Know-how. Dies kann auch kein Insolvenzverwalter anbieten. Diese Kombination bieten auch die Banken nicht an. Da ist eine große Lücke. Die VC-Gesellschaften tun es nicht und es gibt wenige Leute, die das vernünftig machen."*

In Abhängigkeit des Käufers bzw. Investors ist auch die Sanierungs- und Fortführungsform und der Übernahmezweck zu sehen. Von einer Stand-Alone Lösung des insolventen Unternehmens unter dem alten oder einem neuen Rechtsträger, bis hin zur vollständigen Integration in ein neues Unternehmen existiert alles. Brancheninvestoren tendieren häufig dazu, die etablierte Marke des insolventen Unternehmens zu übernehmen und vor allem in Industriebetrieben die Produktion zu schließen oder zu integrieren. Es geht somit nur um den Zukauf von Marktanteilen. Der besondere Vorteil von Brancheninvestoren liegt darin, dass diese das insolvente Unternehmen oftmals bereits kennen und den Nutzen einer Investition schneller bewerten können als branchenfremde Investoren. Mit Investoren aus dem Umfeld der Familie oder einem Management-Buy-Out haben die Befragten nur in wenigen Fällen Erfahrungen. Als Hauptgrund dafür wird genannt, dass diese Personengruppe nicht über genügend Kapital verfügt. Häufiger passiert es, dass gekündigte Mitarbeiter versuchen, von ihrem ehemaligen Arbeitgeber Assets zu kaufen, um mit ihrem Know-how und Kontakten ein eigenes Unternehmen zu gründen.

7.2.8 Weitere Akteure

Unter weiteren Akteuren werden der Aufsichtsrat/Beirat, der Betriebsrat/die Gewerkschaften und die staatlichen Akteure subsumiert. Da die erstgenannten Akteure in KMU häufig nicht existent sind oder ihnen keine besondere Bedeutung für den Fortführungs- und Sanierungsprozess zufällt, werden sie im Folgenden nur kurz behandelt.

a) Aufsichtsrat/Beirat

Zu dem Bereich Aufsichtsrat und Beirat können keine Aussagen gemacht werden, da alle Interviewten nur in ganz geringem Ausmaß Erfahrungen mit einem Aufsichtsrat oder Beirat gemacht haben.

b) Betriebsrat/Gewerkschaften

Der Betriebsrat nimmt, sofern er in KMU existiert, für den Insolvenzverwalter als Ansprechpartner bei Entlassungen und Sozialplänen eine wichtige Rolle ein. Die Erfahrungen der Befragten mit Betriebsräten sind heterogen. Es gibt Fälle, in denen die Insolvenz erst durch die Weigerung des Betriebsrates, einem Restrukturierungsplan zuzustimmen, ausgelöst wurde. Ebenso existiert ein sehr konziliantes und kooperatives Verhalten, wenn es ab dem Insolvenzzeitpunkt um den Unternehmenserhalt und damit um die Rettung von Arbeitsplätzen geht. Die Unterstützungsaktivitäten des Betriebsrates sind dabei stets von den handelnden Personen und deren Professionalität abhängig, so dass eine pauschale Bewertung nicht möglich ist.

Homogener urteilen die Befragten über das Verhalten von Gewerkschaften. Die Einstellung und die Unterstützungsbereitschaft zur Fortführung und Sanierung insolventer Unternehmen sind sehr durch politische und ideologische Vorstellungen geprägt. D.h., die Gewerkschaften nehmen rigide Positionen ein, was damit begründet wird, dass Gewerkschaftsvertreter nicht direkt von der Insolvenz betroffen sind. Viele der Befragten konstatierten, dass, sobald Gewerkschaftsvertreter über den Betriebsrat in Verhandlungen involviert werden, die weitere Vorgehensweise erschwert wird.

c) Staatliche Akteure

Von staatlichen Akteuren ist nur wenig Unterstützung zu erwarten. Regionale Politiker melden sich ab und zu bei den Insolvenzverwaltern, allerdings sind ihre Unterstützungsmöglichkeiten sehr begrenzt. Eine andere Situation existiert bei Großinsolvenzen, bei welchen eine hohe Medienwirkung zu erwarten ist und häufig Spitzenpolitiker auftreten.

Von potenziell größerer Bedeutung sind die Landesbürgschaftsbanken, von welchen ggf. Bürgschaften für eine Fortführung und Sanierung zu erhalten sind. Voraussetzung ist jedoch eine gewisse Unternehmensgröße. Problematisch stellt sich dar, dass unterschiedliche Zeitschienen existieren und die Landesbürgschaftsausschüsse nicht mit der Geschwindigkeit einer Insolvenz mithalten können. Bis die erforderliche Transparenz vorliegt, welche vom Bürgschaftsausschuss benötigt wird, ist es für das Unternehmen in der Regel zu spät.

Kammern und Verbände können ebenso wenig zur Fortführung und Sanierung beitragen. Diese sind den wirtschaftlichen Fakten ausgeliefert und ihr Unterstützungsspielraum ist sehr gering. Erwähnt wurde jedoch, dass die Kammern eine wichtige Unterstützung bei der Unterbringung von Auszubildenden in anderen Betrieben geben.

7.2.9 Zwischenfazit

Abbildung 7.4 stellt eine Übersicht der betrachteten Akteure und der Bereiche dar, welche für den jeweiligen Akteur von Bedeutung und im Rahmen einer Fortführung und Sanierung zu diskutieren sind. Die einzelnen Akteure haben, wie auch in der quantitativen Erhebung, eine unterschiedliche Bedeutung und stehen in reziproker Beziehung. Den Akteuren ‚Unternehmer', ‚Führungskräfte und Mitarbeiter' sowie ‚Insolvenzverwalter' und ‚Käufer/Investor' wird eine besondere Bedeutung zugemessen, was in der Abbildung durch die graue Darstellung visualisiert ist.

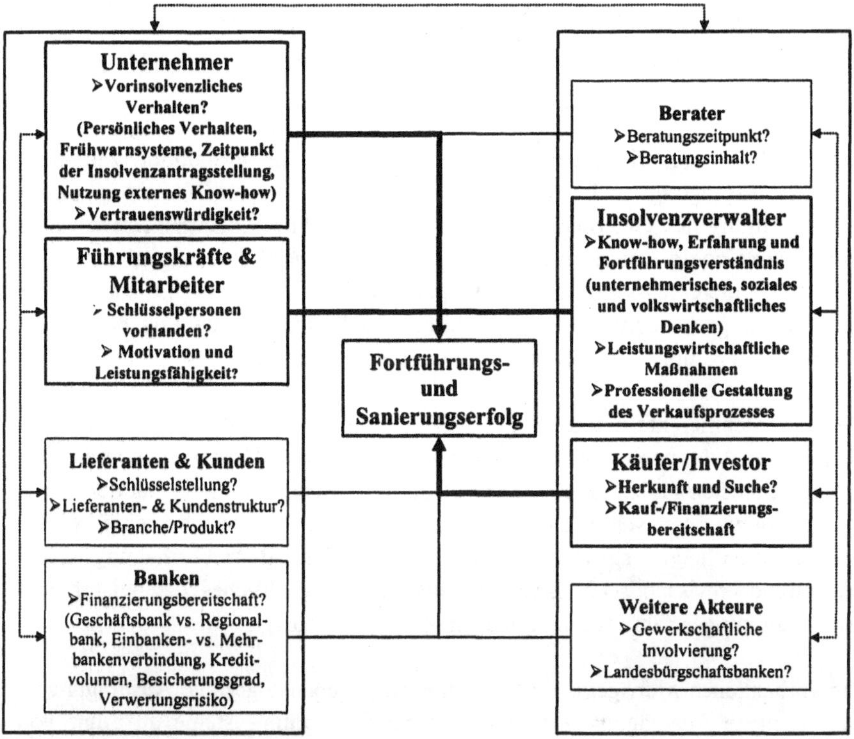

Abbildung 7.4: Übersicht qualitative Ergebnisse

Quelle: Eigene Darstellung

7.3 Beantwortung der Forschungsfragen & Sanierungsmodell

Mit den Ergebnissen der quantitativen und qualitativen Erhebung können die in Abschnitt 2.2 formulierten Forschungsfragen beantwortet werden. Aus der Beantwortung der dritten Forschungsfrage lässt sich zudem ein Sanierungsmodell ableiten, welches die Haupteinflussfaktoren auf einen erfolgreichen Fortführungs- und Sanierungsprozess darstellt. Zur Erinnerung wird jede Forschungsfrage nochmals präsentiert.

F1 ➢ Wie stellt sich die Situation von insolventen KMU, welche fortgeführt und saniert werden, bei Insolvenzanmeldung dar (Ausgangssituation)?

Eine Vielzahl der erhobenen Variablen der Ausgangskonfiguration zeigt eine geringe Ausprägung. In besonders geringem Maße sind die Variablen ‚Sanierungserfahrung des Unternehmers', ‚Controllingsysteme', ‚Kapitalmarktzugang', ‚Eigenkapitalquote' sowie ‚Inanspruchnahme staatlicher Förderungen' und ‚Einfluss von Interessensvertretungen' ausgeprägt. Wenige Variablen zeigen eine hohe Ausprägung, darunter z.B. ‚Bedürfnis nach Betriebserhaltung des Unternehmers' oder ‚individuelle Kunden-/Lieferantenbeziehung'.

Der Unternehmer hat bis zur Insolvenzanmeldung gekämpft, um die Insolvenz abzuwehren, wodurch er physisch und psychisch an seine Grenzen gekommen ist. In den seltensten Fällen ist er auf die Insolvenz vorbereitet und er hat den Insolvenzantrag zu einem sehr späten Zeitpunkt gestellt. Der Stellenwert seiner Selbstständigkeit ist hoch ausgeprägt und sein Bedürfnis nach Betriebserhaltung ist wie sein Branchenwissen sehr hoch. Sein betriebswirtschaftliches Fachwissen und seine Sanierungserfahrung sind hingegen gering ausgeprägt.

Die vorhandenen Managementinstrumente zeigen ebenso geringe Ausprägungen. Die geringste Ausprägung verzeichnen dabei Controllingsysteme im Sinne von Planung, Berichtswesen und Steuerung. Eine Begründung ist unter anderem in dem geringen betriebswirtschaftlichen Fachwissen des Unternehmers zu suchen, welcher häufig keine oder keine adäquaten Managementinstrumente implementiert. Ein rechtzeitiges Erkennen der Krise wird dadurch erschwert. Dies ist, neben der emotionalen Bindung des Unternehmers, einer der Hauptgründe, warum der Insolvenzantrag nicht frühzeitig gestellt wird.

Unternehmensressourcen sind in unterschiedlicher Intensität existent, wobei finanzielle Ressourcen am wenigsten vorhanden sind. Es existiert eine geringe Eigenkapitalquote und das Unternehmen hat praktisch keinen Kapitalmarktzugang. Diese geringen finanziellen Ressourcen deuten auf die dringliche Notwendigkeit neuen Kapitals hin. Personelle Ressourcen sind quantitativ ausreichend existent, da die meisten Mitarbeiter zum Insolvenzzeitpunkt noch im Unternehmen sind und eine hohe Motivation aufweisen. Organisationelle Ressourcen in Form der Anpassungsfähigkeit der Unternehmensorganisation und Funktionsfähigkeit der Organisationsstruktur sind in mittlerem Ausmaße vorhanden.

Bei der Unternehmensumwelt zeigen sich besonders in den Variablen der Mikroumwelt, welche mit dem persönlichen Umfeld des Unternehmers zu seiner Familie und zu konkreten Marktpartnern assoziiert sind, hohe Ausprägungen. Es existiert eine enge Verbindung zwischen Unternehmen und der Privat-/Familiensphäre des Unternehmers, eine hohe Motivation bzw. Rückhalt für den Unternehmer durch seine Familie sowie eine hohe Loyalität mitarbeitender Familienmitglieder. In besonderem Maße hat der Unternehmer eine individuelle Kunden-/ Lieferantenbeziehung. Mittlere Ausprägungen zeigen die Variablen ‚Technologieabhängigkeit des Unternehmens', ‚Standortabhängigkeit' sowie ‚Nachfolgeproblematik'.

Die Gläubigerstruktur ist durch den Hauptgläubiger Bank dominiert, welcher einen Großteil der Gläubigerforderungen auf sich vereint. Banken zählen zu den am besten besicherten Gläubigern, was aber nichts über die Fortführungs- und Sanierungsbereitschaft aussagt, da das jeweilige Besicherungsgut und sein Verwertungsrisiko berücksichtigt werden müssen. Weitere Gläubiger in Form von Lieferanten, staatlichen Institutionen und Mitarbeitern haben geringere Forderungsanteile und Besicherungen, wobei Mitarbeiter am schlechtesten von allen Gläubigern besichert sind.[629]

Wie sich ein insolventes Unternehmen zum Insolvenzzeitpunkt darstellt, ist in besonderem Maße von den vorinsolvenzlichen Ereignissen und den Insolvenzgründen abhängig. Bei einer frühzeitigen Insolvenzanmeldung existieren in der Regel noch mehr Ressourcen als bei Unternehmen (besonders bei Personengesellschaften ohne Insolvenzantragspflicht), die bis zum letztmöglichen Zeitpunkt einen Insolvenzabwehrkampf geführt haben. Für die dargestellte Ausgangssituation des Unternehmens, welche für die Fortführungsentscheidung eine hohe Bedeutung hat, ist in hohem Maße der Unternehmer verantwortlich, welcher bis zum Insolvenzzeitpunkt alle Fäden in der Hand hat. Dessen adäquates Handeln kann die Ausgangskonfiguration entscheidend beeinflussen.

---

[629] Mitarbeiter sind in Bezug auf ihre Ansprüche gegenüber ihrem insolventen Arbeitgeber formal am schlechtesten besichert. Ihre ‚Besicherung' findet jedoch durch die Bundesagentur für Arbeit in Form des Insolvenzausfallgeldes statt, welches für maximal drei Monate bezahlt wird.

F2 ➢ Wie wird der Fortführungs- und Sanierungsprozess nach der Insolvenzanmeldung durchgeführt (Akteure & Maßnahmen)?

Im Fortführungs- und Sanierungsprozess sind verschiedene Akteure involviert, der Insolvenzverwalter ist aber der Hauptakteur, da er alle Aktivitäten steuert und handhabt. In der Praxis ist er die Person, die die Fortführungsentscheidung trifft.[630] Ebenso ist er in die Erstellung eines Fortführungs- und Sanierungskonzeptes in hohem Maße involviert. Der Insolvenzverwalter entscheidet auch wie und mit wem er die Fortführung und Sanierung gestaltet. D.h., ob der Unternehmer mit involviert bleibt, welche Unternehmensmitarbeiter einbezogen werden, ob und welche externen Personen beauftragt werden, welche Maßnahmen getroffen werden und wie und wo nach Käufern/Investoren für das insolvente Unternehmen gesucht wird, liegt in seinem Verantwortungsbereich.

Besonders bei der Käufer-/Investorensuche ist keine erkennbare Systematik auszumachen und der Erfolg ist oftmals zufallsabhängig. Das Ziel vieler Insolvenzverwalter besteht darin, nach dem vorläufigen Verfahren, mit der Eröffnung des Insolvenzverfahrens das Unternehmen zu verkaufen. Nur ein geringer Teil führt unter Inkaufnahme eines persönlichen Risikos auch im eröffneten Verfahren fort. Eine Überwachung der Tätigkeiten der Insolvenzverwalter findet in der Praxis wenig statt, da die Gerichte wenig Einblick in den tatsächlichen Ablauf haben und die Gläubigerversammlung erst spät zusammentritt. Die Gläubigerversammlungen machen sehr wenig von der Möglichkeit Gebrauch, einen Insolvenzverwalter auszutauschen, da dies bedeuten würde, dass sich ein neuer erst wieder einarbeiten müsste. D.h., das Unternehmen und alle in der Insolvenz involvierten Akteure müssen, wurde erst einmal ein Insolvenzverwalter ernannt, sich mit diesem arrangieren.

Neben dem Insolvenzverwalter haben die Führungskräfte und Mitarbeiter des Unternehmens eine besondere Bedeutung, da diese in hohem Maße in die Konzepterstellung und -umsetzung involviert sind. Sie beeinflussen maßgeblich die Leistungs-, Funktions- und Anpassungsfähigkeit des Unternehmens. Für die Fortführung und Sanierung bedarf es Schlüsselpersonen und eines Kernteams, auf welche der Insolvenzverwalter zugreift und welche sowohl die unternehmensinternen operativen Aufgaben übernehmen als auch das insolvenzspezifische

[630] Theoretisch sind die Gläubiger die Entscheidungsträger einer Stilllegung. Da jedoch die Gläubigerversammlung erst im eröffneten Verfahren zusammenkommt, der Insolvenzverwalter aber bereits im vorläufigen Verfahren entscheiden muss, ob fortgeführt wird oder nicht, fällt ihm die praktische Entscheidung zu.

Zuarbeiten für den Insolvenzverwalter erbringen können. Diese Personen sind in unterschiedlichen Hierarchieebenen des Unternehmens zu finden und müssen identifiziert und mit entsprechenden Aufgaben betraut werden. Problematisch für die Mitarbeitermotivation stellt sich dar, dass in der Insolvenz Personaleinschnitte in der Regel nicht zu vermeiden sind. Diese müssen daher auf einmal und umfassend gestaltet sein und nicht sukzessive, um so die Entlassungsangst der verbleibenden Mitarbeiter zu reduzieren.

Der Unternehmer ist in den Fällen, in welchen sein vorinsolvenzliches Verhalten gar nicht oder nur gering zu beanstanden ist, in die Konzepterstellung und –umsetzung involviert, da er zunächst der erste Ansprechpartner des Insolvenzverwalters ist. Nach einer gewissen Zeit ist der Unternehmer jedoch ersetzbar, da das notwendige Wissen durch den Insolvenzverwalter bzw. seine Mitarbeiter adaptiert wurde. Ob der Unternehmer in der weiteren Fortführungsphase Einfluss bewahren kann, hängt neben seiner physischen und psychischen Konstitution auch von seinem vorinsolvenzlichen Verhalten und der Sanierungsform ab. Bei einer rechtzeitigen Insolvenzanmeldung aufgrund von drohender Zahlungsunfähigkeit würde die Vertrauenswürdigkeit und die Akzeptanz des Unternehmers bei anderen Akteuren erhöht und damit sein potenzieller Einfluss gestärkt werden. Ebenso ist festzustellen, dass bei der Durchführung einer Rechtsträgersanierung der Unternehmer in stärkerem Ausmaß involviert ist, da die Verwaltungs- und Verfügungsbefugnis nach Beendigung des Verfahrens wieder auf den Schuldner übergehen soll. Bei einer übertragenden Sanierung verliert der Unternehmer in aller Regel sein Unternehmen und damit seine Bedeutung und seinen Einfluss.

Da die Fortführung insolventer Unternehmen im Großteil der Fälle im Verkauf des Unternehmens resultiert, bedarf es eines Käufers bzw. Investors. Die hohe Bedeutung eines Übernehmers spiegelt sich besonders in den Abbruchgründen der nicht erfolgreichen Fortführungen und Sanierungen wider. Den Hauptabbruchgrund stellt das Fehlen eines Käufers dar. Existieren Käufer und Investoren, so sind diese oftmals bereits in die Konzepterstellung und -umsetzung involviert. Um einen Käufer zu finden, steht dem Insolvenzverwalter ein breites Herkunftsspektrum potenzieller Interessenten zur Verfügung, welche sowohl unternehmensintern sowie -extern als auch branchenintern sowie -extern sein können. Mit der Herkunft des Investors ist die Frage verknüpft, was mit dem insolventen Unternehmen passiert, d.h., ob es vollständig integriert oder eine ‚Stand-Alone-Lösung' angestrebt wird. Problematisch bei einem Unternehmensverkauf stellt sich immer wieder der §613a BGB dar, welcher den Übergang der existierenden

Arbeitsverhältnisse auf den Erwerber regelt und als weiterer wichtiger Abbruchsgrund einer Fortführung und Sanierung zählt.

Bei größeren Insolvenzen werden Zwischenschritte durchgeführt, um Mitarbeiter in Beschäftigungsgesellschaften unterzubringen oder durch Betriebsauffang-/ Sanierungsgesellschaften eine veräußerungsfähige Einheit herzustellen. Brancheninvestoren haben gegenüber branchenfremden Investoren den Vorteil, dass sie häufig das insolvente Unternehmen bereits kennen und den Nutzen einer Investition besser und schneller abschätzen können.

Ein wichtiger finanzieller Beitrag zur Fortführung und Sanierung wird durch die Bundesagentur für Arbeit geleistet, indem diese für maximal drei Monate Insolvenzausfallgeld bezahlt. Dies erspart dem Unternehmen Liquiditätsabflüsse, da es in dieser Zeit keine Personalkosten tragen muss. Finanzielle Beiträge der bisherigen Gesellschafter, Lieferanten und Kunden zur Fortführung und Sanierung sind sehr gering, die Beiträge von anderen staatlichen Institutionen, anderen Unternehmen und Finanzintermediären nahezu unbedeutend. Eine gewisse Bedeutung erlangen die Beiträge von Banken, Mitarbeitern und anderen Privatinvestoren. Ob und wie finanzielle Mittel zur Fortführung und Sanierung generiert werden, ist im Verantwortungsbereich des Insolvenzverwalters angesiedelt.

Die am häufigsten durchgeführte Sanierungsform ist die übertragende Sanierung. Eine Rechtsträgersanierung im Rahmen des Insolvenzplanverfahrens ist gering verbreitet, da diese als aufwändig und kompliziert erachtet wird. Finanz- und leistungswirtschaftliche Sanierungsmaßnahmen, welche zu einer nachhaltigen leistungswirtschaftlichen Sanierung beitragen, werden nur wenige ergriffen. Das vom Insolvenzverwalter erstellte Fortführungs- und Sanierungskonzept hat seinen Fokus verstärkt auf einer Kostenreduzierung. Die meisten Maßnahmen werden in den Bereichen ‚Managements/Unternehmensführung', ‚Unternehmensorganisation' und ‚Personalwirtschaft' durchgeführt, was bedeutet, dass Mitarbeiter entlassen werden und sich dadurch Unternehmensstrukturen verändern. Wichtige Maßnahmen, welche außerhalb des leistungswirtschaftlichen Bereiches angesiedelt sind und als insolvenztypische Maßnahmen beschrieben werden können, sind die Sicherung von Wirtschaftsgütern, der Kontakt zu wichtigen Kunden und Lieferanten, die Klärung von Schuldverhältnissen und die Käufer-/Investorensuche.

F3 ➢ Welche Faktoren beeinflussen eine erfolgreiche Fortführung und Insolvenzsanierung?

Durch die empirische Erhebung wurden verschiedene Einflussvariablen für den Erfolg einer Insolvenzsanierung ermittelt. Im Rahmen der logistischen Regression wurden sechs Variablen identifiziert, welche einen signifikanten Einfluss auf den Fortführungs- und Sanierungserfolg haben. Ebenso wurden in der qualitativen Untersuchung bestimmte Akteure identifiziert, welche von hoher Bedeutung für den Fortführungs- und Sanierungsprozess und dadurch auch für den Sanierungserfolg sind.

Ist einmal die Entscheidung zur Fortführung eines insolventen Unternehmens gefallen, so hat die Ausgangskonfiguration des Unternehmens für den Sanierungserfolg nur eine geringe Bedeutung. Zwar existieren bei neun Variablen der Ausgangskonfiguration signifikante Unterschiede zwischen erfolgreichen und nicht erfolgreichen Fortführungen[631], durch die Regressionsanalyse wurden jedoch nur die Variablen ‚Vertrauenswürdigkeit des Unternehmers' und ‚Anpassungsfähigkeit der Unternehmensorganisation' als wichtige Erfolgsdeterminanten identifiziert.

Dabei wird die Vertrauenswürdigkeit des Unternehmers zwar zum Insolvenzzeitpunkt wahrgenommen, ausschlaggebend für die Beurteilung ‚vertrauenswürdig' oder ‚nicht vertrauenswürdig' ist jedoch sein vorinsolvenzliches Verhalten. Dieses hat unmittelbare Auswirkungen auf den Insolvenzprozess. Einem Unternehmer, welcher rechtzeitig Insolvenz anmeldet und dessen Verhalten nicht oder nur geringfügig beanstandet wird, wird eine größere Vertrauenswürdigkeit zugesprochen und die Gefahr eines frühzeitigen Auswechselns durch den Insolvenzverwalter wird reduziert. Dieses vorinsolvenzliche Verhalten hat auch eine hohe Bedeutung für die Grundvoraussetzungen einer Fortführung. Die Funktionsfähigkeit eines Unternehmens zum Insolvenzzeitpunkt ist als erste notwendige Voraussetzung anzusehen, dass ein Unternehmen überhaupt fortgeführt wird. Sofern nichts mehr im Unternehmen funktioniert und existiert, kann auch nicht nichts mehr fortgeführt und saniert werden. Die Frage der Funktionsfähigkeit ist in besonderem Maße mit der Existenz von (Schlüssel-) Personen und einer Kundenbasis verknüpft. Da die Insolvenz einen hohen Zeitdruck erzeugt, lassen sich neue, funktionierende Unternehmensstrukturen und ein neuer Kundenstamm nur schwer implementieren. Weiterhin bedarf es der Existenz eines leistungswirtschaftlichen, marktfähigen Unternehmenskerns,

[631] Vgl. Abschnitt 7.1.1

welcher entweder gesund oder sanierbar und potenziell veräußerbar ist. D.h., es muss einen Bedarf für die Produkte des Unternehmens am Markt geben. Als dritte Voraussetzung ist die Inanspruchnahme von Insolvenzausfallgeld zu nennen. Kann dieses nicht mehr in Anspruch genommen werden, da bereits drei Monatsgehälter oder mehr ausstehend sind, so wird die Fortführung erschwert, da das Unternehmen für alle Personalkosten selbst aufkommen müsste, was es aufgrund von mangelnden finanziellen Ressourcen häufig nicht kann.

Dass es einer hohen Anpassungsfähigkeit der Unternehmensorganisation bedarf, ist damit zu begründen, dass durch die Insolvenz Strukturveränderungen stattfinden, welche ausgeglichen werden müssen. Dies wird in besonderem Maße durch die stärker ausgeprägten Maßnahmen im Bereich des Managements/der Unternehmensführung, der Unternehmensorganisation und der Personalwirtschaft deutlich. In der Beurteilung, ob ein Unternehmen anpassungsfähig ist, fällt wiederum den Führungskräften und Mitarbeitern ein hoher Stellenwert zu. Hier wirken sich zudem zwei Spezifika von KMU positiv aus: die flexible und schnelle Anpassungsfähigkeit sowie deren Größe und Überschaubarkeit.

Da der Insolvenzverwalter nur wenig im Unternehmen ist und in der Regel keine operativen Tätigkeiten übernimmt, bedarf es innerhalb des Unternehmens Schlüsselpersonen, welche operativ die Fortführung tragen. Diese sind in verschiedenen Hierarchieebenen ausfindig zu machen und sollten eine hohe Motivation aufbringen, um die Fortführung und Sanierung gestalten zu können. Im Idealfall haben sie eine Motivationswirkung auf andere Mitarbeiter.

Managementinstrumente in Form von dokumentierten Geschäftsprozessen, Methoden-Know-how und Controllingsystemen sind zwischen erfolgreichen und nicht erfolgreichen Fortführungen und Sanierungen zwar signifikant unterschiedlich, haben auf den Sanierungserfolg jedoch keinen Einfluss. Dass bei den Managementinstrumenten zwischen dem Insolvenzzeitpunkt und dem Übertragungszeitpunkt bzw. Zeitpunkt der Beendigung des Insolvenzverfahrens signifikante Unterschiede festzustellen sind, zeigt, dass diese innerhalb kurzer Zeit aufgebaut werden können.

Nach der Fortführungsentscheidung haben auch die demografischen Daten des Unternehmens keinen Einfluss auf den Fortführungs- und Sanierungserfolg. Aufgrund der Tatsache, dass vermehrt große Unternehmen sowie eine hohe Anzahl an Unternehmen aus dem verarbeitenden Gewerbe/der Industrie und des Maschinen- und Anlagebaus im Untersuchungsbeispiel enthalten sind, kann geschlossen werden, dass demografische Daten wie Unternehmensgröße und Branche bei der Fortführungsentscheidung eine höhere Rolle spielen als für die Frage des späteren Fortführungs- und Sanierungserfolges.

Die Existenz eines Käufers/Investors für das insolvente Unternehmen bzw. die Existenz einer Finanzierung sind von elementarer Bedeutung und als eine der wichtigsten Erfolgsfaktoren zu bezeichnen. Eine Sanierung kann nur gelingen, wenn neue finanzielle Mittel zugeführt werden. Es ist daher unbedingt ein Käufer oder Investor zu finden, welcher das Unternehmen übernimmt bzw. in dieses investiert. Die Ergebnisse der logistischen Regressionsanalyse zeigen, dass Privatinvestoren, anderen Unternehmen und Banken eine hohe Bedeutung für diesen Finanzierungsbereich zufällt. Der Beitrag von Banken ist zweiseitig zu sehen. Sie müssen zum einen neue Kredite bereitstellen oder Forderungsverzichte leisten, zum anderen haben sie häufig eine hohe Bedeutung für die Akquisitionsfinanzierung.

Der Insolvenzverwalter gilt als die Schicksalsfrage eines insolventen Unternehmens! Ein Insolvenzverwalter, welcher ein Fortführungsverständnis zum Zwecke des Unternehmenserhaltes hat und unternehmerisch, volkswirtschaftlich und sozial denkt, kann als besonderer Erfolgsfaktor einer Insolvenzsanierung genannt werden. Ein solches Denken resultiert zunächst in der Fortführung des Unternehmens und der Identifikation des leistungswirtschaftlich marktfähigen Unternehmenskerns. Es resultiert aber auch in adäquaten Maßnahmen im Bereich des Managements/der Unternehmensführung, was häufig personelle Veränderungen in der Führungsstruktur beinhaltet und den Sanierungserfolg erhöht. D.h., die für die Insolvenz verantwortlichen Personen müssen ausgetauscht werden. Geschieht dies nicht, so riskiert der Insolvenzverwalter seine eigene Akzeptanz. Als wichtigste Aktivität des Insolvenzverwalters zur Erhaltung eines insolventen Unternehmens ist ein professionell gemanagter und zeitnaher Verkaufsprozess anzusehen. Dazu gehört sowohl eine systematische Suche nach Käufern und Investoren als auch die frühzeitige Elimination von so genannten ‚Dealbreakern' und die Verdeutlichung des Nutzens, welchen ein Käufer bzw. Investor durch das insolvente Untenehmen hat. Im Idealfall hat der Insolvenzverwalter ein umfassendes Kontaktnetzwerk, auf welches er bei der Suche zurückgreifen kann. Sofern der Unternehmer vertrauenswürdig erscheint, involviert der Insolvenzverwalter diesen in die Fortführungs- und Sanierungsaktivitäten.

Abbildung 7.5 zeigt die relevanten Einflussfaktoren aus der Beantwortung der dritten Forschungsfrage in einem Modell:

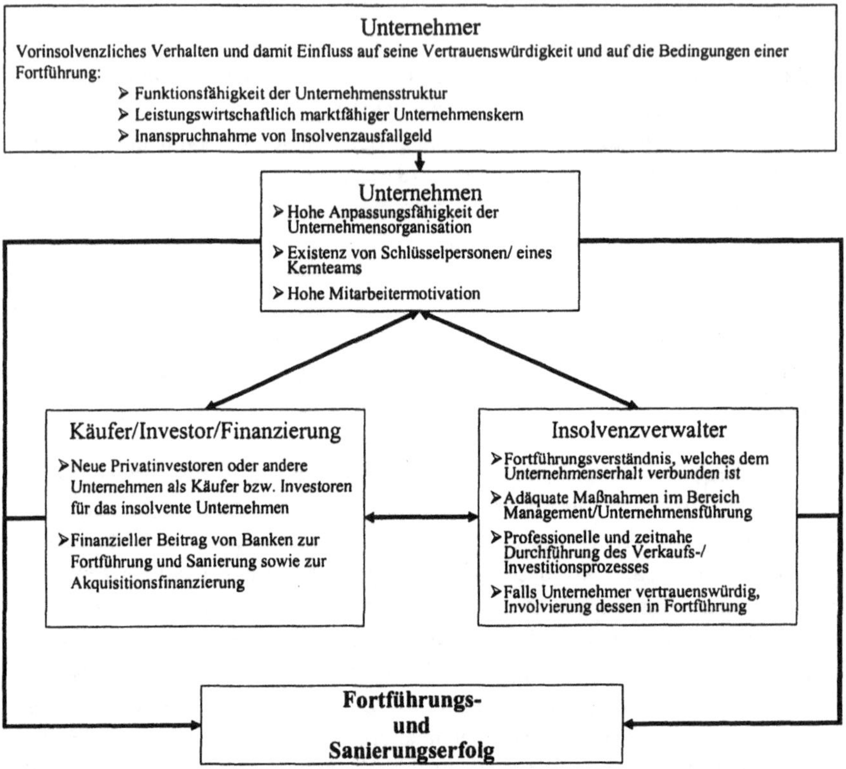

Abbildung 7.5: Sanierungsmodell

Quelle: Eigene Darstellung

Abbildung 7.5 ist zu entnehmen, dass, sofern einmal die Fortführungsentscheidung getroffen wurde, der Sanierungserfolg nahezu ausschließlich von den beiden externen Faktoren Insolvenzverwalter und Käufer/Investor/Finanzierung abhängt. Lediglich die Anpassungsfähigkeit der Unternehmensorganisation und die Existenz von Schlüsselpersonen mit hoher Mitarbeitermotivation können als wichtige Erfolgskriterien identifiziert werden, welche im Unternehmen begründet sind. Der KMU-Unternehmer, welcher vorinsolvenzlich eine herausragende Bedeutung hat, verliert diese in aller Regel mit der Insolvenzanmeldung. Sein Beitrag zu einer erfolgreichen Insolvenzsanierung kann daher nur darin bestehen, vorinsolvenzlich ein der Krisensituation adäquates Verhalten einzunehmen, um so die Voraussetzungen für eine Fortführung zu schaffen.

8 SCHLUSSFOLGERUNGEN

8.1 Zusammenfassung

Die vorliegende Arbeit liefert einen Beitrag zum Wissen über das Forschungsfeld ‚Krisenbewältigung/Sanierung'. Der Fokus der Arbeit lag dabei auf dem Fortführungs- und Sanierungsprozess insolventer kleiner und mittelständischer Unternehmen. Dabei wurde die Ausgangssituation (im Sinne einer Ausgangskonfiguration[632]) eines insolventen Unternehmens, verschiedene Sanierungsparameter, die Akteure einer Fortführung und Sanierung sowie die Schlusssituation bei Beendigung des Insolvenzverfahrens bzw. zum Zeitpunkt der Unternehmensübertragung empirisch untersucht und Einflussfaktoren einer erfolgreichen Insolvenzsanierung ermittelt.

Ausgangspunkte der Analyse waren eine umfangreiche Betrachtung des State of the Art in Kapitel zwei und die daraus abgeleiteten Forschungslücken und Forschungsfragen. Im dritten Kapitel wurde für die theoretische und empirische Analyse ein heuristischer Bezugsrahmen erörtert und ein Arbeitsmodell entwickelt, welches auf dem Konfigurationsansatz aufbaut und den Einfluss von Konfigurationsvariablen auf den Sanierungsprozess und -erfolg darstellt.

In Kapitel vier wurden begriffliche und theoretische Grundlagen der Unternehmenskrise, des Insolvenzverfahrens und der Unternehmenssanierung erläutert. In tabellarischer Form wurden finanz- und leistungswirtschaftliche Sanierungsmaßnahmen sowie die Akteure einer Fortführung und Sanierung gelistet.

Eine Analyse von KMU-Charakteristika und die Darstellung deren potenzieller Bedeutung in der Unternehmenskrise und Insolvenz waren Inhalt des fünften Kapitels. Dabei wurden KMU-Spezifika anhand der Variablen Unternehmer, Management, Ressourcen und Umwelt untersucht und Ergebnisse aus der Krisen- und Insolvenzursachenforschung integriert. Die Erstellung eines Forschungsmodells bildete den Abschluss des theoretischen Teils der Arbeit und die Grundlage für die empirische Erhebung.

Für die empirische Erhebung wurde in Kapitel sechs ein Forschungsdesign konzipiert und ein Methodenmix aus der Kombination quantitativer und qualitativer Forschungsmethoden gewählt. Die empirische Untersuchung umfasste eine quantitative Fragebogenerhebung bei 1.144 Insolvenzverwaltern in Deutsch-

---

[632] Zur konfigurationstheoretischen Denkweise siehe Abschnitt 3.3.

land und 15 problemzentrierte qualitative Interviews mit Unternehmensberatern, Insolvenzverwaltern und betroffenen Unternehmern bzw. Führungskräften.

Kapitel sieben stellte die empirischen Ergebnisse der Untersuchung vor und zeigte die Ausgangs- als auch Schlusssituation jener insolventen Unternehmen, bei welchen nach der Insolvenzanmeldung eine Fortführung stattgefunden hatte. Ebenso wurden die Variablenausprägungen der verschiedenen Sanierungsparameter dargestellt. Sowohl in der Ausgangssituation als auch bei den Sanierungsparametern konnten signifikante Unterschiede zwischen erfolgreichen und nicht erfolgreichen Fortführungen und Sanierungen festgestellt werden. Diese Unterschiede fanden Berücksichtigung in einer logistischen Regressionsanalyse und gingen in eine Regressionsgleichung ein. Nach einem Zwischenfazit wurden die Ergebnisse der qualitativen Erhebung dargestellt, bei der die Akteure einer Insolvenzsanierung im Vordergrund standen. Das Kapitel endete mit der Beantwortung der Forschungsfragen und einem Modell, welches die Einflussfaktoren einer erfolgreichen Insolvenzsanierung darstellt.

8.2 Erkenntnisse

Die vorliegende Untersuchung stellt eine Arbeit dar, welche sich auf betriebswirtschaftlich-wissenschaftlicher Ebene mit dem Fortführungs- und Sanierungsprozess insolventer kleiner und mittelständischer Unternehmen befasst. Der Inhalt der Arbeit ist eine holistische Betrachtung von Insolvenzen und liegt nicht in der rein statistischen Ermittlung von Zusammenhängen und Erfolgsfaktoren.

Als wichtige Untersuchungsergebnisse lassen sich festhalten:

- Die Fortführung und erfolgreiche Sanierung eines insolventen Unternehmens bedarf in der Ausgangssituation Bedingungen, für die der Unternehmer maßgeblich verantwortlich ist. Die erste notwendige Bedingung besteht darin, dass zum Insolvenzzeitpunkt die Funktionsfähigkeit der Unternehmensstruktur noch gegeben ist. Zweitens bedarf es eines leistungswirtschaftlich marktfähigen Unternehmenskerns, welcher saniert oder veräußert werden kann. Ohne ein Produkt, welches vom Markt akzeptiert wird, wird eine Fortführung vom Insolvenzverwalter nicht angegangen. Die dritte Voraussetzung besteht darin, dass Insolvenzausfallgeld in Anspruch genommen werden kann, da dies eine wichtige Finanzierungsquelle darstellt und dem Unternehmen Liquiditätsabflüsse spart.

- Reagiert der Unternehmer rechtzeitig auf eine Krise (am besten schon bei einer latenten Krise bzw. strategischen Krise), so werden wertvolle Ressourcen nicht durch einen langwierigen Insolvenzabwehrkampf aufgebraucht. Dieses rechtzeitige Reagieren und das weitere vorinsolvenzliche Verhalten des Unternehmers haben Einfluss auf seine Vertrauenswürdigkeit, welche besonders bei Rechtsträgersanierungen von hoher Bedeutung ist. Der Insolvenzverwalter wird nur solche Unternehmer in den Fortführungs- und Sanierungsprozess involvieren, deren Verhalten gar nicht oder nur wenig zu beanstanden ist und deren Involvierung von den Gläubigern akzeptiert wird.
- Damit eine Fortführung und Sanierung Erfolgsaussichten haben, bedarf es einer hohen Anpassungsfähigkeit der Unternehmensorganisation, um Strukturveränderungen aufgrund von Kündigungen und Sanierungsmaßnahmen auszugleichen.
- Die Fortführung und Sanierung müssen von Schlüsselpersonen und einem Kernteam mit einer hohen Motivation und Motivationswirkung getragen werden.
- Der Insolvenzverwalter ist der Hauptakteur des Fortführungs- und Sanierungsprozesses. Seine wichtigste Tätigkeit zum Unternehmenserhalt besteht zunächst darin, das Unternehmen ab dem Insolvenzzeitpunkt fortzuführen und professionell einen Käufer/Investor zu suchen. Sein Fortführungsverständnis sollte dem Unternehmenserhalt verpflichtet sein, und er sollte die Fortführung nicht rein zur Massegenerierung betrachten.
- Erfolgskritisch sind Maßnahmen im Bereich des Managements/der Unternehmensführung, da in diesem Bereich häufig die Verantwortung für die Insolvenz zu suchen ist. Eine Fortführung mit denselben Personen und denselben Methoden wie bisher kann nicht zur erfolgreichen Sanierung führen.
- Das insolvente Unternehmen kann nur fortgeführt und saniert werden, wenn es einen Käufer/Investor bzw. eine Finanzierung gibt. Die Herkunft dieser Käufer/Investoren nimmt ein sehr weites Spektrum ein, und es ist keine Systematik ausfindig zu machen, wie diese gesucht und gefunden werden. Die Suche obliegt den Insolvenzverwaltern, welche diesen Prozess in unterschiedlicher Professionalität steuern.
- Banken müssen in ihrer Gläubigerrolle finanzielle Beiträge leisten, indem sie auf Moratorien eingehen oder weitere Kredite bereitstellen. Gleichzeitig haben sie eine wichtige Rolle in der Akquisitionsfinanzierung des Käufer/Investors.

- Der Faktor Zeit ist eine weitere Einflussgröße für den Sanierungserfolg. D.h., es müssen schnell Maßnahmen getroffen werden und Käufer/ Investoren gesucht und gefunden werden.

Ein Anspruch auf eine vollständige Darstellung der Erfolgskriterien kann aufgrund der Komplexität und der Multidimensionalität der Problemstellung nicht erhoben werden. Der Erfolg oder Misserfolg eines Fortführungs- und Sanierungsprozesses kann immer noch von weiteren, hier nicht erfassten Faktoren abhängen, wie z.B. besonderen Branchen- und Konjunkturentwicklungen oder irrationalen Elementen.

Die internationale Übertragbarkeit der Ergebnisse ist für ähnliche Kultur- und Rechtsräume gegeben. D.h., besonders für Österreich sind die Ergebnisse in betriebswirtschaftlicher und juristischer Sicht nahezu identisch transferierbar, da die Insolvenzsituation von KMU ähnlich ist: gleiche Insolvenzantragsgründe wie im deutschen Recht, ähnliche Tätigkeiten des österreichischen Konkurs- bzw. Masseverwalters wie des deutschen Insolvenzverwalters, Existenz des Insolvenzausfallgeldes in beiden Ländern, etc. Für die Insolvenzabwicklung existieren jedoch im österreichischen Kontext zwei unterschiedliche Rechtsrahmen (Konkurs- und Ausgleichsordnung), welche aber beide die Möglichkeit des Unternehmenserhaltes im Rahmen des Ausgleiches bzw. des Zwangsausgleiches eröffnen. Werden diese Differenzierung und die unterschiedlichen Voraussetzungen für den Ausgleich bzw. Zwangsausgleich berücksichtigt, so kann eine Übertragbarkeit auf der juristischen Ebene als gegeben angesehen werden. Die Frage, ob ein den Ausgleich bzw. Zwangsausgleich erfüllendes Unternehmen nachhaltig saniert werden kann, zeigt sich, wie im deutschen Rechtsrahmen bei der Rechtsträgersanierung bzw. übertragenden Sanierung, erst zu einem späteren Zeitpunkt.

Die festgestellten Einflussvariablen für den Fortführungs- und Sanierungserfolg (Unternehmer, Unternehmen, Käufer/Investor/Finanzierung und Insolvenzverwalter), welche für den Weiterbestand eines Unternehmens von Bedeutung sind, sind ebenso übertragbar. D.h., der KMU-Unternehmer hat auch im österreichischen Kontext eine hohe Bedeutung für die Ausgangssituation des Unternehmens zum Insolvenzzeitpunkt, die Unternehmensorganisation bedarf ebenso einer hohen Anpassungsfähigkeit und entsprechende Schlüsselpersonen müssen für eine Sanierung ebenfalls existent sein. Zudem bedarf es einer Finanzierung der Sanierung und der Konkurs- bzw. Masseverwalter ist auch in der österreichischen Insolvenzpraxis diejenige Person, welche den Insolvenzprozess maßgeblich steuert. Hinzu kommt, dass das kulturelle Umfeld bezüglich des Stigmas des Scheiterns und die daraus resultierenden Konsequenzen nahezu identisch sind. Daher kann auch auf dieser Ebene von einer Übertragbarkeit der Ergebnisse ausgegangen werden.

8.3 Ausblick

In Zukunft ist nicht von wesentlich geringeren Insolvenzzahlen auszugehen. Insolvenzen werden als Ausdruck des marktwirtschaftlichen Systems bestehen bleiben und Unternehmen werden weiterhin dem Selektionsmechanismus der Wirtschaft zum Opfer fallen. Dabei wird eine große Anzahl von Insolvenzunternehmen nicht fortgeführt und saniert werden können und der Unternehmenslebenszyklus wird im Zuge der Insolvenz mit der Zerschlagung und Liquidation enden. Für einen bestimmten Teil besteht jedoch die Möglichkeit, Wege aus der Insolvenz zu finden und ihren Lebenszyklus zu verlängern bzw. einen neuen zu beginnen.

Der stattfindende Generationenwechsel bei Richtern und Insolvenzverwaltern sowie die Auffassung der Öffentlichkeit, dass Insolvenzverwaltung neben dem Gläubigerschutz auch einen ‚Unternehmensschutz' beinhalten soll, führt zunehmend zu einer intensiveren Prüfung der Erhaltungschancen insolventer Unternehmen und damit zur Vermeidung der Vernichtung von volkswirtschaftlichem Vermögen. Die Suche nach dem leistungswirtschaftlich marktfähigen Unternehmenskern ist dabei die Hauptaufgabe eines Insolvenzverwalters, welche betriebswirtschaftliche Kenntnisse benötigt. Hierzu bedarf es unter-nehmerisch, volkswirtschaftlich und sozial denkender Insolvenzverwalter.

Ob Gesetzgebung, Wissenschaft und Praxis Ansätze und Anreizwirkungen finden, welche auf der emotionalen Ebene des Unternehmers greifen, so dass dieser eine frühzeitige Insolvenzanmeldung vornimmt, bleibt abzuwarten. Mit den vereinzelten Hilfsangeboten von staatlichen Institutionen sind bereits erste Schritte unternommen worden, die Stigmatisierung durch die Krise und Insolvenz zu reduzieren. Es würde aber einer in der Gesellschaft verankerten ‚Kultur der Scheiterns' bedürfen, welche auf der Annahme basiert, dass aus bisherigen Fehlern gelernt werden kann, und Personen wieder eine zweite Chance gegeben wird. Eine solche ‚Kultur des Scheiterns' wäre der Bereitschaft zur frühzeitigen Insolvenzanmeldung zuträglich. Eine weitere Wirkung wäre im Bereich der Unternehmensgründungen zu erwarten, da aufgrund der reduzierten Angst vor dem Scheitern und den Konsequenzen des Scheitern, die Anzahl der Gründungen zunehmen könnte.

Ein Schritt zur Etablierung dieser ‚Kultur des Scheiterns' wäre eine Intensivierung des Transfers zwischen Wissenschaft und Praxis im Bereich der Krisen- und Insolvenzforschung, denn bisher existiert nur ein geringer Austausch. Das gegenseitige Interesse scheint jedoch groß zu sein und es besteht weiteres Entwicklungspotenzial. Aus diesem Grunde wäre über Institutionen nachzudenken, welche eine Vernetzung im Bereich der Krisen- und Insolvenzforschung fördern. Solche Institutionen könnten verwertbare Ergebnisse für die Praxis zur Schadensvermeidung liefern und die Zersplitterung der praktischen und theoretischen Auseinandersetzung mit dem Thema Insolvenzen in Disziplinen und Teilorganisationen, wodurch die Sicht auf das Ganze und die Interdisziplinarität verstellt wird, reduzieren.

Wenn das Krisen- und Sanierungsmanagement den anderen Funktionsbereichen eines Unternehmens gleichgestellt wird und diese Thematik fester Bestandteil einer betriebswirtschaftlichen Ausbildung ist, wäre ein weiterer Schritt getan. Hierzu gehört aber die Bereitschaft, sich nicht nur mit Erfolgen in Form von Gründungen, Wachstum und Optimierungen zu beschäftigen, sondern Erfolgsursachen auch in der Form des Krisenmanagements zu suchen. Die Insolvenz beinhaltet beides: Krise und Chance!

9 LITERATURVERZEICHNIS

Achilles, W. (2000) Die Rolle der Kommunikation im Rahmen der Sanierung von mittelständischen Unternehmen, Bamberg.

Ackermann, K.-F./Blumenstock, H. (1993) Personalmanagement in mittelständischen Unternehmen: Neubewertung und Weiterentwicklungsmöglichkeiten im Lichte neuerer Forschungsergebnisse, in: Ackermann, K.-F./Blumenstock, H. (Hrsg.) Personalmanagement in mittelständischen Unternehmen, Stuttgart, S. 3-69.

Albach, H. (1976) Kritische Wachstumsschwellen in der Unternehmensentwicklung, in: Zeitschrift für Betriebswirtschaft, 10/1976, S. 683-696.

Albach, H. (1979) Kampf ums Überleben: Der Ernstfall als Normalfall für Unternehmen in einer freiheitlichen Wirtschaftsordnung, in: Zeitschrift für Betriebswirtschaft, Ergänzungsheft 2/1979, S. 9-22.

Albach, H./Bock, K./Warnke, T. (1985) Kritische Wachstumsschwellen in der Unternehmensentwicklung, Schriften zur Mittelstandsforschung Nr. 7 NF, Stuttgart.

Aldrich, H.E./Zimmer, C. (1986) Entrepreneurship Trough Social Networks, in: Sexton, D.L./ Smilor, R.W. (Hrsg.) The Art and Science of Entrepreneurship, Cambridge, MA, S. 3-23.

Atkinson, J./Storey, D. (1994) Small Firms and Employment, in: Atkinson, J./Storey, D. (Hrsg.) Employment, the Small Firm and the Labour Market, London/New York, S. 1-27.

Atteslander, P. (2000) Methoden der empirischen Sozialforschung, 9. Aufl., Berlin/New York.

Ausgleichsordnung (2004) in: Jelinek, W./Zangl, S. (Hrsg.) Konkursordnung, 7. Aufl., Stand: 31. März 2004, Wien.

Backhaus, K./Erichson, B./Plinke, W./Weiber, R. (2003) Multivariate Analysemethoden: Eine anwendungsorientierte Einführung, 10. Aufl., Berlin/ Heidelberg.

Bain, J.S. (1968) Industrial Organization, 2. Aufl., New York.

Bamberger, I./Pleitner, H.J. (1988) (Hrsg.) Strategische Ausrichtung kleiner und mittlerer Unternehmen, Internationales Gewerbearchiv: Sonderheft 2, Berlin/München/St. Gallen.

Bamberger, I./Wrona, T. (1996) Der Ressourceneinsatz und seine Bedeutung für die strategische Unternehmensführung, in: Schmalenbachs Zeitschrift für betriebswirtschaftliche Forschung, 2/1996, S. 130-153.

Barker III, V.L./Duhaime, I.M. (1997) Strategic Change in the Turnaround Process: Theory and Empirical Evidence, in: Strategic Management Journal, 1/1997, S. 13-38.

Baumgartner, A. (2003) Unternehmensschließung oder -fortführung: Zur Beurteilung der Fortführbarkeit im Konkurs befindlicher Unternehmen und zur Haltung des Masseverwalters, Wien.

Baur, W. (1978) Sanierungen: Wege aus Unternehmenskrisen, Wiesbaden.

Bazeley, P. (2004) Issues in Mixing Qualitative and Quantitative Approaches to Research, in: Buber, R./Gadner, J./Richards, L. (Hrsg.) Applying Qualitative Methods to Marketing Management Research, Houndmills/ Basingstoke/Hampshire, S. 141-156.

Beck, M./Möhlmann, T. (2000) (Hrsg.) Sanierung und Abwicklung in der Insolvenz: Erfahrungen, Chancen, Risiken, Berlin.

Becker, R. (1986) Die Sanierungsfähigkeit der Unternehmung: Ein durch die Kommission für Insolvenzrecht aktualisierter Begriff in betriebswirtschaftlicher Sichtweise, Bergisch Gladbach/Köln.

Behrends, T. (2003) Fokus Mittelstand: Personalmanagement, in: Fischer, C./Nissen, D./Ott, I./Schöning, S. (Hrsg.) Fokus Mittelstand: Einzelaspekte der Mittelstandsforschung, Frankfurt am Main/Berlin/Bern et al., S. 37-48.

Beigel, P.C. (2002) Insolvenzplanerstellung durch den Steuerberater: Herausforderungen und Lösungsmöglichkeiten, Hamburg.

Bellinger, B. (1962) Unternehmenskrisen und ihre Ursachen, in: Handelsbetrieb und Marktordnung, Festschrift C. Ruberg zum 70. Geburtstag, Wiesbaden, S. 49-74.

Bergauer, A. (2001) Erfolgreiches Krisenmanagement in der Unternehmung: Eine empirische Analyse, Berlin.

Bergauer, A. (2003) Führen aus der Unternehmenskrise: Leitfaden zur erfolgreichen Sanierung, Berlin.

Berger, P.L./Luckmann, T. (1995) Die gesellschaftliche Konstruktion der Wirklichkeit: Eine Theorie der Wissenssoziologie, Frankfurt am Main.

Berthel, J./Touet, M. (1997) Mittelstand verzichtet vielfach auf Personalplanung und Leistungsbeurteilung, in: Personalwirtschaft, 1/1979, S. 27-29.

Bertl, R./Mandl, D./Mandl, G./Ruppe, H.G. (1998) (Hrsg.) Insolvenz - Sanierung - Liquidation, Wien.

BGB (2006) Bürgerliches Gesetzbuch, unter: http://www.gesetze-im-internet.de/bundesrecht/bgb/gesamt.pdf, Zugriff: 17. Januar 2005.

Bibeault, D.B. (1982) Corporate Turnaround: How Managers Turn Losers to Winners, New York.

Birch, D.L. (1979) The Job Generation Process: Final Report to Economic Development Administration, Cambridge, MA.

Bitz, H. (2000) Risikomanagement nach KonTraG: Einrichtung von Frühwarnsystemen zur Effizienzsteigerung und zur Vermeidung persönlicher Haftung, Stuttgart.

Bleicher, K. (1979) Unternehmensentwicklung und organisatorische Gestaltung, Stuttgart/New York.

Böckenförde, B. (1991) Unternehmenssanierung, Stuttgart.

Böckenförde, B. (1996) Unternehmenssanierung, 2. Aufl., Stuttgart.

Boesch, M. (1998) Betriebsübergang und Insolvenz, Juristische Schriftenreihe Band 128, Wien.

Booth, S.A. (1993) Crisis Management Strategy: Competition and Change in Modern Enterprises, London/New York.

Bork, R. (2005) Einführung in das neue Insolvenzrecht, 4. Aufl., Tübingen.

Bornett, W. (2005) KMU in Österreich, Vortrag unter: www.kmuforschung.ac.at/de/Forschungsberichte/Vorträge/htm, Zugriff: 11. Mai 2005.

Bötzel, S. (1993) Diagnose von Konzernkrisen, Köln.

Brandstätter, J. (1993) Die Prüfung der Sanierungsfähigkeit notleidender Unternehmen, München.

Bratschitsch, R./Schnellinger, W. (1981) (Hrsg.) Unternehmenskrisen: Ursachen, Frühwarnung, Bewältigung, Verband der Hochschullehrer für Betriebswirtschaft e.V., Bericht über die Pfingsttagung in Innsbruck, Juni 1979, Stuttgart.

Brauchlin, E./Wehrli, H.P. (1991) Strategisches Management: Lehrbuch mit Fallstudien, München/Wien.

Braun, E./Uhlenbruck, W. (1997) Unternehmensinsolvenz: Grundlagen, Gestaltungsmöglichkeiten, Sanierung mit der Insolvenzordnung, Düsseldorf.

Britt, A. (1973) Krisenmanagement zur Sicherung der Unternehmung, in: Industrielle Organisation, 10/1973, S. 437-444.

Brockhaus, R.H./Horwitz, P.S. (1986) The Psychology of the Entrepreneur, in: Sexton, D.L./Smilor, R.W. (Hrsg.) The Art and Science of Entrepreneurship, Cambridge, MA, S. 25-48.

Buchhart, A. (2001) Insolvenzprophylaxe und Sanierung kleiner und mittlerer Unternehmen: eine finanzierungstheoretische Analyse unter besonderer Berücksichtigung der InsO, Hamburg.

Burger, A. (1985) Die Unternehmenskrise und die Beurteilung der Sanierungsfähigkeit als Grundlage für Sanierungsmaßnahmen, Wien.

Burger, A. (1988) Unternehmenskrise und Unternehmenssanierung: Eine betriebswirtschaftliche Analyse unter besonderer Berücksichtigung der Insolvenztatbestände und der Sanierungsfähigkeit, Hamburg.

Burrell, G./Morgan, G. (1979) Sociological Paradigms and Organizational Analysis, London.

Burtscher, J.G. (1996) Wertorientiertes Krisenmanagement: Ein integriertes Konzept zur Vermeidung und Bewältigung von Unternehmenskrisen, Bamberg.

Büschgen, H.E. (1971) Das Unternehmen im Konjunkturwandel: Strukturgestaltung und Geschäftspolitik zur Unternehmenssicherung, Berlin/Bielefeld/München.

Bussiek, J. (2000) Unternehmenspolitik und Führung, in: Pichler, J.H./Pleitner, H.J./Schmidt, K.H. (Hrsg.) Management in KMU: Die Führung von Klein- und Mittelunternehmen, 3. Aufl., Bern/Stuttgart/Wien, S. 43-68.

Buth, A.K./Hermanns, M. (1998) (Hrsg.) Restrukturierung, Sanierung, Insolvenz: Handbuch, München.

Buth, A.K./Hermanns, M. (2004) (Hrsg.) Restrukturierung, Sanierung, Insolvenz: Handbuch, 2. Aufl., München.

Carlzon, J. (1987) Moments of Truth: New Strategies for Today's Customer-Driven Economy, New York.

Cezanne, M. (1998) Krisenmanagement und Komplexität: Betriebswirtschaftliche Krisentheorien im Kontext multioptionalen Konsumentenverhaltens, Wiesbaden.

Chalupsky, E. (1994) Sanierung durch Auffanggesellschaften, in: Feldbauer-Durstmüller, B./Stiegler, H. (Hrsg.) Krisenmanagement: Früherkennung, Sanierung, Insolvenzrecht, Linz, S. 269-320.

Chowdhury, S.D./Lang, J.R. (1996) Turnaround in Small Firms: An Assessment of Efficiency Strategies, in: Journal of Business Research, 2/1996, S. 169-178.

Clasen, J.P. (1992) Turnaround Management für mittelständische Unternehmen, Wiesbaden.

Clasen, J.P. (2000) Die Person des Unternehmers: Der Routinier tatsächlich der Unternehmertypus mit der größten Krisengefährdung? in: Brauchlin, E./Pichler, J.H. (Hrsg.) Unternehmer und Unternehmensperspektiven für Klein- und Mittelunternehmen: Festschrift für Hans Jobst Pleitner, Berlin, S. 191-199.

Coenenberg, A.G./Fischer, T.M. (1993) (Hrsg.) Turnaround-Management: Finanzielle und strategische Werkzeuge der Restrukturierung, Stuttgart.

Creditreform (2005a) Insolvenzen, Neugründungen, Löschungen: Jahr 2005. Eine Untersuchung zur Unternehmensentwicklung der Creditreform Wirtschafts- und Konjunkturforschung. o.O.

Creditreform (2005b) Wirtschaftslage und Finanzierung im Mittelstand: Herbst 2005. Eine Untersuchung der Creditrefom Wirtschafts- und Konjunkturforschung, o.O.

Creditreform (2006) Insolvenzen in Europa 2005. Presseinformation 7. Februar 2006, unter www.creditrefom.at, Zugriff: 1. März 2006.

David, S. (2001) Externes Krisenmanagement aus Sicht der Banken, Lohmar/Köln.

Davidsson, P./Delmar, F. (1998) Zur Schaffung von Arbeitsplätzen nach Firmengröße und -alter, in: Internationales Gewerbearchiv, 4/1998, 219-233.

Dembinski, P.H. (2002) Auf der Suche nach Konkursursachen: Erhebungen bei Klein- und Mittelunternehmen in der Schweiz, in: IGA, Zeitschrift für Klein- und Mittelunternehmen, Internationales Gewerbearchiv, 4/2002, S. 238-253.

Denzin, N.K. (1978) The Reseach Act: A Theoretical Introduction to Sociological Methods, 2. Aufl., New York.

Deutscher Sparkassen- und Giroverband (2000) Diagnose Mittelstand: Jetzt Weichen stellen, Bonn.

Diekmann, A. (2002) Empirische Sozialforschung: Grundlagen, Methoden, Anwendungen, 8. Aufl., Reinbek.

Doberanzke, V. (1993) Exklusive Finanzierung mittelständischer Unternehmen, Wiesbaden.

Domsch, M./Krüger, M. (1984) Zur regionalen Mobilität von Fach- und Führungskräften in Klein- und Mittelbetrieben: Unter besonderer Berücksichtigung des sozialen Umfeldes, in: Albach, H./Held, T. (Hrsg.) Betriebswirtschaftslehre mittelständischer Unternehmen: Wissenschaftliche Tagung des Verbandes der Hochschullehrer für Betriebswirtschaft e.V. 1984, Stuttgart, S. 591-610.

Donaldson, L. (1996) For Positivist Organization Theory: Proving the Hard Core, London/Thousand Oaks/New Delhi.

Doty, D.H./Glick, W.H. (1994) Typologies as a Unique Form of Theory Building: Toward Improved Understanding and Modeling, in: Academy of Management Review, 2/1994, S. 230–251.

Dreßler, S. (1995) Reorganisation und Krise: Die ostdeutschen Unternehmen und ihre Probleme auf dem Weg in die Marktwirtschaft aus unternehmens- und organisationstheoretischer Sicht, Stuttgart.

Droege & Comp. (2003) (Hrsg.) Restrukturierungsmanagement: In der Krise liegt die Chance, Köln/München/Neuwied.

Duden (2001) Fremdwörterbuch, Stichwort: ‚Konkurs', Band 5, 7. Aufl., Mannheim/Leipzig/ Wien/Zürich.

Duerr, C. (1975) Lebenskünstler im Chefsessel: Erfahrungen eines Krisenmanagers, Düsseldorf.

Duursma, U. (1994) Die Rolle der Banken bei Sanierungen, in: Feldbauer-Durstmüller, B./Stiegler, H. (Hrsg.) Krisenmanagement: Früherkennung, Sanierung, Insolvenzrecht, Linz, S. 349-377.

Edelmann, M. (1976) Steuerliche Aspekte der Unternehmenssanierung, Zürich.

Edmister, R.O. (1972) An Empirical Test of Financial Ratio Analysis for Small Business Failure Prediction, in: Journal of Financial and Quantitative Analysis, 2/1972, S. 1477-1493.

Edwards, M. (1983) Back from the Brink: An Apocalyptic Experience, London.

Ehlers, H./Drieling, I. (2000) Unternehmenssanierung nach der Insolvenzordnung: Ein Wegweiser anhand eines Modellfalls, München.

Endress, R. (1979) Insolvenz- und Risikofaktoren im Mittel- und Kleinbetrieb, Frankfurt am Main.

EU-Kommission (1999) Mitteilung der Kommission: Leitlinien der Gemeinschaft für staatliche Beihilfen zur Rettung und Umstrukturierung von Unternehmen in Schwierigkeiten, Amtsblatt C 288 vom 9. Oktober 1999, o.O.

EU-Kommission (2001a) Verordnung (EG) Nr. 70/2001 der Kommission vom 12. Januar 2001 über die Anwendung der Artikel 87 und 88 EG-Vertrag auf staatliche Beihilfen an kleine und mittlere Unternehmen, Amtsblatt Nr. L 10 vom 13. Januar 2001, o.O.

EU-Kommission (2001b) Verordnung (EG) Nr. 69/2001 der Kommission vom 12. Januar 2001 über die Anwendung der Artikel 87 und 88 EG-Vertrag auf ‚De-minimis'-Beihilfen, Amtsblatt Nr. L 10 vom 13. Januar 2001, o.O.

EU-Kommission (2004) Mitteilung der Kommission: Leitlinien der Gemeinschaft für staatliche Beihilfen zur Rettung und Umstrukturierung von Unternehmen in Schwierigkeiten, Amtsblatt Nr. C 244 vom 1. Oktober 2004, o.O.

Europäische Gemeinschaft (1996) Amtsblatt der Europäischen Gemeinschaften vom 30.04.1996, Nr. L 107, inkl. Anhang, o.O.

Europäische Kommission (2004) Beobachtungsnetz der europäischen KMU: KMU in Europa 2003, 2003/7, Luxemburg.

Europäische Union (2003) Amtsblatt der Europäischen Union vom 20.05.2003, Nr. L 124, inkl. Anhang, o.O.

European Network for SME Research (1997) (Hrsg.) Das europäische Beobachtungsnetz für KMU, Fünfter Jahresbericht 1997, o.O.

Faulhaber, P./Landwehr, N. (2005) Turnaround-Management in der Praxis: Umbruchphasen nutzen, neue Stärken entwickeln, 3. Aufl., Frankfurt am Main/New York.

Feil, E. (2004) Konkursordnung unter Berücksichtigung der InsNov 2002, der EuInsVO und des GIRÄG 2003 (EKEG): Praxiskommentar, 5. Aufl., Wien.

Feldbauer-Durstmüller, B. (1992) Krisenmanagement: Unternehmensfortführung im Konkurs, Wien.

Feldbauer-Durstmüller, B. (1994) Die Prüfung der Sanierungsfähigkeit im Zuge eines Konkursverfahrens, in: Feldbauer-Durstmüller, B./Stiegler, H. (Hrsg.) Krisenmanagement: Früherkennung, Sanierung, Insolvenzrecht, Linz, S. 235-268.

Feldbauer-Durstmüller, B. (2002) Sanierungsfähigkeitsprüfung, in: Feldbauer-Durstmüller, B./Schlager, J. (2002) (Hrsg.) Krisenmanagement - Sanierung - Insolvenz: Handbuch für Banken, Management, Rechtsanwälte, Steuerberater, Wirtschaftsprüfer und Unternehmensberater, Wien, S. 445-487.

Feldbauer-Durstmüller, B./Schlager, J. (2002) (Hrsg.) Krisenmanagement - Sanierung - Insolvenz: Handbuch für Banken, Management, Rechtsanwälte, Steuerberater, Wirtschaftsprüfer und Unternehmensberater, Wien.

Feldbauer-Durstmüller, B./Stiegler, H. (1994) (Hrsg.) Krisenmanagement: Früherkennung, Sanierung, Insolvenzrecht, Linz.

Fielding, N.G./Fielding, J.L. (1986) Linking Data: Qualitative Research Methods, Volume 4, Beverly Hills/London/New Delhi.

Findeisen, F. (1932) Organik: Der Betrieb als Lebewesen. Aufstieg der Betriebe, der gesunde und der kranke Betrieb, Leipzig.

Finsterer, H. (1999) Unternehmenssanierung durch Kreditinstitute: Eine Untersuchung unter Beachtung der Insolvenzordnung, Wiesbaden.

Fischer, T. (1999) Agency-Probleme bei der Sanierung von Unternehmen, Wiesbaden.

Fleege-Althoff, F. (1930) Die notleidende Unternehmung, Band 1, Krankheitserscheinungen und Krankheitsursachen, Stuttgart.

Flick, U. (1992) Triangulation Revisited: Strategy of or Alternative to Validation of Qualitative Data, in: Journal for the Theory of Social Behaviour, 2/1992, S. 175-197.

Flick, U. (1995) Qualitative Forschung: Theorie, Methoden, Anwendung in Psychologie und Sozialwissenschaften, Reinbek.

Flick, U. (2000) Triangulation in der qualitativen Forschung, in: Flick, U./ Kardorff, E., Steinke, I. (Hrsg.) Qualitative Forschung: Ein Handbuch, Reinbek.

Flosbach, H.-J. (1987) Sanierungsentscheidungen der Banken, Bergisch Gladbach/Köln.

Franceschetti, A. (1993) Der Turnaround aus Sicht der Anteilseigner, der Unternehmensleitung und der Banken, Bamberg.

Fröhlich, E./Pichler, J.H. (1988) Werte und Typen mitteständischer Unternehmer, Berlin.

Fröhlich, E./Pichler, J.H./Pleitner, H.J. (2000) Größe in der Kleinheit, in: Pichler, J.H./ Pleitner, H.J./Schmidt, K.H. (Hrsg.) Management in KMU: Die Führung von Klein- und Mittelunternehmen, 3. Aufl., Bern/Stuttgart/ Wien, S. 11-41.

Fueglistaller, U. (2000) Das Stärken-/Schwächen-Profil von Unternehmern in KMU und deren Erfolgsfaktoren – dargestellt anhand einer empirischen Untersuchung bei schweizerischen KMU, in: Brauchlin, E./Pichler, J.H. (2000) Unternehmer und Unternehmensperspektiven für Klein- und Mittelunternehmen: Festschrift für Hans Jobst Pleitner, Berlin, S. 309-322.

Fueglistaller, U./Müller, C./Volery, T. (2004) Entrepreneurship: Modelle, Umsetzung, Perspektiven. Mit Fallbeispielen aus Deutschland, Österreich und der Schweiz, Wiesbaden.

Gabele, E. (1981) Ansatzpunkte für ein betriebswirtschaftliches Krisenmanagement, in: Zeitschrift für Organisation, 3/1981, S. 150-158.

Gallagher, C.C./Stewart, H. (1986) Jobs and the Business Life-Cycle in the U.K., in: Applied Economics, 8/1986, S. 875-900.

Gantzel, K.-J. (1962) Wesen und Begriff der mittelständischen Unternehmung, Köln/Opladen.

Gareis, R. (1994) (Hrsg.) Erfolgsfaktor Krise: Konstruktionen, Methoden, Fallstudien zum Krisenmanagement, Wien.

Gerhardt, W./Haarmeyer, H./Kreft, G. (2003) (Hrsg.) Insolvenzrecht im Wandel der Zeit, Festschrift für Hans-Paul Kirchhof zum 65. Geburtstag, o.O.

Gieschen, G. (2003) Wie junge Unternehmen Krisen bewältigen können: Überlebenshandbuch für Selbstständige und Jungunternehmer, Berlin.

Gioia, D.A./Pitre, E. (1990) Multiparadigm Perspectives on Theory Building, in: The Academy of Management Review, 4/1990, S. 584-602.

Glasersfeld, E. (1998) Radikaler Konstruktivismus: Ideen, Ergebnisse, Probleme, 2. Aufl., Frankfurt am Main.

Gless, S.-E. (1996) Unternehmenssanierung: Grundlagen, Strategien, Maßnahmen, Wiesbaden.

GmbHG (2006) Gesetz betreffend die Gesellschaften mit beschränkter Haftung, unter: http://www.gesetze-im-internet.de/bundesrecht/gmbhg/gesamt.pdf, Zugriff: 20. April 2006.

Goldner, H. (1961) Die Sanierung als Finanzierungsmaßnahme, Wien.

Goldston, M.R. (1992) The Turnaround Prescription: Repositioning Troubled Companies, New York.

Greiner, L.E. (1972) Evolution and Revolution as Organizations Grow: A Company's Past has Clues for Management that are Critical to Future Success, in: Harvard Business Review, July/August 1972, S. 37-46.

Groß, P.J. (1988) Sanierung durch Fortführungsgesellschaften: Der Weg von der Sanierungsprüfung bis zur Konstituierung und finanziellen Entlastung der Fortführungsgesellschaft in betriebswirtschaftlicher, rechtlicher und steuerlicher Sicht, 2. Aufl., Köln.

Groß, P.J./Hess, H. (1999) Die Zahlungsunfähigkeit als Insolvenzauslösungsgrund, in: Die Wirtschaftsprüfung, 11/1999, S. 422-427.

Gruhler, W. (1994) Wirtschaftsfaktor Mittelstand: Wesenselemente der Marktwirtschaft in West und Ost, 2. Aufl., Köln.

Haarmeyer, H./Wutzke, W./Förster, C. (1995) GesO: Gesamtvollstreckungsordnung. Kommentar zur Gesamtvollstreckungsordnung und zum Gesetz über die Unterbrechung von Gesamtvollstreckungsverfahren, 3. Aufl., Köln.

Hadl, P. (1991) Unternehmenssanierung durch das Ausgleichsverfahren, in: Journal für Betriebswirtschaft, 5/1991, S. 208-226.

Hahn, D./Klausmann, W. (1979) Aufbau und Funktionsweise von betrieblichen Frühwarnsystemen in der Industrie, Arbeitsbericht des Instituts für Unternehmensplanung an der Justus-Liebig-Universität, Gießen.

Hahn, G. (1958) Untersuchungen über Ursachen von Unternehmermisserfolgen: Ergebnisse von Untersuchungen besonders im rheinischen Industriebezirk, Köln.

Hambrick, D.C./Schecter, S.M. (1983) Turnaround Strategies for Mature Industrial-Product Business Units, in: Academy of Management Journal, 2/1983, S. 231-248.

Hamer, E. (1990) Mittelständische Unternehmen: Gründung, Führung, Chancen, Risiken, Landsberg.

Hantschel, M. (1993) Insolvenzprophylaxe bei mittelständischen Unternehmen als Aufgabe von Steuerberater und Wirtschaftsprüfer, Pfaffenweiler.

Hauschildt, J. (2000) Unternehmenskrisen: Herausforderungen an die Bilanzanalyse, in: Hauschildt, J./Leker, J. (Hrsg.) Krisendiagnose durch Bilanzanalyse, 2. Aufl., Köln, S. 1-17.

Hauschildt, J. (2004) Krisenforschung und Krisenmanagement, in: Schreyögg, G./Werder, A. (Hrsg.) Handwörterbuch der Unternehmensführung und Organisation, 4. Aufl., Stuttgart, S. 706-715.

Hax, H. (2003) Insolvenzen und Staatseingriffe, in: Heintzen, M./Kruschwitz, L. (Hrsg.) Unternehmen in der Krise: Ringvorlesung der Fachbereiche Rechts- und Wirtschaftswissenschaft der Freien Universität Berlin im Sommersemester 2003, Berlin, S. 209-225.

Heinen, E. (1984) Führung als Gegenstand der Betriebswirtschaftslehre, in: Heinen, E. (Hrsg.) Betriebswirtschaftliche Führungslehre: Grundlagen – Strategien – Modelle. Ein entscheidungsorientierter Ansatz, 2. Aufl., Wiesbaden, S. 19-49.

Heintzen, M./Kruschwitz, L. (2004) (Hrsg.) Unternehmen in der Krise: Ringvorlesung der Fachbereiche Rechts- und Wirtschaftswissenschaft der Freien Universität Berlin im Sommersemester 2003, Berlin.

Henckel, W. (1992) Insolvenzrechtsreform zwischen Vollstreckungsrecht und Unternehmensrecht, in: Gerhardt, W./Henckel, W./Kilger, J./Kreft, G. (Hrsg.) Festschrift für Franz Merz zum 65. Geburtstag am 3. Februar 1992, Köln, S. 197-215.

Henselek, H.F. (1996) Das Management von Unternehmenskonfigurationen, Wiesbaden.

Henssler, M. (1997) Die verfahrensrechtlichen Pflichten des Geschäftsführers im Insolvenzverfahren über das Vermögen der GmbH & Co. KG, in: Arbeitskreis für Insolvenzwesen e.V. (Hrsg.), Kölner Schrift zur Insolvenzordnung, Berlin, S. 977-995.

Herzig, D. (2001) Das Insolvenzplanverfahren: Eine schwerpunktmäßige Untersuchung aus praktischer Sicht unter dem Gesichtspunkt der Zeitkomponente mit rechtsvergleichender Betrachtung des Reorganisationsverfahrens nach Chapter 11 des Bankruptcy Code, Frankfurt am Main/Berlin/Bern et al.

Hess, H./Fechner, D. (1991) Sanierungshandbuch, 2. Aufl., Neuwied/Krifel/Berlin.

Hess, H./Fechner, D./Freund, K./Körner, F. (1998) Sanierungshandbuch, 3. Aufl., Neuwied/Krifel/Berlin.

Hesselmann, S./Stefan, U. (1990) Sanierung oder Zerschlagung insolventer Unternehmen: betriebswirtschaftliche Überlegungen und empirische Ergebnisse, Schriften zur Mittelstandsforschung, Nr. 39 NF, Stuttgart.

Heuss, E. (1965) Allgemeine Markttheorie, Tübingen/Zürich.

Hienerth, C. (2004) Theorie und Realität unternehmerischer Strategien: Eine Anwendung des Konfigurationsansatzes in Kleinbetrieben, Wiesbaden.

Hilb, M. (2000) Persönlichkeit des Unternehmers, in: Brauchlin, B./Pichler, J.H. (2000) Unternehmer und Unternehmensperspektiven für Klein- und Mittelunternehmen: Festschrift für Hans Jobst Pleitner, Berlin, S. 173-182.

Hinderer, M. (1984) Die mittelständische Unternehmung: Selbstverständnis in der Marktwirtschaft, Analyse und Strategie, München.

Hoffmann-Theinert, R. (2003) Die insolvenzrechtliche Eigenverwaltung, in: Heintzen, M./Kruschwitz, L. (Hrsg.) Unternehmen in der Krise: Ringvorlesung der Fachbereiche Rechts- und Wirtschaftswissenschaft der Freien Universität Berlin im Sommersemester 2003, Berlin, S. 109-128.

Holsti, O.R. (1978) Limitations of Cognitive Abilities in the Face of Crisis, in: Journal of Business Administration, 2/1978, S. 39-55.

Holzapfel, H.-J./Pöllath, R. (1992) Recht und Praxis des Unternehmenskaufs: Rechtliche und steuerliche Aspekte, 6. Aufl., Köln.

Hornsby, J.S./Kuratko, D.F. (1990) Human Resource Management in Small Business: Critical Issues for the 1990s, in: Journal of Small Business Management, 3/1990, S. 9-18.

Horst, M. (2000) Bewältigung von Unternehmenskrisen, Berlin.

Howaldt, S.D. (1994) Sanierungsakquisitionen bei Klein- und Mittelunternehmen (KMU), Hallstadt.

Hruschka, E. (1975) Die Besonderheiten der Klein- und Mittelbetriebe, in: Internationales Gewerbearchiv, 4/1975, S. 237-249.

Huisgen, P.A. (1998) Krisenerscheinungen und Sanierungsbemühungen bei deutschen und österreichischen Kapitalgesellschaften 1970-1995, Wien.

Hüthmair, J. (1999) Vorbeugende Unternehmenssanierung: Die Kunst, den Finanzinfarkt abzuwenden. Mit Checklisten und Fallbeispielen zur außergerichtlichen Entschuldung für Klein- und Mittelbetriebe, 2. Aufl., Wien/ Frankfurt am Main.

Iacocca, L./Novak, W. (1985) Iacocca: Eine amerikanische Karriere, Düsseldorf/ Wien.

Insolvenzordnung (2003) 8. Aufl., Stand: 1. Mai 2003, München.

Jacob, H. (Hrsg.) (1967a) Unternehmenspolitik bei schwankender Konjunktur, Schriften zur Unternehmensführung, Band 1, Wiesbaden.

Jacob, H. (Hrsg.) (1967b) Aktive Konjunkturpolitik der Unternehmung, Schriften zur Unternehmensführung, Band 2, Wiesbaden.

Jick, T.D. (1979) Mixing Qualitative and Quantitative Methods: Triangulation in Action, in: Administrative Science Quarterly, 4/1979, S. 602-611.

Johannisson, B. (1986) Network Strategies: Management Technology for Entrepreneurship and Change, in: International Small Business Journal, 1/1986, S. 19-30.

Jozefowski, H.A. (1985) Sanierungsfinanzierung, Wien.

Kailer, N./Biehal, E./Kalcher, W./Piber, H./Schnedlitz, P. (1985) Hemmende und fördernde Faktoren des Selbständigwerdens: Untersuchung im Auftrag der Bundeskammer der gewerblichen Wirtschaft des Bundesministeriums für Handel, Gewerbe und Industrie und der Vereinigung Österreichischer Industrieller, Wien.

Kautzsch, C. (2001) Unternehmenssanierung im Insolvenzverfahren, Lohmar/ Köln.

Kay, R./Kranzusch, P./Suprinovic, O./Werner, A. (2004) Restart: Eine zweite Chance für gescheiterte Unternehmer? Schriften zur Mittelstandsforschung Nr. 103 NF, Wiesbaden.

Kayser, G. (1983) Sanierung oder Auflösung: Eine Analyse zur Bestimmung der Sanierungsfähigkeit von Unternehmen im Vorfeld der Insolvenz, Frankfurt am Main/ Bern.

Kayser, G. (1995) Führung in Klein- und Mittelbetrieben, in: Kieser, A./Reber, G./Wunderer, R. (Hrsg.) Handwörterbuch der Führung, 2. Aufl., Stuttgart, Sp. 1298-1309.

Keiser, H. (1966) Betriebswirtschaftliche Analyse von Insolvenzen bei mittelständischen Einzelhandlungen, Köln/Opladen.

Kelber, F. (2004) Turnaround Management von Dotcoms, Lohmar/Köln.

Keller, R. (1999) Unternehmenssanierung: Außergerichtliche Sanierung und gerichtliche Sanierung. Beitrags- und Gestaltungsschwerpunkte unter Berücksichtigung der Insolvenzrechtsform, Herne/Berlin.

Keller-Stoltenhoff, E. (1986) Die rechtstatsächlichen Auswirkungen des § 613a BGB im Konkurs, Köln.

Kemmetmüller, W. (1982) Krisenmanagement in Klein- und Mittelbetrieben, in: Internationales Gewerbearchiv, 4/1982, S. 205-211.

Ketchen, D.J./Thomas, J.B./Snow, C.C. (1993) Organizational Configurations and Performance: A Comparison of Theoretical Approaches, in: The Academy of Management Journal, 6/1993, S. 1278-1313.

Kharbanda, O.P./Stallworthy, E.A. (1985) Corporate Failure: Prediction, Panacea and Prevention, London.

Kharbanda, O.P./Stallworthy, E.A. (1987) Company Rescue: How to Manage a Business Turnaround, London.

Kirsch, W. (1983) Fingerspitzengefühl und Hemdsärmeligkeit bei der Planung im Mittelstand, in: Gabele, E. (Hrsg.) Märkte, Mitarbeiter, Management: Erfolgreiche Führung kleiner und mittlerer Unternehmen I, Bamberg, S. 150-176.

Klein-Blenkers, F. (1981) (Hrsg.) Zum Problem der Insolvenzverhütung in mittelständischen Betrieben, Beiträge zur Mittelstandsforschung, Heft 79, Göttingen.

Klikovits, A. (2004) Der Zwangsausgleich: Eine österreichische Erfolgsstory, in: Zeitschrift für Insolvenzrecht und Kreditschutz, 1/2004, Wien, S.12-18.

Kohli, M. (1978) Offenes und geschlossenes Interview: Neue Argumente zu einer alten Kontroverse, in: Soziale Welt, 1/1978, S. 1-25.

Konkursordnung (2004) in: Jelinek, W./Zangl, S. (Hrsg.), 7. Aufl., Stand: 31. März 2004, Wien.

Korunka, C./Frank, H./Becker, P. (1993) Persönlichkeitseigenschaften von Unternehmensgründern: Erfolgsfaktor oder vernachlässigbare Restgröße in der Theorie der Unternehmensgründung?, in: Internationales Gewerberchiv, 3/1993, S. 169-188.

Köster, J. (1990) Krisen als Chance zur Erneuerung, Teil 1: Im Chaos ist die neue Ordnung verborgen, in: Gablers Magazin, 11/1990, S. 45-48.

Köster, T. (2003) Kapitalversorgung des Mittelstandes: Ein Problem der Zukunft?, in: Tietmeyer, H./Rolfes, B. (Hrsg.) Die Banken und der Mittelstand: Beiträge des Duisburger Banken-Symposiums, Wiesbaden, S. 1-27.

Kraft, H. (1986) Potenzialanalyse des Unternehmens in der Krise, in: Schimke, E./Töpfer, A. (Hrsg.) Krisenmanagement und Sanierungsstrategien, 2. Aufl., Landsberg/Lech, S. 16-27.

Kranzusch, P./Günterberg, B. (2001) Die Entwicklung des Insolvenzgeschehens seit 1995, IfM-Materialien Nr. 148, Bonn.

Kranzusch, P./May-Strobl, E. (2002) Einzelunternehmen in der Krise: Neustart nach einer Insolvenz oder Unternehmenssanierung aus eigener Kraft, Schriften zur Mittelstandsforschung Nr. 98 NF, Wiesbaden.

Kratz, T. (1996) Krisenmanagement durch den Steuerberater für mittelständische Unternehmungen, Aachen.

Kraus, K.-J./Gless, S. (1998) Erstellung von Restrukturierungs-/Sanierungskonzepten: § 4 Unternehmensstrukturierung/-sanierung und strategische Neuausrichtung, in: Buth, A.K./Hermanns, M. (Hrsg.) Restrukturierung, Sanierung, Insolvenz: Handbuch, München, S. 97-125.

Krehl, H. (1985) Der Informationsbedarf der Bilanzanalyse: Ableitung und empirische Validierung eines Fragenkatalogs von Jahresabschlüssen, Kiel.

Kropfberger, D. (1986) Erfolgsmanagement statt Krisenmanagement: Strategisches Management in Mittelbetrieben, Linz.

Krummenacher, A. (1981) Krisenmanagement: Leitfaden zum Verhindern und Bewältigen von Unternehmenskrisen, Zürich.

Krystek, U. (1980) Organisatorische Möglichkeiten des Krisenmanagements, in: Zeitschrift für Organisation, 2/1980, S. 63-71.

Krystek, U. (1981) Krisenbewältigungs-Management und Unternehmungsplanung, Wiesbaden.

Krystek, U. (1987) Unternehmenskrisen: Beschreibung, Vermeidung und Bewältigung überlebenskritischer Prozesse in Unternehmungen, Wiesbaden.

Krystek, U. (1991) Gefahren bei der Rettung von Unternehmungen: Woran Sanierungen scheitern können, in: Zeitschrift Führung und Organisation, 5/1991, S. 331-337.

Kubicek, H. (1977) Heuristische Bezugsrahmen und heuristisch angelegte Forschungsdesigns als Elemente einer Konstruktionsstrategie empirischer Forschung, in: Köhler, R. (Hrsg.) Empirische und handlungstheoretische Forschungskonzeptionen in der Betriebswirtschaftslehre, Stuttgart, S. 3-36.

Küpper, H.-U. (1994) Erfolgsfaktoren mittelständischer Unternehmen, in: Pleitner, H.J. (Hrsg.) Strukturen und Strategien in Klein- und Mittelunternehmen als Wegbereiter des Aufschwungs: Beiträge zu den ‚Rencontres de St. Gall' 1994, St. Gallen, S. 115-124.

Lamnek, S. (1993) Qualitative Sozialforschung: Methodologie, Band 1, 2. Aufl., Weinheim.

Lamnek, S. (1995) Qualitative Sozialforschung: Methoden und Techniken, Band 2, 3. Aufl., Weinheim.

Lamnek, S. (2005) Qualitative Sozialforschung, 4. Aufl., Weinheim/Basel.

Landert, C.E. (2003) Krisenmanagement und Kommunikation im Wandel, Bamberg.

Lange, K.W./Wall, F. (2001) (Hrsg.) Risikomanagement nach dem KonTraG: Aufgaben und Chancen aus betriebswirtschaftlicher und juristischer Sicht, München.

Langen, W./Naujoks, W. (1977) Strukturanalyse von Insolvenzen in der Bundesrepublik Deutschland, Göttingen.

Le Coutre, W. (1926) Krisenlehren für die Unternehmungsführung, in: Das Geschäft, 4,5/1926, S. 63-65.

Legewie, H. (1994) Globalauswertung von Dokumenten, in: Böhm, A./Mengel, A./Muhr, T. (Hrsg.) Texte verstehen: Konzepte, Methoden, Werkzeuge, Konstanz, S. 177-182.

Leipold, D. (1991) Die Eigenverwaltung mit Sachwalter und die Eigenverwaltung bei Kleinverfahren, in: Leipold, D. (Hrsg.) Insolvenzrecht im Umbruch: Analysen und Alternativen, Köln/Berlin/Bonn/München, S. 165 -182.

Leitner, F. (1919) Privatwirtschaftslehre der Unternehmung, Berlin/Leipzig.

Leker, J. (1993) Fraktionierende Frühdiagnose von Unternehmenskrisen: Bilanzanalysen in unterschiedlichen Krisenstadien, Köln.

Leupin, U. (1998) Turnaround von Unternehmen: Von der Krisenbewältigung zur Erfolgssteigerung. Ein praktischer Führungsbehelf für Unternehmen, Banken und Berater, Bern/Stuttgart/Wien.

Lewin, K. (1958) Group Decision and Social Change, in: Maccoby, E.E./Newcomb, T.M./Hartley, E.I. (Hrsg.) Readings in Social Psychology: Prepared for the Committee on the Teaching of Social Psychology of The Society for the Psychological Study of Social Issues, 3. Aufl., New York/Chicago/San Francisco/Toronto, S. 197-211.

Linde, F. (1994) Krisenmanagement in der Unternehmung: Eine Auseinandersetzung mit den betriebswirtschaftlichen Gestaltungsaussagen zum Krisenmanagement, Berlin.

Littkemann, J./Madrian, J.P. (2000) Die Rolle des Insolvenzverwalters aus der Perspektive des Prinzipal-Agenten-Ansatzes, in: Beck, M./Möhlmann, T. (Hrsg.) Sanierung und Abwicklung in der Insolvenz: Erfahrungen, Chancen, Risiken, Berlin, S. 73-107.

Löhneysen, G. (1982) Die rechtzeitige Erkennung von Unternehmenskrisen mit Hilfe von Frühwarnsystemen als Voraussetzung für ein wirksames Krisenmanagement, Göttingen.

Lütgens, S. (2002) Potentiellen Krisen rechtzeitig begegnen: Themen aktiv gestalten, Schifferstadt.

Lüthy, M. (1988) Unternehmenskrisen und Restrukturierungen: Banken und Kreditnehmer im Spannungsfeld existentieller Unternehmenskrisen, Bern/ Stuttgart.

Lützenrath, C./Peppmeier, K./Schuppener, J. (2003) Bankstrategien für Unternehmenssanierungen: Erfolgskonzepte zur Früherkennung und Krisenbewältigung, Wiesbaden.

Maasmeier, M. (1987) Externes Krisenmanagement: Charakterisierung der Anforderungen, Funktionen und Voraussetzungen eines erfolgreichen externen Krisenmanagements in mittelständischen Unternehmungen, München.

Macharzina, K./Engelhard, J. (1991) Paradigm Shift International Business Research: From Partist and Eclectic Approaches to the GAINS Paradigm, in: Macharzina, K. (Hrsg.) Frontiers of International Business Research, Management Review, Special Issue, S. 23-43.

Macharzina, K./Wolf, J. (2005) Unternehmensführung: Das internationale Managementwissen, Konzepte - Methoden - Praxis, 5. Aufl., Wiesbaden.

Marotzke, W. (2000) Das Unternehmen in der Insolvenz: Fortführung und Veräußerung zwischen Eröffnungsantrag und Berichtstermin, Neuwied/Kriftel.

Marschall, J. (1971) Die krisenfeste Unternehmung: Handbuch für Management und Revision, Heidelberg.

Mason, E.S. (1939) Price and Production Policies of Large-Scale Enterprise, in: The American Economic Review, March/1939, S. 61-74.

Mayer, V. (2003) Operatives Krisenmanagement: Grundlagen, Methoden und Werkzeuge des ganzheitlichen Risk Management, Wiesbaden.

Mayr, A. (1994) Krisenmanagement und Früherkennung: Unter besonderer Berücksichtigung von Kennzahlen und Indikatoren, in: Feldbauer, B./ Stiegler, H. (Hrsg.) Krisenmanagement: Früherkennung, Sanierung, Insolvenzrecht, Linz, S. 24-64.

Mayr, K. (1976) Insolvenzprognosen mittels Jahresabschlussinformationen, Frankfurt am Main/Zürich.

Mayring, P. (2003) Qualitative Inhaltsanalyse: Grundlagen und Techniken, 8. Aufl., Weinheim/Basel.

May-Strobl, E./Paulini, M. (1996) Insolvenzen im Mittelstand: Daten und Fakten. Eine empirische Untersuchung über die Statistik und die Abwicklung von Insolvenzen in den alten Bundesländern, IfM-Materialien Nr. 121, Bonn.

McClelland, D.C. (1961) The Achieving Society, New York.

McGee, J./Thomas, H. (1986) Strategic Groups: Theory, Research and Taxonomy, in: Strategic Management Journal, 2/1986, S. 141-160.

Merten, H.-L. (1975) Die Pleitemacher, München.

Meyer, A.D./Tsui, A.S./Hinings, C.R. (1993) Configurational Approaches to Organizational Analysis, in: Academy of Management Journal, 6/1993, S. 1175-1195.

Miles, R.E./Snow, C.C. (1978) Organizational Strategy, Structure, and Process, Tokyo et al.

Miller, D. (1981) Toward a New Contingency Approach: The Search for Organizational Gestalts, in: Journal of Management Studies, 1/1981, S. 1-26.

Miller, D. (1986) Configurations of Strategy and Structure: Analysis and Implications for Performance, in: Academy of Management Journal, 1/1986, S. 7-32.

Miller, D. (1987) The Genesis of Configuration, in: The Academy of Management Review, 4/1987, S. 606-701.

Miller, D. (1996) Configurations Revisited, in: Strategic Management Journal, 7/ 1996, S. 505-512.

Miller, D./Friesen, P.H. (1984) Organizations: A Quantum View, Englewood Cliffs/New Jersey.

Miller, D./Mintzberg, H. (1983) The Case for Configuration, in: Morgan, G. (Hrsg.) Beyond Method: Strategies for Social Research, Newbury Park/ London/New Delhi, S. 57-73.

Minniti, M./Bygrave, W.D./Autio, E. (2005) Global Entrepreneurship Monitor: 2005 Executive Report, Babson Park/London.

Mischon, C./Mortsiefer, H.-J. (1981) Zum Stand der Insolvenzprophylaxe in mittelständischen Betrieben: Eine empirische Analyse, Schriften zur Mittelstandsforschung Nr. 83, Göttingen.

Möllmann, K. (2001) Zur Krisenanfälligkeit kleiner und mittlerer Bauunternehmen, Münster/Hamburg/London.

Mönning, R.D. (1997) Betriebsfortführung in der Insolvenz, Köln.

Morrison, A. (1998) An Introduction to Entrepreneurship, in: Morrison, A. (Hrsg.) Entrepreneurship: An International Perspective, Oxford, S. 1-14.

Mortsiefer, H.-J. (1982) Insolvenzursachen und Insolvenzprophylaxe in mittelständischen Betrieben: Ergebnisse empirischer Analysen, in: Internationales Gewerbearchiv, 1/1982, S. 1-16.

Mugler, J. (1997) Die Qualität der Arbeit in Klein- und Mittelbetrieben, in: Internationales Gewerbearchiv, 4/1997, S. 217-235.

Mugler, J. (1998) Betriebswirtschaftslehre der Klein- und Mittelbetriebe, Band 1, 3. Aufl., Wien/New York.

Mugler, J. (1999) Besonderheiten der Krisenmanagements in Klein- und Mittelbetriebe, in: Thommen, J.-P./Belak, J./Kajzer, S. (Hrsg.) Krisenmanagement, Gubno, S. 189-200.

Mugler, J. (2005) Grundlagen der BWL der Klein- und Mittelbetriebe, Wien.

Müller, R. (1982) Krisenmanagement in der Unternehmung: Ein Beitrag zur organisatorischen Gestaltung des Prozesses der Krisenbewältigung, Frankfurt am Main/Bern.

Müller, R. (1986) Krisenmanagement in der Unternehmung: Vorgehen, Maßnahmen und Organisation, 2. Aufl., Frankfurt am Main/Bern/New York.

Müller-Ganz, J. (2004) Turnaround: Restrukturierung und Sanierung von Unternehmen, Zürich.

Müller-Merbach, H. (1976) Frühwarnsysteme zur Voraussage und Bewältigung von Unternehmenskrisen, in: Aschfalk, B./Hellfors, S./Marettek, A. (Hrsg.): Unternehmensprüfung und -beratung, Festschrift zum 60. Geburtstag von Bernhard Hartmann, Freiburg, S. 159-177.

Nadler, D.A. (1980) Role of Models in Organizational Assessment, in: Lawler III, E.E./Nadler, D.A./Cammann, C. (Hrsg.) Organizational Assessment, New York/Chichester/Brisbane et al., S. 119-131.

Nefzger, W. (1975) Sanierung und Sanierungsgewinn: Betriebswirtschaftliche und finanzrechtliche Betrachtung unter besonderer Berücksichtigung des steuerrechtlichen Begriffes des Sanierungsgewinnes, Wien.

Neuhof, R. (1999) Sanierungsrisiken der Banken, in: Neue Juristische Wochenschrift, Sonderdruck aus NJW, 44/1998 und 1/1999, München/Frankfurt am Main.

Niemeier, J. (1986) Wettbewerbsumwelt und interne Konfigurationen: Theoretische Ansätze und empirische Prüfung, Frankfurt am Main/Bern/New York.

Onciul, G. (2000) Die rechtzeitige Auslösung des Insolvenzverfahrens: Unternehmenskrise, Insolvenz und die Eröffnungsgründe der InsO, Berlin/New York.

Pahl, C. (1996) Insolvenzen aus volkswirtschaftlicher Sicht, Fuchsstadt.

Pandit, N.R. (2000) Some Recommendations for Improved Research on Corporate Turnaround, in: Management, 2/2000, S. 31-56.

Pfaffenholz, G. (1998) Krisenhafte Entwicklungen in mittelständischen Unternehmen: Ursachenanalyse und Implikationen für die Beratung, IfM-Materialien Nr. 130, Bonn.

Pfeffer, J./Salancik G.R. (1978) The External Control of Organizations: A Resource Dependence Perspective, New York.

Pfohl, H.-C. (1997) Abgrenzung der Klein- und Mittelbetriebe von Großunternehmen, in: Pfohl, H.-C. (Hrsg.) Betriebswirtschaftslehre der Mittel- und Kleinbetriebe: Größenspezifische Probleme und Möglichkeiten zu ihrer Lösung, 3. Aufl., Berlin, S. 1-26.

Pichler, J.H./Pleitner, H.J./Schmidt, K.-H. (2000) (Hrsg.) Management in KMU: Die Führung von Klein- und Mittelunternehmen, 3. Aufl., Bern/ Stuttgart/Wien.

Pinkwart, A./Kolb, S. (2000) Turnaround-Management zur Sicherung der Überlebensfähigkeit kleiner und mittlerer Unternehmen, Materialien zur Mittelstandsökonomie Nr. 3, Siegen.

Plaschka, G. (1986) Unternehmenserfolg: Eine vergleichende empirische Untersuchung von erfolgreichen und nicht erfolgreichen Unternehmensgründern, Wien.

Pleitner, H.J. (1984) Beobachtungen und Überlegungen zur Person des mittelständischen Unternehmers, in: Albach, H./Held, T. (Hrsg.) Betriebswirtschaftslehre mittelständischer Unternehmen, Wissenschaftliche Tagung des Verbandes der Hochschullehrer für Betriebswirtschaft e.V. 1984, Stuttgart, S. 511-522.

Pleitner, H.J. (1999) Ursachen und Prophylaxe von Konkursen in KMU, in: Thommen, J.-P., Belak, J., Kajzer, S. (Hrsg.) Krisenmanagement, Gubno, S. 201-216.

Pohl, H.-J./Nawroth, G. (1994) Führung kleiner und mittlerer Unternehmen in Deutschland und in den USA: Ergebnisse einer empirischen Studie zum Unternehmenserfolg, Hamburg.

Pohl, H.-J./Rehkugler, H. (1989) Management-Instrumente als Erfolgsfaktoren in mittelständischen Unternehmen, in: Internationales Gewerbearchiv, 1/ 1989, S. 1-13.

Porter, M.E. (1980) Competitive Strategy: Techniques for Analysing Industries and Competitors, New York.

Portisch W. (2003) Sanierung von mittelständischen Unternehmen aus Sicht der Banken, in: Bouncken, R.B. (Hrsg.) Management von KMU und Gründungsunternehmen, Festschrift für Egbert Kahle zum 60. Geburtstag, Wiesbaden, S. 319-334.

Prion, W. (1935) Die Lehre vom Wirtschaftsbetrieb, 2. Buch. Der Wirtschaftsbetrieb als Wirtschaft (Unternehmung), Berlin.

Pümpin, C./Prange, J. (1991) Management der Unternehmensentwicklung: Phasengerechte Führung und der Umgang mit Krisen, New York/Frankfurt am Main.

Rauh, M. (1990) Turnaround: Kein Erfolg ohne Vertrauen, in: Siegwart, H./ Mahari, J.I./ Caytas, I.G./Böckenförde, B. (1990) Meilensteine im Management: Restrukturierung und Turnarounds, Stuttgart, S. 381-389.

Reineke, W. (1997) Krisenmanagement: Richtiger Umgang mit den Medien in Krisensituationen. Ursachen – Verhalten – Strategien – Techniken, ein Leitfaden, Essen.

Reske, W./Brandenburg, A./Mortsiefer, H.-J. (1976) Insolvenzursachen mittelständischer Betriebe: Eine empirische Analyse, Göttingen.

Rinklin, T.H. (1960) Die vergleichsfähige und die konkursreife Unternehmung: Versuch einer Typologie notleidender Unternehmungen, Stuttgart.

Risse, W. (2001) Der Betriebswirtschaftler als Sanierer und geborener Insolvenzverwalter, in: Zeitschrift für Betriebswirtschaft, 10/2001, S. 1131-1143.

Ritter, W. (2000) Unternehmenssanierung im neuen Insolvenzrecht: Eine Analyse aus Sicht der Kreditinstitute, Sternenfels.

Rödl, H. (1979) Kreditrisiken und ihre Früherkennung: Ein Informationssystem zur Erhaltung des Unternehmens, Düsseldorf/Frankfurt am Main.

Rohde, C. (1979) Auslese durch Insolvenzen: Zur Funktionsfähigkeit der marktwirtschaftlichen Sanktionssysteme, Göttingen.

Roos, A.W. (1998) Verfahren zur Gestaltung von Dienstleistungsunternehmen in einem Konfigurationsansatz, Berlin/Heidelberg/New York.

Rößl, D. (1990) Die Entwicklung eines Bezugsrahmens und seine Stellung im Forschungsprozess, in: Journal für Betriebswirtschaft, 2/1990, S. 99-110.

Röthig, P. (1976) Organisation und Krisenmanagement: Zur organisatorischen Gestaltung der Unternehmung unter den Bedingungen eines Krisenmanagement, in: Zeitschrift Führung und Organisation, 1/1976, S. 13-20.

Rothner, G. (1997) Unternehmensfortführung erleichtern? Das Verfahrenskonzept des IRÄG 1997 aus der Sicht des Masseverwalters, in: Zeitschrift für Insolvenzrecht und Kreditschutz, 6/1997, S. 193-200.

Rotter, J.B. (1966) Generalized Expectations for Internal versus External Control of Reinforcement, in: Psychological Monographs: General and Applied, 1/1966, S. 1-28.

Rüegg-Stürm, J. (2002) Das neue St. Galler Management-Modell: Grundkategorien einer integrierten Managementlehre, 2. Aufl., Bern/Stuttgart/Wien.

Ruhl, S. (2000) Entscheidungsunterstützung bei der Sanierungsprüfung: Ein betriebswirtschaftliches Entscheidungsmodell zur Sanierungsprüfung nach neuem Insolvenzrecht, Sternenfels.

Saitz, B./Braun, F. (1999) (Hrsg.) Das Kontroll- und Transparenzgesetz: Herausforderungen und Chancen für das Risikomanagement, Wiesbaden.

Sale, J.E.M./Lohfeld, L.H./Brazil, K. (2002) Revisiting the Quantitative-Qualitative Debate: Implications for Mixed-Methods Research, in: Quality and Quantity, 1/2002, S.43-53.

Scase, R. (1994) Employment Relations in Small Firms. Industrial Relations Conference, University of Warwick.

Scheer, O. (2003) Ganzheitliche Beratung im mittelständischen Firmenkundengeschäft: Was muss sich ändern?, in: Tietmeyer, H./Rolfes, B. (Hrsg.) Die Banken und der Mittelstand: Beiträge des Duisburger Banken-Symposiums, Wiesbaden, S. 73-96.

Scherer, A.G./Beyer, R. (1998) Der Konfigurationsansatz im Strategischen Management: Rekonstruktion und Kritik, in: Die Betriebswirtschaft, 3/1998, S. 332-347.

Scherer, L.A. (2000) Agile kleine und mittlere Unternehmen, in: Brauchlin, B./Pichler, J.H. (Hrsg.) Unternehmer und Unternehmensperspektiven für Klein- und Mittelunternehmen: Festschrift für Hans Jobst Pleitner, Berlin, S. 283-295.

Scherler, P. (1996) Management der Krisenkommunikation: Theorie und Praxis zum Fall Brent Spar. Greenpeace gegen Royal Dutch/Shell, Basel/Frankfurt am Main.

Scherrer, P.S. (1989) Turnarounds, in: Management Accounting, 5/1989, S. 31-39.

Schickbauer, W. (1995) Unternehmenssanierung: Eine anwendungsorientierte, theoretische und empirische Analyse, Wien.

Schimke, E./Töpfer, A. (1986) (Hrsg.) Krisenmanagement und Sanierungsstrategien, 2. Aufl., Landsberg/Lech.

Schimmelpfeng-Marktforschung (1977) Ergebnisse und Befragung von Konkursverwaltern über Konkursursachen, in: Schimmelpfeng GmbH (Hrsg.) Aktuelle Beiträge über Insolvenzen, 2. Aufl., Frankfurt am Main, S. 79-86.

Schmalenbach, E. (1922) Finanzierungen, 3. Aufl., Leipzig.

Schmeisser, K./Schmeisser, W. (2004) Insolvenzverfahren: Eine Einführung, in: Schmeisser, W./Bretz, M./Keßler, J./Krimphove, D. (Hrsg.) Handbuch Krisen- und Insolvenzmanagement: Wie mittelständische Unternehmen die Wende schaffen, Stuttgart, S. 195-212.

Schmeisser, W./Bretz, M./Keßler, J./Krimphove, D. (2004) (Hrsg.) Handbuch Krisen- und Insolvenzmanagement: Wie mittelständische Unternehmen die Wende schaffen, Stuttgart.

Schmeisser, W./Hofmann, P. (2004) Personalabbau bei sanierungsbedürftigen und insolventen Unternehmen: Interessenausgleich und Sozialplan als Lösungsmechanismen aus finanzwirtschaftlicher Perspektive, München/ Mering.

Schmidt, K. (1990) Wege zum Insolvenzrecht der Unternehmen: Befunde, Kritik, Perspektiven, Köln.

Schmidt, K. (1991) Die übertragende Sanierung: Bestandsaufnahmen und Ausblicke an der Schwelle der Insolvenzrechtsreform, in: Leipold, D. (Hrsg.) Insolvenzrecht im Umbruch: Analysen und Alternativen, Köln/ Berlin/Bonn/München, S. 67-89.

Schmiedel, E. (1984) Die Prüfung der Sanierungswürdigkeit unter betriebswirtschaftlichen Gesichtspunkten, in: Albach, H./Held, T. (Hrsg.) Betriebswirtschaftslehre mittelständischer Unternehmen, Wissenschaftliche Tagung des Verbandes der Hochschullehrer für Betriebswirtschaft e.V. 1984, Stuttgart, S. 389-401.

Schmitt, F.A./Schmitt, F. (1955) Rationelle Sanierung: Die Vermeidung und Beseitigung von Zahlungsschwierigkeiten auf organisatorischer Grundlage. Handbuch für Betriebe und Betriebsberater, Gläubiger und Schuldner, Berlin.

Schreyögg, G./Noss, C. (1995) Organisatorischer Wandel: Von der Organisationsentwicklung zur lernenden Organisation, in: Die Betriebswirtschaft, 2/1995, S. 169-185.

Schröder, G.A. (2003) Investmentbanking für den Mittelstand, in: Tietmeyer, H./ Rolfes, B. (Hrsg.) Die Banken und der Mittelstand: Beiträge des Duisburger Banken-Symposiums, Wiesbaden, S. 43-61.

Schülein, J.A/Reitze, S. (2002) Wissenschaftstheorie für Einsteiger, Wien.

Schulten, M.F. (1995) Krisenmanagement, Berlin.

Schultze & Braun (2006) Insolvenzplanverfahren, unter http://www.schubra.de/ de/broschueren/downloads/03010022.pdf, Zugriff: 20. März 2006.

Schumpeter, J. (1928) Unternehmer, in: Elster, E./Weber, A./Wieser, F. (Hrsg.) Handwörterbuch der Staatswissenschaften, Band 8, 4. Aufl., Jena, S. 476-487.

Schwarzecker, J./Spandl, F. (1996) Krisenmanagement mit Kennzahlen: Mit Stufenplan zur Sanierung, 2. Aufl., Wien.

Schwetlick, W./Lessing, R. (1977a) Bilanz des Versagens, in: Manager Magazin, 3/1977, S. 26-33.

Schwetlick, W./Lessing, R. (1977b) Therapien gegen Mismanagement, in: Manager Magazin, 4/1977, S. 36-39.

Seefelder, G. (2003) Unternehmenssanierung, Stuttgart.

Sieber, E.H. (1959) Führungsprobleme mittlerer Betriebe, in: Linhardt, H. (Hrsg.) Betriebsgrößen und Unternehmenskonzentration, Nürnberger Abhandlungen zu den Wirtschafts- und Sozialwissenschaften, 10/1959, Berlin, S. 73-89.

Sievers, E. C. (1982) Die Analyse der Krisenanfälligkeit mittelständischer Betriebe und die Bedeutung der betriebswirtschaftlichen Beratung als Mittel zu Prävention, dargestellt am Beispiel mittelständischer Kraftfahrzeug-Betriebe, Köln.

Slatter, S. (1984) Corporate Recovery: Successful Turnaround Strategies and their Implementation, Harmondsworth.

Smid, S./Rattunde, R. (1998) Der Insolvenzplan: Handbuch für das Sanierungsverfahren nach dem neuen Insolvenzrecht mit praktischen Beispielen und Musterverfügungen, Stuttgart/Berlin/Köln.

Söhnchen, R. (1992) Arbeitsmotivation bei Unternehmenssanierungen, Frankfurt am Main/ Berlin/Bern et al.

Spieker, O. (2001) Die Unternehmensveräußerung in der Insolvenz: Ein Beitrag zu den Möglichkeiten der Unternehmensverwertung sowie zu den ‚besonders bedeutsamen Rechtshandlungen' im Sinne der §§ 160 ff. InsO., Bonn.

Stadlbauer, K. (1991) Der Ablauf erfolgreicher Sanierungen, Graz.

Staehle, W.H. (1999) Management: Eine verhaltenswissenschaftliche Perspektive, 8. Aufl., München.

Starl, K. (2002) Grundlagen der Organisation im Insolvenzverfahren: Ein rechtsökonomischer Ansatz zur Beurteilung von Organisationsstrukturen in der Insolvenzentwicklung, Wien/Graz.

Statistisches Bundesamt (2002) Unternehmensinsolvenzen 2001 und 2000, Pressemitteilung vom 5. April 2002, Wiesbaden.

Statistisches Bundesamt (2006) Unternehmen und Arbeitsstätten: Insolvenzverfahren, Fachserie 2, Reihe 4.1, Wiesbaden.

Sternberg, R./Lückgen, I. (2005) Global Entrepreneurship Monitor: Unternehmensgründungen im weltweiten Vergleich, Länderreport Deutschland, Köln.

Storey, D.J./Johnson, S. (1987) Job Generation and Labour Market Change, London.

Thommen, J.-P./Belak, J./Kajzer, S. (1999) (Hrsg.) Krisenmanagement, Gubno.

Töpfer, A. (1986) Analyse von Insolvenzursachen, in: Schimke, E./Töpfer, A. (Hrsg.) Krisenmanagement und Sanierungsstrategien, 2. Aufl., Landsberg/ Lech, S. 158-171.

Töpfer, A. (1990) Insolvenzursachen – Turnaround – Erfolgsfaktoren: Über existenzbedrohende Stolpersteine zum Unternehmenserfolg, 1. Teil, in: Zeitschrift Führung und Organisation, 5/1990, S. 323-329.

Töpfer, A. (1999) Plötzliche Unternehmenskrisen: Gefahr oder Chance? Grundlagen des Krisenmanagements, Praxisfälle, Grundsätze zur Krisenvorsorge, Neuwied/Kriftel.

Trauboth, J.H. (2002) Krisenmanagement bei Unternehmensbedrohungen: Präventions- und Bewältigungsstrategien, Stuttgart/München/Hannover et al.

Trefelik, R. (1998) Erfolgsfaktoren für den Generationswechsel: Nachfolgeproblematik in klein- und mittelbetrieblichen Familienbetrieben, Wien.

Tscheulin, D.K./Römer, S. (2003) Die Methodik des Turnaround-Management und deren Umsetzungsprobleme in mittelständischen Unternehmen, in: Bouncken, R.B. (Hrsg.) Management von KMU und Gründungsunternehmen, Festschrift für Egbert Kahle zum 60. Geburtstag, Wiesbaden, S. 69-92.

Turnheim, G. (1988) Sanierungsstrategien: Mit strategischer Planung aus der Unternehmenskrise, Wien.

Uhlenbruck, W. (1996) Betriebswirtschaftliche Aspekte der Insolvenzrechtsreform 1994: Anspruch und Wirklichkeit, in: Elschen, R. (Hrsg.) Unternehmenssicherung und Unternehmensentwicklung, Stuttgart, S. 209–228.

Vogt, M.A. (1999) Sanierungsplanung: Eine Darstellung innerhalb und außerhalb des Insolvenzrechts, Wiesbaden.

Wagner, F. (2000) Risk-Management im Erstversicherungsunternehmen: Modelle, Strategien, Ziele, Mittel, Karlsruhe.

Weber, P. (1980) Krisenmanagement: Organisation, Ablauf und Hilfsmittel der Führung in Krisenlagen, Bern/Frankfurt am Main/Las Vegas.

Weibel, P.F. (1978) Die Bonitätsbeurteilung im Kreditgeschäft der Banken: Mit empirischen Untersuchungen im Konsum- und Kommerzkreditgeschäft über die Aussagefähigkeit von Bonitätsbeurteilungskriterien, 2. Aufl., Bern/ Stuttgart.

Weidl, B.J. (1996) Ökonomische Krise und Wege der Krisenbewältigung aus der Sicht von Führungskräften: Eine empirische Analyse, Frankfurt am Main/ Berlin/Bern et al.

Weigand, J./Audretsch, D.B. (1999) Does Science Make a Difference? Investment, Finance and Corporate Governance in German Industries, Institute for Development Strategies, Discussion Paper 99-1, Indiana University.

Weimar, R./Grote, K.-P. (1998) Krisenmanagement in der GmbH: Die Insolvenz überwinden, Haftungsrisiken vermeiden, erfolgreich sanieren, Wiesbaden.

Weinhäupl, K. (2004) Betriebs-, Betriebsteil- bzw. Unternehmensübergang und Insolvenz, Wien.

Weisel, E. (1982) Ansätze einer Theorie der Verursachung von Unternehmungsinsolvenzen, Frankfurt am Main.

Westphal, S. (2003) Unternehmenskommunikation in Krisenzeiten: Glaubwürdig und offen kommunizieren gegenüber Mitarbeitern, Geschäftspartnern, Investoren und Medien, Weinheim.

Witt, H. (2001) Forschungsstrategien bei quantitativer und qualitativer Sozialforschung, in: Forum Qualitative Social Research (Online Journal), 1/2001, unter: http://qualitative-research.net/fqs/fqs.htm, Zugriff: 11. Dezember 2003.

Witte, E. (1981) Die Unternehmenskrise: Anfang vom Ende oder Neubeginn?, in: Bratschitsch, R./Schnellinger, W. (Hrsg.) Unternehmenskrisen – Ursachen, Frühwarnung, Bewältigung, Verband der Hochschullehrer für Betriebswirtschaft e.V., Bericht über die Pfingsttagung in Innsbruck, Juni 1979, Stuttgart, S. 7-24.

Wittlage, H. (1996) Organisationsgestaltung mittelständischer Unternehmen, Wiesbaden.

Witzel, A. (1982) Verfahren der Qualitativen Sozialforschung: Überblick und Alternativen, Frankfurt am Main/New York.

Witzel, A. (2000) Das problemzentrierte Interview, in: Forum Qualitative Social Research (Online Journal), 1/2000, unter: http://qualitative-research.net/fqs, Zugriff: 11. Dezember 2003.

Wolf, J. (2000) Der Gestaltansatz in der Management- und Organisationslehre, Wiesbaden.

Wolf, K./Runzheimer, B. (1999) Risikomanagement und KonTraG: Konzeption und Implementierung, Wiesbaden.

Wonnemann, R./Buchalik, R./Polley, C.-N. (2005) Restrukturierung in und durch Insolvenz, in: Sommerlatte, T./Mirow, M./Niedereichholz, C./v. Windau, P.G. (Hrsg.) Handwörterbuch der Unternehmensberatung, 3. Ergänzungslieferung, November 2005, o.O., Abschnitt 3820.

Wossidlo, P.R. (1985) Die Finanzierungssituation mittelständischer Unternehmungen, in: Wossidlo, P.R. (Hrsg.) Die Finanzierung mittelständischer Unternehmungen in Deutschland, 1. Bayreuther Symposium für Betriebswirtschaft, Bayreuth, 3.-4. März 1983, Berlin.

Woywode, M. (1998) Determinanten der Überlebenswahrscheinlichkeit von Unternehmen: Eine empirische Überprüfung organisationstheoretischer und industrieökonomischer Erklärungsansätze, Baden-Baden.

WP-Handbuch (1998) Wirtschaftsprüfer-Handbuch 1998: Handbuch für Rechnungslegung, Prüfung und Beratung, Institut der Wirtschaftsprüfer in Deutschland e.V. (Hrsg.), Band 2, 11. Aufl., Düsseldorf.

Zeitel, G. (1980) Mittelstand und Mittelstandspolitik, in: Mändle, E./Winter, H.-W. (Hrsg.) Handwörterbuch des Genossenschaftswesens, Wiesbaden, S. 1222-1248.

Zimmerman, F.M. (1991) The Turnaround Experience: Real-World Lessons in Revitalizing Corporations, New York.

10 ANHANG

Anhang I
Variablenübersicht

a) Unternehmer

	KMU-Charakteristika	Variable nach Pre-Tests	Anmerkungen im Rahmen der Pre-Tests
Persönlichkeitsmerkmale	➢ Hoher Stellenwert der Selbstständigkeit & Unabhängigkeit, hohes Bedürfnis nach Leistung, Gestaltung und Selbstverwirklichung	➢ Stellenwert der Selbstständigkeit	Die Variablen der Charakteristika hängen eng miteinander zusammen, so dass die Variable ‚Stellenwert der Selbstständigkeit' gewählt wurde, da daraus ein ‚Motivationsaspekt' entnommen werden kann.
	➢ Ausgeprägte Ziele der Nachhaltigkeit, Betriebserhaltung und Einkommenssicherung	➢ Bedürfnis nach Betriebserhaltung	Die Variablen der Charakteristika hängen eng miteinander zusammen, so dass die Variable ‚Bedürfnis nach Betriebserhaltung' gewählt wurde, da daraus ein ‚Motivationsaspekt' entnommen werden kann.
	➢ Stressresistenz[633]	➢ Stressresistenz	
		➢ Vertrauenswürdigkeit	Neu aufgenommene Variable. Die Vertrauenswürdigkeit des Unternehmers ist von hoher Relevanz für die Entscheidung: ‚Involvierung des Unternehmers in den Prozess?'
Unternehmertypologie	➢ Routinier, Pionier, Allrounder, Organisator	➢ Dynamisch-schöpferische Aktivität ➢ Administrativ-ausführende Aktivität	
Qualifikation	➢ Hohes Branchenwissen	➢ Branchenwissen	
	➢ Geringes betriebswirtschaftliches Fachwissen	➢ Betriebswirtschaftliches Fachwissen	
	➢ Mangelnde Sanierungs- und Krisenerfahrung	➢ Sanierungserfahrung	

[633] Kein spezifisches KMU-Charakteristika, aber als sanierungsrelevante Variable erachtet.

b) Management

	KMU-Charakteristika	Variable nach Pre-Tests	Anmerkungen im Rahmen der Pre-Tests
Hierarchische Dimension	➢ Fehlende bzw. nur implizit vorhandene Unternehmensgrundsätze/ -leitbilder, Strategie	➢ Unternehmensstrategie	
Strukturelle Dimension	➢ Geringer Formalisierungsgrad ➢ Überschaubarkeit des Unternehmens, Übergewicht dispositiver Regelungen ➢ Zentralisierte Entscheidungsfindung		Als nicht relevant erachtete Variablen. Ob Organigramme, Stellenbeschreibungen etc. existieren ist irrelevant, da in der Insolvenz alles auf den Insolvenzverwalter ausgerichtet ist. Die Entscheidungsfindung fokussiert sich auf ihn. Gleichzeitig werden Strukturdimensionen vor allem durch personelle Veränderungen rasch obsolet.
Prozessuale Dimension	➢ Gering formalisierte Planung (Prozesse) ➢ Mangel an Planungsmethodik (Methoden-Know-how) ➢ Gering ausgeprägtes Controlling	➢ Dokumentierte Geschäftsprozesse ➢ Methoden-Know-how ➢ Controllingsystem	
Personelle Dimension	➢ Niedrige Leitungsspanne, wenige Hierarchieebenen ➢ Direkte Kommunikation Unternehmensleitung - Mitarbeiter ➢ Gegenseitige Abhängigkeit, Vorbildfunktion des Unternehmers	➢ Kommunikation Mitarbeiter - Unternehmensleitung ➢ Vorbildverhalten des Unternehmers	Hat kausale Folge für die Kommunikation, ist aber in der Insolvenz unbedeutend.

c) Ressourcen

	KMU-Charakteristika	Variable nach Pre-Tests	Anmerkungen im Rahmen der Pre-Tests
Unter-nehmens-organisa-tion	➢ Schnelle Anpassungs-fähigkeit bei Veränderungen	➢ Anpassungsfähigkeit der Unternehmens-organisation	
	➢ Flexible Organisations-struktur	➢ Funktionsfähigkeit der Organisations-struktur	Ob eine Struktur flexibel ist oder nicht, ist in der Insolvenz weniger bedeutsam. Wichtig ist, dass überhaupt noch eine funktionierende Organisation existiert, welche fortgeführt werden kann.
Mitarbeiter & Unter-nehmens-kultur	➢ Potenziell höhere Mitarbeitermoti-vation/Arbeits-zufriedenheit	➢ Mitarbeiter-motivation	
	➢ Generalistentum im Know-how		Ob das Mitarbeiter-Know-how generalistisch oder speziell ist, ist für eine Fortführung und Sanierung sekundär. Von Bedeutung ist die inhaltliche Art des Know-hows, wie z.B. Sanierungs-/Insolvenz-Know-how.
	➢ Wenige Schlüssel-personen	➢ Anzahl Schlüsselpersonen	
Finanzielle Ressourcen	➢ Geringe Eigen-kapitalquote	➢ Eigenkapitalquote	
	➢ Keinen/erschwer-ten Zugang zu Kapitalmärkten	➢ Kapitalmarktzugang	
	➢ Geringe Kapitalstreuung	➢ Anzahl der Gesellschafter	

KMU-Charakteristika	Variable nach Pre-Tests	Anmerkungen im Rahmen der Pre-Tests
	➢ Geringer Diversifikationsgrad	Neue Variable. In KMU existiert nur ein geringer Diversifikationsgrad (im Extremfall nur ein einziges Geschäftsfeld). Daher wird eine Sanierung, die sich auf Kernkompetenzen fokussiert und sich von unrentablen Geschäftsfeldern und Beteiligungen trennt, obsolet. KMU müssen als ganzes saniert oder verkauft werden.
Produkte & Kunden	➢ Innovationsgrad der Produkte	Neue Variable. Unternehmensprodukte entscheiden auch über die Sanierungsfähigkeit bzw. Verkaufbarkeit. Schwierig ist es immer bei ‚Me-too-Produkten'. Wenn Produkte einen hohen Innovationsgrad aufweisen, spiegelt dies eine besondere Attraktivität für Kaufinteressenten wider.
	➢ Anzahl der Kunden	Neue Variable. Kundenstruktur sowie die Anzahl der Kunden sind für eine Sanierung von Bedeutung. Im ‚Business to Business' Bereich ist es einfacher, von Kunden Unterstützung für die Fortführung und Sanierung zu erhalten als im ‚Business to Customer' Bereich. Eine hohe Kundenanzahl eröffnet ein höheres Potenzial an Sanierungsbeiträgen.

d) Umwelt

	KMU - Charakteristika	Variable nach Pre-Tests	Anmerkungen im Rahmen der Pre-Tests
	➢ Technologie[634]	➢ Technologieabhängigkeit des Unternehmens	
Makroumwelt (metaökonomisch)	➢ Höhere Standortabhängigkeit	➢ Standortabhängigkeit des Unternehmens	
	➢ Demografische Entwicklung (höhere Nachfolgeproblematik)	➢ Nachfolgeproblematik	

[634] Kein spezifisches KMU-Charakteristika, aber als sanierungsrelevante Variable erachtet.

Makro-umwelt (öko-nomisch)	➢ Branchenstruktur/ Wettbewerb	➢ Anzahl der Wettbewerber	Eine hohe Anzahl von Wett-bewerbern führt häufig dazu, dass diese ein starkes Interesse am Verschwinden des insol-venten Unternehmens vom Markt haben. So kommt es vor, dass Wettbewerber Unter-nehmen lediglich kaufen, um den eigenständigen Fortbestand zu verhindern.
	➢ Politische und wirtschaftliche Rahmenbedin-gungen (geringe Förderprogramme, Beihilfen)	➢ (Bisherige) Inanspruchnahme staatlicher Förderungen	
		➢ Tarifgebundenheit des Unternehmens	Neu aufgenommene Variable. Die Tarifgebundenheit eines Unternehmens erschwert besonders Sanierungsschritte im Personalbereich.
Mikro-umwelt (metaöko-nomisch)	➢ Enge Verbindung Unternehmens- und Privats-/ Familiensphäre	➢ Verbindung Unternehmens-/ Privatsphäre des Unternehmers	
	➢ Hohe Motivation und Rückhalt durch Familie	➢ Motivation/Rück-halt durch die Familie des Unternehmers	
	➢ Vorbehalte gegen Berater/Dienst-leister	➢ Einbezug externer Berater	
	➢ Hohe Loyalität mitarbeitender Familienmitglieder	➢ Loyalität mit-arbeitender Familienmitglieder	
Mikro-umwelt (öko-nomisch)	➢ Individuelle Kunden-/ Lieferanten-beziehung	➢ Individuelle Kunden-/ Lieferanten-beziehung	
	➢ Enger Hausbank-/ Steuerberater-kontakt	➢ Kontakt Unternehmen - Hausbank	Der Steuerberater ist in der Insolvenz nur als Informations-geber relevant.
		➢ Einfluss von Interessens-vertretungen	Neue Variable. Betriebsräte und Gewerkschaften erfahren bei Verhandlungen, die Personalmaßnahmen betreffen eine besondere Bedeutung.

Anhang II
Fragebogen

Im Folgenden wird der Fragebogen für erfolgreiche Fortführungen und Sanierungen präsentiert. Der Fragebogen für nicht erfolgreiche Fortführungen ist bis auf die Frage Nr. 16 mit dem Fragebogen für erfolgreiche Fortführungen inhaltlich identisch.

Die Frage Nr. 16 erfragt bei nicht erfolgreichen Fortführungen die Abbruchgründe:

16	Worin lagen die **Gründe für den Abbruch der Fortführung** und die Liquidation des Unternehmens? (Mehrfachnennung möglich)	
	... Unternehmen erwirtschaftet dauerhaft Verluste	☐
	... Veränderte Markt- und Wettbewerbslage	☐
	... Keine Einigung mit/unter Gesellschafter möglich	☐
	... Keine Einigung mit/unter Gläubiger möglich	☐
	... Schlüsselpersonen haben das Unternehmen verlassen	☐
	... Staatliche Institutionen behindern Fortführung/Verkauf	☐
	... Kein Käufer für Unternehmen/Unternehmensteile zu finden	☐
	... Benötigtes Kapital konnte nicht beschafft werden	☐
	... Aussonderungsberechtigte Gläubiger machen Fortführung unmöglich	☐
	... Problematik des § 613a BGB	☐
	... Sonstiges (bitte nennen):	☐

WIRTSCHAFTS UNIVERSITÄT WIEN

Faxantwort: 0043-1-31336-715

Institut für Betriebswirtschaftslehre der Klein- und Mittelbetriebe
Wirtschaftsuniversität Wien ▪ Augasse 2-6 ▪ A-1090 Wien

Fragebogen erfolgreiche Fortführung

Haben Sie als gerichtlich bestellte(r) Insolvenzverwalter(in) mindestens eine Unternehmensinsolvenz betreut, auf welche alle folgenden Eigenschaften zutreffen?

- Insolvenzzeitpunkt **nach 1. Januar 1999**
- 20 - 250 **Mitarbeiter**
- Unternehmen älter als **drei Jahre**
- **kein** staatliches Unternehmen bzw. Konzerntochter
- mindestens ein **Gesellschafter in der Geschäftsführung**
- **Unternehmen** durch eine übertragende Sanierung bzw. Sanierung des Rechtsträgers **fortgeführt.** (Betrieb wurde vollständig oder teilweise in bisheriger oder neuer Rechtsform fortgeführt)

Ja	Nein
❑	❑

Ja → Bitte denken Sie bei der Beantwortung der folgenden Fragen an das insolvente Unternehmen (mit den genannten Eigenschaften), welches Ihnen **besonders gut in Erinnerung** geblieben ist. Sollten sich einzelne Items Ihrer Kenntnis entziehen bzw. irrelevant sein, so lassen Sie diese einfach **unbeantwortet.**

Nein → **Herzlichen Dank für Ihre Bereitschaft zur Teilnahme! ***

Statistische Daten

1 Welche **Rechtsform** hatte das Unternehmen?

- GmbH ❑
- AG, KGaA ❑
- OHG/KG/GbR ❑
- Einzelunternehmung ❑

2 Wieviele **Mitarbeiter** hatte das Unternehmen zum Insolvenzzeitpunkt?

- 20-50 ❑
- 51-100 ❑
- 101-250 ❑

3 Welchen **Umsatz** hatte das Unternehmen im Geschäftsjahr vor der Insolvenz?

- < 3 Mio. € ❑
- 3 - 10 Mio. € ❑
- > 10 - 50 Mio. € ❑
- > 50 Mio. € ❑

4 Welcher **Branchengruppe** ist das Unternehmen zuzuordnen?

- Bauwirtschaft ❑
- Maschinen- und Anlagenbau ❑
- Verarbeitendes Gewerbe/Industrie ❑
- Handel ❑
- Dienstleistungen ❑
- Sonstiges (bitte nennen): ❑

5 Welches **Alter** hatte das Unternehmen zum Insolvenzzeitpunkt?

- 4-7 Jahre ❑
- 8-20 Jahre ❑
- > 20 Jahre ❑

6 Wer hatte die **Geschäftsführung** des Unternehmens inne?
(Mehrfachnennung möglich)

- Gesellschafter (Inhaber bei Einzelunternehmung) ❑
- Familienmitglied(er) der/des Gesellschafter(s) ❑
- Fremdmanager ❑

* Sollten Sie lediglich Fälle haben, in denen das Unternehmen mit der Absicht der übertragenden Sanierung bzw. Sanierung des Rechtsträgers zunächst fortgeführt, die Fortführung jedoch abgebrochen und das Unternehmen liquidiert wurde, so fordern Sie bitte den **Fragebogen für nicht erfolgreiche Fortführungen** an.

Telefon: +43-1-31336-4592 - E-Mail: markus.imgrund@wu-wien.ac.at - Online: www.wu-wien.ac.at/insolvenzstudie

Wirtschaftsuniversität Wien
Institut für Betriebswirtschaftslehre der Klein- und Mittelbetriebe

Unternehmen zum Insolvenzzeitpunkt

Bitte beurteilen Sie in der nächsten Frage den **geschäftsführenden Gesellschafter** (Unternehmer).
Bei mehreren geschäftsführenden Gesellschaftern beurteilen Sie bitte die Person mit dem **größten Gesellschafteranteil**.
Bei Gleichverteilung der Anteile bewerten Sie bitte den Gesellschafter, welchen Sie **am besten einschätzen** können.

7	Bitte beurteilen Sie den **geschäftsführenden Gesellschafter** (Unternehmer) hinsichtlich:	**sehr gering**	**gering**	**hoch**	**sehr hoch**
	... Stellenwert seiner Selbstständigkeit	❑	❑	❑	❑
	... Bedürfnis nach Betriebserhaltung	❑	❑	❑	❑
	... Dynamisch-schöpferischer Aktivität (kreativ/gestalterisch/ideenreich)	❑	❑	❑	❑
	... Administrativ-ausführender Aktivität (verwaltend/dokumentierend/bewahrend)	❑	❑	❑	❑
	... Stressresistenz	❑	❑	❑	❑
	... Vertrauenswürdigkeit	❑	❑	❑	❑
	... Sanierungserfahrung	❑	❑	❑	❑
	... Branchenwissen (Produkte & Märkte)	❑	❑	❑	❑
	... Betriebswirtschaftliches Fachwissen	❑	❑	❑	❑

8	Bitte beurteilen Sie die Existenz/Ausprägung folgender **Management-instrumente**:	**sehr gering**	**gering**	**hoch**	**sehr hoch**
	... Unternehmensstrategie	❑	❑	❑	❑
	... Dokumentierte Geschäftsprozesse	❑	❑	❑	❑
	... Methoden-Know-how (z.B. Projektmanagement)	❑	❑	❑	❑
	... Controllingsystem (Planung, Berichtswesen, Steuerung)	❑	❑	❑	❑
	... Kommunikation Mitarbeiter - Unternehmensleitung	❑	❑	❑	❑
	... Vorbildverhalten des geschäftsführenden Gesellschafters (Unternehmer)	❑	❑	❑	❑

9	Bitte beurteilen Sie die folgenden **Ressourcen** des insolventen Unternehmens:	**sehr gering**	**gering**	**hoch**	**sehr hoch**
	... Anpassungsfähigkeit der Unternehmensorganisation	❑	❑	❑	❑
	... Funktionsfähigkeit der Organisationsstruktur	❑	❑	❑	❑
	... Anzahl Schlüsselpersonen (mit Potenzial)	❑	❑	❑	❑
	... Mitarbeitermotivation	❑	❑	❑	❑
	... Eigenkapitalquote (im Vergleich zur Branche)	❑	❑	❑	❑
	... Kapitalmarktzugang	❑	❑	❑	❑
	... Anzahl der Gesellschafter	❑	❑	❑	❑
	... Diversifikationsgrad (Anzahl Geschäftsfelder)	❑	❑	❑	❑
	... Innovationsgrad der Produkte	❑	❑	❑	❑
	... Anzahl der Kunden	❑	❑	❑	❑

10	Bitte beurteilen Sie folgende **(Umwelt)variablen:**	**sehr gering**	**gering**	**hoch**	**sehr hoch**
	... Technologieabhängigkeit des Unternehmens	❑	❑	❑	❑
	... Standortabhängigkeit des Unternehmens	❑	❑	❑	❑
	... Nachfolgeproblematik	❑	❑	❑	❑
	... Anzahl der Wettbewerber	❑	❑	❑	❑
	... Bisherige Inanspruchnahme von staatlichen Förderungen	❑	❑	❑	❑
	... Tarifgebundenheit des Unternehmens	❑	❑	❑	❑
	... Verbindung Unternehmens- und Privat-/Familiensphäre des Unternehmers	❑	❑	❑	❑
	... Motivation/Rückhalt durch die Familie des Unternehmers	❑	❑	❑	❑
	... Loyalität mitarbeitender Familienmitglieder des Unternehmers (falls existent)	❑	❑	❑	❑
	... Einbezug von externen Beratern in das Unternehmen	❑	❑	❑	❑
	... Individuelle Kunden-/Lieferantenbeziehung	❑	❑	❑	❑
	... Bisheriger Kontakt Unternehmen - Hausbank	❑	❑	❑	❑
	... Einfluss von Interessensvertretungen (Betriebsrat/Gewerkschaften)	❑	❑	❑	❑

11	Wie verteilen sich die **Gläubigerforderungen in %** und wie sind diese **besichert?**	**in % (ca.)**	**Grad der Besicherung**			
			sehr gering	**gering**	**hoch**	**sehr hoch**
	... Banken	______	❑	❑	❑	❑
	... Staatliche Institutionen (Finanzbehörden, Sozialträger)	______	❑	❑	❑	❑
	... Lieferanten	______	❑	❑	❑	❑
	... Mitarbeiter	______	❑	❑	❑	❑
	... Sonstige (bitte nennen):		❑	❑	❑	❑

Wirtschaftsuniversität Wien
Institut für Betriebswirtschaftslehre der Klein- und Mittelbetriebe

Akteure & Schritte während der Fortführung (Sanierung)

12	Bitte geben Sie an, welche Person(en)/Gruppe **welche Interessen** hat/haben und in welche Tätigkeiten **sie in hohem Maße** involviert ist/sind. (Mehrfachnennung möglich)	**Hohes Interesse an** Fort-führung	Liqui-dation	**Hohe Involvierung bei** Erstellung Fortführungs-konzept	Umsetzung Sanierungs-maßnahmen
	... Gesellschafter/Unternehmer	☐	☐	☐	☐
	... Management/Führungskräfte	☐	☐	☐	☐
	... Aufsichtsrat/Beirat	☐	☐	☐	☐
	... Familie des Unternehmers	☐	☐	☐	☐
	... Mitarbeiter	☐	☐	☐	☐
	... Lieferanten	☐	☐	☐	☐
	... Kunden	☐	☐	☐	☐
	... Banken	☐	☐	☐	☐
	... Unternehmensberater	☐	☐	☐	☐
	... Steuerberater/Wirtschaftsprüfer	☐	☐	☐	☐
	... Betriebsrat/Gewerkschaften	☐	☐	☐	☐
	... Insolvenzverwalter	☐	☐	☐	☐
	... Potenzieller Übernehmer	☐	☐	☐	☐

13	**Welche Form der Sanierung** wurde durchgeführt?	
	... Sanierung des Rechtsträgers	☐
	... Übertragende Sanierung	☐

14	Bitte beurteilen Sie den **finanziellen Beitrag** zur Fortführung bzw. zur Sanierung/Übertragung des Unternehmens durch folgende Personen/Gruppen:	kein Beitrag	sehr gering	gering	hoch	sehr hoch
	... Unternehmen selbst (z.B. Cashflow, Veräußerungen, Rücklagen)	☐	☐	☐	☐	☐
	... Bisherige Gesellschafter (z.B. Kapitalzufuhr, Patronatserklärungen)	☐	☐	☐	☐	☐
	... Neue Privatinvestoren (z.B. Kapitalzufuhr, Kaufpreis)	☐	☐	☐	☐	☐
	... Banken (z.B. neue Kredite, Forderungsverzicht, Moratorien)	☐	☐	☐	☐	☐
	... Finanzintermediäre (z.B. Kapital von Venture Capital Unternehmen)	☐	☐	☐	☐	☐
	... Andere Unternehmen (Kapitalzufuhr, Kaufpreis)	☐	☐	☐	☐	☐
	... Lieferanten (z.B. Forderungsverzicht, Stundung)	☐	☐	☐	☐	☐
	... Kunden (z.B. Anzahlungen, Forderungsmanagement)	☐	☐	☐	☐	☐
	... Mitarbeiter (z.B. Lohn-/Gehaltsverzicht, Mehrarbeit)	☐	☐	☐	☐	☐
	... Staatliche Institutionen (z.B. Stundungen, Bürgschaft, Förderungen)	☐	☐	☐	☐	☐
	... Bundesagentur für Arbeit (Insolvenzgeld)	☐	☐	☐	☐	☐
	... Sonstiges (bitte nennen):	☐	☐	☐	☐	☐

15	Bitte bewerten Sie die bis zum Übertragungszeitpunkt (bzw. Zeitpunkt der Beendigung des Verfahrens bei Rechtsträger-sanierung) getroffenen (Sanierungs-)**Maßnahmen** in den verschiedenen Unternehmensbereichen:	Keine Maß-nahmen	sehr wenige	wenige	viele	sehr viele
	... Finanzwirtschaft	☐	☐	☐	☐	☐
	... Management/Unternehmensführung	☐	☐	☐	☐	☐
	... Unternehmensorganisation	☐	☐	☐	☐	☐
	... Personalwirtschaft	☐	☐	☐	☐	☐
	... Materialwirtschaft	☐	☐	☐	☐	☐
	... Produktion	☐	☐	☐	☐	☐
	... Absatz, Marketing & Vertrieb	☐	☐	☐	☐	☐
	... Forschung & Entwicklung	☐	☐	☐	☐	☐
	... Sonstige (bitte nennen):	☐	☐	☐	☐	☐

Bei der folgenden Frage ist unter dem Zeitpunkt 'nach der Sanierung' der **Zeitpunkt der Aufnahme der operativen Tätigkeit der neuen Gesellschaft** (bei einer übertragenden Sanierung) bzw. der **Zeitpunkt der Beendigung des Verfahrens** (bei Sanierung des Rechtsträgers) zu verstehen.

16	Bitte geben Sie die **Eigentümer** des Unternehmens zum Insolvenzzeitpunkt und nach der Sanierung an:	Insolvenz	nach der Sanierung
	... Geschäftsführer (bisheriger)	☐	☐
	... Geschäftsführer (neuer)	☐	☐
	... Familienangehörige des Geschäftsführers/anderer Gesellschafter	☐	☐
	... Management/Mitarbeiter	☐	☐
	... Insolvenzgläubiger (Banken, Lieferanten)	☐	☐
	... Privatinvestoren	☐	☐
	... andere(s) Unternehmen (z.B. Wettbewerber)	☐	☐
	... Venture Capital-/Sanierungsgesellschaft(en)	☐	☐
	... Sonstige (bitte nennen):	☐	☐

Wirtschaftsuniversität Wien
Institut für Betriebswirtschaftslehre der Klein- und Mittelbetriebe

Nach der Sanierung

Falls eine Sanierung des Rechtsträgers stattfand, beurteilen Sie bitte das Unternehmen zum **Zeitpunkt der Beendigung** des Insolvenzverfahrens. Falls eine übertragende Sanierung stattfand, beurteilen Sie bitte das neue Unternehmen/den neuen Rechtsträger zum **Zeitpunkt der Aufnahme der operativen Tätigkeit**.

17 Wer war in der **Geschäftsführung** des Unternehmens nach der Sanierung? (Mehrfachnennung möglich)

	bisheriger	neuer
Gesellschafter (Inhaber bei Einzelunternehmung)	☐	☐
Familienmitglied der/des Gesellschafter(s)	☐	☐
Fremdmanager	☐	☐

Bitte wählen Sie **für die nächste Frage** die zu beurteilende Person nach folgendem Schema:

bei alleiniger Geschäftsführung (GF) **einer** Person	⇨	**diejenige Person**
bei geteilter GF zwischen **neuer und bisheriger** Person	⇨	**neue Person**
bei geteilter GF **mehrerer neuer** Personen	⇨	die **erste existierende Person folgender Reihenfolge:** (1) Gesellschafter, (2) Familienmitglied, (3) Fremdmanager
bei geteilter GF mehrerer Personen **der selben Kategorie**	⇨	die **am besten einzuschätzende Person**

18 Bitte beurteilen Sie die **geschäftsführende Person** (Gesellschafter, Familienmitglied bzw. Manager) hinsichtlich:

	sehr gering	gering	hoch	sehr hoch
... Stellenwert ihrer Selbstständigkeit	☐	☐	☐	☐
... Bedürfnis nach Betriebserhaltung	☐	☐	☐	☐
... Dynamisch-schöpferischer Aktivität (kreativ/gestalterisch/ideenreich)	☐	☐	☐	☐
... Administrativ-ausführender Aktivität (verwaltend/dokumentierend/bewahrend)	☐	☐	☐	☐
... Stressresistenz	☐	☐	☐	☐
... Vertrauenswürdigkeit	☐	☐	☐	☐
... Sanierungserfahrung	☐	☐	☐	☐
... Branchenwissen (Produkte & Märkte)	☐	☐	☐	☐
... Betriebswirtschaftliches Fachwissen	☐	☐	☐	☐

19 Bitte beurteilen Sie die Existenz/Ausprägung folgender **Managementinstrumente** im sanierten Unternehmen:

	sehr gering	gering	hoch	sehr hoch
... Unternehmensstrategie	☐	☐	☐	☐
... Dokumentierte Geschäftsprozesse	☐	☐	☐	☐
... Methoden-Know-how (z.B. Projektmanagement)	☐	☐	☐	☐
... Controllingsystem (Planung, Berichtswesen, Steuerung)	☐	☐	☐	☐
... Kommunikation Mitarbeiter - Unternehmensleitung	☐	☐	☐	☐
... Vorbildverhalten der geschäftsführenden Person	☐	☐	☐	☐

20 Bitte beurteilen Sie die folgenden **Ressourcen** des sanierten Unternehmens:

	sehr gering	gering	hoch	sehr hoch
... Anpassungsfähigkeit der Unternehmensorganisation	☐	☐	☐	☐
... Funktionsfähigkeit der Organisationsstruktur	☐	☐	☐	☐
... Anzahl Schlüsselpersonen (mit Potenzial)	☐	☐	☐	☐
... Mitarbeitermotivation	☐	☐	☐	☐
... Eigenkapitalquote (im Vergleich zur Branche)	☐	☐	☐	☐
... Kapitalmarktzugang	☐	☐	☐	☐
... Anzahl der Gesellschafter	☐	☐	☐	☐
... Diversifikationsgrad (Anzahl Geschäftsfelder)	☐	☐	☐	☐
... Innovationsgrad der Produkte	☐	☐	☐	☐
... Anzahl der Kunden	☐	☐	☐	☐

21 Bitte beurteilen Sie folgende **(Umwelt)variablen** des sanierten Unternehmens:

	sehr gering	gering	hoch	sehr hoch
... Technologieabhängigkeit des Unternehmens	☐	☐	☐	☐
... Standortabhängigkeit des Unternehmens	☐	☐	☐	☐
... Nachfolgeproblematik	☐	☐	☐	☐
... Anzahl der Wettbewerber	☐	☐	☐	☐
... Inanspruchnahme von staatlichen Förderungen	☐	☐	☐	☐
... Tarifgebundenheit des Unternehmens	☐	☐	☐	☐
... Verbindung Unternehmens- und Privat-/Familiensphäre der geschäftsf. Person	☐	☐	☐	☐
... Motivation/Rückhalt durch die Familie der geschäftsführenden Person	☐	☐	☐	☐
... Loyalität mitarbeitender Familienmitglieder der geschäftsf. Person (falls existent)	☐	☐	☐	☐
... Einbezug von externen Beratern in das Unternehmen	☐	☐	☐	☐
... Individuelle Kunden-/Lieferantenbeziehung	☐	☐	☐	☐
... Kontakt Unternehmen - Hausbank	☐	☐	☐	☐
... Einfluss von Interessensvertretungen (Betriebsrat/Gewerkschaften)	☐	☐	☐	☐

Anhang III
Interviewleitfaden[635]

Dissertationsprojekt
Fortführung & Sanierung insolventer Klein- und Mittelbetriebe

Interviewleitfaden
□ Unternehmer/Fremdmanager □ Insolvenzverwalter □ Unternehmensberater

Angaben zum Interview

Interviewpartner:______________________ **Datum:**______________________
Uhrzeit:______________________ **Ort:**______________________

Aufbau Interviewleitfaden

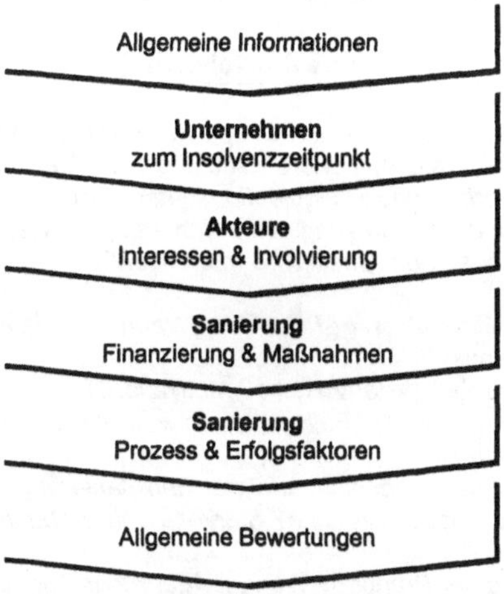

1. Allgemeine Informationen

a) Vorstellung **Forschungsprojekt** *(Autor, Forschungsfragen und Forschungsdesign)*
b) **Prozessfokus** des Interviews, **KMU-Fokus** *(20-250 MA)*, Differenzierung **erfolgreiche vs. nicht erfolgreiche Fortführungen**
c) **Anonymität**: keine Veröffentlichung von Details, lediglich **zusammengefasste Ergebnisse**
d) **Tonbandaufzeichnung** zur späteren Auswertung in Ordnung?
e) Vorstellung **Interviewpartner** *(Unternehmen, Position, Tätigkeit*

[635] Die im Interviewleitfaden *kursiv gedruckten Texte* waren den Interviewten nicht bekannt, sondern dienten dem Interviewer als ‚Regieanweisung', um ggf. den Inhalt der Frage zu präzisieren.

2. Unternehmen zum Insolvenzzeitpunkt

a) Wie beurteilen Sie die **Situation von kleinen und mittelständischen Unternehmen** (Ihres Unternehmens) zum **Insolvenzzeitpunkt** anhand der folgenden Bereiche?
  - **Unternehmer/Gesellschafter** *(Bedürfnis nach Betriebserhaltung, Insolvenztyp,* ***Vertrauenswürdigkeit?****)*
  - **Managementinstrumente** *(Methoden-Know-how, Controllingsystem, Dokumentierte Prozesse?)*
  - **Ressourcen** ***(Anpassungsfähigkeit der Unternehmensorganisation.****, Funktionsfähigkeit der Organisationsstruktur, Mitarbeiter, finanzielle Ressourcen? Akteure als Ressourcen?)*
  - **Unternehmensumwelt** *(individuelle Kontakte, externe Berater, Familie)*
  - **Gläubigerstruktur** *(Banken & Besicherung)*

b) Wo sehen Sie **Zusammenhänge** zwischen den Bereichen?

c) Gibt es **Unterschiede**, bei Unternehmen welche erfolgreich fortgeführt und saniert/übertragen werden und jenen, welche trotz Fortführung liquidiert werden?

3. Akteure & Involvierung

a) Welche Rolle haben folgende **Personen/Gruppen** hinsichtlich ihres **Interesses und** ihrer **Beteiligung** an der Erstellung und Umsetzung eines Sanierungskonzeptes? *(Einflussfaktoren der Fortführungs-/ Liquidationsentscheidung? Gründe & Form der Involvierung in Erstellung & Umsetzung eines Sanierungskonzeptes, Zusammenhänge zwischen den Akteuren & Interessen?)*

  - **Unternehmer/Gesellschafter, ggf. Familie** *(Wann und wie involviert? Auswechseln notwendig?)*
  - **Management/Führungskräfte** *(2.Reihe? Motivation?)*
  - **Aufsichtsrat/Beirat** *(Existenz? Falls ja, durch wen besetzt? Sanierungskompetenz?)*
  - **Mitarbeiter** *(hoher Beitrag bei nicht erfolgreichen Sanierungen, warum?)*
  - **Lieferanten** *(Bedeutung der Branche? Stärker involviert bei nicht erfolgreichen Sanierungen, warum?)*
  - **Kunden** *(Bedeutung der Branche? Wann Fortführungs-/Liquidationsinteresse?)*
  - **Banken** *(bedeutender Faktor? Gründe? Unterschiede zw. Bankenarten? Welche Finanzierungsaufgabe?)*
  - **Unternehmensberater** *(gering involviert, von wem beauftragt?)*
  - **Steuerberater/Wirtschaftsprüfer**
  - **Betriebsrat/Gewerkschaften**
  - **Staatliche Akteure, Verbände/Kammern** *(Politik, Sozialversicherungsträger)*
  - **Insolvenzverwalter** *(Tragende Kraft des Insolvenzprozesses? Verhältnis Unternehmer? Kontrolle?)*
  - **Potenzieller Übernehmer, Investoren** *(Herkunft?, Netzwerk des Verwalters? Erfolgsfaktor?)*

b) Inwiefern hängt der **Erfolg einer Fortführung und Sanierung** mit dem **Fortführungswillen** der Beteiligten zusammen? *(Selbsterfüllende Prophezeiung? Fortführung gegen den Willen des Verwalters?)*

4. Finanzierung & Maßnahmen

a) Unter welchen Bedingungen wird ein insolventes **Unternehmen** (warum wurde Ihr Unternehmen) **fortgeführt und saniert?** *(Einfluss der in Frage 2 genannten Bereiche und in 3 genannten Akteure?)*
b) Was sind entscheidende **Maßnahmen zur Fortführung**? ***(Management/Unternehmensführung, Finanzen)***
c) Woher kommt die **Liquidität** zur Fortführung bzw. Sanierung? (*Insolvenzausfallgeld?)*
d) Was spricht für/gegen ein **Insolvenzplanverfahren**, was für/gegen eine **übertragende Sanierung**?
e) Woher kommen **potenzielle Übernehmer**? *(Netzwerk des Verwalters? Aktive Suche?)*
f) Inwiefern sehen Sie einen **Management-Buy-Out/-Buy-In** als adäquates Mittel zur Sanierung?
g) Was sind **Maßnahmen, die bei einer übertragenden Sanierung** durchgeführt werden? *(Bewertungen, Integration, Austausch/Abbau Mitarbeiter, Stärkung der Kapitaldecke, etc.)?*
h) Wie geht es **im übertragenen Unternehmen** weiter? *(Leistungswirtschaftliche Sanierung? Produktion?)*
i) Wie beurteilen Sie die **Rolle des Unternehmers** (Ihre Rolle) bei der übertragenden Sanierung? Was kann ein Unternehmer tun, um weiterhin **Einfluss** zu behalten? *(Eigenverwaltung?)*

5. Sanierungsprozess & Erfolgsfaktoren

a) Wie gestaltet sich ein (Ihr) **Fortführungs- & Sanierungsprozess**? Bitte unterteilen Sie nach **Phasen, Ziele & Maßnahmen** sowie **Erfolgsfaktoren & Hindernissen**.

Phasenbezeichnung	
Ziele & Maßnahmen *(innerhalb der Phase)*	
Kritische Erfolgsfaktoren *(positive Meilensteine)*	
Kritische Hindernisse *(negative Meilensteine)*	

b) Wann beginnt eine **leistungswirtschaftliche Sanierung**? *(ab Anmeldung oder erst nach Übertragung?)*
c) Worin sehen Sie typische **Abbruchgründe** einer Fortführung und Sanierung? *(Käuferproblematik)*

6. Allgemeine Bewertungen

Bitte beurteilen Sie folgende Aussagen:

- Die **Insolvenz** ist eine **Ausprägung des marktwirtschaftlichen Prinzips** und selektiert lediglich nicht wettbewerbsfähige Unternehmen aus. **Insolvenzsanierungen** sind daher **nicht notwendig**!
- Die Auswahl des **Insolvenzverwalters ist die Schicksalsfrage** des Unternehmens!

Herzlichen Dank für Ihre Teilnahme & Mithilfe!

Anhang IV - Statistischer Anhang

- Kreuztabellen -

- Tabellen logistische Regression -

a) Kreuztabellen

Kreuztabelle

			Branche							
			Bauwirtschaft	Maschinen- und Anlagenbau	Verarbeitendes Gewerbe/ Industrie	Handel	Dienstleistungen	Sonstiges	Gesamt
erfolgreiche / nicht erfolgreiche Fortführung	nicht erfolgreiche Fortführung	Anzahl	14	4	18	4	11	1	52
		Erwartete Anzahl	12,3	8,3	15,9	6,9	7,2	1,4	52,0
		% von erfolgreiche / nicht erfolgreiche Fortführung	26,9%	7,7%	34,6%	7,7%	21,2%	1,9%	100,0%
		% von Branche	41,2%	17,4%	40,9%	21,1%	55,0%	25,0%	36,1%
		Standardisierte Residuen	,5	-1,5	,5	-1,1	1,4	-,4	
	erfolgreiche Fortführung	Anzahl	20	19	26	15	9	3	92
		Erwartete Anzahl	21,7	14,7	28,1	12,1	12,8	2,6	92,0
		% von erfolgreiche / nicht erfolgreiche Fortführung	21,7%	20,7%	28,3%	16,3%	9,8%	3,3%	100,0%
		% von Branche	58,8%	82,6%	59,1%	78,9%	45,0%	75,0%	63,9%
		Standardisierte Residuen	-,4	1,1	-,4	,8	-1,1	,3	
Gesamt		Anzahl	34	23	44	19	20	4	144
		Erwartete Anzahl	34,0	23,0	44,0	19,0	20,0	4,0	144,0
		% von erfolgreiche / nicht erfolgreiche Fortführung	23,6%	16,0%	30,6%	13,2%	13,9%	2,8%	100,0%
		% von Branche	100,0%	100,0%	100,0%	100,0%	100,0%	100,0%	100,0%

erfolgreiche / nicht erfolgreiche Fortführung * Sanierungsform Kreuztabelle

			Sanierungsform		
			Sanierung des Rechtsträgers	Übertragende Sanierung	Gesamt
erfolgreiche / nicht erfolgreiche Fortführung	nicht erfolgreiche Fortführung	Anzahl	7	41	48
		Erwartete Anzahl	6,5	41,5	48,0
		% von erfolgreiche / nicht erfolgreiche Fortführung	14,6%	85,4%	100,0%
		% von Sanierungsform	38,9%	35,7%	36,1%
		% der Gesamtzahl	5,3%	30,8%	36,1%
		Standardisierte Residuen	,2	-,1	
	erfolgreiche Fortführung	Anzahl	11	74	85
		Erwartete Anzahl	11,5	73,5	85,0
		% von erfolgreiche / nicht erfolgreiche Fortführung	12,9%	87,1%	100,0%
		% von Sanierungsform	61,1%	64,3%	63,9%
		% der Gesamtzahl	8,3%	55,6%	63,9%
		Standardisierte Residuen	-,1	,1	
Gesamt		Anzahl	18	115	133
		Erwartete Anzahl	18,0	115,0	133,0
		% von erfolgreiche / nicht erfolgreiche Fortführung	13,5%	86,5%	100,0%
		% von Sanierungsform	100,0%	100,0%	100,0%
		% der Gesamtzahl	13,5%	86,5%	100,0%

b) Tabellen logistische Regression

Zusammenfassung der Fallverarbeitung

Ungewichtete Fälle[a]		N	Prozent
Ausgewählte Fälle	Einbezogen in Analyse	132	91,0
	Fehlende Fälle	13	9,0
	Gesamt	145	100,0
Nicht ausgewählte Fälle		0	,0
Gesamt		145	100,0

a. Wenn die Gewichtung wirksam ist, finden Sie die Gesamtzahl der Fälle in der Klassifizierungstabelle.

Codierung abhängiger Variablen

Ursprünglicher Wert	Interner Wert
nicht erfolgreiche Fortführung	0
erfolgreiche Fortführung	1

Anfangsblock

Iterationsprotokoll[a,b,c]

Iteration		-2 Log-Likelihood	Koeffizienten
			Konstante
Schritt 0	1	175,158	,485
	2	175,155	,495
	3	175,155	,495

a. Konstante in das Modell einbezogen.

b. Anfängliche -2 Log-Likelihood: 175,155

c. Schätzung beendet bei Iteration Nummer 3, weil die Parameterschätzer sich um weniger als ,001 änderten.

Block 1:

Iterationsprotokoll[a,b,c,d,e,f]

Iteration		-2 Log-Likelihood	Koeffizienten						
			Konstante	F14.3_ Privatinvest	F9.1_ Anpassung	F15.2_Mm_ Ufuehrung	F14.4_ Banken	F7.6_ Vertrauen	F14.6_ Andere_ Untern
Schritt 1	1	150,224	-,311	,620					
	2	149,078	-,345	,634					
	3	149,064	-,348	,648					
	4	149,064	-,348	,648					
Schritt 2	1	133,640	-2,688	,545	1,050				
	2	129,922	-3,732	,730	1,484				
	3	129,778	-3,984	,775	1,590				
	4	129,778	-3,996	,778	1,595				
	5	129,778	-3,996	,778	1,595				
Schritt 3	1	125,120	-3,422	,517	,963	,413			
	2	120,357	-4,773	,716	1,379	,555			
	3	120,122	-5,143	,773	1,492	,596			
	4	120,121	-5,167	,777	1,500	,599			
	5	120,121	-5,167	,777	1,500	,599			
Schritt 4	1	119,022	-3,683	,507	,839	,473	,295		
	2	112,670	-5,280	,724	1,186	,684	,454		
	3	112,227	-5,815	,799	1,293	,764	,512		
	4	112,223	-5,867	,806	1,302	,772	,518		
	5	112,223	-5,868	,806	1,303	,772	,518		
Schritt 5	1	114,251	-4,955	,493	,776	,525	,291	,478	
	2	106,112	-7,526	,715	1,110	,804	,465	,779	
	3	105,271	-8,688	,806	1,220	,944	,552	,939	
	4	105,255	-8,874	,820	1,233	,968	,567	,967	
	5	105,255	-8,878	,820	1,233	,968	,567	,968	
	6	105,255	-8,878	,820	1,233	,968	,567	,968	
Schritt 6	1	110,324	-4,962	,487	,754	,460	,287	,500	,273
	2	101,463	-7,480	,713	1,128	,690	,449	,771	,425
	3	100,479	-8,655	,809	1,279	,805	,531	,915	,503
	4	100,457	-8,859	,825	1,302	,826	,547	,941	,518
	5	100,457	-8,864	,825	1,303	,826	,547	,942	,519
	6	100,457	-8,864	,825	1,303	,826	,547	,942	,519

a. Methode: Vorwärts Schrittweise (Konditional)

b. Konstante in das Modell einbezogen.

c. Anfängliche -2 Log-Likelihood: 175,155

d. Schätzung beendet bei Iteration Nummer 4, weil die Parameterschätzer sich um weniger als ,001 änderten.

e. Schätzung beendet bei Iteration Nummer 5, weil die Parameterschätzer sich um weniger als ,001 änderten.

f. Schätzung beendet bei Iteration Nummer 6, weil die Parameterschätzer sich um weniger als ,001 änderten.

Omnibus-Tests der Modellkoeffizienten

		Chi-Quadrat	df	Sig.
Schritt 1	Schritt	26,091	1	,000
	Block	26,091	1	,000
	Modell	26,091	1	,000
Schritt 2	Schritt	19,286	1	,000
	Block	45,378	2	,000
	Modell	45,378	2	,000
Schritt 3	Schritt	9,656	1	,002
	Block	55,034	3	,000
	Modell	55,034	3	,000
Schritt 4	Schritt	7,898	1	,005
	Block	62,932	4	,000
	Modell	62,932	4	,000
Schritt 5	Schritt	6,968	1	,008
	Block	69,900	5	,000
	Modell	69,900	5	,000
Schritt 6	Schritt	4,798	1	,028
	Block	74,698	6	,000
	Modell	74,698	6	,000

Modellzusammenfassung

Schritt	-2 Log-Likelihood	Cox & Snell R-Quadrat	Nagelkerkes R-Quadrat
1	149,064[a]	,179	,244
2	129,778[b]	,291	,396
3	120,121[b]	,341	,464
4	112,223[b]	,379	,516
5	105,255[c]	,411	,560
6	100,457[c]	,432	,588

a. Schätzung beendet bei Iteration Nummer 4, weil die Parameterschätzer sich um weniger als ,001 änderten.

b. Schätzung beendet bei Iteration Nummer 5, weil die Parameterschätzer sich um weniger als ,001 änderten.

c. Schätzung beendet bei Iteration Nummer 6, weil die Parameterschätzer sich um weniger als ,001 änderten.

Klassifizierungstabelle[a]

	Beobachtet		Vorhergesagt: erfolgreiche / nicht erfolgreiche Fortführung – nicht erfolgreiche Fortführung	Vorhergesagt: erfolgreiche / nicht erfolgreiche Fortführung – erfolgreiche Fortführung	Prozentsatz der Richtigen
Schritt 1	erfolgreiche / nicht erfolgreiche Fortführung	nicht erfolgreiche Fortführung	35	15	70,0
		erfolgreiche Fortführung	28	54	65,9
	Gesamtprozentsatz				67,4
Schritt 2	erfolgreiche / nicht erfolgreiche Fortführung	nicht erfolgreiche Fortführung	36	14	72,0
		erfolgreiche Fortführung	14	68	82,9
	Gesamtprozentsatz				78,8
Schritt 3	erfolgreiche / nicht erfolgreiche Fortführung	nicht erfolgreiche Fortführung	35	15	70,0
		erfolgreiche Fortführung	13	69	84,1
	Gesamtprozentsatz				78,8
Schritt 4	erfolgreiche / nicht erfolgreiche Fortführung	nicht erfolgreiche Fortführung	37	13	74,0
		erfolgreiche Fortführung	12	70	85,4
	Gesamtprozentsatz				81,1
Schritt 5	erfolgreiche / nicht erfolgreiche Fortführung	nicht erfolgreiche Fortführung	38	12	76,0
		erfolgreiche Fortführung	11	71	86,6
	Gesamtprozentsatz				82,6
Schritt 6	erfolgreiche / nicht erfolgreiche Fortführung	nicht erfolgreiche Fortführung	40	10	80,0
		erfolgreiche Fortführung	9	73	89,0
	Gesamtprozentsatz				85,6

a. Der Trennwert lautet ,500

Variablen in der Gleichung

		Regressionskoeffizient B	Standardfehler	Wald	df	Sig.	Exp(B)
Schritt 1[a]	F14.3_Privatinvest	,648	,142	20,977	1	,000	1,912
	Konstante	-,348	,248	1,969	1	,161	,706
Schritt 2[b]	F9.1_Anpassung	1,595	,409	15,247	1	,000	4,931
	F14.3_Privatinvest	,778	,159	24,023	1	,000	2,176
	Konstante	-3,996	,979	16,663	1	,000	,018
Schritt 3[c]	F9.1_Anpassung	1,500	,414	13,116	1	,000	4,480
	F14.3_Privatinvest	,777	,164	22,420	1	,000	2,175
	F15.2_Mm_Ufuehrung	,599	,204	8,618	1	,003	1,820
	Konstante	-5,167	1,120	21,287	1	,000	,006
Schritt 4[d]	F9.1_Anpassung	1,303	,418	9,726	1	,002	3,679
	F14.3_Privatinvest	,806	,172	21,989	1	,000	2,239
	F14.4_Banken	,518	,194	7,103	1	,008	1,679
	F15.2_Mm_Ufuehrung	,772	,231	11,221	1	,001	2,165
	Konstante	-5,868	1,209	23,558	1	,000	,003
Schritt 5[e]	F7.6_Vertrauen	,968	,387	6,252	1	,012	2,633
	F9.1_Anpassung	1,233	,439	7,907	1	,005	3,432
	F14.3_Privatinvest	,820	,177	21,408	1	,000	2,270
	F14.4_Banken	,567	,212	7,154	1	,007	1,764
	F15.2_Mm_Ufuehrung	,968	,270	12,889	1	,000	2,634
	Konstante	-8,878	1,876	22,392	1	,000	,000
Schritt 6[f]	F7.6_Vertrauen	,942	,395	5,689	1	,017	2,565
	F9.1_Anpassung	1,303	,464	7,875	1	,005	3,680
	F14.3_Privatinvest	,825	,181	20,778	1	,000	2,283
	F14.4_Banken	,547	,214	6,561	1	,010	1,729
	F14.6_Andere_Untern	,519	,257	4,077	1	,043	1,680
	F15.2_Mm_Ufuehrung	,826	,274	9,105	1	,003	2,285
	Konstante	-8,864	1,887	22,056	1	,000	,000

a. In Schritt 1 eingegebene Variablen: F14.3_Privatinvest.

b. In Schritt 2 eingegebene Variablen: F9.1_Anpassung.

c. In Schritt 3 eingegebene Variablen: F15.2_Mm_Ufuehrung.

d. In Schritt 4 eingegebene Variablen: F14.4_Banken.

e. In Schritt 5 eingegebene Variablen: F7.6_Vertrauen.

f. In Schritt 6 eingegebene Variablen: F14.6_Andere_Untern.

Zusammenfassung der Stufen[a,b]

	Verbesserung			Modell			Richtige Klassen-%	
Schritt	Chi-Quadrat	df	Sig.	Chi-Quadrat	df	Sig.		Variable
1	26,091	1	,000	26,091	1	,000	67,4%	IN: F14.3_Privatinvest
2	19,286	1	,000	45,378	2	,000	78,8%	IN: F9.1_Anpassung
3	9,656	1	,002	55,034	3	,000	78,8%	IN: F15.2_Mm_Ufuehrung
4	7,898	1	,005	62,932	4	,000	81,1%	IN: F14.4_Banken
5	6,968	1	,008	69,900	5	,000	82,6%	IN: F7.6_Vertrauen
6	4,798	1	,028	74,698	6	,000	85,6%	IN: F14.6_Andere_Untern

a. Aus dem aktuellen Modell können keine weiteren Variablen entnommen, bzw. ihm hinzugefügt werden.

b. Ende Block: 1

Korrelationsmatrix - Schritte 1-5

		Constant	F14.3_Privatinvest	F9.1_Anpassung	F15.2_Mm_Ufuehrung	F14.4_Banken	F7.6_Vertrauen
Schritt 1	Constant	1,000	-,598				
	F14.3_Privatinvest	-,598	1,000				
Schritt 2	Constant	1,000	-,486	-,961			
	F9.1_Anpassung	-,961	,341	1,000			
	F14.3_Privatinvest	-,486	1,000	,341			
Schritt 3	Constant	1,000	-,452	-,861	-,471		
	F9.1_Anpassung	-,861	,285	1,000	,035		
	F14.3_Privatinvest	-,452	1,000	,285	,149		
	F15.2_Mm_Ufuehrung	-,471	,149	,035	1,000		
Schritt 4	Constant	1,000	-,454	-,774	-,546	-,339	
	F9.1_Anpassung	-,774	,241	1,000	,002	-,083	
	F14.3_Privatinvest	-,454	1,000	,241	,182	,173	
	F14.4_Banken	-,339	,173	-,083	,383	1,000	
	F15.2_Mm_Ufuehrung	-,546	,182	,002	1,000	,383	
Schritt 5	Constant	1,000	-,401	-,527	-,616	-,338	-,757
	F7.6_Vertrauen	-,757	,151	,051	,407	,185	1,000
	F9.1_Anpassung	-,527	,216	1,000	-,053	-,133	,051
	F14.3_Privatinvest	-,401	1,000	,216	,225	,188	,151
	F14.4_Banken	-,338	,188	-,133	,433	1,000	,185
	F15.2_Mm_Ufuehrung	-,616	,225	-,053	1,000	,433	,407

Korrelationsmatrix - Schritt 6

		Constant	F7.6_Vertrauen	F9.1_Anpassung	F14.3_Privatinvest	F14.4_Banken	F14.6_Andere_Untern	F15.2_Mm_Ufuehrung
Schritt 6	Constant	1,000	-,737	-,541	-,390	-,313	-,109	-,550
	F7.6_Vertrauen	-,737	1,000	,033	,119	,157	,032	,353
	F9.1_Anpassung	-,541	,033	1,000	,255	-,133	,128	-,092
	F14.3_Privatinvest	-,390	,119	,255	1,000	,155	,104	,145
	F14.4_Banken	-,313	,157	-,133	,155	1,000	,033	,417
	F14.6_Andere_Untern	-,109	,032	,128	,104	,033	1,000	-,139
	F15.2_Mm_Ufuehrung	-,550	,353	-,092	,145	,417	-,139	1,000

Variablen nicht in der Gleichung

			Wert	df	Sig.
Schritt 1	Variablen	F7.2_Betriebserh	7,409	1	,006
		F7.3_Dyn_schoepf	5,286	1	,022
		F7.6_Vertrauen	4,041	1	,044
		F8.2_Prozesse	3,319	1	,068
		F8.3_Methoden	4,972	1	,026
		F8.4_Controlling	2,496	1	,114
		F9.1_Anpassung	17,616	1	,000
		F9.2_Orgastruktur	6,414	1	,011
		F10.10_Berater	2,418	1	,120
		F14.1_Unternehmen	3,965	1	,046
		F14.4_Banken	7,104	1	,008
		F14.6_Andere_Untern	9,081	1	,003
		F15.2_Mm_Ufuehrung	12,283	1	,000
		F15.3_UnternOrga	12,271	1	,000
	Gesamtstatistik		44,259	14	,000
Schritt 2	Variablen	F7.2_Betriebserh	2,550	1	,110
		F7.3_Dyn_schoepf	,528	1	,467
		F7.6_Vertrauen	3,784	1	,052
		F8.2_Prozesse	1,630	1	,202
		F8.3_Methoden	1,667	1	,197
		F8.4_Controlling	,065	1	,799
		F9.2_Orgastruktur	,277	1	,599
		F10.10_Berater	1,234	1	,267
		F14.1_Unternehmen	1,312	1	,252
		F14.4_Banken	4,178	1	,041
		F14.6_Andere_Untern	9,039	1	,003
		F15.2_Mm_Ufuehrung	9,383	1	,002
		F15.3_UnternOrga	7,931	1	,005
	Gesamtstatistik		28,935	13	,007
Schritt 3	Variablen	F7.2_Betriebserh	2,688	1	,101
		F7.3_Dyn_schoepf	1,748	1	,186
		F7.6_Vertrauen	6,595	1	,010
		F8.2_Prozesse	3,708	1	,054
		F8.3_Methoden	2,740	1	,098
		F8.4_Controlling	,381	1	,537
		F9.2_Orgastruktur	,898	1	,343
		F10.10_Berater	1,172	1	,279
		F14.1_Unternehmen	,594	1	,441
		F14.4_Banken	7,630	1	,006
		F14.6_Andere_Untern	5,367	1	,021
		F15.3_UnternOrga	1,002	1	,317
	Gesamtstatistik		21,803	12	,040
Schritt 4	Variablen	F7.2_Betriebserh	1,641	1	,200
		F7.3_Dyn_schoepf	2,658	1	,103
		F7.6_Vertrauen	6,768	1	,009
		F8.2_Prozesse	3,600	1	,058
		F8.3_Methoden	2,822	1	,093
		F8.4_Controlling	,730	1	,393
		F9.2_Orgastruktur	,920	1	,337
		F10.10_Berater	,771	1	,380
		F14.1_Unternehmen	,543	1	,461
		F14.6_Andere_Untern	4,950	1	,026
		F15.3_UnternOrga	,688	1	,407
	Gesamtstatistik		15,404	11	,165
Schritt 5	Variablen	F7.2_Betriebserh	,370	1	,543
		F7.3_Dyn_schoepf	2,089	1	,148
		F8.2_Prozesse	2,493	1	,114
		F8.3_Methoden	2,095	1	,148
		F8.4_Controlling	,769	1	,381
		F9.2_Orgastruktur	,561	1	,454
		F10.10_Berater	,492	1	,483
		F14.1_Unternehmen	,314	1	,575
		F14.6_Andere_Untern	4,394	1	,036
		F15.3_UnternOrga	,332	1	,564
	Gesamtstatistik		9,441	10	,491
Schritt 6	Variablen	F7.2_Betriebserh	,278	1	,598
		F7.3_Dyn_schoepf	2,922	1	,087
		F8.2_Prozesse	1,915	1	,166
		F8.3_Methoden	1,616	1	,204
		F8.4_Controlling	,582	1	,446
		F9.2_Orgastruktur	,217	1	,642
		F10.10_Berater	,173	1	,678
		F14.1_Unternehmen	,715	1	,398
		F15.3_UnternOrga	,028	1	,867
	Gesamtstatistik		5,698	9	,770

Forschungsergebnisse der Wirtschaftsuniversität Wien

Herausgeber: Wirtschaftsuniversität Wien –
vertreten durch a.o. Univ. Prof. Dr. Barbara Sporn

Band 1 Stefan Felder: Frequenzallokation in der Telekommunikation. Ökonomische Analyse der Vergabe von Frequenzen unter besonderer Berücksichtigung der UMTS-Auktionen. 2004.

Band 2 Thomas Haller: Marketing im liberalisierten Strommarkt. Kommunikation und Produktplanung im Privatkundenmarkt. 2005.

Band 3 Alexander Stremitzer: Agency Theory: Methodology, Analysis. A Structured Approach to Writing Contracts. 2005.

Band 4 Günther Sedlacek: Analyse der Studiendauer und des Studienabbruch-Risikos. Unter Verwendung der statistischen Methoden der Ereignisanalyse. 2004.

Band 5 Monika Knassmüller: Unternehmensleitbilder im Vergleich. Sinn- und Bedeutungsrahmen deutschsprachiger Unternehmensleitbilder – Versuch einer empirischen (Re-)Konstruktion. 2005.

Band 6 Matthias Fink: Erfolgsfaktor Selbstverpflichtung bei vertrauensbasierten Kooperationen. Mit einem empirischen Befund. 2005.

Band 7 Michael Gerhard Kraft: Ökonomie zwischen Wissenschaft und Ethik. Eine dogmenhistorische Untersuchung von Léon M.E. Walras bis Milton Friedman. 2005.

Band 8 Ingrid Zechmeister: Mental Health Care Financing in the Process of Change. Challenges and Approaches for Austria. 2005.

Band 9 Sarah Meisenberger: Strukturierte Organisationen und Wissen. 2005.

Band 10 Anne-Katrin Neyer: Multinational teams in the European Commission and the European Parliament. 2005.

Band 11 Birgit Trukeschitz: Im Dienst Sozialer Dienste. Ökonomische Analyse der Beschäftigung in sozialen Dienstleistungseinrichtungen des Nonprofit Sektors. 2006

Band 12 Marcus Kölling: Interkulturelles Wissensmanagement. Deutschland Ost und West. 2006.

Band 13 Ulrich Berger: The Economics of Two-way Interconnection. 2006.

Band 14 Susanne Guth: Interoperability of DRM Systems. Exchanging and Processing XML-based Rights Expressions. 2006.

Band 15 Bernhard Klement: Ökonomische Kriterien und Anreizmechanismen für eine effiziente Förderung von industrieller Forschung und Innovation. Mit einer empirischen Quantifizierung der Hebeleffekte von F&E-Förderinstrumenten in Österreich. 2006.

Band 16 Markus Imgrund: Wege aus der Insolvenz. Eine Analyse der Fortführung und Sanierung insolventer Klein- und Mittelbetriebe unter besonderer Berücksichtigung des Konfigurationsansatzes. 2007.

www.peterlang.de

Peter Lang · Internationaler Verlag der Wissenschaften

Carsten Rödder

Kompetenzbeschränkungen der Gesellschaftsorgane in der Insolvenz der GmbH

Frankfurt am Main, Berlin, Bern, Bruxelles, New York, Oxford, Wien, 2007.
224 S.
Europäische Hochschulschriften: Reihe 2, Rechtswissenschaft. Bd. 4456
ISBN 978-3-631-55923-9 · br. € 42.50*

Schon seit einigen Jahren führt die GmbH die Insolvenzstatistik an. Im Rahmen der Insolvenzrechtsreform hat der Gesetzgeber davon abgesehen, ein Unternehmensinsolvenzrecht zu regeln. Die Ausgestaltung der Schnittstellen zwischen Gesellschafts- und Insolvenzrecht ist weitestgehend der Literatur und Rechtsprechung überlassen. Hier setzt die Arbeit an und untersucht, inwieweit das Insolvenzrecht die Organisations- und Finanzverfassung eines Verbandes verändert. Im Mittelpunkt steht dabei die Frage, in welchem Umfang die verschiedenen Kompetenzen der Gesellschaftsorgane der GmbH durch die Eröffnung des Insolvenzverfahrens beschränkt werden.

Aus dem Inhalt: Verbindliche Kriterien zur Kompetenzabgrenzung zwischen Insolvenzverwalter und den Gesellschaftsorganen · Reichweite des Kompetenzverlustes auf seiten der Gesellschaftsorgane · Kompetenzbeschränkungen der Gesellschafter bei Satzungsänderungen und bei zur Sanierung erforderlichen gesellschaftsrechtlichen Maßnahmen

Kolibri 360 GmbH
Ferdinand-Jühlke-Straße 7
99095 Erfurt, Deutschland
produktsicherheit@kolibri360.de

Druck:
CPI Druckdienstleistungen GmbH
im Auftrag der
Kolibri 360 GmbH
Ferdinand-Jühlke-Str. 7
99095 Erfurt